国家出版基金项目
NATIONAL PUBLICATION FOUNDATION

中華博物通考

總主編 張述錚

蟲豸卷

本卷主編
劉更生

上海交通大學出版社

圖書在版編目（CIP）數據

中華博物通考. 蟲豸卷 / 張述錚總主編；劉更生本
卷主編.—上海：上海交通大學出版社, 2024.1
　　ISBN 978-7-313-24688-2

　　Ⅰ.①中… Ⅱ.①張… ②劉… Ⅲ.①百科全書—中
國—現代②昆蟲—中國 Ⅳ.①Z227②Q968.22

　　中國國家版本館CIP數據核字(2023)第238074號

特約編審： 劉　賽　　孔慶典

責任編輯： 朱　菁

裝幀設計： 姜　明

中華博物通考·蟲豸卷

總　主　編：張述錚
本卷主編：劉更生
出版發行：上海交通大學出版社　　　　　　地　　址：上海市番禺路951號
郵政編碼：200030　　　　　　　　　　　　電　　話：021-64071208
印　　製：蘇州市越洋印刷有限公司　　　　經　　銷：全國新華書店
開　　本：890mm×1240mm　1／16　　　　印　　張：19.25
字　　數：387千字
版　　次：2024年1月第1版　　　　　　　　印　　次：2024年1月第1次印刷
書　　號：ISBN 978-7-313-24688-2
定　　價：226.00元

《中華博物通考》編纂委員會

名譽主任：匡亞明

主　　任（按姓氏筆畫排序）：王春法　　張述錚

副 主 任：和　龑　韓建民　顧　鋒　張　建　丁鵬勃

委　　員（按姓氏筆畫排序）：

丁鵬勃	丁艷玲	王　勇	王元秀	王午戌	王立華	王青梅	王春法
王素芳	王栩寧	王緒周	文啓明	孔令宜	石　磊	石永士	白建新
匡亞明	任長海	李　淳	李西寧	李延年	李紅霞	李峻嶺	吳秉鈞
余志敏	沈江海	宋　毅	武善雲	林　彬	和　龑	周玉山	胡　真
侯仰軍	俞　陽	馬　巖	耿天勤	華文達	徐建林	徐傳武	高毅清
高樹海	郭砥柱	唐桂艷	陳俊强	陳益民	陳萬青	陳聖安	黃笑山
盛岱仁	婁安良	崔淑雯	康戰燕	張　越	張　標	張小平	張太龍
張在德	張述錚	張維軍	張學鋒	董　巍	焦秋生	谢冰冰	楊秀英
賈秀麗	賈貴榮	路廣正	趙卜慧	趙宗來	趙連賞	鄭小寧	劉世敏
劉更生	劉景耀	賴賢宗	韓建民	韓品玉	鍾嘉奎	顧　鋒	

《中華博物通考》總主編

張述錚

《中華博物通考》副總主編

韓品玉　　陳益民　　俞　陽　　賴賢宗

《中華博物通考》編務主任

康戰燕　　盛岱仁

《中華博物通考》學術顧問

（按姓氏筆畫排序）

王　方	王　釗	王子舟	王文章	王志強	仇正偉	孔慶典	石雲里
田藝瓊	白庚勝	朱孟庭	任德山	衣保中	祁德樹	杜澤遜	李　平
李行健	李克讓	李德龍	李樹喜	李曉光	吳海清	佟春燕	余曉艷
邱永君	宋大川	苟天林	郝振省	施克燦	姜　鵬	姜曉敏	祝逸雯
祝壽臣	馬玉梅	馬建勛	桂曉風	夏興有	晁岱雙	晏可佳	徐傳武
高　峰	高莉芬	陳　煜	陳茂仁	孫　機	孫　曉	孫明泉	陶曉華
黃金東	黃群雅	黃壽成	黃燕生	曹宏舉	曹彥生	常光明	常壽德
張志民	張希清	張維慎	張慶捷	張樹相	張聯榮	程方平	鈕衛星
馮　峰	馮維康	楊　凱	楊存昌	楊志明	楊華山	賈秀娟	趙志軍
趙連賞	趙榮光	趙興波	蔡先金	鄭欣淼	寧　強	熊遠明	劉　靜
劉文豐	劉建美	劉建國	劉洪海	劉華傑	劉國威	潛　偉	霍宏偉
魏明孔	聶震寧	蘇子敬	嚴　耕	羅　青	羅雨林	釋界空	釋圓持
鐵付德							

《中華博物通考》編輯出版委員會

導　論

——縱論中華博物學的沉淪與重建

引　言

　　在中國當代，西方博物學影響至巨，自鴉片戰爭以來，屈指已歷百載。何謂"西方博物學"？　"西方博物學"是以研究動植物、礦物等自然物爲主體的學科，但不包含社會領域的社會生活，至 19 世紀後期已完成學術使命，成爲一種保護大自然的公益活動，但國人却一直承襲至今。中華久有自家的博物學，已久被忘却，無人問津，這一狀况實是令人不安。前日偶見《故宮裏的博物學》問世，精裝三册，喜出望外，以爲我中華博物學終得重生，展卷之後始知，該書是依據清乾隆時期皇室的藏書《清宮獸譜》《清宮鳥譜》《清宮海錯圖》（"海錯"多指海中錯雜的魚鱉蝦蟹之類）繪製而成，其中一些并非實有，乃是神話傳説之物。其内容提要稱"是專爲孩子打造的中華文化通識讀本"，而對博物院内琳琅滿目的海量藏品則隻字未提。這就是説，博物院雖有海量藏品，却與故宮裏的博物學毫不相干，或曰并不屬於博物學的研究範圍。此書的編纂者是我國的著名專家，未料我國這些著名專家所認定的博物學仍是西方的博物學。此書得以《故宮裏的博物學》的名義出版，又證我國的出版界對於此一命題的認同，竟然不知我中華久有自家的博物學。此書如若改稱《故宮裏的皇室動物圖譜》，則名正言順，十分精彩，不失爲一部别具情趣的兒童讀物，但原書名却無意間形成一種誤導，孩子們可能會據此認定：唯有鳥獸蟲魚之類才是中華文化中的大學問，故而稱之爲"博物學"，最終會在其幼小心靈裏留下西方博物學的深深印記。

何以出現這般狀況？因爲許多國人對於傳統的中華博物及中華博物學，實在是太過陌生！那麼，何謂"博物"？本文指稱的"博物"，是指隸屬或關涉我中華文化的一切可見或可感知之物體物品。何謂"中華博物學"？"中華博物學"的研究主體是除却自然界諸物之外，更關涉了中國社會的各個方面各個領域，進而關涉了我中華民族的生息繁衍，關涉了作爲文明古國的盛衰起落，足可爲當代或後世提供必要的藉鑒，是我國獨有、無可替代的學術體系。故而重建中華博物學，具有歷史的、現實的多方面實用價值。我中華博物學起源久遠，至遲已有兩千年歷史，祇是初始没有"博物學"之名而已。時至明代，始見"博物之學"一詞。如明楊士奇《東里續集》卷一八評述宋陸佃《埤雅》曰："此書於博物之學蓋有助焉。"此一"博物之學"，可視爲"中華博物學"的最早稱謂。又，《四庫全書總目提要》卷一三六評清陳元龍《格致鏡原》曰："〔此書〕分三十類：曰乾象，曰坤輿，曰身體，曰冠服，曰宮室，曰飲食，曰布帛，曰舟車，曰朝制，曰珍寶，曰文具，曰武備，曰禮器，曰樂器，曰耕織器物，曰日用器物，曰居處器物，曰香奩器物，曰燕賞器物，曰玩戲器物，曰穀，曰蔬，曰木，曰草，曰花，曰果，曰鳥，曰獸，曰水族，曰昆蟲，皆博物之學。"此即古籍述及的"中華博物學"最爲明確、最爲全面的定義。重建的博物學於"身體"之外，另增《函籍》《珍奇》《科技》等，可以更全面地融匯古今。在擴展了傳統博物學天地之外，又致力於探索浩浩博物的淵源、流變，以及同物異名與同名異物的研究，致力於物、名之間的生衍關係的考辨。"博物學"本無須冠以"中華"或"中國"字樣，在當代爲區别於西方的"博物學"，遂定名爲"中華博物學"，或曰"中華古典博物學"。"中華博物學"，國人本當最爲熟悉，事實却是大出所料，近世此學已成了過眼雲烟，少有問津者，西方博物學反而風靡於中國。何以形成如此狀況？何以如此本末倒置？這就不能不從噩夢般的中國近代史談起。

一、喪權辱國尋自保，走投無路求西化

清王朝自鴉片戰争喪權辱國之後，面對列强的進逼，毫無氣節，連連退讓，其後又遭

甲午戰爭之慘敗，走投無路，於是由所謂"師夷之長技"，轉而向日本求取西化的捷徑，以便苟延殘喘。日本自 19 世紀始，城鄉不斷發生市民、農民暴動，國內一片混亂。1854 年 3 月，又在美國鐵艦火炮脅迫之下，簽訂《神奈川條約》。四年後再度被迫與美國簽訂通商條約。繼此以往，荷、俄、英、法，相繼入侵，條約不斷，同百年前的中國一樣，徹底淪爲半封建半殖民地社會，當權的幕府聲威喪盡。1868 年 1 月，天皇睦仁（即明治天皇）下達《王政復古大號令》，廢除幕府制度，但值得注意的是仍然堅守"大和精神"，并未全部廢除自家原有傳統。同年 10 月，改元明治，此後的一系列變革措施，即稱之爲"明治維新"。維新之後，否定了"近習華夏"，衝決了"東亞文化圈"，上自天皇，下至黎民，勠力同心，在"富國强兵、置產興業"的前提之下，遠法泰西，大力引入嶄新的科學技術，從而迅速崛起，廢除了與列强的一切不平等條約，成爲令人矚目的世界强國之一。可見"明治維新"之前，日本內憂外患的遭遇，與當時的中國非常相似。在此民族存亡的關鍵時刻，中國維新派代表人物不失時機，遠渡東洋，以日本爲鏡鑒，在引進其先進科技的同時，也引進了日本人按照英文 natural history 的語意翻譯成的漢語"博物學"，雖并不準確，但因出於頂禮膜拜，已無暇顧及。況且，自甲午戰爭至民國前期，日源語詞已成爲漢語外來語詞庫中的魁首，遠超英法俄諸語，且無任何外來語痕迹，最難識別。如"民主""科學""法律""政府""美感""浪漫""藝術界""思想界""無神論""現代化"等，不勝枚舉。國人曾試圖自創新詞，但敗多勝少，祇能望洋興嘆。究其原因，并非民智的高下，也并非語種的優劣，實則是國力强弱的較量，國强則國威，國威則必擁有强勢文化，而强勢文化勢必湧入弱國，面對强勢文化，弱國豈有話語權？西方的"博物學"進入中國，遒勁而又自然。

那麽，西方博物學源於何時何地？又經歷了怎樣的發展變化？答曰：西方博物學發端於古希臘亞里士多德（公元前 384—前 322）《動物志》之類著述，又經古羅馬老普林尼（公元 23—79）的《自然史》，輾轉傳至歐洲各國。其所謂博物除却動植物外，更有天文、地理、人體諸類。這是西方的文化背景與知識譜系，西人習以爲常，喜聞樂見。在歐洲文藝復興和美洲地理大發現之後，見到別樣的動物、植物以及礦物，博物學得到長足發展。至 19 世紀前半期，博物學形成了動物學、植物學和礦物學三大體系，達於鼎盛。至 19 世紀後期，動物學、植物學獨立出來，成爲生物學，礦物學則擴展爲地質學，博物學已被架空。至 20 世紀，博物學已不再屬於什麽科學研究，而完全變成一種生態與環境探索，以供民衆休閑安居的社會活動。其時，除却發端於亞里士多德的"博物學"之外，也有後起的"文化博物學"（Cultural Museology），這是一門非主流的綜合性學科，旨在研究人類一切文化遺産，試圖展示并解釋歷史的傳承與發展，但在題材視野、表達主旨等方面與中華傳統博物學仍甚有差異。面對此類非主流論説，當年的譯者或視而不見，或有意摒弃，其志在振興我中華。

　　在尋求救國的路途中，仁人志士們目睹了西方先進文化，身感心受，嚮往久之。"試航東西洋一游，見彼之物質文明，莊嚴燦爛，而回首宗邦，黯然無色，已足明興衰存亡之由，長此以往，何堪設想？"（吴冰心《博物學雜誌》發刊詞，1914 年 1 月，第 1 ~ 4 頁），此時仁人志士們滿腔熱血，一心救國。但如何救國，却茫茫然，如墮五里霧中。這一救國之路從表象上觀察似乎一切皆以日本爲鏡鑒，實則迥别於"明治維新"之路，未能把握"富國强兵、置産興業"之首要方嚮，而當年的執政者却祇顧個人權勢的得失，亦無此遠大志嚮。仁人志士們雖振臂疾呼，含淚呐喊，祇飄摇於上層精英之間，因一度失去民族自信、文化自信，而不知所措，矛頭直指孔子及千載儒學，進而直指傳統文化。五四運動前夜，北京大學著名教授錢玄同即正告國人"欲驅除一般人之幼稚的野蠻的頑固的思想"，就必須要"廢孔學"，必須要"廢漢文"（錢玄同《中國今後的文字問題》，載 1918 年 4 月 15 日《新青年》第 4 卷第 4 號）。翌年，五四運動爆發，仁人志士們高舉"德謨克拉西"（民主）、"賽因斯"（科學）兩面大旗，掀起反帝反封建的狂濤巨瀾，成爲中國近現代史上的偉大里程碑，中國人民自此視野大開。這兩面大旗指明了國家强弱成敗的方嚮。但與此同時，仁人志士們又毫不猶豫，全力以赴，要堅決"打倒孔家店"。於是，孔子及其儒家學説成了國弱民窮的替罪羊！接踵而至的就是對於漢字及其代表的漢文化的徹底否定。偉大革命思想家魯迅也一直抨擊傳統觀念、傳統體制，1936 年 10 月，在他逝世前夕《病中答救亡情報訪員》一文中，竟然斷言："漢字不滅，中國必亡！"而新文化運動的主要人物之一胡適更是語出驚人："我們必須承認我們自己百事不如人，不但物質機械上不如人，不但政治制度不如人，并且道德不如人，知識不如人，文學不如人，音樂不如人，藝術不如人，身體不如人。"中華民族是"又愚又懶的民族"，是"一分像人，九分像鬼的不長進民族"（胡適《介紹我自己的思想》，1930 年 12 月亞東圖書館初版《胡適文選》自序）。這是五四運動前後一代精英們的實見實感，本意在於革故鼎新，但這些通盤否定傳統文化的主張，不啻是在緊要歷史關頭的一次群情失控，是中國文化史中的一次失智！在這樣的歷史背景、這樣的歷史氣勢之下，接受西方"博物學"就成了必然，有誰會顧及古老的傳統博物學？

在引進西方博物學之後，國人紛予效法，試圖建立所謂中華自家的博物學，於是圍繞植物學、動物學兩大方面遍搜古今，窮盡群書，着眼於有關動植物之類典籍的縱橫搜求，但這并非我中華的博物全貌，也并非我中華博物學，況且在中華古典博物學中，也罕見西方礦物學之類著作，可見，試圖以西方的博物學體系，另建中華古典博物學，實在是削足適履、邯鄲學步。自 1902 年始，晚清推行學制改革，先後頒布了"壬寅學制""癸卯學制"。1905 年，根據《奏定學堂章程》，已將西方博物學納入中學的課程設置。其課程分爲植物、動物、礦物、人體生理學四種，分四年講授。1912 年中華民國成立後，江浙等地出現過博物學會和期刊，稍後武昌高等師範學校設立了博物學系，出版過《博物學雜誌》，主要研究動物學、植物學及人體生理學，隨後又將博物學系改稱生物學系，《博物學雜誌》也相應改稱《生物學雜誌》，重走了西方的老路。北京高等師範學校也有類似經歷，甚爲盲目而混亂。至 30 年代，發現西方博物學自 20 世紀始，已轉型爲生態與環境探索，國人因再無興趣，對西方博物學的大規模推廣、學習在中國遂告停止，但因影响至深，其餘風猶存。

二、中華典籍浩如海，博物古學何處覓？

應當指出，中國古代典籍所載之草木、鳥獸、蟲魚之類，亦有別於西方，除却其自身屬性特徵外，又常常被人格化，或表親近，或加贊賞，體現了另一種精神情愫。如動物龜、鶴，寓意長壽（其後，龜又派生了貶義）；豺、狼、烏鴉、貓頭鷹，或表殘忍，或表不祥；其他如十二生肖，亦各有象徵，各有寓意。而那些無血肉、無情感的植物，同樣也被賦予人文色彩。如漢班固《白虎通·崩薨》載："《春秋含文嘉》曰：天子墳高三仞，樹以松；諸侯半之，樹以柏；大夫八尺，樹以欒；士四尺，樹以槐；庶人無墳，樹以楊、柳。"足見在我國古老的典制禮俗中，松、柏、欒、槐、楊、柳，已被賦予了不同的屬性，被分爲五等，楊、柳最爲低賤；就連如何埋葬也分爲五等，嚴於區別，從墳高三仞到無墳，成爲天子到庶人的埋葬標志。實則墳墓分爲等級，早在公元前 3300 年至公元前 2300 年的良渚古城遺址已經發現。這些浩浩博物，廣泛涉及了古老民族和古老國度的典制與禮俗，我國學人也難盡知，西方的博物學又當如何表述？

　　可見西方博物學絕難取代中華古典博物學，中華古典博物學的研究範圍，遠超西方博物學，或可說中華古典博物學大可包容西方博物學。如今，這一命題漸引起國內一些有識之士、專家學者的關注。那麼，中華古典博物學究竟發端於何時何地？有無相對成型的體系？如何重建？答曰：若就人類辨物創器而言，上古即已有之，環宇盡同。若僅就我中華文獻記載而言，有的學者認爲當發端於《周易》，因爲"易道廣大，無所不包"（《四庫全書總目提要》卷九），或認爲發端於《書·禹貢》，因爲此書廣載九州山河、人民與物產。《周易》《禹貢》當然可以視爲中華博物學的源頭。而作爲中華博物學體系的領銜專著，則普遍認爲始於晋代張華《博物志》。而論者則認爲，中華博物學成爲一門相對獨立的學科體系，當始於秦漢間唐蒙的《博物記》，此書南北朝以來屢見引用，張華《博物志》不過是續作而已。對此，前人久有論述。如《四庫全書總目提要》卷一四二曰："劉昭《續漢志》注《律曆志》引《博物記》一條，《輿服志》引《博物記》一条，《五行志》引《博物記》二條，《郡國志》引《博物記》二十九條……今觀裴松之《三國志》注（《魏志·太祖紀》《文帝紀》《吳志·孫賁傳》等）引《博物志》四條，又於《魏志·涼茂傳》中引《博物記》一條，灼然二書，更無疑義。"再如宋周密《齊東野語·野婆》曰："《後漢·郡國志》引《博物記》曰：'日南出野女，群行不見夫，其狀翯且白，裸袒無衣襦。'得非此乎？《博物記》當是秦漢間古書，張茂先（張華，字茂先）蓋取其名而爲《志》也。"再如明楊慎《丹鉛總錄》卷一一："漢有《博物記》，非張華《博物志》也，周公謹云不知誰著。考《後漢書》注，始知《博物記》爲唐蒙作。"如前所述，此書南北朝典籍中多有引用，如僅在南朝梁劉昭《續漢志》注中，《博物記》之名即先後出現了三十三次之多。據有關古籍記載，其內包括了律曆、五行、郡國、山川、人物、輿服、禮俗等，盡皆實有所指，無一虛幻。故在明代有關前代典籍分類中，已將唐蒙《博物記》與三國魏張揖《古今字詁》、晋呂靜《韻集》、南朝梁阮孝緒《古今文詁》、唐顏元孫《干祿字書》、宋洪适《隸釋》等字書、韻書并列（見明顧起元《説略》卷一五），足見其學術地位之高，而張華《博物志》則未被録入。

　　至西晋已還，佛道二教廣泛流傳，神仙方士之説大興，於是張華又衍《博物記》爲《博物志》，其書內容劇增，自卷一至卷六，記載山川地理、歷史人物、草木蟲魚，這些當是紀要考訂之屬，合乎本文指稱的名副其實的博物學系統。此外，又力仿《山海經》的體例，旨在記載异物、妙境、奇人、靈怪，以及殊俗、瑣聞等，諸多素材語式，亦幾與《山海經》盡同，若"羽民國，民有翼，飛不遠……去九嶷四萬三千里"云云，并非"浩博實物"，已近於"志怪"小説。張華自序稱其書旨在"博物之士覽而鑒焉"，張序指稱的"博物之士"，義同前引《左傳》之"博物君子"，其"博物"是指"博通諸種事物"，虚虚實實，紛紛紜紜，無所不包。此類記述，正合世風，因而《博物志》大行其道，《博物記》則漸被冷落，南北朝之後已失傳，其殘章斷簡偶見於他書，可輯佚者甚微。後世輾轉相引，又常與《博物志》混同。《博物志》至宋代亦失傳，今本十卷爲采摭佚文、剽掇他書而成，真僞雜糅，亦非原作。其後又有唐人林登《續博物志》十卷，緊接《博物志》之後，更拓其虚幻内容，以記神异故事爲主，多是叙述性文字，其條目篇幅較長，宋代之後也已亡佚。再後宋人李石又有同名《續博物志》十卷，其自序稱："次第仿華書，一事續一事。"實則并不盡然，華書首設"地理"，李書改增爲"天象"，其他内容，間有與華書重複者，所續多是後世雜籍，宋世逸聞。此書雖有舛亂附會之弊，仍不失爲一部難得的繼補之作。李書之後，又有明人游潛《博物志補》三卷，仍係補張華之《志》，旨趣體例略如李石之《續志》，但頗散漫，時補時闕，猥雜冗濫。李、游一續一補，盡皆因仍張《志》，繼其孑遺。以上諸書之所謂"博物"，一脉相承，注重珍稀之物而外，多以臚列奇事异聞爲主旨，同"浩博實物"的考釋頗有差异。游潛稍後，明董斯張之《廣博物志》五十卷問世，始一改舊例，設有二十二類，下列子目一百六十七種，所載博物始於上古，達於隋末，不再因仍張《志》而爲之續補，已是擴而廣之，另闢山林，重在追溯事物起源，其中包括職官、人倫、高逸、方技、典制，等等。其後，清人陳逢衡著有《續博物志疏證》十卷、《續博物志補遺》一卷，對李石《續志》逐條研究探索，并又加入新增條目，成爲最系統、最深入的《續》説。其後，徐壽基又著有《續廣博物志》十六卷，繼董《志》餘緒，於隋代之後，逐一相繼，直至明清，頗似李石之續張華。但《廣志》《續廣志》之類，仍非以專考釋"浩博實物"爲主旨。我國第一部以"博物"命名而研究實物的專著，當爲明末谷應泰之《博物要覽》。該書十六卷，惜所涉亦不過碑版、書畫、銅器、窑器、瑪瑙、珊瑚、珠玉、奇石等玩賞之器物，皆係作者隨所見聞，摭録成帙；所列未廣，其中碑版書畫，尤爲簡陋，難稱浩博，其影響遠不及前述諸《志》，但所創之寫實體例，則非同尋常。而最具權威者，當是明末黄道周所著《博物典彙》，該書共二十卷，所涉博物，始自遠古，達於當朝，上自天文地理，下至草木蟲魚，盡予囊括，并以其所在時代最新的觀點、視

野，對歷代博物著述進行了彙總研究。如卷一關於"天文"之考釋，下設"渾天""七曜"，
"七曜"下又設"日""月""五星"，再後又有"經星圖""緯星圖""二十八宿"。又如卷
七關於"后妃"，下設"宮闌內外之分""宮闌預政之誡"，緊隨其後的即教育"儲貳"之
法，等等，甚爲周嚴。

以上諸書就是以"博物"命名的博物學專著。在晚清之前，代代相繼，發展有序，并
時有新的建樹。

與這些博物學專著相并行，相匹配，另有以"事"或"事物"命名，旨在探索事物起
源的博物學專著。初始之作爲北魏劉懋《物祖》十五卷，稍後有隋謝昊《物始》十卷，是
對《物祖》的一次重大補正。《物始》之後，有唐劉孝孫等《事始》三卷，又有五代馮鑑
《續事始》十卷，是對《事始》的全面擴展與開拓。《續事始》之後，另有宋高承《事物紀
原》十卷，此書分五十五個類目，上自"天地生植"，中經"樂舞聲歌""輿駕羽衛""冠
冕首飾""酒醴飲食"，直至"草木花果""蟲魚禽獸"，較《物祖》《物始》尤爲完備，遂
成博物學的百代經典。接踵而來者有明王三聘《古今事物考》八卷，效法《紀原》之體，
自古至今，上至天文地理，下至昆蟲草木，中有朝制禮儀、民生器用、宮室舟車，力求完
備，較之他書尤得要領，類居目列，條理分明，重在古今考釋，一事一物，莫不求源溯
始，考核精審。此書載録服飾資料尤爲豐富，如卷一有上古禮制之種種服式，非常全面，
卷六所載後世之巾冠、衣、佩、帶、襪、履舄、僧衣、頭飾、妝飾、軍服等百餘種，考證
多引原書原文，確然有據，甚爲難得。就全書而言，略顯單薄。明徐炬又有《古今事物原
始》三十卷，此書仿高承《紀原》之體，又參《事物考》之章法，以考釋制度器物爲主，
古今上下，盡考其淵源，更有所得，凡日月星辰、山川草木，亦必確究其淵源流變，但此
與天地共生之浩浩博物，四百餘年前的一介書生，豈可臆測而妄斷？爲此而輾轉援引，頗
顯紛亂。且鳥獸花草之起首，或加偶語一聯，或加律詩二句，而後逐一闡釋，實乃蛇足。
其書雖有此瑕疵，卻不掩大成。與王、徐同代的還有羅頎《物原》二卷（《四庫》本作一
卷），羅氏以《紀原》不能黜妄崇真，故更訂爲十八門，列二百九十三條，條條錘實。如，
刻漏、雨傘、鋦子（用於連合破裂器物的兩腳釘）、酒、豆腐之類的由來，多有創見。惜
違《紀原》明記出典之體，又背《事物考》之道，凡有考釋，則溷集衆説爲一。如，烏
孫公主作琵琶，張華作苔紙，皆茫然不知所本。不過章法雖有差失，未臻完美，但其功
業甚巨，《物原》成爲一部研究記述我國先民發明創造的專著。時至清代，陳元龍又撰

《格致鏡原》一百卷。何謂"格致鏡原"？意即格物致知，以求其本原。此書的子目多達一千七百餘種，明代以前天地間萬事萬物盡予羅致，一事一物，必究其原委，詳其名號，廣博而精審，終成中華古典博物學的巔峰之作。

以上兩大系列專著，自秦漢以來，連續兩千載，一脉相承，這并非十三經、二十六史之類的敕編敕修，無人號令，無人支持，完全出自一種無形的力量，出自文化大國、中華文脉自惜自愛的傳承精神，從而構成浩大的博物學體系。在我國學術研究史中，在我國圖書編纂史中，乃至於世界文化史中，當屬大纛獨立，舉世無雙！本當如江河之奔，生生不息，終因清廷喪權辱國、全盤西化而戛然中斷。

三、博物古學歷磨難，科技起落何可悲！

回顧我國漫長的文化史可知，中華博物學是在傳統的"重道輕器"等陳腐觀念桎梏下，以強大的民族自覺精神、民族意志爲推動力，砥礪前行，千載相繼，方成獨立體系，因而愈加難得，愈加可貴。

"重道輕器"觀念是如何出現的？何謂"道器"？兩者究竟是何關係？《周易·繫辭上》曰："形而上者謂之道，形而下者謂之器。"何謂"道"？所謂道乃"先天地生"，無形無象、無聲無色、無始無終、無可名狀，爲"萬物之所然也，萬理之所稽也"（見《韓非子·解老》），是指形成宇宙萬物之本原，是形成一切事理的依據與根由。何謂"器"？器即宇宙間實有的萬物，包括一切科技發明，至巨至大，至細至微，充斥天地間，而盡皆不虛，或有實物可見，或有形體可指。器即博物，博物即器。"道器關係"本是一種有形無形、可見與不可見的生衍關係，并無高下之分，但在傳統文化中却另有解釋。如《周禮·考工記序》曰："坐而論道，謂之王公；作而行之，謂之士大夫；審曲面埶，以飭五材，以辨民器，謂之百工。"又曰："智者創物，巧者述之，守之世，謂之百工。百工之事，皆聖人之作也。"此文突顯了"道"對於"器"的指導與規範地位。"坐而論道"，可以無所不論，民生、朝政、國運、天下事，當然亦在所論之中。"道"實則是指整體人世間的一種法則、一種定律，或說是我古老的中華民族所創造的另一種學說。所謂"論道者"，古代通常理解爲"王公"或"聖人"，實則是代指一代哲人。《考工記序》却將論道與製器兩者截然分開，明確地予以區別，貶低萬衆的創造力，旨在維護專制統治，從而確定人們的身份地位。坐而論道者貴爲王公，親身製器者屬末流之百工（"審曲面埶，以飭五材、以辨民器"，謂觀察金、木、皮、玉、土之曲直、性狀，據以製造民人所需之器物）。《考工記序》所記雖名爲"考工"，實則是周代禮制、官制之反映，對芸芸衆生而言，這種等級關係之誘惑力超乎尋常，絕難抵禦，先民樂於遵從，樂於接受，故而崇敬王公，崇敬聖人，百代不休。因而在中國古代，科學技術大受其創。

"重道輕器"的陳腐觀念，在中國古代影響廣遠，"器"必須在"道"的限定之下進行，不得隨意製作，不得超常發揮，"道"漸演化爲統治者實施專政的得力手段。"坐而論道"，似乎奧妙無盡。魏晉時期，藉儒入道，張揚"玄之又玄"，乃至於魏晋人不解魏晋文章，本朝人爲本朝人作注，史稱"玄學"。兩宋由論道轉而談理，一代理學宗師應運而生，闡理思辨，超乎想象，就連虛幻縹緲的天宮，亦可談得妙理聯翩，後世道家竟繪出著名的《天宮圖》來。事越千載，五四運動時期，那些新文化運動主將們聯手痛搗"孔家店"，却不攻玄理，"論道""崇道""樂道""惜道"，滾滾而來，遂成千古"道"統，已經背離《易》《老》的本義。出於這樣的觀念，如何會看重"形而下"的博物與博物學？

那麼，古代先民又是如何看待與博物學密切相關的科學技術？《書・泰誓下》載，殷紂王曾作"奇技淫巧，以悦婦人"，爲百代不齒，萬世唾罵。何謂"奇技淫巧"？唐人孔穎達釋之曰："奇技謂奇異技能，淫巧謂過度工巧……技據人身，巧指器物。"所謂"奇技淫巧"，今大底可釋爲超常的創造發明，或可直釋爲科學技術。論者認爲，"百代不齒，萬世唾罵"者并不在於"奇技淫巧"這一超常的創造發明，而在於紂王奢靡無度，用以取悦婦人的種種罪孽。至於紂王是否奢靡無度，"以悦婦人"，今學界另有考證。紂王當時之所以能稱雄天下，正是由於其科技的先進，軍事的强大，其失敗在於大拓疆土，窮兵黷武，導致内外哀怨，決戰之際又遭際叛亂。所謂"以悦婦人"之妲己，衹是戰敗國的一種"貢品"而已，對於年過半百的老人并無多大"媚力"。關於殷商及妲己的史料，最早見於戰國時期成書的《國語・晋語一》，前後僅有二十七字，并無"酒池肉林""炮烙之刑"之類記載，後世史書所謂紂王對妲己的種種寵愛，實是一種演繹，意在宣揚"紅顔禍水"之説（此説最早亦源於前書。"紅顔禍水"，實當稱之爲"紅顔薄命"）。在中國古代推崇"紅顔禍水"論，進而排斥"奇技淫巧"，從而否定了科技的力量，否定了科技强弱與國家强弱的關係。時至周代，對於這種"奇技淫巧"，已有明確的法律限定："作淫聲、異服、奇技、奇器以疑衆，殺！"（見《禮記・王制》）這也就是說，要杜絕一切新奇的創造發明，連同歌聲、服飾也不得超乎常規，否則即犯殺罪！此文自漢代始，多有注疏，今擇其一二，以見其要。"淫聲"者，如春秋戰國時鄭、衛常有男女私會，謳歌相引，被斥爲淫靡之聲；"奇技"者，如年輕的公輸班曾"請以機窆"，即以起重機落葬棺木，因違反當時人力牽挽的埋葬禮節，被視爲不恭。一言以蔽之，凡有違禮制的新奇科技、新奇藝術，皆被視爲疑惑民衆，必判以重罪。這就是所謂"維護禮制"，其要害就是維護統治者的統治地位，故而衣食住行所需器物的質材及數量，無不在尊卑貴賤的等級制約之中。如規定平民不得衣錦綉，不得鼎食，商人、藝人不得乘車馬，就連權貴們娛樂時選定舞蹈的行列亦不可違制，違制即意味着不軌，意味着僭越。杜絕"奇技淫巧"，始自商周，直至明清而未衰。我國著名的四大發明，千載流傳，未料却如同國寶大熊猫一樣，竟由後世西方科學家代爲發現，實在可悲！四大發明、大熊猫之類，或因史籍隱冷，疏於查閱，或因地處山野，難以發現，姑可不論，但其他很多非常具體的發明創造，雖有群書連續記載，也常被無視，或竟予扼殺。如漢代即有超常的"女布"，因出自未嫁少女之手而得名（見《後漢書·王符傳》），南北朝時已久負盛名，稱"女子布"（見南朝宋盛弘之《荆州記》）。宋代又稱"女兒布"，被贊爲"布帛之品……其尤細者也"（見宋羅濬《寶慶四明志·郡志四》）。其後歷代製作，不斷創新，及至明清終於出現空前的妙品"女兒葛"。"女兒葛"爲細葛布的一種，其物纖細如蟬翼紗，又如傳說中的"蛟女絹"，僅重三四兩，捲其一端，整匹女兒葛便可出入筆管之中，精美絕倫，明代弘治之後曾發現於四川鄰水縣，但却被斷然禁止。明皇甫録《下陴記談》卷上："女兒葛，出鄰水縣，極纖細，必五越月而後成，不減所謂蟬紗、魚子纈之類，蓋十縑之力也。予以爲淫巧，下令禁止，無敢作者。"對此美妙的"女兒葛"，時任順慶府知府的皇甫録，并沒給予必要的支持、鼓勵，反而謹遵古訓，以杜絕"奇技淫巧"爲己任，堅決下達禁令，并引以爲榮。皇甫録乃弘治九年（1496）進士，爲官清正，面對"奇技淫巧"也如此"果斷"！此後清代康熙年間，"女兒葛"再現於廣東增城縣一帶，其具體情狀，清屈大均《廣東新語·貨語·葛布》中有翔實描述，但其遭遇同樣可悲，今"女兒葛"終於銷聲匿迹。在中國古代，類似的遭遇，又何止"女兒葛"？杜絕"奇技淫巧"之風，一脉相承，何可悲也。

　　但縱觀我華夏全部歷史可知，一些所謂的"奇技淫巧"之類，雖屢遭統治者的禁弃，實則是禁而難止，況統治者自身對禁令也時或難以遵從，歷代帝王皇室之衣食住行，幾乎無一不恣意追求舒適美好，爲了貪圖享樂，就不得不重視科技，就不得不啓用科技。如

"被中香爐"（爐內置有炭火、香料，可隨意旋轉以取暖，香氣縷縷不絕。發明於漢代）、"長信宮燈"（燈內裝有虹管，可防空氣污染。亦發明於漢代）的誕生，即明證。歷代王朝所禁絕的多是認定可能危及社稷之類的"奇技淫巧"，并未禁止那些有利於民生的重大發明，也没有壓抑摧殘黎民百姓的靈智（歷史中偶有以愚民爲國策者，祇是偶或所見的特例而已）。帝王們爲維護其統治地位，以求長治久安，在"重道輕器"的同時，也極重天文、曆算、農桑、醫藥等領域的研究，凡善於治國的當權者，爲謀求其國勢得以强盛，則必定大力倡導科技，《後漢書·和熹鄧皇后紀》所載即爲顯例。和熹皇后鄧綏（公元 81—121），深諳治國之道，兼通天文、算數。永元十四年（102），漢和帝死後，東漢面臨種種滅頂之灾，鄧綏先後擁立漢殤帝和漢安帝，以"女君"之名親政長達十六年，克服了有史以來最嚴重的十年天灾，剿滅海盜，平定西羌，收服嶺南三十六個民族，將九真郡外的蠻夷夜郎等納入版圖，恢復東漢對西域的羈縻，征服南匈奴、鮮卑、烏桓等，平息了内憂外患，使危機四伏的東漢王朝轉危爲安。正是在這期間，鄧綏大力發展科技，勉勵蔡倫改進造紙術，任用張衡研製渾天儀、地動儀等儀器，并製造了中尚方弩機，這一可以連續發射的弩機，其射程與命中率令時人驚嘆，成爲當時世界上最具殺傷力的先進武器（此外，鄧綏又破除男女授受不親的陳腐觀念，創辦了史上最早的男女同校學堂，并通過支持文字校正與字詞研究，推動了世界第一部字典《説文解字》問世）。這就爲傳統的博物研究提供了巨大的空間，因而先後出現了今人所謂的"四大發明"之類。實際上何止是"四大發明"？天文、曆算等領域的發明創造，可略而不論。鄧綏之前，魯班曾"請以機窆"的起重機，出現於春秋時期，早於西方七百餘年。徐州東洞山西漢墓出土的青銅透光鏡，歐洲和日本人稱其爲"魔鏡"，當一束光綫照射鏡面而投影在墙壁上時，墙上的光亮圈内就出現了銅鏡背面的美丽圖案和吉祥銘文。這一"透光鏡"比日本"魔鏡"早出現一千六百餘年，而歐洲的學者直到 19 世紀纔開始發現，大爲驚奇，經全力研究，得出自由曲面光學效應理論，將其廣泛運用於宇宙探索中。今日，國人已能够恢復這一失傳兩千餘載的原始工藝，千古瑰寶終得重放异彩！鄧綏之後，又創造了"噴水魚洗"，亦甚奇妙，令人大開眼界。東漢已有"雙魚洗"之名（見明梅鼎祚《東漢文紀》卷三二引《雙魚洗銘》），未知當時是否可以噴水。"噴水魚洗"形似現今的臉盆。盆内多刻雙魚或四魚，盆的上沿兩側有一對提耳，提耳的設置，不祇是爲了便於提動，同時又具有另外一個功用，即當手掌撫摩時，盆内還能噴射出兩尺高的水柱，水面形成一片浪花，同時會發出樂曲般的聲響，十分神奇。今可確知，"噴水魚洗"興起於唐宋之間（見宋王明清《揮麈前録》卷三、宋何薳《春渚紀聞》卷九），當是皇家或貴族所用盥洗用具。魚洗能夠噴水，其道理何在？美國、日本的物理學家曾用各種現代科學儀器反復檢測查看，試圖找出其導熱、傳感及噴射發音的構造原理，雖經全力研究，但仍難得以完整的解釋，也難以再現其效果。面對中國古代科技創造的這一奇迹，現代科學遭遇了空前挑戰，祇能"望盆興嘆"。

中華民族，中華博物學，就是在這樣複雜多變的背景之下跌宕起伏，生存發展，在晚清之前，兩千餘年來，從未停止前進的步伐，這又成爲中華民族的民族性與中華博物學的一大特點。

四、西化流弊何時休，誰解古老博物學？

自晚清以還，中華博物學沉淪百年之久，本當早已復蘇，時至今日，幸逢盛世，正益修典，又何以總是步履維艱？豈料經由西學東漸之後，在我國國內一些學人認定科學決定一切，無與倫比，日積月纍，漸漸形成了一種偏激觀念——"唯科學主義"，即以所謂是否合於科學，來判定萬事萬物的是非曲直，科學擁有了絕對的話語權。"唯科學主義"通常表現爲三種態度：一、否認物質之外的非物質。凡難以認知的物質，則稱之爲"暗物質"。這一"暗"字用得非常巧妙，"暗"，難見也！於是"暗物質"取代了"非物質"；二、否認科學之外的其他發現。凡是遇到無從解釋的難題，面對別家探索的結論，一律斥爲"僞科學"。三、否認科學範圍以外的其他一切生產力，唯有科學可以帶動社會發展，萬事萬物必須以科學爲推手。

何謂"科學"？中國古代本有一種認識論的命題，稱之爲"格致"，意謂"格物致知"，指深究事物原理以求得知識，從而認識各種客觀現象，掌握其變化規律。這種哲學我國先秦諸子久已有之，雖已歷千載百代，但却未得應有的重視，終被西方科學所取代。自16世紀始，歐洲由於文藝復興，挣脱了天主教會的長期禁錮，轉向於對大自然的實用性的探索，其代表作即哥白尼的"日心說"與伽利略天文望遠鏡的發明，同時出現牛頓的力學，這是西方的第一次科技革命。這一時期已有"科學"其實，尚無後世"科學"之名，起始定名爲英語 science 一詞，源於拉丁文，本意謂人世間的各種學問，隸屬於古希臘的哲學思想，是一種對於宇宙間萬事萬物的生衍關係的一種想象、一種臆解，原本無甚稀奇，此時已反響於歐洲，得以廣泛流傳。至 18 世紀，新興的資産階級取得政權，爲推行資本主義，又大力發展科學，西方科學已處於世界領先地位。時至 19 世紀 60 年代後期及 20 世紀初，歐洲發生了以電力、化學及鋼鐵爲新興産業的第二次科技革命，英語 science 一詞迅速擴展於北美和亞洲。日本明治維新時期，赴歐留學的日本學者將 science 譯成“科學”，學界認爲是藉用了中國科舉制度中“分科之學”的“科學”一詞，如同將英文 natural history 的語意翻譯成漢語“博物學”一樣，也并不準確，中國的變法派訪日時，對之頂禮膜拜，欣然接受，自家固有的“格致”一詞，如同國學中的其他語詞一樣被弃而不用，“科學”一詞因得以廣泛流傳。“科學”當如何定義？今日之“科學”包括了自然科學、社會科學、思維科學以及交叉科學。除却嚴謹的形式邏輯系統之外，本是一種具體的以實踐爲手段的實證之學。實踐與實證的結果，日積月纍，就形成了人類關於自然、社會和思維的認知體系，成爲人類評斷事物是非真僞的依據。但科學不可能將浩渺無盡的宇宙及宇宙間的萬事萬物盡皆予以實踐、實證，能够實踐、實證者甚微，因而科學總是在不斷地探索，不斷地補正，不斷地自我完善之中，其所能研究的領域與功能實在有限。當代科學可以在指甲似的晶片上，一次性地裝載五百億電晶體，可以將重達六噸以上的太空船射向太空，并按照既定指令進行各種探索，但却不能造出一粒原始的細胞來，因爲這原始細胞結構的複雜神秘，所藴含的奇妙智慧，人類雖竭盡全力，却至今無法破解。細胞來自何處？是如何形成的？科學完全失去了話語權！造不出一粒原始的細胞，造一片樹葉尤無可能，造一棵大樹更是幻想，遑論萬千物種，足證“科學”并非萬能的唯一學問。況且，“暗物質”之外，至少在中國哲學體系中尚有“非物質”。何謂“非物質”？“非物質”是與“物質”相對而言，區別於“暗物質”的另一種存在，正如前文所述，它“無形無象、無聲無色、無始無終、無可名狀”，在中國古代稱之爲“道”。“道”可以不遵循因果關係，可以無中生有，爲“萬物之所然也，萬理之所稽也”，可以解釋萬物的由來，可以解釋宇宙的形成。今以天體學的的視野略加分析，亦可見“唯科學主義”的是非。人類賴以生存的地球，其直徑約爲 12 742 公里，是太陽系中的第三顆小行星。太陽系的直徑約爲 2 光年，太陽是銀河系中數千億恒星之一，銀河系的直徑約爲 10 萬光年，包括 1 千億至 4 千億顆恒星，而宇宙中有一千至兩千億銀河系，宇宙有 930 億光年。一光年約等於 9.46 萬億公里。地球在宇宙中祇是一粒微塵，如此渺小的地球人能創造出破解一切的偉大科學，那是癡人説夢！中華先賢面對諸多奧妙，面對諸多不可思議的現象，提出這一“無可名狀”之“道”，當然并非憑空想象，自有其觀測與推理的依據，這顯然不同於源自西方的科學，或曰是西方科學所包容不了的。先賢提出的"無可名狀"的"道"，已超越物質的範圍，或曰"道"絕非"暗物質"所能替代的。這一"無可名狀"的"道"，在當今的別樣的時空維度中已得到初步驗證（在這非物質的維度中滿富玄機）。論者提出這一古老學說，旨在證明"唯科學主義"排斥其他一切學說，過分張揚，不足稱道，絕無否定或輕忽科學之意。百年前西學東漸，尤其是西方科學的傳入，乃是我中華民族思維與實踐領域的空前創獲，是實踐與思維領域的一座嶄新的燈塔，如今已是家喻户曉，人人稱贊，任誰也不會否認科學的偉大，但却不能與偏激的"唯科學主義"混同。後世"科學"一詞，又常常與"技術"連稱爲"科學技術"，簡稱"科技"。何謂"技術"？"技術"一詞來源於希臘文"techs"，通常指個人的技能或技藝，是人類利用現有實物形成新事物，或改變原有事物屬性、功能的方法，或可簡言之曰發明創造。科學技術不同於科學，也不同於技術，也不是科學與技術的簡單相加。科學技術是科學與技術的有機結合體系，既是人類認識世界和改造世界的成果或產物，又是人類認識世界和改造世界最有力的工具或手段，兩者實難分割。某些技術本身可能祇是一種技法，而高深技術的背後則必定是科學。

　　出於上述"唯科學主義"偏激觀念，重建中華博物學就遭致了質疑或否定，如有學者認爲，中國古代祇有技術而沒有科學，哪有什麽中華博物學？中華博物學被看作"前科學時代的粗糙的知識和技能的雜燴"，是一種"非科學性思考"，沒有什麽科學價值，當然也就沒有重建的必要，因爲西方博物學久已存在，無可替代。中國古代當真"祇有技術而沒有科學"麽？前文已論及"科學"與"技術"很難分割，在中國古代不祇有"技術"，同樣也有"科學"。回眸世界之歷史長河，僅就中西方的興替發展脉絡略作比較，就可以看到以下史實：當我中華處於夏禹已劃定九州、建有天下之際，西方社會多處於尚未開化的蠻荒歲月；當我中華已處於春秋戰國鋼鐵文化興起之際，整個西方尚處於引進古羅馬文明的青銅器時代；當我宋代以百萬册的印數印刷書籍之際，中世紀的西方仍然憑藉修士們成年纍月在羊皮卷上抄寫複製；著名的火藥、指南針等其他重大發明姑且不論，單就中國歷朝歷代任何一件發明創造而言，之於西方社會也毫不遜色，直至清代中葉，中國的科技一直處於世界領先地位。英國科學家李約瑟主編的七卷巨著《中國科學技術史》，即認爲西方古代科學技術85%以上皆源於中國。這是西方人自發的沒有任何背景、沒有任何色彩的論斷，甚爲客觀，迄今未見異議。此外又有學者指出，中華傳統博物學不祇擁有科技，又超越了科技的範疇，它是"關於物象（外部事物）以及人與物的關係的整體認知、研究範式與心智體驗的集合"，"這種傳統根本無法用科學去理解和統攝"，中華古典博物學"給我們提供的'非科學性思考'，恰恰是它的價值所在"（余欣《中國博物學傳統的重建》，載《中國圖書評論》，2013 年第 10 期，第 45 ~ 53 頁）。這無疑是對"唯科學主義"最有力的批駁！是的，本書極重"科技"研究，又不拘泥於"科技"，同樣重視"非科學性思考"。

　　中華古典博物學的研究主體是"博物"，是"博物史"，通過對"博物""博物史"的探索，而展現的是人，是人的生存、生活的具體狀況，是人的直觀發展史。中華傳統博物學構成了物我同類、天人合一的博大的獨立知識體系，是理解和詮釋世界的另一視野，這種視野中的諸多"非科學性思考"的博物，科學無法全面解讀，但却是真真切切的客觀存在。所謂傳統博物學是"前科學時代的粗糙的知識和技能的雜燴"，是"非科學性思考"的評價，甚是武斷，祇不過是一種不自覺的"唯科學主義"觀念而已。另將"科學"與"技術"分割開來，強調什麼"科學"與否，這一提法本身就不太"科學"。對此，本書前文已論及，無須複述。我國作爲一個古老國度，在其漫長的生衍過程中，理所當然地包容了"粗糙的知識和技能"。這一狀況世界所有古國盡有經歷，并非中國獨有。"粗糙的知識"的表述似乎也并不恰當，"知識"可有高下深淺之分，未聞有粗糙細緻之別。這所謂"粗糙"，大約是指"成熟"與否，實際上中華傳統博物學所涉之"知識和技能"，并非那麼"粗糙"，常常是合於"科學"的，有些則是非常的"科學"。英國科學家李約瑟等認定古代中國涌現了諸多"黑科技"。何謂"黑科技"？這是當前國際間盛行的術語，即意想不到的超越科技之科技，可見學界也是將"科學"與"技術"連體而稱，而并非稱"黑科學"。認定中國古代"祇有技術而没有科學"，傳統博物學是"前科學時代的粗糙的知識和技能的雜燴"之說，頗有些"粗糙"，準確地說頗有些膚淺！這位學者將傳統博物學統稱爲"前科學時代"的產物，亦是一種妄斷，也頗有些隨心所欲！何謂"前科學時代"？"前科學時代"是指形成科學之前人們僅憑五官而形成的一種感知，這種感知在原始社會時有所見，但也并非全部如此，如鑽木取火、天氣預測、曆法的訂立、灸砭的運用等，皆超越了一般的感知，已經形成了各自相對獨立的科學。看來這位學者并不怎麼瞭解中國古代科技史，并不太瞭解自家的傳統文化，實屬自誤而誤人。

　　中華博物學的形成及發展歷程，與西方顯然不同。西方博物學萌生於上古哲人的學説，其後則以自然科學爲研究主體，遍及整個歐洲，全面進入國民的生活領域。在這樣的文化背景之下，西方日益强大，直接影響和推動了社會的發展，因而步入世界前列。我中華悠悠數千載，所涉博物，形形色色，浩浩蕩蕩，逐漸形成了中華獨有的博物學體系，但面臨的背景却非常複雜，與西方比較是另一番天地，那就是貫穿數千載的"重道輕器"觀念與排斥"奇技淫巧"之國風，這一觀念、這一國風，其表現形式就是重文輕理，且愈演愈烈。如中國久遠的科舉制度，應試士子們本可"上談禮樂祖姬孔，下議制度輕儦玄"（見明高啓《送貢士會試京師》詩），縱論古今國事，是非得失，而朝廷則可藉此擇取英才，因而國家得以强盛。時至明代後期，舉國推行的科舉制度竟然定型爲千篇一律的八股文，泯滅了朝廷取才之道，一代宗師顧炎武稱八股之禍勝似"焚書坑儒"（見《日知録·擬題》）。清代後期爲維護其獨裁統治，手段尤爲專橫强硬，又向以"天朝"自居，哪裏會重視什麼西方的"科學技術"？"科學技術"的落伍最終導致文明古國一敗塗地，這也就是"李約瑟難題"的答案！"科學"之所以成爲"科學"，是因爲其出自實踐、實證，實踐、實證是科學的生命。實踐、實證又必須以物質爲基礎，這正與我中華博物學以浩浩博物爲研究主體相合！但中華博物學，或曰博物研究，始終被置於正統的國學之外，這一觀念與國風，極大地制約了中華博物學的發展。制約的結果如何？可以毫不誇張地説，直接阻礙了中國古代社會的歷史進程。

五、中華博物知多少，皓首難解千古謎

中華博物如繁星麗天，難以勝計，其中有諸多別樣博物，可稱之爲"黑科技"者，令人百思不得其解。如八十餘年前四川廣漢西北發現的三星堆古蜀文化遺址，距今約四千八百年至三千年左右，所在範圍非常遼闊，遠超典籍記載的成都平原一帶，此後不斷探索，不斷有新的發現，成爲 20 世紀人類最偉大的考古發現之一。該遺址内三種不同面貌而又連續發展的三期考古學文化，以規模壯闊的商代古城和高度發達的青銅文明爲代表的二期文化最具特點。二期文化中青銅器具占據主導地位，極爲神奇。衆多的青銅人頭象、青銅面具，千姿百態。還有舉世罕見的青銅神樹，該樹有八棵，最高者近 4 米，共分三層，樹枝上栖息有九隻神鳥，應是我國古籍所載"九日居下枝"的體現；斷裂的頂部，當有"一日居上枝"的另一神鳥，寓意九隻之外，另一隻正在高空當班。青銅樹三層

九鳥，與《山海經·海外東經》中所載"扶桑""若木""九日居下枝，一日居上枝"正同。上古時代，先民認爲天上的太陽是由飛鳥所背負，可知九隻神鳥即代表了九個太陽。其《南經》又曰："有木，其狀如牛，引之有皮，若纓、黃蛇。其葉如羅，其實如欒，其木若薑，其名曰建木。"何謂"建木"？先民認爲"建木"具有通天本能，傳說中伏羲、黃帝等盡皆憑藉"建木"來往神界與人間。由《山海經》的記載可知，這神奇物又來源於傳統文化，大量青銅文化明顯地受到夏商文明、長江中游文明及陝南文明的影響。那些金器、玉器等禮器更鮮明地展現出華夏中土固有的民族色彩。如此浩大盛壯，如此神奇，這一古蜀國究竟是怎樣形成的？又是怎樣突然消失的？詩人李白在《蜀道難》中曾有絕代一問："蠶叢及魚鳧，開國何茫然？"意謂蠶叢與魚鳧兩位先帝，是在什麼時代開創了古蜀國？何以如此茫茫然令人難解？今論者續其問曰："開國何茫然，失國又何年？開失兩難知，千古一謎團。"三星堆的發掘并非全貌，僅占遺址總面積的千分之一左右，只是古蜀文化的小小一角而已，更有浩瀚的未知數，國人面臨的將是另一個陌生的驚人世界。中華民族襟懷如海，廣納百川，中外文化相容并包，故而博大精深。這些百思不得其解的神奇之物，向無答案，確屬於所謂"非科學性思考"，當代專家學者亦爲之拍案。"唯科學主義"面臨這些"黑科技"的挑戰，當然也絕難詮釋。以下再就已見出土，或久已傳世之實物爲例。上世紀 80 年代，臨潼始皇陵西側出土了兩乘銅車馬，其物距今已有兩千二百餘年，造型之豪華精美，被譽爲世界"青銅之冠"，姑且不論。兩輛車的車傘，厚度僅 0.1 ～ 0.4 厘米，一號車古稱"立車"或"戎車"，傘面爲 1.12 平方米，二號車傘面爲 2.23 平方米，而且皆用渾鑄法一次性鑄出，整體呈穹隆形，均匀而輕薄，這一鑄法迄今亦是絕技，無法超越。而更絕的是一號立車的大傘，看似遮風擋雨所用，實則充滿玄機，此傘的傘座和手柄皆爲自鎖式封閉結構，既可以鎖死，又可以打開，同時可以靈活旋轉 180 度，隨太陽的方位變化而變化，亦可取下插入野外，遮烈日，擋風雨，賞心隨意。令人尤爲稱奇的是，打開傘柄處的雙環插銷，傘柄與傘蓋可各獨立，傘柄就成了一把尖銳的矛，傘蓋就成了盾，可攻可守。這一 0.1 ～ 0.4 厘米厚的盾，其抗擊力又遠勝今人的製造技術，令今人望塵莫及，故國際友人贊之爲罕見的"黑科技"。此外分存於西安與鎮江東西兩方的北宋石刻《禹迹圖》，尤爲奇異。此圖參閱了唐賈耽《海內華夷圖》，并非單純地反映宋代行政區劃及華夷之間的關係，而是上溯至《禹貢》中的山川、河流、州郡分布，下至北宋當世，已將經典與現實融爲一體。此圖長方約 1 平方米，宋朝行政區劃即達三百八十個之多，五個大湖，七十座山峰，更有蜿蜒數千里的長江、黃河等江川八十餘條；不衹是中原的地域，尚有與之接壤的大理、吐蕃、西夏、遼等區域，這些區域的山野江河亦有精準的繪製。作爲北宋時代的製圖人，即使能够遍踏域内、域外，也絶難僅憑一己的目力俯瞰全景。此圖由五千一百一十個小方格組成，每一小方格皆爲一百平方公里，所有城市、山野江河的大小距離，盡包容在這些格子裏，全部可以明確無誤地測算出來，其比例尺與今世幾無差异。如此細密精準，必須具有衛星定位之類的高科技纔能繪製出來，九百年前的宋人是憑藉什麽儀器完成的？此一《禹迹圖》較之秦陵銅車馬，更超乎想象，詭异神奇，故而英國學者李約瑟評之爲"世界上最神秘、最杰出的地圖"，美國國家圖書館將一幅19世紀據西安圖打製的拓本作爲館藏珍品。中國古代"黑科技"，又何止臨潼銅車馬與《禹迹圖》？

　　除却上述文獻記載與出土及傳世之物外，另一些則是實見於中華大地的奇特自然景觀，這些百思不得其解的神奇之物，散處天南海北，自古迄今，向無答案，亦屬於所謂"非科學性思考"，當代專家學者亦爲之拍案。"唯科學主義"面臨這些"黑科技"的挑戰，當然也絶難詮釋。我中華大地這些神奇之物，在當世尤應引起重視，國人必須迎接"超科技時代"的到來。如"應潮井"，地處南京市東紫金山南麓定林寺前。此井雖遠在深山之間，却與五公里外的長江江潮相應，江水漲則井水升，江水退則井水降，同處其他諸井皆無此現象。唐宋以來，已有典籍記載，如《江南通志・輿地志・江寧府》引唐段成式《酉陽雜俎》："蔣山有應潮井，在半山之間，俗傳云與江潮相應，嘗有破船朽板自井中出。"《景定建康志・山川志三・井泉》："應潮井在蔣山頭陁寺山頂第一峰佛殿後。《蔣山塔記》云：'梁大同元年，後閣舍人石興造山峰佛殿，殿後有一井，其泉與江潮盈縮增减相應。'"何以如此，自發現以來，已歷千載，迄今無解。以上的奇特之物，多有記載，名揚天下，而另一些奇物，却久遭冷落，默默無聞。如"靈通石"，亦稱"神石""報警石"，俗稱"猪叫石"。該石位於太行大峽谷林縣境内高家臺輝伏巖村。石體方正，紫紅色，裸露於地面約4立方米，高寬各3米，厚2米，象是一頭體積龐大的臥猪，且能發聲如猪叫。傳聞每逢大事（包括自然灾害、重大變革等）來臨之前，常常"鳴叫"不止，大事大叫數十天，小事則小叫數日，聲音忽高忽低，一次可叫百餘聲，百米之内清晰可聞。但其叫聲衹能現場聆聽，不可録音。何以如此怪异？同樣不得而知！中華博物浩浩洋洋，漫漫無涯，可謂無奇不有，作爲博物之學，亦必全力探究，這也正是中華博物學承担的使命。

六、中華博物學的研究範圍與狀況，新建學科的指嚮與體式如何？

中國當代尚未建立博物學會，也没有相應的報刊，人們熟知的則是博物院館，而博物院館的職責在於收藏、研究并展出傳世的博物，面對日月星辰、萬物繁衍以及先民生息起居等數千年的古籍記載（包括失傳之物），豈能勝任？中華博物全方位研究的歷史使命衹能由新興的博物學承擔。古老中華，悠悠五千載，博物浩茫，疑難連篇，實難解讀，而新興的博物學却不容迴避，必須做出回答。

本書指稱的博物，包括那些自然物，但并不限於對其形體、屬性的研究，體現了博物古學固有的格致觀念，且常常懷有濃厚的人文情結，可謂奧妙無窮，這又迴别於西方博物學。

如"天宇"，當做何解釋？在中國傳統文化中是與"宇宙"并存的稱謂，重在強調可見的天體和所有星際空間。前已述及，天體直徑可達930億光年以上，實際上可能遠超想象。這就出現了絶世難題：究竟何謂天體？天體何來？戰國詩人屈原在其《天問》篇中，曾連連問天："上下未形，何由考之？""馮翼惟象，何以識之？""明明闇闇，惟時何爲？"千古之問，何人何時可以作答？天宇研究在古代即甚冷僻，被稱爲"絶學"。中國是天宇觀測探索最爲細密的文明古國之一，天象觀測歷史也最爲悠遠，殷墟甲骨、《書》《易》諸經，盡有記載，而歷代正史又設有天文、曆律之類專志，皇家設有司天監之類專職機構，憑此"觀天象、測天意"，以決國策。於是，天文之學遂成諸學之首。天宇研究的主體是天空中的各種現象，這些現象又以各種星體的位置、明暗、形狀等的變化爲主，稱之爲星象。星象極其繁複，難以辨識。於是，在天空位置相對穩定的恒星就成爲必要的定位標志。在人們目力所及的範圍内，恒星數以千計，簡單命名仍不便查找和定位，我華夏先民又將天空劃分爲若干層級的區域，將漫天看似雜亂無章的恒星位置相近者予以組合并命名，這些組合的星群稱之爲星宿。古人視天上諸星如人間職官，有大小、尊卑之分，故又稱星官，因而就有了三垣二十八宿，成爲古天宇學最重要理論依據，這一理論西方天文學絶難取代。

再如古代類書中指稱的"蟲豸"，當代辭書亦少有確解。何謂"蟲豸"？舉凡當今動物學中的昆蟲綱、蛛形綱、多足綱，以及爬行動物中的綫形動物、扁形動物、環節動物、軟體動物中形體微小者，皆爲蟲豸之屬。蟲豸形雖微小，然其生存之久、種類之繁、分布之廣、形態之多、數量之巨，從生物、生態、應用、文化等角度，其意義和價值都大异於其他各類動物，或説是其他各類動物所不能比擬的。蟲豸之屬，既能飛於空，亦能游於水，既能潛於土，亦能藏於山，形態萬千，且各具靈性，情趣互异，故古代典籍遍見記叙，不僅常載於詩文，且多見筆記、小説中。先民又常憑藉其築穴或搬遷之類活動，以預測氣象變化或靈异别端，同樣展現了一幅具體生動的蟲文化畫卷，既有學術價值，又充滿趣味性。自《詩》始，就出現了咏蟲詩，其後歷代從蝶舞蟬鳴、蟻行蛇爬中得到靈感者代不乏人，或以蟲言志，或以蟲抒懷，或以蟲爲比，或以蟲爲興，甚至直以蟲名入於詞牌、曲牌，如僅蝴蝶就有"蝴蝶兒""玉蝴蝶""粉蝶兒""蝶戀花""撲蝴蝶""撲粉蝶"等名類。唐歐陽詢《藝文類聚》收集有關蟬、蠅、蚊、蝶、螢、叩頭蟲、蛾、蜂、蟋蟀、尺蠖、螳、蝗等蟲類的詩、賦、贊等數量浩繁，後世仿其體例者甚多，如《事物紀原》《五雜俎》《淵鑑類函》《古今圖書集成・禽蟲典》等，洋洋大觀。不僅詩詞歌賦，在成語、俗語中，言及蟲豸者，亦不可勝數，如莊周夢蝶、蠶首蛾眉、金蟬脱殻、螳螂捕蟬、螳臂當車、蚍蜉撼樹、作繭自縛、飛蛾撲火（詞牌名爲"撲燈蛾"）等；不僅見諸歷代詩文，今世辭章以蟲爲喻者，仍沿襲不衰，如以蝸喻居、以蝶喻舞、以蟬翼喻輕薄、以蛇蠍喻狠毒等，比比皆是，不勝枚舉。

　　本博物學所指稱博物又包括了人類社會生活的各方面、領域，自史前達於清末民初，有的則可直達近現代，至巨至微，錯綜複雜。而對於某一具體實物，必須從其初始形態、初始用途的探討入手，而後追逐其發展演變過程，這樣纔能有縱横全面的認定，從而作出相應的結論，這正是新興博物學的使命之一。今僅就我中華民族時有關涉者予以考釋。今日，國人對於古代社會生活實在太過陌生，現當代權威工具書所收録的諸多重要的常見詞目，常常不知其由來，遭致誤導。如"祭壇"一詞，《漢語大詞典・示部》釋文曰：

　　　　祭壇：供祭禮或宗教祈禱用的臺。劉大傑《中國文學發展史》第一章三："無論藝術哲學都得屈服於宗教意識之下，在祭壇下面得着其發展生命了。"艾青《吹號者》詩："今日的原野呵，已用展向無限去的暗緑的苗草，給我們布置成莊嚴的祭壇了。"亦指上壇祭祀。侯寶林《改行》："趕上皇上齋戒忌辰，或是皇上出來祭壇，你都得歇工（下略）。"

　　以上引用的三個書證全部是現代漢語，檢索此條的讀者可能會認定"祭壇"乃無淵源的新興詞，與古漢語無關。豈不知《晋書・禮志下》《舊唐書・禮儀志三》《明史・崔亮傳》

諸書皆有"祭壇"一詞，又皆爲正史，并不冷僻。《漢語大詞典》爲證實"祭壇"一詞的存在，廣予網羅，頗費思索，連同侯寶林的相聲也用作重要書證。侯氏雖被贊爲現代語言大師，但此處的"祭壇"，并非"供祭禮或宗教祈禱用的臺"，"祭"與"壇"爲動賓語結構，并非名詞，不足爲據。還應指出，"祭壇"作爲人們祭祀或祈禱所用實體的臺，早在史前即已出現，初始之時不過是壘土爲臺罷了。

此外，直接關涉華夏文化傳播形式的諸多博物更是大异於西方。如"文具"初稱"書具"，其稱漢代大儒鄭玄在《禮記·曲禮上》注中已見行用。千載之後，宋人陶穀《清異錄·文用》中始用"文具"一詞。文具泛指用於書寫繪畫的案頭用具及與之相應的輔助用具。國人憑藉這些文具，創造了最具特色的筆墨文化、筆墨藝術，憑藉這些文具得以描述華夏五千載的燦爛歷史。中華傳統文具究有多少？國人最爲熟悉的莫過於"文房四寶"，實際又何止"文房四寶"？另有十八種文房用具，定名爲"十八學士"，宋代林洪曾仿唐韓愈《毛穎傳》作《文房職方圖贊》（簡稱《文房圖贊》，即逐一作圖爲之贊）。實際上遠超十八種，如筆筒、筆插、筆掭、筆洗、墨水匣、墨床、水注、水承、水牌、硯滴、硯屏、印盒、帖架、鎮紙、裁刀、鉛槧、算袋、照袋、書床、筆擱、高閣，等等，已達三十種之多。

"文房四寶""十八學士"之類中華獨具的傳統文化，今國人熟知者已不甚多，西方博物又何從涉及？何可包容？

七、新興博物學的表述特點，其古今考辨的啓迪價值

當代新興博物學所展現的是中華博物本身的生衍變化以及其同物異名、同名異物等，其主旨之一在於探尋我古老的中華民族的真實歷史面貌，溫故知新，從而更加熱愛我們偉大的中華文明。

偉大的中華民族，在歷史上產生過許多杰出的思想觀念，比如，我中華民族風行百代的正統觀念是"君爲輕，民爲本，社稷次之"（見《孟子·盡心下》），這就是強調人民高於君王，高於社稷（猶"國家"），人民高於一切！古老的中華正統對人民如此愛護，如此尊崇，在當今世界也堪稱難得。縱觀朝代更迭的全部歷史可知，每朝每代總有其興起及消亡的過程，有盛必有衰。在這部《通考》中，常有實例可證，如有關商代都城"商邑"的

記載，就頗具代表性。試看，《詩·商頌·殷武》："商邑翼翼，四方之極。"鄭玄箋："極，中也。商邑之禮俗翼翼然……乃四方之中正也。"孔穎達疏："言商王之都邑翼翼然，皆能禮讓恭敬，誠可法則，乃爲四方之中正也。"《詩》文謂商都富饒繁華，禮俗興盛，足可爲全國各地的學習楷模。"禮俗"在上古的地位如何？《周禮·天官·大宰》曰："以八則治都鄙：一曰祭祀，以馭其神……六曰禮俗，以馭其民。"這是說周代統治者以禮俗馭其民，如同以祭祀馭鬼神一樣，未敢輕忽怠慢，禮俗之地位絕不可等閑視之。古訓曰："倉廩實而知禮節，衣食足而知榮辱。"（見《史記·管晏列傳》）此處的"禮節"是禮俗的核心内容，可見禮俗源於"倉廩實"。"倉廩實"展現的是國富民强，而國富民强，必重禮俗，禮俗展現了國家的面貌。早在三千年前的商代，已如此重視禮俗。"商邑翼翼"所反映的是上古時期商都全盛時期的繁華昌明，其後歷代亦多有可以稱道的興盛時期，如"漢武盛世""文景盛世"、唐"貞觀盛世""開元盛世"、宋"嘉祐盛世"、明"永宣盛世"、清"康乾盛世"等，其中更有"夜不閉户，路不拾遺"的佳話。盛世總是多於亂世，或曰温飽時代總是多於飢寒歲月。唐代興盛時期，君臣上下已萌生了甚爲隨和的禮儀狀態，不喜三拜九叩之制，宋元還出現了"衣食父母"之類敬詞（見宋祝穆《古今事物類聚别集》卷二〇、元關漢卿《竇娥冤》第二折），這正體現了"王者以民爲天，民以食爲天"（見《漢書·酈食其傳》）的傳統觀念。中國歷史上的黎民百姓并非一直生活在水深火熱之中，在漫長的歲月中也常有温飽寧静的生活，因而涌現了諸多忠心報國的詩詞。如"但使龍城飛將在，不教胡馬度陰山"（唐王昌齡《出塞二首》之一）；"忘身辭鳳闕，報國取龍庭"（王維《送趙都督赴代州得青字》）；"僵卧孤村不自哀，尚思爲國戍輪臺"（宋陸游《十一月四日風雨大作》）；"奇謀報國，可憐無用，塵昏白羽"（宋朱敦儒《水龍吟·放船千里凌波去》）。

　　久已沉淪的傳統博物學今得重建，可藉以知曉我中華兒女擁有的是何樣偉大而可愛的祖國！偉大而可愛的祖國，江山壯麗，蘭心大智，光前裕後，莘莘學子尤當珍惜，尤當自豪！回眸古典博物學的沉淪又可確知，鴉片戰争給中華民族帶來的是空前的傷害，不衹是漢唐氣度蕩然無存，國勢極度衰微，最爲可怕的是傷害了民族自信，爲害甚烈。傷害了民族自信，則必會輕視或否定傳統文化，百代信守的忠義觀念、仁義之道，必消失殆盡，代之而來的則是少廉寡恥，爾虞我詐，以崇洋媚外爲榮，這一狀況久有持續，對青少年的影響尤甚，怎不令人痛心！時至當代，正全力弘揚中華優秀傳統文化，全力推行科技創新，踔厲奮發，重振國風，這又怎不令人慶幸！

　　新興博物學在展現中華博物本身的生衍變化進而展現古代真切的社會生活之外，又展現了一種獨具中華風采的文化體系。如常見語詞"揚州瘦馬"，其來歷如何？祇因元馬致遠《天净沙·秋思》中有"西風古道瘦馬"之句。自 2008 年山西吕梁市興縣康寧鎮紅峪村發現元代壁畫墓以來，其中的一首《西江月》小令："瘦藤高樹昏鴉，小橋流水人家，古道西風瘦馬，夕陽西下，已獨不在天涯。"在學界引發了關於《天净沙·秋思》的爭論熱議。由《西江月》小令聯想元代的另一版本："瘦藤老樹昏鴉，遠山流水人家，古道西風瘦馬，夕陽西下，斷腸人去天涯。"於是有學人又認爲此一"瘦馬"當指"揚州藝妓"，意謂形單影隻的青樓女子思念遠赴天涯的情郎——"斷腸人"，但這小令中的"瘦馬"之前，何以要冠以"古道西風"四字？則不得而知。通行本狀寫天涯游子的冷落凄凉情景，堪稱千古絕唱，無可置疑。那麼何以稱藝妓爲"瘦馬"？"瘦馬"一詞，初見於唐白居易《有感》詩三首之二："莫養瘦馬駒，莫教小妓女。後事在目前，不信君看取。馬肥快行走，妓長能歌舞。三年五年間，已聞換一主。"金董解元《西廂記諸宫調》中的《仙吕·賞花時》又載："落日平林噪晚鴉，風袖翩翩吹瘦馬。"此處的"瘦馬"無疑確指藝妓。稱妓女爲人人可騎的馬，後世又稱之爲"馬子"，是一種侮辱性的比擬。何以稱"瘦"？在中國古代常以"瘦"爲美，"瘦"本指腰肢纖細，故漢民歌曰："楚王好細腰，宫中多餓死。""細腰"强調的是苗條美麗。"好細腰"之舉，在南方尤甚，揚州的西湖所以稱之爲"瘦西湖"，不祇是因其狹長緊連京杭大運河，實則是因湖邊楊柳依依，芳草萋萋，又有荷花池、釣魚臺、五亭、二十四橋，美不勝收，較之杭州西湖有一種别樣的美麗。國人何以推崇揚州？《禹貢》劃定九州之中就有揚州，今之揚州已有兩千五百餘年的歷史。其主城區位於長江下游北岸，可追溯至公元前 486 年。春秋時期，吳王夫差在此開鑿了世界最早的運河——邗溝，建立邗城，孕育了唯一與邗溝同齡的運河城；因水網密布，氣候温潤，公元前 319 年，楚懷王熊槐在此建立廣陵城（今揚州仍沿稱"廣陵"），遂成爲中華歷史名城之一。此後歷經魏晉等朝代多次重修，至隋文帝開皇九年（589），廣陵改稱揚州。揚州除却政治地位顯赫之外，又是美女輩出之地，歷史上曾有漢趙飛燕、唐上官婉兒及南唐風流帝王李煜先後兩任皇后周蔷、周薇，號稱"四大美女"。隋煬帝楊廣又在此開鑿大運河，貫通至京都洛陽旁連涿郡，藉此運河三下揚州，尋歡作樂。時至唐代，揚州更是江河交匯，四海通達，成爲全國性的交通要衝，故有"故人西辭黃鶴樓，煙花三月下揚州。孤帆遠影碧空盡，唯見長江天際流”的著名詩篇（唐李白《黃鶴樓送孟浩然之廣陵》，今之揚州已遠離長江）。揚州在唐代是除却長安之外的最爲繁華的大都會，商旅雲聚，青樓大興，成爲文壇才士、豪門公子醉生夢死之地。唐王建《夜看揚州市》詩贊曰：“夜市千燈照碧雲，高樓紅袖客紛紛。”詩人杜牧《遣懷》更有名作：“落魄江湖載酒行，楚腰纖細掌中輕。十年一覺揚州夢，贏得青樓薄幸名。”此“楚腰纖細掌中輕”之用典，即直涉楚靈王好細腰與趙飛燕的所謂“掌中舞”兩事。杜牧憑藉豪放而婉約的詩作，贏得百世贊頌，此詩實是一種自嘲、以書懷才不遇之作，却曾遭致史家“放浪薄情”的詬病。大唐之揚州，確是令人嚮往，令人心醉，故而詩人張祜有“人生只合揚州死”（見其所作《縱游淮南》）之感嘆。元代再度大修的京杭大運河弃洛陽直達北京，揚州之地位愈加顯赫。總之，世界這一最古最長的大運河歷代修建，始終離不開揚州。時至明清，揚州經濟依然十分繁盛，仍是達官貴人喜於擇居之地，兩淮鹽商亦集聚於此，富甲一方，由此振興了園林業、餐飲業，娛樂中的色情業也應運而生，養“瘦馬”就是其中的一種，一些投機者低價買進窮苦人家的美麗苗條幼女，令其學習言行禮儀、歌舞繪畫及其他媚人技能技巧，而後以高價賣至青樓或權貴豪門，大發其財。除却“揚州瘦馬”之外，又催生了著名的“揚州八怪”，文化藝術色彩愈加分明。

“揚州瘦馬”本是一種當被摒弃的陋習，不足爲訓，但這一陋習所反映出的却是關聯揚州的一種別樣的文化，反映了揚州古今社會的經濟發展與變化，這當然也是西方博物學替代不了的。

結　語

綜上所述可知，中華博物學是學術研究中的另一方天地，無可替代，必須重建，且勢在必行。如何重建？如何展現我中華博物獨有的神貌？答曰：中華博物絕非僅指博物館的收藏物，必須是全方位的，無論是宮廷裏，無論是山野間，無論是人工物，無論是天然品，無論是社會中，無論是自然界裏，皆應廣予收錄考釋。考釋的主旨，乃探索我中華浩浩博物的淵源、流變。此一博物學甚重“物”的形體、屬性及其淵源流變，同時又關注其得名由來，重視兩者間的生衍關係。通常而言（非通常情況當作別論），在人類社會中有其物必當有其名，有其名亦必有其物。此外，更有同物異名，或同名異物之別。探究"物"本體的淵源流變并釐清名物關係，這就是中國古典博物學的使命，這也正是最爲嚴密的格物致知，也正是最爲嚴肅的科學體系。但中國古典博物學，又必須體現《博物記》以還的國學傳統，必須體現博大的天人視野及民胞物與情懷，有助於我中華的再度振起，乃至於世界的安寧和諧。而那些神怪虛無之物，則不得納入新的博物學中，祇能作爲附錄以備考。如何具體裁定，如何通盤布局，并非易事，遠超想象。因我中華民族是喜愛并嚮往神話的古老民族，又常常憑藉豐富的想象對某種博物作出判斷與解讀，判斷與解讀的結果，除却導致無稽的荒誕之外，又時或引發別樣的思考，常出乎人們的所料，具有別樣的價值。如水族中的"比目魚"，亦稱"王餘魚""兩鰤""拖沙魚""鞋底魚""板魚""箬葉"，俗稱"偏口魚"，爲鰈形目魚類之古稱。成魚身體扁平而闊，兩眼移於頭的另一端，習慣於側臥，朝上的一面有顏色鮮明的眼睛，朝下一面似無眼睛，先民誤以爲祇有一眼，必須相互比并而行。此一判斷與解讀，始自漢代《爾雅·釋地》："東方有比目魚焉，不比不行。"郭璞注："狀似牛脾……一眼，兩片相合乃得行。今水中所在有之，江東又稱爲王餘魚。"事過千載，直至明代李時珍《本草綱目》問世，盡皆認定比目魚僅有一隻眼，出行必須各藉他魚另一眼（見《本草綱目·鱗四·比目魚》）。傳統詩文中用比目魚以比喻形影不離的情侶或好友，先民爭相傳頌，百代不休，直至 1917 年徐珂的《清稗類鈔》問世，始知比目魚兩眼皆可用，不必兩兩并游（《清稗類鈔·動物篇》）。古人憑藉想象，又認爲尚有與比目魚相對應的"比翼鳥"，見於《爾雅·釋地》："南方有比翼鳥焉，不比不飛。"這一"比翼鳥"，僅一目一翼，須雌雄并翼飛行，如同比目魚一樣，亦用以比喻形影不離的情侶或好友。"比目魚""比翼鳥"之類虛幻者外，後世又派生了所謂"連理枝"，著名詩作有唐白居易《長恨歌》曰："在天願爲比翼鳥，在地願爲連理枝。"何謂"連理枝"？"連理枝"是指自然界中罕見的偶然形成的枝和幹連爲一體的樹木。"連理枝"之外，又出現了"并蒂蓮"之類。"并蒂蓮"亦稱"并頭蓮""合歡蓮"等，是指一莖生兩花，花各有蒂，蒂在花莖上連在一起的蓮花。這種"連理枝""并蒂蓮"，難以納入下述的世界通行的階元系統，也難依照林奈創立的雙名命名法命名，但却又是一種不可忽視的實物，是大自然所形成的另一種奇妙的實物。此一"并蒂蓮"如同"比目魚""連理枝"一樣，亦用以喻情侶或好友，同樣廣見於傳統詩文。歲月悠悠，始於遠古，達於近世，先民對於我中華博物的無限想象以及與之并行的細密觀察探索，令人嘆爲觀止，凡天地生靈、袞袞萬物，無所不及，超乎想象，從而構成了一幅文明古國的壯闊燦爛畫卷。

　　這當是歷經百年沉淪、今得復蘇的我國傳統的博物學，這當是重建的嶄新的全方位的中華博物學。

　　中華博物學除却遵循發揚傳統的名物學、訓詁學、考據學及近世的考古學之外，也廣泛汲取了當代天文、地理、生物、礦物、農學、醫學、藥學諸學的既有成就，其中動植物的本名依照世界通行的階元系統，分爲界、門、綱、目、科、屬、種七類。又依照瑞典卡爾·馮·林奈（瑞文Carl von Linné）創立的雙名命名法命名。“連理枝”“并蒂蓮”“比目魚”“比翼鳥”之屬旁及龍、鳳、麒麟、貔貅等傳説之物，則作爲附録，劃歸相應的動物或植物卷中。這樣的研究章法，這樣的分類與標注，避免了傳統分類及形狀描述的訛誤或不確定性，即可與國際接軌。綜合古今中外，論者認爲《中華博物通考》的研究主體，可劃歸三十六大類，依次排列如下：

　　《天宇》《氣象》《地輿》《木果》《穀蔬》《花卉》《獸畜》《禽鳥》《水族》《蟲豸》《國法》《朝制》《武備》《教育》《禮俗》《宗教》《農耕》《漁獵》《紡織》《醫藥》《科技》《冠服》《香奩》《飲食》《居處》《城關》《交通》《日用》《資産》《珍奇》《貨幣》《巧藝》《雕繪》《樂舞》《文具》《函籍》。

　　存史啓智，以文育人，乃我中華千載國風。新時代習近平總書記甚重民族自信、文化自信，極力倡導“舊邦新命”，明確指出要“盛世修文”，怎不令人振奮，令人鼓舞！今日，我輩老少三代前後聯手、辛苦三十餘載、三千餘萬言的皇皇巨著——《中華博物通考》欣幸面世，并得到國家出版基金資助。這就昭示了沉淪百載的中華傳統博物學終得復蘇，這就是重建的全新中華博物學。“舊邦新命”“盛世修文”，重建博物學，旨在賡續中華文脉，發揚優秀傳統文化，汲取生生不息的精神力量，再現偉大民族的深邃智慧，展我生平志，圓我强國夢！

張述錚

乙丑夾仲首書於山東師範大學映月亭
甲辰南吕增補於歷下龍泉山莊東籬齋

總　說

——漫議重建中華博物學的歷史意義與現實價值

緣　起

　　《中華博物通考》（下稱《通考》）是一部通代史論性的華夏物態文化專著，係"九五""十五""十四五"國家重點出版物專項規劃項目，并得到 2020 年度國家出版基金資助。全書共三十六卷，另有附錄一卷，其中有許多卷又分上下或上中下，計有五十餘册，逾三千萬字。《通考》的編纂，擬稿於 1990 年夏，展開於 1992 年春，迄今已歷三十餘載，初始定名爲《中華博物源流大典》，原分三十二門類（即三十二卷）。此後，歷經斟酌修補，終成今日規模。三十餘載矣，清苦繁難，步履維艱，而大江南北，海峽兩岸，衆多學人，三代相繼，千里聯手，任勞任怨，無一退縮，何也？因本書關涉了古老國度學術發展的重大命題，足可爲當今社會所藉鑒，作者們深知自家承擔的是何樣的重任，未敢輕忽，未敢怠慢。

　　何謂中華物態文化？中華物態文化的研究主體就是中華浩博實物。其歷史若何？就文字記載而言，中華物態文化史應上溯於傳說中的三皇五帝時期，隸屬於原始社會。"三皇五帝"究竟爲何人，我國史家多有不同見解，大抵有三說：一曰"人間君主說"，"三皇"分別指天皇、地皇、人皇，"五帝"分別指炎帝烈山氏、黃帝有熊氏、顓頊高陽氏、帝堯陶唐氏和帝舜有虞氏；二曰"開創天下説"，三皇分別指有巢氏、燧人氏、伏羲氏，"五帝"分別指炎帝烈山氏、黄帝有熊氏、顓頊高陽氏、帝堯陶唐氏和帝舜有虞氏；三曰"道治德化説"，認爲"三皇以道治，五帝以德治"，"三皇"是遠古三位有道的君主，分別指太昊伏羲氏、炎帝神農氏及黄帝軒轅氏，五帝則是少昊金天氏、顓頊高陽氏、帝嚳高辛氏、帝堯陶唐氏和帝舜有虞氏。有關三皇五帝的組合方式，典籍記載亦不盡相同，大抵有四種，在此不予臚列。"三皇五帝"所處時間如何劃定，學界通常認爲有巢、燧人、伏羲屬於舊石器時代，有巢、燧人爲早期，伏羲爲晚期，其餘皆屬新石器時代，炎帝、黄帝、少昊、顓頊等大致同時，屬仰韶文化後期和龍山文化早期。"三皇五帝"後期，已萌生并逐步邁進文明史時代。

中華文明史，國際上通常認定爲三千七百年（主要以文字的誕生與城邑的出現等爲標志），國人則認定爲逾五千年，今又有九千年乃至萬年之説。後者可以上溯至新石器時代，如隸屬裴李崗文化的河南省舞陽縣賈湖村出土了上千粒碳化稻米，約有九千年歷史，是世界最早的栽培粳稻種子。經鑒定其中百分之八十以上不同於野生稻，近似現代栽培稻種，可證其時已孕育了農耕文化。其中發現的含有稻米、山楂、葡萄、蜂蜜的古啤酒也有九千年以上的歷史，可證其時已掌握了釀造術。賈湖又先後出土了幾十支骨笛，也有七千八百年至九千年的歷史，其中保存最爲完整者，可奏出六聲音階的樂曲，反映了九千年前，中華民族已具有相當高度的生產力與創造力、具有相當高度的文化藝術水準與審美情趣。有美酒品嘗，有音樂欣賞，彼時已知今人所稱道的"享受生活"，當非原始人所能爲。賈湖遺址的發現并非偶然，近來上山文化晚期浙江義烏橋頭遺址，除却出土了古啤酒之外，又發現諸多彩陶，彩陶上還繪有伏羲氏族所創立的八卦圖紋飾，故而國人認爲這一時期中華文明已開始形成，至少連續了九千載。中華文明的久遠，當爲世界四大文明古國之首，徹底否定了中華文明西來之説。九千載之説雖非定論，却已引起舉世關注。此外，江西省上饒市萬年縣大源鄉仙人洞遺址發現的古陶器則產生於一萬九千至兩萬年前，又遠超前述的出土物的製作時間。雖有部分學界人士認爲仙人洞遺址隸屬於舊石器遺址，并未進入文明時代，但其也足可證中華博物史的久遠。

一、何謂"博物"與《中華博物通考》？《通考》的要義與章法何在？

　　何謂"博物"？"博物"一詞，首見於《左傳·昭公元年》："晋侯聞子産之言，曰：'博物君子也。'"其他典籍也時有記載，如《漢書·楚元王傳贊》："自孔子後，綴文之士衆也，唯孟軻、孫况、董仲舒、司馬遷、劉向、揚雄此數公者，皆博物洽聞，通達古今。"《周書·蘇綽傳》："太祖與公卿往昆明池觀魚，行至城西漢故倉地，顧問左右莫有知者。或曰：'蘇綽博物多通，請問之。'"以上"博物"指博通諸種事物，一般釋爲"知識淵博"。此外，《三國志·魏書·國淵傳》："《二京賦》博物之書也，世人忽略，少有其師可求。"唐釋玄奘《大唐西域記·摩臘婆國》："昔此邑中有婆邏門，生知博物，學冠時彦，内外典籍，究極幽微，曆數玄文，若視諸掌。"明王禕《司馬相如解客難》："借曰多識博物，賦頌所託，勸百而風一。"這些典籍所載之"博物"，即可釋爲今義之"浩博實物"。這一浩博實物，任一博物館盡皆無法全部收藏。本《通考》指稱的"博物"既可以是天然的，也可以是人工的；既可以是静態的，也可以是動態的；既可以是斷代的，也可以是歷時的，是古今并存，巨細俱備，時空縱横，浩浩蕩蕩，但必須是我中華獨有，或是中土化的。研究這浩蕩博物的淵源流變以及同物异名或同名异物之著述即《博物通考》，而爲與西方博物學相區别，故稱之爲《中華博物通考》。

　　在中國古代久有《皇覽》《北堂書鈔》等類書、《儒學警語》《四庫全書》等叢書以及《爾雅》《説文》等辭書，所涉甚廣，却皆非傳統博物典籍。本書草創之際，唯有《中國學術百科全書》《中華百科全書》《中國大百科全書》之類風行於世，這類百科全書亦皆非博物學專著。專題博物學著作甚爲罕見，僅有今人印嘉祥《物源百科辭書》，俞松年、毛大倫《生活名物史話》，抒鳴、鋭鏵《世界萬物之由來》等幾種，多者收詞約三千條，少者僅一百八十餘款，或洋洋灑灑，或鳳毛麟角，各有千秋，難能可貴。《物源百科辭書》譽稱"我國第一部物源工具書"（見該書序），此書中外兼蓄，虚實并存，堪稱廣博，惜略顯雜蕪。本《通考》則另闢蹊徑，别有建樹，可稱之爲當代第一部"中華古典博物學"。

　　《通考》甚重對先賢靈智的追踪與考釋。中華民族是滿富慧心的偉大民族，極善觀察探索，即使一些不足挂齒的微末之物也未忽視，且載於典籍，十分翔實生動。如對常見的鳥類飛行方式即有以下描述：鳥學飛曰翮，頻頻試飛曰習，振翅高飛曰翥，向上直飛曰翀，張翼扶摇上飛曰翔，鳥舒緩而飛、不高不疾曰翂、曰翐，快速飛行曰翪，水上飛行曰㮣，高飛曰翰，輕飛曰翾，振羽飛行曰翻，等等，不一而足。如此細密的觀察探隱，堪稱世界之最，令人嘆服！而關於禽鳥分類學，在中國古代也有獨到見解。明代李時珍所著《本草綱目》已建立了階梯生態分類系統，將禽鳥劃分爲水禽、原禽、林禽、山禽等生態類別，具有劃時代意義。這一生態分類法較瑞典生物學家林奈的《自然系統》（第十版）中的分類要早一百六十餘年，充分展示了我國古代鳥類分類學的輝煌成就，駁正了中國傳統生物學一貫陳腐落後的舊有觀念。此外，那些目力難及、浩瀚的天體，也盡在先民的觀察探索之中，如關於南天極附近的星象，遠在漢代即有記載。漢武帝元鼎六年（公元前 111），滅南越國，置日南九郡事，《漢書》及顏注、酈道元《水經注》有關 "日南" 的定名中皆有詳述，而西方於 15 世紀始有發現，晚中國一千四百餘年。再如，關於太陽黑子，在我國漢代亦有記載，《漢書·五行志》載："日黑居仄，大如彈丸。" 其後《晋書·天文志中》亦載："日中有黑子、黑氣、黑雲。" 而西方於 17 世紀始有發現，晚於中國一千六百餘年。惜自清朝入關之後，對於中原民族，對於漢民族長期排斥壓抑，致使靈智難展，尤其是中後期以來的專制國策，遭致國弱民窮，導致久有的科技一蹶不振，於是在列強的視野下，中華民族變成了一個愚昧的 "劣等" 民族。受此影響，一些居留國外或留學國外的學人，亦曾自卑自弃，本書《導論》曾引胡適的評語：中華民族是 "又愚又懶的民族"，是 "一分像人，九分像鬼的不長進民族"（見胡適《介紹我自己的思想》，1930年 12 月亞東圖書館初版《胡適文選》自序》）。本《通考》有關民族靈智的追蹤考索，巨細無遺，成爲另一大特點。

　　《通考》遵從以下學術體系：宗法樸學，不尚空論，既重典籍記載，亦重實物（包括傳世與出土文物）考察，除却既有博物類專著自身外，今將博物研究所涉文獻歸納爲十大系統：一曰史志系統，即史書中與紀傳體并列，所設相對獨立的諸志。如《禮樂志》《刑法志》《藝文志》《輿服志》等，頗便檢用。二曰政書類書系統。重在掌握典制的沿革，廣求佚書異文。三曰考證系統。如《古今注》《中華古今注》《敬齋古今黈》等，其書數量無多，見重實物，頗重考辨。四曰博古系統。如《刀劍録》《過眼雲煙録》《水雲録》《墨林快事》等，這些可視爲博物研究散在的子書，各有側重，雖常具玩賞性，却足資藉鑒。五曰本草系統。其書草木蟲魚、水土金石，羅致廣博，雖爲藥用，已似百科全書。六曰注疏系統。爲古代典籍的詮釋與發揮。如《易》王弼注、《詩》毛亨傳、《史記》裴駰集解、《老子》魏源本義、《楚辭》王夫之通釋、《三國志》裴松之注、《水經》酈道元注、《世說新語》

劉孝標注等。七曰雅學系統、許學系統，或直稱之爲訓詁系統，其主體就是名物研究，後世稱爲"名物學"。八曰异名辨析系統。已成爲名物學的獨立體系。如《事物异名》《事物异名録》等，旨在同物异名辨析。九曰説部系統。包括了古代筆記、小説、話本、雜劇之類被正統學者輕視的讀物，這是正統文化之外，隱逸文化、民間文化的淵藪，一些世俗的衣、食、住、行之類日常器物，多藉此得見生動描述。十曰文物考古系統，這是博物研究中至爲重要的最具震撼力的另一方天地，因爲這是以歷代實物遺存爲依據的，足可印證文獻的真僞、糾正其失誤，多有創獲。

二、《通考》內容究如何，今世當作何解讀?

《通考》內容極爲豐富，所涉範圍極廣，古今上下，時空縱橫，實難詳盡論説，今略予概括，主要可分兩大方面，一爲自然諸物，二爲社科諸物，兹逐一分述如下:

（一）自然諸物:包括了天地生殖及人力之外的一切實體、實物，浩博無涯，可謂應有盡有。

如"太陽""月亮"，在我中華凡是太空中的發光體（包括反射光體）皆被稱爲"星"，因此漢語在吸納現代天文學時，承襲了這一習慣，將"太陽"這類自身發光的等離子物體命名爲恒星。《天宇卷》研究的主體就是天空中的各種星象。星象就是指各種星體的位置、明暗、形狀等的變化。星象極其繁複，難以辨識。於是，在天空中位置相對穩定的恒星就成爲必要的定位標志。在人們目力所及的範圍內，恒星數以千計，先民將漫天看似雜亂無章的恒星位置相近者予以組合并命名，這些組合的星群稱之爲星宿，因而就有了三垣二十八宿之説。在远古難以對宇宙進行深入探索的時代，先民未能建立起完整的天體概念，也不知彼此的運動關係，僅憑藉直感認知，將所見的最强發光體——"太陽"本能地給予更多的關注，作出不同於西方的別樣解釋。視太陽爲天神，太陽的出没也被演繹成天神駕車巡游，而夸父追日、后羿射日等典故，則承載了諸多遠古信息。先民依據太陽的陰陽屬性、形體形象、光熱情況、時序變化、神話傳説及俗稱俗語等特點，賦予了諸多別名和异稱，其數量達一百九十餘種，如"陽精""丙火""赤輪""扶桑""東君""摩泥珠"等，可見先民對太陽是何等的尊崇。對人們習見的"月亮"，《天宇卷》同樣考釋了其异名別稱及其得名由來。今知月亮异名別稱竟達二百二十餘種，較之"太陽"所收尤爲宏富。如

"太陰""玉鏡""嬋娟""姮娥""顧兔""桂影""玉蟾蜍""清凉宮"，等等。而關於"月亮"的所見所想，所涉傳聞佳話，連綿不絶，超乎所料。掩卷沉思，無盡感慨！中華民族是一個明潔温婉、追求自由、嚮往和平、極具夢想的偉大民族。愛月、咏月、賞月、拜月，深情綿綿，與月亮別有一番不解之緣！饒有趣味者，爲東君太陽神驅使六龍馭車的羲和，如同爲太陰元君駕車的望舒一樣，竟也是一位女子，可見先民對於女性的信賴與尊崇。何以如此？是母系社會的遺風流韵麽？不得而知！足證《通考》探討"博物"的意義并不衹在"博物"自身，而是關乎"博物"所承載的傳統文化。

再如古代出現的"雪""雹"之類，國人多認定與今世無多大差異，實則不然。《氣象卷》收有"天山雪""陰山雪""燕山雪""嵩山雪""塞北雪""南秦雪""秦淮雪""廬山雪""嶺南雪""犬吠雪"（偏遠的南方之雪。因犬見而驚吠，故稱），等等，這些雪域不衹在長城内外，又達於大江南北，可謂遍及全國各地，令人眼界大開。這些雪域的出現，又并非遠古間事，所見文字記載盡在南北朝之後，而"嶺南雪"竟見於明清時期，致使今人難以置信。若就人們對雪的愛惡而言，有"瑞雪""喜雪""灾雪""惡雪"；若就雪的屬性而言，有"乾雪""濕雪""霧雪""雷雪"；若就降雪時間長短而言，有"連旬雪""連二旬雪""連三旬雪""連四旬雪"；若就雪的危害而言，有"致人凍死雪""致人相食雪"等，不一而足。此外，雪另有色彩之別，本卷收有"紅雪""綠雪""褐雪""黑雪"諸文，何以出現紅、綠、褐、黑等顏色？這是由於大地上各類各色耐寒的藻類植物被捲入高空，與雪片相遇，從而形成不同色彩。對此，先民已有細微觀察，生動描述，但未究其成因。1892 年冬，意大利曾有漫天黑雪飄落，經國際氣象學家研究測定，此一現象乃是高空中億萬針尖樣小蟲，在飛翔時與雪片粘連所致。這與藻類植物被捲入高空，導致顏色的變幻同理。或問，今世何以不見彩色之雪？因往昔大地之藻類及針尖樣小蟲，由於生態環境的破壞而消失殆盡。就氣象學而言，古代出現彩雪，是正常中的不正常，現代衹有白雪，則是不正常中的正常。本卷中有關雹的考釋，同樣頗具情趣，十分精彩。依雹的顏色有"白色雹""赤色雹""黑色雹""赤黑色雹"，依形狀有"杵狀雹""馬頭狀雹""車輪狀雹""有柄多角雹"，依長度有"長徑尺雹""長尺八雹"，依重量有"重四五斤雹""重十餘斤雹"，依危害則有"傷禾折木雹""擊殺鳥雀雹""擊殺獐鹿雹""擊死牛馬雹""壞屋殺人雹"等，這些記載并非出自戲曲小説，而是全部源於史書或方志，時間地點十分明確，毋庸置疑。古今氣象何以如此不同？何以如此反常？衹嘆中國古代的科研體系多注重對現象的觀察，而不求其成因，衹是將以上現象置於史志之中，予以記載而已。本《通考》對中華"博物"的考辨，不衹是展現了大自然的原貌、大自然的古今變幻，而且也提供了社會的更迭興替和民生的禍福起落等諸多耐人尋味的思考。

另如，《水族卷》中收有棘皮動物"海參"，其物在當代國人心目中，是難得的美味佳餚和滋補珍品。《水族卷》還原其本真面貌，明確指出海參爲海洋動物中的棘皮動物門，海參綱之統稱，而後依據古代典籍，考證其物及得名由來：三國吳沈瑩《臨海水土異物志》："土肉，正黑，如小兒臂大，中有腹，無口目……炙食。"其時貶稱"土肉"，衹是"炙食"而已。既貶稱爲"土"，又止用於燒烤而食，此即其初始的"身份""地位"，實是無足稱道。直至明代謝肇淛《五雜俎·物部一》中，始見較高評價，并稱其爲"海參"："海參，遼東海濱有之，一名海男子。其狀如男子勢然，淡菜之對也。其性溫補，足敵人參，故名海參。""男子勢"，舊注曰"男根"，因海參形如男性生殖器，俗名"海男子"，正與形如女性生殖器的淡菜（又稱"海牝""東海夫人"，即厚殼貽貝）相對應。此一形似"男根"之物，何以又被重視起來？國人對食療養生素有"以形補形"的觀念，如"芹菜象筋骼，吃了骨頭硬；核桃象大腦，吃了思維靈"之類，而因海參似男根，故認定其有補腎壯陽的功能，這就是"足敵人參"的主要根據之一。謝氏在贊其"足敵人參"的同時，又特別標示了其不雅的綽號"海男子"，則又從另一側面反映了明代對於海參仍非那麼珍視，故而在其當代權威的醫典《本草綱目》中未予記載。"海參"在清朝的國宴"滿漢全席"中始露頭角，漸得青睞。本卷作者在還其本真面貌的過程中，又十分自然地釐清了海參自三國之後的異名別稱。如，"土肉""海男子"之後，又有"蚮""沙噀""戚車""龜魚""刺參""光參""海鼠""海瓜""海瓜皮""白參""牛腎""水參""春皮""伏皮"諸稱，"蚮"字之外，其他十三個異名別稱，古今辭書無一收録，唯一收録的"蚮"字，又含混不清。而"海參"喻稱"海瓜"，則爲英文 sea cucumber 的中文義譯，較中文之喻稱"海男子"似有异曲同工之妙，又可證西人對海參也并不那麼重視。

全書三十六卷，卷卷不同。本書設有《珍奇卷》，別具研究價值。如"孕子石"，發現於江蘇省溧陽市蘇溧地區。此石呈灰黃色，質地堅硬，其外表平凡無奇，但當人們把石頭敲開時，裏面會滾出許多圓形石彈子，直徑21厘米左右，和母石相較，顏色稍淺，但成分一致。因石中另包小石，好似母石生下的子石，故稱"孕子石"。這種"石頭孕子"史志無載，首次發現，地質學家們同樣百思而不得其解，衹能"望石興嘆"。再如"預報天旱井”，位於廣西全州縣內，每年大旱來臨前二十天，水井會流出渾水，長達兩天之久，附近村民見狀，便知大旱將臨，便提前做好抗旱準備。此外，該井每二十四小時漲潮六次，每次約漲五十分鐘，水量約增加兩倍。此井如同“孕子石”一樣，史志無載，首次發現，對此井的奇特現象有關專家同樣百思不得其解，也祇能“望井興嘆”。

（二）社科諸物：自然物外，中華博物中的社科諸物漫布於社會生活之中，其形成發展、古今變化，尤爲多彩，展現了一種別樣的國情特徵和民族靈智。

如《國法卷》，何謂“國法”？國法係指國家之法紀、法規。國法其詞作爲漢語語詞起源甚爲久遠，先秦典籍《周禮·秋官·朝士》中即已出現，“國法”之“法”字作“灋”，其文曰：“凡民同貨財者，令以國灋行之，犯令者刑罰之。”同書《地官·泉府》中又有另詞“國服”，其文曰：“凡民之貸者，與其有司辨而授之，以國服爲之息。”此“國服”言民間貿易必須服從國法，故稱“國服”。作爲語詞，“國法”“國服”互爲匹配。國法爲人而設，國服隨法而施，有其法必有其服，有法無服，則法罔立，有服無法，舉世罔聞。今“國法”一詞存而未改，“國服”則罕見使用。就世界範圍而言，中國的國法自成體系，具有國體特色與民族精神，故西方學者稱之爲“中華法系”或“東方法系”。本《國法卷》即以“中華法系”爲中心論題，全面考釋，以現其固有特色與精神。中華法系如同世界諸文明古國法系一樣，源於宗教，興於禮俗，而最終成爲法律，遂具有指令性、強制性。中華法系一經形成，即迴異於西方，因其從不以“永恒不變的人人平等的行爲準則”自詡，也沒有立法依據的總體理論闡釋，而是明確標示法律應維護帝王及權貴的利益。在中國古代，從沒出現過如古希臘或古羅馬的所謂絕對公正的“自然法”，毋須在“自然法”指導下制定“實在法”。中國古代的全部法律皆爲正在施行的“實在法”，但却有不可撼動的權威理論——“君權天授”說支撐。“天”，在先民心目中是無可比擬的最神秘、最巨大的力量。“天”，莊重而仁慈，嚴厲而公正，無所不察，無所不能。上自聖賢哲人，下至黎民百姓，少有不“敬天意”、不“畏天命”者，帝王既稱“天子”，且設有皇皇國法，條文森然，何人敢於反叛？天下黔首，非處垂死之地，絕不揭竿而起，妄與“天”鬥！故而在中國古代，帝王擁有最高立法權與司法權，享有無盡的威嚴與尊貴。今知西周時又強化了宗族關係，即血緣關係。血緣關係又分爲近親、遠親、异姓之親等。血緣關係成爲一切社會關係的核心，由血緣關係擴而廣之，又有師生、朋友及當體恤的其他人等關係。由血緣關係又進而強化了尊卑關係，即君臣關係、臣民關係，這些關係較之血緣關係更爲細密，爲此而設有"八辟"之法，規定帝王之親朋、故舊、近臣等八種人，可以享有減免刑罰之特權。漢代改稱"八議"，三國魏正式載入法典。其後，歷代常有沿襲。這一血緣關係在我國可謂根深蒂固，直至今世而未衰。爲維護這尊卑關係，西周之法典又設有《九刑》，以"不忠"爲首罪。另有《八刑》以"不孝"爲首罪。"忠"，指忠君，"孝"指孝敬父母，兩者難以分割。《九刑》《八刑》雖爲時過境遷之古法，但其倡導的"忠孝"，已成爲中華民族的一種處世觀念，一種道德規範。作爲個人若輕忽"忠孝"，則必極端自私，害及民衆；作爲執政者若輕忽"忠孝"，則必妄行無忌，危及國家。今世早已摒弃愚忠愚孝之舉，但仍然繼承并發揚了"忠孝"的傳統。"忠"不再是"忠君"，而是忠於祖國，忠於人民，或是忠於信守的理想；"孝"謂善事父母，直承百代，迄今不衰。"忠孝"是人們發自心底的感恩之情，唯知感恩，始有報恩，人間纔有真情往還，纔有心靈交融。佛家箴言警語曰"上報四重恩，下濟三途苦"（見《大乘本生心地觀經》），"四重恩"指父母恩、師長恩、國土恩、衆生恩（衆生包括動植物等一切生靈）。我國傳統忠孝文化中又融入了佛家的這一經典旨意，可謂相得益彰。"忠孝"乃我文明古國屹立不敗的根基，絶不可視之爲"封建觀念"。縱觀我中華信史可知，舉凡國家昌盛時代，必是忠孝振興歲月，古今如一，堪稱鐵律。國家可敬又可愛，所激起的正是人們的家國情懷！"忠孝"這一處世觀念，這一道德規範，直涉人際關係，直涉國家命運，成爲我中華獨有、舉世無雙的文化傳統。

　　中國之國法，并非僅靠威懾之力，更有"禮治"之宣導，而關乎禮治的宣導今人常常忽略。前已述及中華法系如同世界諸文明古國法系一樣，源於宗教，興於禮俗，由禮俗演進爲禮治，禮治早於刑法之前已經萌生。自商周始，《湯刑》《吕刑》（按，《湯刑》《吕刑》之"刑"當釋爲"法"）相繼問世，尤重"禮治"，何謂"禮治"？"禮治"指遵守禮儀道德與社會規範，破除"禮不下庶人"的舊制，將仁義禮智信作爲基本的行爲規範，《孟子·公孫丑上》曰："辭讓之心，禮之端也。""辭讓"指謙和之道，尊重他人，由"禮讓"而漸發展爲"禮制"。至西周時，"禮治"已成定制。這一立法思想備受推崇。夏商以來，三千餘載，王朝更替，如同百戲，雖脚色各異，却多高揚禮制之大旗，以期社會和諧，民生安樂。不瞭解中國之禮治，也就難以瞭解中華法制史，就難以瞭解中國文化史。此後"禮治"配以"刑治"，相輔相成，久行不衰。"禮刑相輔"何以行使？答曰：升平之世，統治者無不强調禮制之作用，藉此以示仁政；若逢亂世，則用重典，施酷刑（下將述及），軟硬兩手交替使用。這就組成了一張巨大的不可錯亂、不可逾越的法律之網，這就是中華民族百代信守的國家法制的核心，這就是中華民族有史以來建國治國之道。這一"禮刑相輔"的治國之道，迥別與西方，爲我中華所獨有，在漫長而多樣的世界法制史中居於前沿地位。

在我古老國度中，國家既已形成，於是又具有了不同尋常的歷史意義與價值觀。自先秦以來，"國家"一詞意味着莊嚴與信賴。在國人心目中，"國"與"家"難以分割，直與身家性命連爲一體，故"報效國家"爲中華民族的最高志節，而"國破家亡"則爲全民族的最大不幸。三十年前本人曾是《漢語大詞典》主要執筆者之一，撰寫"國家"條文時，已注意了先民曾把皇帝直稱爲"國家"。如《東觀漢紀·祭遵傳》："國家知將軍不易，亦不遺力。"《晋書·陶侃傳》："國家年小，不出胸懷。"稱皇帝爲"國家"，以皇帝爲國家的代表或國家的象徵，較之稱皇帝爲天子，更具親切感，更具號召力。中國歷史上的一些明君仁主也多以維護國家法制爲最高宗旨，秦皇、漢武皆曾憑藉堅定地立法與執法而國勢强盛，得以稱雄天下，這對始於西周的"八辟"之法，無疑是一大突破。本書《國法卷》第一章概論論及隋唐五代立法思想時，有以下論述：據《隋書·王誼傳》及文帝相關諸子傳載，文帝楊堅少時同王誼爲摯友，長而將第五女嫁王誼之子，相處極歡，後王誼被控"大逆不道，罪當死"，文帝遂下詔"禁暴除惡"，"賜死於家"。《隋書·文四子傳》又載，文帝三子秦王楊俊，少而英武，曾總管四十四州軍事，頗有令名，文帝甚爲愛惜，獎勵有加。後楊俊漸奢侈，違制度，出錢求息，窮治宮室，文帝免其官。左武衛將軍劉升、重臣楊素，先後力諫曰："秦王非有他過，但費官物、營廨舍而已。"文帝答曰："法不可違！"劉、楊又先後諫曰："秦王之過，不應至此，願陛下詳之。"文帝答曰："我是五兒之父，若如公意，何不別制天子兒律？"文帝四子、五子皆因違法，被廢爲庶民，文帝處置毫不猶豫，毫不留情。隋文帝身爲人君，以萬乘之尊，率先力行，實踐了"王子犯法，與民同罪"的古訓。在位期間，創建"開皇之治"，人丁大增，百業昌盛，國人視文帝爲真龍天子，少數民族則尊稱其爲聖人可汗。《國法卷》主編對歷史上身爲人君的這種舉措，有"忍割親朋私情，立法爲公"的簡要評論。這一評論對於中國這種以宗族故交爲關係網的大國而論，正是切中要害。此後，唐太宗李世民、玄宗李隆基、憲宗李純等君王皆有類似之舉，終成輝煌盛世。時至明代，面對一片混亂腐敗的吏治，明太祖朱元璋更設有"炮烙""剝皮"之類酷刑嚴法，懲治的貪官污吏達十五萬之衆，即便自家的親朋故舊，也毫不留情。如進士出身的駙馬，朱元璋的愛婿歐陽倫只因販茶違法，就直接判以死刑，儘管安慶公主及儲君朱允炆苦苦哀求，也絕不饒恕。據《明史‧循吏傳序》載："〔官吏〕一時受令畏法，潔己愛民，以當上指……民人安樂、吏治澄清者百餘年。"其時，士子們甘願謀求他職，而不敢輕率爲官，而諸多官員却學會了種田或捕魚，呈現了古今難得一見的別樣的政治生態。明太祖的這類嚴酷法令雖是過當，却勝於放縱，故而明朝一度成爲世界經濟大國、經濟强國。中國歷史上的諸多建國之名君仁主，執法雖未若隋文帝之果决，未若明太祖之嚴酷，但無一不重視國家安危。這些建國名君仁主"上以社稷爲重，下以蒼生在念"（見《舊唐書‧桓彥範傳》），故而贏得臣民的擁戴。今之世人多以爲帝王之所以成爲帝王，盡皆爲皇室一己之私利，祇貪圖自家的享榮華富貴而已，實則并非盡皆如此。歷代君王既已建國，亦必全力保國，并垂範後世，以求長治久安。品讀本書《國法卷》，可藉以瞭解我國固有的國情狀況，瞭解我國歷史中的明君仁主如何治理國家，其方策何在，今世仍有藉鑒價值。縱觀我國漫長的歷史進程，有的連續數代，稱爲盛世；有的衰而復起，稱爲中興；有的則二世而亡，如曇花一現。一切取决於先主與後主是否一脉相繼，一切取决於執法是否穩定。要而言之：嚴守國法，則國家興盛，嚴守國法，則社會祥和，此乃舉世不二之又一鐵律。

《國法卷》雖以國法爲研究主體，却力求超越法律研究自身，力求探索法律背後的正反驅動力量，其旨義更加廣遠。因而本卷又區別於常見的法律專著。

另如《巧藝卷》，在《通考》全書中未占多大分量，但在日常社會生活中却有無可替代的獨特地位，藉此大可飽覽先民的生活境遇和精神世界。何謂"巧藝"？古代文獻中無此定義。所謂"巧藝"，專指巧智與技藝性的娛樂及各種健身活動，同時展現了與之相應的家國關係。中華民族的"巧藝"別具特色，所涉内容十分廣泛，除却一般游戲活動外，又包涵了棋類、牌類、養生、武術、四季休閑、宴飲娛樂、動物馴化等等。細閱本卷所載，常爲古人之智巧所折服。如西漢東方朔"射覆"之奇妙，今已成千古佳話。據《漢書‧東方朔傳》載，漢武帝嘗覆守宮（即壁虎）於杯盂之下，令衆方士百般揣度，各顯其能，并無一言中的者，而東方朔却可輕易解密，有如神算，令滿座驚呼。何謂"射覆"？"射覆"爲古代猜測覆物的游戲。射，揣度；覆，覆蓋。"射覆"之戲，至明清始衰，其間頗多高手。這些高手似乎出於特異功能，是古人勝於今人麽？當作何解釋？學界認爲這些高手多善《易》學，故而超乎常人，但今世精於《易》學者并非罕見，却未見有如東方朔者，何也？難以作答，且可不論，但古代對動物的馴化，又何以特別精彩，令今人嘆服？

著名的唐代象舞、馬舞，久負盛名，這些大動物似通人性，故可不論，而那些似乎笨拙的小動物，如"烏龜疊塔""蛤蟆説法"之類的馴養，也常常勝過今人，足可展現先民的巧智，"'疊塔''説法'，固教習之功，但其質性蠢蠢，非他禽鳥可比，誠難矣哉！"（見明陶宗儀《輟耕録·禽戲》）古人終將蠢蠢之蟲馴化得如此聰明可愛，藉此可見古人之扎實沉着，心智之專一，少有後世浮躁之風。目前，國人甚喜馴養，寵物遍地，却未見馴出如同上述的"疊塔"之烏龜與"説法"之蛤蟆，今之馬戲或雜技團體，爲現代專業機構，也未見絶技面世。

《巧藝卷》的條目詮釋，大有建樹，絶不因襲他人成説，明確關聯了具體事物形成的歷史淵源與社會背景。如"踏青"，《漢語大詞典》引用了唐代的書證，并稱其爲"清明節前後，郊野游覽的習俗"。本卷則明確指出，"踏青"是由遠古的"春戲"演變而來。西周時曾爲禮制。漢代已有"人日郊外踏青"之俗，同時指出"踏青"還有"游春"的別稱。《漢語大詞典》與本卷的釋文内容差異如此之大，實出常人之所料。何謂"春戲"？所有辭書皆未收録。本卷有翔實考證，兹録如下：

> 春戲：古代民間春季娛樂活動。以繁衍後代和期盼農作物豐收爲目的的男女歡會活動。始於原始社會末期，西周時仍很流行。《周禮·地官·司徒》："中春之月，令會男女。於是時也，奔者不禁。若無故而不用令者，罰之。司男女之無夫家者而會之。"《墨子·明鬼篇》："燕之有祖，當齊之社稷。宋之有桑林，楚之雲夢也，此男女之所屬而觀也。"《詩·鄭風·溱洧》："溱與洧，瀏其清矣。士與女，殷其盈矣。女曰：'觀乎？'士曰：'既且。''且往觀乎！洧之外，洵訏且樂。'維士與女，伊其將謔，贈之以芍藥。"《楚辭·九歌·少司命》："秋蘭兮蘼蕪，羅生兮堂下。緑葉兮素枝，芳菲菲兮襲予。夫人兮自有美子，蓀何以兮愁苦？"戰國以後逐漸演變爲單純的春游活動"踏青"。

《巧藝卷》精心地援引了以上經典，可證在中國上古時期男女歡會非常自然，而且是具有相當規模的群體性活動。此舉在中國遠古時代已有所見，青海大通縣上孫家寨出土的舞蹈紋彩陶盆，已展現了男女携手共舞的親密生動場景，那是馬家窑文化的代表，距今已有五千年歷史，但必須明確，這并非蒙昧時期的亂性之舉。這是一種男女交往的公開宣示。前述《周禮·地官·司徒》曰："中春之月，令會男女……司男女無夫之家者而會之。"其要點是"男女無夫之家者"。這是明確的法律規定，故而作者的篇首語曰："以繁衍後代和期盼農作物豐收爲目的。"這就撥正了後世對於中國古代奴隸社會或封建社會有關男女關係的一些偏頗見解，可證本卷之"巧藝"非同一般的娛樂，所展現的是中華先民多方位的生活狀態。

三、博物研究遭質疑，古老科技又誰知？

《通考》所涉博物盡有所據，無一虛指，如繁星麗天，構成了浩大的博物學體系，千載一脉，本當生生不息，如瀑布之直下，但却似大河之九曲，時有峽谷，時有險灘，終因清廷喪權辱國、全盤西化而戛然中斷，故而迥異於西方。由於西方科技的巨大影響，致使一些學人缺少文化自信，多認爲中國古老的博物學，無甚價值。豈知我中華民族從不乏才俊、精英，從不乏偉大的發明，很多祇是不知其名而已。如《淮南子·泰族訓》："欲知遠近而不能，教之以金目則快射。"漢代高誘注曰："金目，深目。所以望遠近射準也。"何謂"金目"？據高注可知，就是深目。"深目"之"深"，謂深遠也（又說稱"金目"爲黃金之目，用以喻其貴重，恐非是）。"金目"當是現代望遠鏡或眼鏡之類的始祖。"金目"其物，在古代萬千典籍中僅見於《淮南子》一書，別無他載。因屬古代統治者杜絕的"奇技淫巧"，又甚難製作，故此物宮廷不傳，民間絶踪，遂成奇品。上世紀80年代，揚州邗江縣東漢廣陵王劉荆墓中出土一枚凸透鏡，此鏡之鏡片直徑1.3厘米，鑲嵌在用黃金精製而成的小圓環內，視物可放大四五倍，此鏡至遲亦有兩千餘年的歷史。廣陵墓之外，安徽亳州曹操宗族墓等處，亦有出土。是否就是"金目"已難考證。作爲眼鏡其物，發展到宋代，始有明確的文字記載，其時稱之爲"靉靆"（見明方以智《通雅·器用·雜用諸器》引宋趙希鵠《洞天清録》）。今日學者皆將眼鏡視爲西方舶來品，一說來自阿拉伯，又說來自英國，如猜謎語，不一而足；西方的眼鏡實則是由中國傳入的，如若說是西方自家發明，也晚於中國千年之久。

"金目"其物的出現絶非偶然，《墨子》中的《經下》《經說下》已有關於光的直綫傳播、反射、折射、小孔成象、凹凸透鏡成象等連續的科學論述，這一原理的提出，必當有各式透體器物，如鏡片之類爲實驗依據，這類器物的名稱曰何今已不得而知，但製造出金目一類望遠物，是情理之中的必然結果。據上述《經下》《經說下》記載可知，早在戰國時期，先賢已有光學研究的成就，與後世西方光學原理盡同。在中國漫長的古代日常生活中，隨時可見新奇的創造發明，這類創造發明所展現的正是中國獨有的科學。《導論》中所述"被中香爐""長信宮燈"之外，更有"博山爐"（一種形似傳說中神山"博山"的香爐，當香料在爐內點燃時，烟霧通過鏤空的山體宛然飄出，形成群山蒙蒙、衆獸浮動的奇妙景象，約發明於漢代）、"走馬燈"（一種竹木扎成的傳統佳節所用風車狀燈具，外貼人馬等圖案，藉燈內點燃蠟燭的熱力引發空氣對流，輪軸上的人馬圖案隨之旋轉，投身於燈屏上，形成人馬不斷追逐、物換景移的壯觀情景，約發明於隋唐時期）之類。古老中華何止是"四大發明"？此外，約七千年前，在天灾人禍、形勢多變的時代背景之下，先民爲預測未來，指導行爲方嚮，始創有易學，形成於商周之際，今列爲十三經之首，稱爲《周易》，這是今世的科學不能完全解釋的另一門"科學"，其功用不斷地爲當世諸多領域所驗證，在我華夏、乃至歐美，研究者甚衆，本《通考》對此雖有涉及，而未立專論。

那麼，在近現代，國人又是如何對待古代的"奇技奇器"的呢？著名的古代"四大發明"，今已家喻户曉，婦幼皆知，但却如同可愛的國寶大熊猫一樣，乃是西方學者代爲發現。我仁人志士，爲喚醒"東方睡獅"，藉此"四大發明"，竭力張揚，以振奮民族精神。這"四大發明"影響非凡，但在中國傳統文化中亦無重要地位，其中"火藥"見載於唐孫思邈《丹經》，"指南針""印刷術"同見載於宋沈括《夢溪筆談》，皆非要籍鴻篇，唯造紙術見於正史，全文亦僅七十一字，緊要文字祇有可憐的四十三字（見《後漢書・宦者傳・蔡倫》）。而這"四大發明"中有兩大發明，不知爲何人所爲。

在古老中國的歷史長河中，更有另一種科學技術，當今學界稱之爲"黑科技"（意謂超越當今之科技，出於人類的想象之外。按，稱之爲"超科技"，似更易理解，更準確），那就是現代科學技術望塵莫及、無法破解的那些千古之謎。如徐州市龜山西漢楚襄王墓北壁的西邊墻上，非常清晰地顯示一真人大小的影子，酷似一位老者，身着漢服，峨冠博帶，面東而立，作揖手迎客之狀。人們稱其爲"楚王迎賓圖"。最初考古人員發掘清理棺室時，并無壁影。自從設立了旅游區正式開放後，壁影繰逐漸地顯現出來，仿佛是楚王的魂魄顯靈，親自出來歡迎來此參觀的游人一樣。楚襄王名劉注，是西漢第六代楚王，死後葬於此。劉注墓還有五謎，今擇其三：一、工程精度之謎。龜山漢墓南甬道長 55.665 米，北甬道長爲 55.784 米，沿中綫開鑿，最大偏差僅爲 5 毫米，精度達 1/10000；兩甬道相距 19 米，夾角 20 秒，誤差爲 1/16000，其平行度誤差之小，大約需要從徐州一直延伸到西安繰能使兩甬道相交。按當時的技術水準，這樣的墓道是何人如何修建的？二、崖洞墓開鑿之謎。龜山漢墓爲典型的崖洞墓，其墓室和墓道總面積達到 700 多平方米，容積達 2600 多立方米，幾乎掏空了整個山體。勘察發現，劉注墓原棺室的室頂正對着龜山的最高處，劉注府庫中的擎天石柱也正位於南北甬道的中軸綫上。龜山漢墓的工程人員是利用什麼樣的勘探技術掌握龜山的山體石質和結構？三、防盗塞石之謎。南甬道由 26 塊塞石堵塞，分上下兩層，每塊重達六至七噸，兩層塞石接縫非常嚴密，一枚硬幣也難以塞入。漢墓的甬道處於龜山的半山腰，當時生産力低下，人們是用什麼方法把這些龐大的塞石運來并嵌進甬道的？今皆不得而知。

斷言“中國古代祇有技術而没有科學”者，對中國歷史的瞭解實在是太過膚淺，并不瞭解在中國古代不祇有科技，而且竟然有超越科學技術的“黑科技”。

四、當世灾難甚可懼，人間正道何處覓？

在《通考》的編纂過程中，常遇到的重要命題，那就是以上論及的“科技”。今之“科技”，在中國上古曾被混稱爲“奇技奇器”，直至清廷覆亡，迄未得到應有的重視，導致國勢衰微，外寇侵略，民不聊生。這正是西方視之爲愚昧落後，敢於長驅直入，爲所欲爲的原因。因而一個國家、一個民族，要立於不敗之地，必須擁有自家的科技！世人當如何評定“科技”？如何面對“科技”？本書《導論》已有“道器論”，今《總説》以此“道器論”爲據，就現代人類面臨的種種危機，論釋如下：

何謂“道器”？所謂“道”是指形成宇宙萬物之原本，是形成一切事理的依據與根由。何謂“器”？“器”即宇宙間實有的萬物，包括一切科技，一切發明，至巨至大，至細至微，充斥天地間，而盡皆不虛。科技衍生於器，驗證於器，多以器爲載體，是推進或毀壞人類社會的一種無窮力量，故而又必須在人間正道的制約之下。此即本書道器并重之緣由，或可視爲天下之通理也。英國自 18 世紀第一次工業革命以來，其科學技術得以高速而全方位地發展，引起西方乃至全世界的密切關注與重視，影響廣遠。這一時期，英帝國統治者睥睨全球，居高臨下，自我膨脹，發表了“生存競争，勝者執政”等一系列宏論；托馬斯·馬爾薩斯的《人口論》亦應時而起，其核心理論是：“貧富强弱，難以避免。承認現實，存在即合理。”甚而提出“必須控制人口的大量增長，而戰争、饑荒、瘟疫是最後抑制人口增長的必要手段”（這一理論在以儒學爲主體的傳統文化中被視爲離經叛道，滅絕人性，而在清廷走投無路全面西化之後，國人亦有崇信者，直至 20 年代初猶見其餘緒）。在這樣的時代背景下，查爾斯·達爾文所著《物種起源》得以衝破基督教的束縛，順利出版，暢行無阻。該書除却大量引用我國典籍《齊民要術》《天工開物》與《本草綱目》之外，還鄭重表明受到馬爾薩斯《人口論》的啓示和影響。《物種起源》的問世，形成了著名的進化理論："物競天擇、優勝劣汰，弱肉強食，適者生存。"（近世對其學説已有諸多評論，此略）進化學説在人們的社會生活中留下了深刻的印迹，在世界範圍内引起巨大反響，當時英國及其他列強利用了自然界"生存法則"的進化理論，將其推行於對外擴張的殖民戰爭中，打破了世界原有生態格局，在巨大的聲威之下，暢行無阻，遍及天下。縱觀人類的發展史，尤其是近世以來的發展史可知，科技的高下決定了國家的強弱，以強凌弱，已成定勢，在高科技強國的聲威之下，無盡的搜羅，無盡的采伐，無盡的探測實驗（包括核試驗），自然資源和自然環境漸遭破壞，各種弊端漸次顯露。時至 20 世紀中後期，以原子能、電子電腦、信息技術、空間技術等發明和應用爲標志、第三次科技革命的到來，學界稱之爲"科技革命的紅燈時刻"，其勢如風馳電掣，所向披靡，人類社會發生了翻天覆地的變化，時至 21 世紀，又凸顯了另一灾難，即瘟疫肆虐，病毒猖獗，危及整個人類。這一系列禍患緣何而生？天灾之外，罪魁爲人。何也？世間萬種生靈，習性歸一，盡皆順從於大自然，但求自身生息而已，別無他求，而作爲"萬物之靈"的人類，在茹毛飲血，跨越耕獵時代之後，却欲壑難填，毫無節制！爲追求享樂、滿足一己之貪婪，塗炭萬種生靈，任你山中野外，任你江面海底，任你晝藏夜出，任你天飛地走，皆得作我盤中佳餚。閑暇之日，又喜魚竿獵槍，目睹异類掙扎慘死，以爲暢快，以爲樂趣，若爲一己之喜慶，更可"磨刀霍霍向猪羊"，視之爲正常！"萬物之靈"的人類，永無休止，地表搜刮之外，還有地下的搜索挖掘，如世界著名的南非姆波尼格金礦，雖其開采僅起始於百年前，憑藉當代最先進的科技，挖掘深度已超 4000 米（我國的招遠金礦，北宋真宗年間已進行開采，至今深度不過 2000 米左右），現有 370 千米軌道，用以運送巨大的設備與成噸重的礦石，而每次開采都必須用兩千多公斤的炸藥爆破，可謂地動山摇！金礦之外，又有銀礦、鐵礦、銅礦、煤礦、水晶礦（如墨西哥的奈咯水晶洞，俗稱"神仙水晶礦"，其中一根重達 50 噸，挖出者一夜暴富），種種礦藏數以萬計。此外尚有對石油、純净水，乃至無形的天然氣等的無盡索取，山林破壞，大地沙化，水污染、大氣污染、核污染，地球已是百孔千瘡，而挖掘索取，仍未甘休，愈演愈烈，故今之地球信息科學已經發現地球性能的變异以及由此帶來可怕的全球性灾難。今日世界，各國執政者憑仗高科技，多是從一國、一族或一己之私利出發，或結邦，或聯盟，爭强鬥勝，互不相顧，國際關係日趨惡化，人類時刻面臨可怕的威脅，面臨毁滅性的核戰争。凡此種種，怎不令人憂慮，令人悲痛？故而有學者宣稱："科技確實偉大，也確實可怕。一旦失控，後患無窮。"又稱："人類擁有了科技，必警惕成爲科技的奴隸。"此語并非危言聳聽，應是當世的警鐘，因爲人類面對强大的科技，常常難以自控，這是科技發展必然的結果。而作爲"萬物之靈"的人類，具有高智慧，能够擁有高科技，確乎超越了萬物，居於萬物主宰的地位，而執政者一旦擁有失控的權力，肆意孤行，其最終結局必將是自戕自毁，必將與萬物同歸於盡。一言以蔽之，毁滅世界的罪魁禍首是人類自己，而并非他類。

　　面對這多變的現實與可怕的未來，面對這全球性的灾難，中外科學家作了不懈努力，而收效甚微。1988 年 1 月，七十五位諾貝爾獲獎者及世界著名學者齊聚巴黎，探討了 21 世紀科學的發展與人類面臨的種種難題，提出了應對方略。在隆重的新聞發布會上，瑞典物理學家漢内斯·阿爾文發表了鄭重的演説："如果人類要在 21 世紀生存下去，必須回頭到兩千五百年前去汲取孔子的智慧。"（見 1988 年 1 月 24 日澳大利亞《堪培拉時報》原文——《諾貝爾獎獲得者説要汲取孔子的智慧》）這是何等驚人的預見，又是何等嚴正的警示！這七十五位諾貝爾獲獎者没有一位是我華夏同胞，他們對孔子的認知與崇敬，非常客觀，非常深刻，超乎我們的想象。這種高屋建瓴式的睿智呼籲，振聾發聵，可惜并没有警醒世人，也没有引起足够多的各國領導人的重視。

　　人類爲了自救，不能不從人類自身發展史中尋求答案。在人類發展史中，不乏偉大的聖人，孔子是少有的没有被神化、起於底層的聖人（今有稱其爲"草根聖人"者），他生於春秋末期，幼年失父，家境貧寒，又正值天下分裂，戰亂不斷，在這樣的不幸世道裏，孔子及其弟子大力宣導"克己復禮"，這是人類歷史上最切實際的空前壯舉。何謂"禮"？《説文·示部》曰："禮，履也。所以事神致福也。"禮本來是上古祭祀鬼神和先祖的儀式。史稱文、武、成王、周公據禮"以設制度"，此即"周禮"。"周禮"的内容極爲廣泛，舉凡國家的政治、經濟、軍事、行政、法律、宗教、教育、倫理、習俗、行爲規範，以及吉、凶、軍、賓、嘉五類禮儀制度，均被納入禮的範疇。周禮在當時社會中的地位與指導作用，《禮記·曲禮》中有明確記載："分争辯訟，非禮不决；君臣上下、父子兄弟，非禮不定；宦學事師，非禮不親；班朝治軍、涖官行法，非禮威嚴不行。"當然也維護了"君臣朝廷尊卑貴賤之序,下及黎庶車輿衣服宮室飲食嫁娶喪祭之分"(見《史記·禮書》),這符合於那個時代的階級統治背景。孔子提出"克己復禮",期望世人克服一己之私欲,以應有的禮儀禮節規範自己的言行,建立一個理想的中庸和諧社會,這已跨越了歷史局限。孔子的核心思想是"敬天愛人",何謂"敬天"?孔子強調"巍巍乎唯天爲大"(見《論語·泰伯》),又曰:"天何言哉?四時行焉,百物生焉,天何言哉!"(見《論語·陽貨》)孔子所言之"天",并非指主宰人類命運的上蒼或上帝,并非是孔子的迷信,因"子不語怪力亂神"(見《論語·述而》)。孔子認爲四季變化、百物生長,皆有自己的運行規律,人類應謹慎遵從,應當敬畏,不得違背。孔子指稱的"天",實則指他所認知的宇宙。此即孔子的天人觀、宇宙觀。"巍巍乎唯天爲大",在此昊天之下,人是何樣的微弱,面臨小小的細菌、病毒,即可淒淒然成片倒下。何謂"愛人"?孔子推行"仁義之道",何謂"仁"?子曰:"仁者,愛人!"(《論語·顏淵》)即人人相親、相愛。又曰:"己所不欲,勿施於人。"意即重正義,絕不損人利己。何謂"義"?"義"指公正的道理、正直的行爲。子曰:"不義而富且貴,於我如浮雲。"(見《論語·述而》)這就是孔子的道德觀與道德規範,當作爲今世處理人與自然、人與社會的規範與行動指南。其弟子又提出"親親而仁民,仁民而愛物"(見《孟子·盡心上》),漢代大儒又有"天人之際,合而爲一"的主張(董仲舒在《春秋繁露·深察名號》中,爲維護皇權的需要而建立了皇權天授的觀念),這種主張已遠遠超越了維護皇權的需要,成爲了一種可貴的哲理。時至宋代,大儒張載再度發揚孟子"親親而仁民,仁民而愛物"的襟懷,又有"民吾同胞,物吾與也"(見其所著《西銘》)之名言箴語,即將天下所有的人皆當作同胞,世間萬物盡視爲同類,最終形成了著名的另一宏大的儒學系統,其主旨則是"天人合一"論。何謂"天人合一"?"天人合一"有兩層意義:一曰天人一致,天是一大宇宙,人則如同一小宇宙,也就是説人類同天體各有獨立而相似之處;二是天人相應,這是説人與天體在本質上是相通的,是相互相連的。因此,一切人事應順乎自然規律,從而達到人與自然的和諧。達到人與自然的和諧統一,當作爲今世處理人與自然、人與社會的明確規範與行動指南。這是真正的"人間正道",唯有遵循這一"人間正道",人際關係纔能融洽,社會纔能和諧,天下纔能太平。

古老中國在形成"孔子智慧"之前,早已重視人與自然的關係。約在七千年前,我中華先祖已能够通過對於蟲鳥之類的物候觀察,熟練地確定天氣、季節的變幻,相當完美地適應了生產、生活、繁衍發展的需求,這一遠古的測算應變之舉,處於世界領先地位。約四千年前，夏禹之時，已建有令今人嚮往的廣袤的綠野濕地。如《書·禹貢》即記載了"雷夏""大野""彭蠡""震澤""菏澤""孟豬""豬野""雲夢"諸澤的形成及其利用情況，如其中指出："淮海惟揚州，彭蠡既豬（瀦），陽鳥攸居；三江既入，震澤底定。篠簜既敷，厥草惟夭，厥木惟喬……厥貢惟金三品，瑤琨篠簜，齒革羽毛，惟木。"這是説揚州有彭蠡、震澤兩方綠野濕地，適合於鴻雁類禽鳥居住，適合於篠竹（箭竹）、簜竹（大竹）生長，青草繁茂，樹木高大，向君主進貢物品有金銀銅等三品，又有瑤琨美玉、箭竹、大竹以及象齒皮革與孔雀、翡翠等禽鳥羽毛。所謂"大禹治水"，并非祇是被動的抗災自救，實則是大治山川，廣理田野，調整人與大自然的關係，使之相得益彰。《逸周書·大聚解》又載，夏禹之時"且以并農力，執成男女之功，夫然則有生不失其宜，萬物不失其性，人不失其事，天不失其時……放此爲人，此謂正德"，此即所謂夏禹"劃定九州"之功業所在。其中"放此爲人，此謂正德"的論定，已蘊含了後世儒家初始的"天人合一"的觀念。西周初期，已設定掌管國土資源的官職"虞衡"，掌山澤者謂"虞"，掌川林者稱"衡"（見《周禮·天官·太宰》及賈疏）。後世民衆，繼往開來，對於保護生態環境，保護大自然，采取了各種措施，又設有專司觀察氣象、觀察環境的機構，并有方士之類的"巫祝史與望氣者"，多管道、多方位進行探測研究，從而防患於未然。《墨子·號令篇》（一説此篇非墨子所作，乃是研究墨學者取以益其書）曰："巫祝史與望氣者，必以善言告民，以請（讀爲'情'）上報守（一説即太守），上守獨知其請（情）。無［巫］與望氣，妄爲不善言，驚恐民，斷弗赦。"這裏明確地指出，由"巫祝史與望氣者"負責預告各種災情，但不得驚恐民衆，否則即處以重刑，絶不饒恕。愛惜生態，保護自然，這是何樣的遠見卓識，這又是何樣的撫民情懷！

是的，自夏禹以來，先民對於大自然、對於與蒼生，有一種別樣的愛惜、保護之舉措，防範措施非常細密，非常全面而嚴厲。《逸周書·大聚解》有以下記載：夏禹時期設定禁令，大力保護山林、川澤，春季不准帶斧頭上山砍伐初生的林木；夏季不准用漁網撈取幼小的魚鱉，此即世界最早的環境保護法。《韓非子·內儲説上》又載：殷商時期，在街道上揚弃垃圾，必斬斷其手。西周時又有更爲具體規定：如，何時可以狩獵，何時禁止狩獵，何樣的動物可以獵殺，何樣的動物禁止獵殺；何時可以捕魚，何時禁止捕魚，何樣的魚可以捕取，何樣的魚禁止捕取，皆有明文規定，甚而連網眼的大小也依季節不同而嚴予區別。并特別强調：不准搗毀鳥巢，不准殺死剛學飛的幼鳥和剛出生的幼獸。春耕季節不准大興土木。《禮記·月令》又載："毋變天之道，毋絕地之理，毋亂人之紀。"這一"毋變""毋絕""毋亂"之結語，更是展現了後世儒家宣導并嚮往的"天人合一"說。至春秋戰國之際，法律法規的範圍更加全面，特別嚴厲。這一時期已經注意到有關礦山的開發利用，若發現了藏有金銀銅鐵的礦山，立即封禁，"有動封山者，罪死而不赦。有犯令者，左足入，左足斷，右足入，右足斷"（見《管子·地數》）。古人認爲輕罪重罰，最易執行，也最見成效，勝過重罪重罰。這些古老的嚴厲法令，雖是殘酷，實際却是一聲斷喝，讓人止步於犯罪之前，因而犯罪者甚微。這就最大限度地保護了大自然，同時也最大限度地保護了人類自己。而早在西周建立前夕，又曾頒布了令人欽敬的《伐崇令》："文王欲伐崇，先宣言曰……令毋殺人，毋壞室，毋填井，毋伐樹木，毋動六畜，有不如令者，死無赦！崇人聞之，因請降。"（見漢劉向《説苑·指武》）這是指在殘酷的血火較量中，對於敵方人民、財產及生靈的愛惜與保護。我中華上古時期這一《伐崇令》，是世界戰爭史中的奇迹，是人類應永恒遵守的法則！當今世界日趨文明，闊步前進，而戰爭却日趨野蠻，屠殺對方不擇手段，實是可怖可悲！我華夏先祖所展現的這些大智慧、大慈悲，爲後世留下了賴以繁衍生息的楚山漢水，留下了令人神往的華夏聖地，我國遂成爲幸存至今、世界唯一的文明古國。

五、筆墨革命難預料？卅載成書又何易？

《通考》選題因國内罕見，無所藉鑒，期望成爲經典性的學術專著，難度之大，出乎想象，初創伊始，即邀前輩學者南京大學老校長匡亞明先生主其事。這期間微信尚未興起，寧濟千里，諸多不便，盛岱仁、康戰燕伉儷滿腔熱情，聯絡於匡老與筆者之間，得到先生的熱情鼓勵與全力支持，每逢疑難，必親予答復，但表示難做具體工作，在經濟方面也難以爲力。因爲先生於擔任國家古籍整理領導小組組長之外，又全面主持南京大學中國思想家研究中心的工作，正在編纂《中國思想家評傳》，百卷書稿須親自逐一審定，難堪重任。筆者初赴南大之日，老人家親自接待，就餐時當場現金付款，没有讓服務員公款記賬，筆者深受感動，終生難以忘懷。此後在匡老激勵之下，筆者全力以赴，進而邀得數百作者并肩携手，全面合作，并納入國家"九五"重點出版規劃中。1996 年 12 月，匡老驟然病逝，筆者悲痛不已，孤身隻影，砥礪前行，本書再度確定爲國家"十五"重點出版規劃項目，并將初名更爲今名。那時，作者們盡皆恪守傳統著述方式，憑藏書以考釋，藉筆墨以達志。盛暑寒冬，孜孜矻矻，無敢逸豫。爲尋一詞，急切切，一目十行，翻盡千頁而難得；爲求善本，又常千里奔波，因限定手抄，不得複印，纍日難歸！諸君任勞任怨，潛心典籍，閱書，運筆，晝夜伏案，恂恂然若千年古儒。至上世紀末，一些年輕作者已擁有個人電腦，各種信息，數以億計，中文要籍，一覽無餘，天下藏書，"千頃齋""萬卷樓"之屬，皆可盡納其中，無須跋涉遠求。搜集檢索，祇需"指點"，瞬息可得；形成文章，亦祇需"指點"，頃刻可就。在這世紀之交，面临書寫載體的轉換，老一輩學人步入了一個陌生的電腦世界，遭遇了空前的挑戰。當代作家余秋雨在其名篇《筆墨祭》中有如下陳述："五四新文化運動就遇到過一場載體的轉換，即以白話文代替文言文；這場轉換還有一種更本源性的物質基礎，即以'鋼筆文化'代替'毛筆文化'。"由"毛筆文化"向"鋼筆文化"的轉換，經歷了漫長的數千載，而今日再由"鋼筆文化"向"電腦文化"轉換，却僅僅是二十年左右，其所彰顯的是科學技術的力量、"奇技奇器"的力量。作家所謂的"筆墨"，係指毛筆與烟膠之墨，《筆墨祭》祇在祭五四運動之前的"毛筆文化"。今日當將毛筆文化與鋼筆文化并祭，乃最徹底的"筆墨祭"。面對這世紀性的"筆耕文化"向"電腦文化"的轉換，面對這徹底的"筆墨祭"，老一輩學人没有觀望，没有退縮，同青年作者一道，毅然決然，全力以赴，終於跟上了時代的步伐！筆者爲我老一輩學人驕傲！回眸曩日，步履維艱，隨同筆墨轉型，書稿也隨之經歷了大修改、大增補，其繁雜艱辛，實難言喻。天地逆旅，百代過客，如夢如幻，三十餘年來，那些老一輩學人全部白了頭，却無暇"含飴弄孫"，又在指導後代參與其事。那些"知天命"之年的碩博生導師們皆已年過花甲，却偏喜"舞文弄墨"，又在尋覓指導下一代弟子同步前進。如此前啓後追，無怨無悔，這是何樣的襟懷？憶昔乾嘉學派，人才輩出，時有"高郵王父子，棲霞郝夫婦"投入之佳話，今《通考》團隊，於父子合作、夫婦合作之外，更有舉家投入者，四方學人，全力以赴。但蒼天無情，繼匡老之後，另有幾位同仁亦撒手人寰。上海那位《天宇卷》主編年富力强，却在貧病交加、孩子的驚呼聲中，英年早逝。筆者的另一位老友爲追求舊稿的完美，於深夜手握鼠標闃然永訣，此前他的夫人曾勸其好好休息，答說"我没有那麽多時間"！可謂鞠躬盡瘁，死而後已，這又是何樣的壯志，思之怎能不令人心酸！這就是我的同仁，令我驕傲的同仁！

自 2012 年之後，因面臨多種意外的形勢變化，筆者連同本書回歸原所在單位山東師範大學，于是增加了第一位副總主編——文學院副院長、古籍整理研究所所長韓品玉，解決了編務與財力方面的諸多困難，改變了多年來的孤苦狀況。時至 2017 年春，爲盡快出版、選定新的出版社，又增加了天津人民出版社總編輯、南開大學客座教授陳益民，中國職工教育研究院常務副院長、全國職工教育首席專家俞陽，臺北大學人文學院東西哲學與詮釋學研究中心主任賴賢宗教授三位爲副總主編，於是形成了現今的編纂委員會。

　　在全書編纂過程中，編纂委員會和學術顧問，以及分卷正副主編、主要作者所在單位計有：中國國家博物館、中國國家圖書館、中央文史研究館、中國佛教圖書文物館、全國總工會、中聯口述歷史研究中心、河北省文物與古建築保護研究院、河北省文物考古研究院、河北閱讀傳媒有限責任公司、北京大學、浙江大學、南京大學、南京師範大學、東北師範大學、鄭州大學、河北大學、河北師範大學、河北醫科大學、廈門大學、佛山大學、山東大學、中國海洋大學、山東師範大學、曲阜師範大學、山東中醫藥大學、濟南大學、山東財經大學、山東體育學院、山東藝術學院、山東工藝美術學院、山東省社會科學院、山東博物館、山東省圖書館、山東省自然資源廳、山東省林業保護和發展服務中心、濟南市園林和林業綠化局、濟南市神通寺、聊城市護國隆興寺、臺北大學、臺灣成功大學、臺灣大同大學、臺北中國文化大學、臺灣中華倫理教育學會，以及澳大利亞國立伊迪斯科文大學等，在此表示由衷的謝忱！

　　本書出版方——上海交通大學領導以及上海交通大學出版社領導，高瞻遠矚，認定《通考》的編纂出版，不衹是可推動古籍整理、考古研究的成果轉化，在傳承歷史智慧，弘揚中華文明，增強民族凝聚力和認同感，彰顯民族文化自信等各個方面具有重要意義。出版方在組織京滬兩地專家學者審校文字的同時，又付出時間精力，投入了相當的資金，增補了不少插圖，這些插圖多來自古籍，如《考工記解》《考工記圖解》《考工記圖說》《考古圖》《續考古圖》《西清古鑑》《西清續鑑》《毛詩名物圖說》《河工器具圖說》等等，藉此亦可見出版方打造《通考》這一精品工程的決心。而山東師範大學各級領導同樣十分重視，社科處高景海處長一再告知筆者："需要辦什麼事情，儘管吩咐。"諸多問題常迎刃而解，可謂足智善斷。筆者所屬文學院孫書文院長更親行親爲，給予了全面支持，多方關懷，令筆者備感親切，深受鼓舞，壯心未老，必酬千里之志。此前，著名出版家和龔先生早已對本書作出權威鑒定，并建議由三十二卷改爲三十六卷。本書在學術界漂游了三十餘載終得面世，并引起學界的關注。今有國人贊之曰：《通考》是中華優秀傳統文化創造性

轉化、創新性發展的優异成果，是一部具有極高人文價值的通代史論性的華夏物態文化專
著，凝聚了中華民族的深層記憶，積澱了民族精神和傳統文化的精髓。又有國際友人贊之
曰：《通考》如同古老中國一樣，是世界唯一一部記述連續數千載生機盎然的人類生活史。
國内外的評論衹是就本書的總體面貌而言，但細予探究，缺憾甚爲明顯，因本書起步於
三十餘年前，三十餘年以來，學術界有諸多新的研究成果未得汲取，田野考古又多有新的
發現，國内外的各類典藏空前豐富，且檢索方式空前便捷，而本書作者年齡與身體狀況又
各自不同，多已是古稀之年，或已作古，或已難執筆，交稿又有先後之别，故而三十六卷
未能統一步伐與時俱進，所涉名物，其語源、釋文難能確切，一些舊有地名或相關數據，
亦未及修改，而有些同物异名又未及增補。這就不能不有所抱憾，實難稱完美！以上，就
是本書編纂團隊的基本面貌，也是本書學術成就的得失狀况。

　　筆者無盡感慨，卅載一瞬渾似夢，襟懷未展，鬢髮盡斑，萬端心緒何曾了？長卷浩
浩，古奥繁難，有幾多知音翻閲？何處求慰藉？人道是紅袖衹揾英雄泪！歲月無情，韶光
易逝，幾位分卷主編未見班師，已倏而永别，何人知曉老夫悲苦心情？今藉本書的面世，
聊以告慰匡老前輩暨謝世的同仁在天之靈！

張述錚

丙子中吕初稿於山東師範大學映月亭
甲辰南吕增補於歷下龍泉山莊東籬齋

凡　例

一、本書係通代史性的中華物態文化學術專著，旨在對構成中華博物的名物進行考釋。全書三十六卷，另有附録一卷。各卷之基本體例：第一章爲概論，其後據内容設章，章下分節，爲研究考釋文字，其下分列考釋詞目。

二、本書所涉博物，分兩種類型：一曰"同物異名"，二曰"同名异物"。前者如"女墙"，隨從而來者有"女垣""女堞""女陴""城堞""城雉""陴堞"等，盡皆爲"女墙"的同物異名；後者如"衽"，其右上分别角標有阿拉伯數字，分别作"衽¹"（指衣襟）、"衽²"（指衣服胸前交領部分）、"衽³"（指衣服兩旁掩裳際處）、"衽⁴"（指衣袖）、"衽⁵"（指下裳）等，皆爲"衽"的同名异物。

三、各卷詞目分主條、次條、附條三種。次條、附條的詞頭字型較主條小，并用【　】括起。主條對其得名由來、産生年代、形制體貌、歷史演進做全面考釋，然後列舉古代文獻或實物爲證，并對疑難加以考辨，或列舉諸家之説；次條往往僅用作簡要交代，補主條不足，申説相佐；附條一般祇用作説明，格式如即"××"、同"××"、通"××"、"××"之單稱、"××"之省稱，等等。

四、各卷名物，或見諸文獻記載，或見諸傳世實物，循名責實，依物稽名，於其本稱、别稱、單稱、省稱，務求詳備，代稱、雅稱、謔稱、俗稱、譯稱，旁搜博采。因中華博物的形成、演化有自身規律，實難做人爲的斷代分割。如"朝制"之類名物，隨同帝王的興起而興起，隨同帝王的消亡而消亡，因而其下限達於辛亥革命；"禮俗"之類名物起源於上古，其流緒直達今世；而"冠服"之類名物，有的則起源甚晚，如"中山裝"之類。故各卷收詞時限一般上起史前，下迄清末民初，有的則可達現當代。

五、各卷考釋條目中的文獻書證一般以時代先後爲序；關乎名物之最早的書證，或揭示其淵源成因之書證，尤爲本書所重，必多方鈎索羅致；二十五史除却《史記》《漢書》外，其他諸史皆非同朝人編纂，其書證行用時間則以書名所標時代爲準；引書以古籍爲主，探其語源，逐其流變，間或有近現代書證爲後起之語源者，亦予扼要采用。所引典籍文獻名按學術界的傳統標法。如《詩》不作《詩經》，《書》不作《尚書》，《説文》不作《説文解字》等；若作者自家行文爲了强調或區別於他書，亦可稱《詩經》《尚書》《説文解字》等。文獻卷次用中文小寫數字：不用"千""百""十"，如卷三三一，不作卷三百三十一；"十"作○，如卷四○，不作卷四十。

六、本書使用繁體字。根據 1992 年 7 月 7 日新聞出版署、國家語言文字工作委員會發布的《出版物漢字使用規定》第七條第三款、2001 年 1 月 1 日施行的《中華人民共和國通用語言文字法》第二章第十七條第五款之規定，本書作爲大量引徵古籍文獻的考釋性學術專著，既重視博物的源流演變，又重視對同物异名、同名异物的考辨，故所有考釋條目之詞頭及文獻引文，保留典籍原有用字，包括异體字，除明顯錯別字（必要時括注正字訂誤）之外，一仍其舊。其中作者自家釋文，則用正體，不用异體，但關涉次條、附條等异體字詞頭等，仍予保留。繁體字、异體字的確定，以《規範字與繁體字、异體字對照表》（國發〔2013〕23 號附件一）及《通用規範漢字字典》爲依據。

七、行文叙述中的數字一律采用漢字小寫，但標示公元紀年及現代度量衡單位時，用阿拉伯數字。如"三十六計"，不作"36 計"；"36 米"，不作"三十六米"。

八、各卷對所收考釋詞條設音序索引，附於卷末，以便檢索。

目　録

序　言 1

第一章　概　論 1

　　第一節　蟲豸名義疏證 1

　　第二節　蟲豸演變鈎沉 3

　　第三節　蟲豸研究簡史 5

　　第四節　蟲豸藥用概況 11

　　第五節　蟲豸文化説略 12

第二章　昆蟲説 15

　　第一節　甲蟲考 15

　　第二節　蜻蜓考 36

　　第三節　螳螂考 41

　　第四節　螽斯、蝗蟲、蟋蟀考 45

　　第五節　蟬　考 60

　　第六節　蝶、蛾考 72

　　第七節　蜂、蟻考 95

　　　第八節　蚊、蠅考 110

　　　第九節　其他各目昆蟲考 118

第三章　爬蟲説 132

　　　第一節　蛇　考 132

　　　第二節　蜥蜴考 152

第四章　雜蟲説 159

　　　第一節　綫蟲與扁蟲考 159

　　　第二節　環節蟲與腹足蟲考 162

　　　第三節　蛛形蟲、多足蟲與甲殼蟲考 171

　　　第四節　异蟲考 187

第五章　蟲豸器官與生衍物説 195

　　　第一節　蟲豸器官考 195

　　　第二節　蟲豸生衍物考 199

　　　第三節　蟲豸巢穴考 207

索　引 213

序　言

　　《中華博物通考》（下稱《通考》）是一部通代史論性的華夏物態文化專著，係"十四五"國家重點出版物出版專項規劃項目，并得到 2020 年度國家出版基金資助。全書共三十六卷，另有附錄一卷，達三千萬字，《蟲豸卷》即其中的一卷。

　　何謂"蟲豸"？"蟲""豸"二詞并舉，當始於先秦時期。《爾雅·釋蟲》曰："有足謂之蟲，無足謂之豸。"此處的"蟲豸"，當釋爲動物的總稱。其後，漢王逸《九思·怨上》"蟲豸兮夾余，惆悵兮自悲"，始指微小動物，本卷所謂"蟲豸"即取此義。舉凡當今動物分類中的昆蟲綱、蛛形綱、多足綱，以及爬行動物、綫形動物、扁形動物、環節動物、軟體動物中形體微小者，古代均視爲蟲豸之屬。蟲豸形雖微小，然其生存之久、種類之繁、分布之廣、形態之多、數量之巨，從生物、生態、應用、文化等角度，其意義和價值都异於其他各類動物。蟲豸既能飛於空，亦能游於水，既能潛於土，亦能藏於山，形態萬千，且各具靈性，情趣互异，故古代典籍遍見記叙，不僅常載於詩文，且多見筆記、小説中。先民又常憑藉其築穴或搬遷之類活動，以預測氣象變換或靈异別端。在中國古代，凡類書與物源類作品涉及名物者，時或獨辟爲一類，足見其地位之重要。

　　本卷作者在統領全卷的《概論》中，首先以蟲豸與人類的關係爲視野，展現了一幅具體生動的蟲文化畫卷，既有學術價值，又充滿趣味性。兹節録如下，以見一斑：

　　咏蟲詩始自《詩》，其後歷代文人從蝶舞蟬鳴、蟻行蛇爬中得到靈感者代不乏人，或以蟲言志，或以蟲抒懷，或以蟲爲喻，或以蟲爲興，在諸多詩篇中亦可謂別具一格。甚至直以蟲名入於詞牌、曲牌，如"蝶戀花""撲燈蛾""粉蝶兒"等。《藝文類聚》收集有關蟬、蠅、蚊、蝶、螢、叩頭蟲、蛾、蜂、蟋蟀、尺蠖、螳、蝗等蟲類的詩、賦、贊等；後世仿其體例者亦多，如《淵鑑類函》《古今圖書集成·禽蟲典》等，其所集蟲豸詩賦堪稱洋洋大觀。不僅詩詞歌賦，在成語、俗語中，言及蟲豸者，亦多不勝數。如螳螂捕蟬、螳臂當車、蠶首蛾眉、莊周夢蝶、蚍蜉撼樹、金蟬脱殼、作繭自縛、飛蛾撲火等，不僅見諸歷代文章，而且至今仍多引用。以蟲爲喻者，如以蝸喻居、以蝶喻舞、以蟬翼喻輕薄、以蛇蝎喻狠毒等，見諸辭章者，比比皆是。

　　蟲文化不祇體現於詩詞歌賦、成語熟語等方面，在中國姓氏譜中，蟲部字竟成爲旗幟鮮明的大姓。中國的姓氏譜約五千六百種，以蟲部字爲姓者已超四十，占有超過百分之七的比例。如蟲、蠶、蛾、蟬、蠍、蟻、蚯、蜎、蜚、繭、蜜，等等。上述姓氏多源於上古先民對於各類蟲豸的希冀、期待，類似於圖騰崇拜。但隨着社會的發展，人們目光的開闊，見識的深遠，有關蟲豸的認定發生了變化，蟲部之姓漸被貶低。如南北朝時齊武帝因巴東王蕭子響反叛，令蕭氏改姓爲蛸，故《通志·氏族略》有"以凶德爲蛸氏"之語。再後，蟲部字姓終於消亡，但蟲豸的具體功用却愈加顯著，已植根於人們的日常生活。後世尚有以蟲爲商號名、職業名者。宋陶穀《清異録》（《説郛》卷一百二十引）記述唐代都城長安有賽蟬鳴的"仙蟲社"，聚蟬較鳴，比鳴聲久短高低。宋人吳自牧《夢粱録》、周密《武林舊事》等書又載，南宋杭州雜耍項目中有"弄蟲蟻"一科，説明我國古代有專門以耍蟲爲業的藝人。舉國上下玩耍之風與日俱增，其中以鬥蟋蟀久負盛名。此舉始於何時何地？狀況如何？作者亦有縱橫論述。據考，鬥蟋蟀始於唐，興於宋，盛於明清。宋代顧文薦《負暄雜録·禽蟲善鬥》載："鬥蛩之戲始於天寶間。長安富人鏤象牙爲籠而蓄之，以萬金之資，付之一喙。"可見唐代已開始養蟋蟀、鬥蟋蟀，宋代已成風氣，兒童玩蟋蟀的場面已見於繪畫，南宋宰相賈似道雖無甚政績，却以善鬥蟋蟀而名聞天下，而且還著有研究蟋蟀的专著《促織經》。明清之際民間鬥蟀之風日烈，如明袁宏道《促織志》載："京師人至七八月，家家皆養促織……不論老幼男女，皆引逗爲樂。"除了袁氏《促織志》之外，明劉侗亦編有《促織志》，同時明代周履靖曾又續增賈氏《促織經》，清代朱從延著《蚟孫鑑》（蚟孫，蟋蟀別名）三卷、金文錦著《促織經》一卷、方旭又著《促織譜》一卷，可證明清時鬥蟋蟀之風尚已融入常年累月的生活。

放眼世界，無論昔日還是今時，蟲豸一直與人類保持着密切的種種關係。隨着現代科學技術的發展，蟲豸研究成爲一門別具風範的學科，探索昆蟲、資源昆蟲、傳粉昆蟲、天敵昆蟲、仿生昆蟲、藥用昆蟲、法醫昆蟲、食用昆蟲等在人類生活中起到越來越重要的作用。

本卷按照全書統一要求，以古代典籍爲津要，廣予羅致，詳加比勘，爾後分類編排，以明綱目，準確釋義，以助閱讀，力圖將古人記述與今人研究成果融於一體。兹將本卷特點，略叙如下。

其一，提綱挈領，開宗明義。全書三十六卷之首，盡皆先冠以概論，此乃編纂體例的規定，并不新奇，而本卷作者筆下的概論却別開生面，构思精密，十分精彩。首先系統論述了蟲豸的得名由來、演進變幻、研究簡史，而後論説其藥用價值、應用概況，最後論及蟲豸文化等，既有助於讀者對蟲豸的全面瞭解和把握，又方便對蟲豸名稱與内容的查檢閱讀。

其二，參古酌今，類劃清晰。蟲豸包涵範圍甚廣，清代以前典籍多直列具體名稱，而無分類。清代之後，始據形態特點、習性特徵以示區别，或分爲飛蟲、走蟲、倮蟲、介蟲、异蟲，或分爲羽蟲、毛蟲、昆蟲、鱗蟲、介蟲，雖類有所别，但層次不一。本卷結合現代動物學分類，先將蟲豸劃爲昆蟲、爬蟲、雜蟲（其他微小動物）三大類，類下再分若干節，詳考其名目。如此則“蟲豸”概念明晰，歸類合理。

其三，廣取博采，遍考群書。由於時有古今、地有南北，物有種類、形態、習性之别，而觀察認識角度又自不同，故有同物异名，或同名异物者。蟲豸種類繁多，同物异名者尤爲普遍。本卷在編寫過程中，廣予羅致，無論經史、方志、詩賦、類書、本草、耕織諸典籍，凡有所涉，竭力搜采，以求其全。以甲蟲中的螢火蟲爲例，作者從二十餘部著作中，計收録有螢火、即炤、腐蠸、流螢、螢煌、飛螢、秋螢、丹良、丹鳥、夜光、夜照、放光、夜游女子、夜火、救火、據火、挾火、妍、粉鼠蟲、微蠊、微蠊蟲、燐、景天、耀夜、輝夜、煇夜、暉夜、夜照清、照夜清、熠燿、熠耀、熠爝、焜耀、耀天等异稱别體三十餘種。再如螳螂，搜羅了蜋、螂、刀螂、刀娘、堂蜋、螳蠰、突郎、當郎、猴子、蚱、石蜋、天馬、有斧蟲、巨斧、蚚父、龂疣、馬敫、勇蟲、殺蟲、織娟娘等异名别體，竟達四十餘種，可謂收羅宏富。

其四，探古及今，持之有故。本卷蟲豸釋名，以通用、習見者爲正名，餘則列爲异名。釋正名，力求古今貫通，凡能够明確其學名者，均標以常見種類的拉丁文，并描述其形態及習性特徵，盡可能使古之所言與今之所見兩相銜接。釋异稱，必持之有故，文獻依據明確，并追溯最早之語源。凡有疑義，則詳加考證辨析。如芫青、王不留行蟲、葛上亭長、斑蝥、地膽，古人多視爲一物。李時珍《本草綱目·蟲二·斑蝥》引梁陶弘景曰：“此一蟲五變，主療皆相似。二三月在芫花上，即呼芫青；四月在王不留行草上，即呼王不留行蟲；六七月在葛花上，即呼爲葛上亭長；八九月在豆花上，即呼爲斑蝥；九月十月復還地蟄，即呼爲地膽。”實際上，五物雖屬同科，但并非同種，本卷分列諸條，各加按語，嚴以區別。

其五，以圖輔文，古今并舉。古之類書、本草諸書等，早有蟲豸圖形之描繪，惜數量有限，且欠精細，特徵表達亦不充分。本卷在分析辨別古圖的基礎上，善則取之，缺則補之。全卷收錄蟲豸圖堪稱繁多，舊則古樸，新則典雅，古今合參，相得益彰，可謂圖文并茂矣。

名物考釋，本非易事，而蟲豸之屬，尤難辨識。因其種類繁雜，難得其全，形體微小，難別其細。古之描述或詳或略，或相轉引而未經實測，或據傳言而未經目睹，考辨之難，實出預料。爲此，本卷作者於定稿之日，曾不勝感慨，致書朋輩曰：“寢食廢忘，寒暑廿載，稿凡四易，歷經手書抄寫，再經鍵盤打字，校核無數，甘苦自知。”作者雖飽嘗艱辛，而對於書稿編纂中曾與襄助之師友心存感激之情念念不能忘懷。在予作此序之前夕，曾接其專函曰：“本卷從樣稿撰寫，到修訂完善，從拉丁定名，到新圖繪製，每一步驟鼎力相助者頗衆。其中吳秉鈞、盛岱仁、俞陽先生，郭士恒、張茹女士等，尤多辛勞。”自 2017 年重換出版者以來，作者又連連審校了兩遍，已是六易其稿了。

本編主編劉更生教授早年卒業於山東中醫學院，後留校任教。當其風華正茂之日，以該院科研骨幹的身份，接受序者邀請，參加編撰《中國古代名物大典》。《大典》問世後，出任本卷主編。劉君諳熟醫經藥典，旁通儒道，諸子百家，藝苑千種，亦多涉獵，這在學科分野過專、過偏的現當代，實屬難能可貴。據説，劉君之歷屆研究生，亦如其師，并非固守單一學科，皆甚優秀，但劉君却未邀任一弟子參與本卷的編撰。今之研究生導師在課題研究中，常調動其弟子以相佐助，劉君則始終獨立操觚，毫不含糊，令人不勝感慨。他日，讀者諸君若有緣親覽此書，定當有所收益，并贊賞作者之爲人與爲學也。

教授妙筆宏文，縱覽古今，幸得先睹，欣然爲序！

張述錚

太歲重光單閼菊月上浣於山東師範大學映月亭初稿

太歲上章困敦菊月下浣於歷下龍泉山莊東籬齋定稿

第一章　概　論

第一節　蟲豸名義疏證

　　蟲之含義，古代有廣、狹之别，其廣義者爲"動物之通名"（《説文·虫部》徐灝箋），泛指包括人在内的各種動物。《莊子·應帝王》《禮記·月令》《吕氏春秋·仲春》《淮南子·時則訓》等將蟲分爲鱗、羽、裸（亦作"倮"或"贏"）、毛、介五類，即取蟲之廣義。《大戴禮記·易本命》："有羽之蟲三百六十，而鳳凰爲之長；有毛之蟲三百六十，而麒麟爲之長；有甲之蟲三百六十，而神龜爲之長；有鱗之蟲三百六十，而蛟龍爲之長；倮之蟲三百六十，而聖人爲之長。"《集韵·平東》："《説文》：有足謂之蟲。李陽冰曰：裸、毛、羽、鱗、介之總稱。"《禮記·儒行》："鷙蟲攫搏。"孔穎達疏："蟲是鳥獸通名。"由於人們對動物分類的不同認識，鱗、羽、毛、介等亦常各自爲類，故蟲之含義又有狹者，主要指今之昆蟲及類似昆蟲的微小動物，如《爾雅·釋蟲》所釋即是。後世言蟲亦多取狹義。

　　虫，甲骨文作"↑"或"↑"，金文作"↑"或"↑"，小篆作"↑"，均肖蟲類之形。《説文·虫部》："虫，一名蝮。博三寸，首大如擘指，象其卧形。"段玉裁注："蟲篆象卧而曲尾形，它篆下云蟲也，象冤曲垂尾形。"近現代文字學家亦認爲，"虫"本或指蛇虺，讀

huǐ（悔），亦"它（蛇）"之本字。《虫部》又云："物之微細，或行，或毛，或贏，或介，或鱗，以虫爲象。"段玉裁注："按以爲象，言以爲象形也。從虫之字多左形右聲，左皆用虫爲象形也。"明代李時珍《本草綱目·蟲部》序曰："蟲乃生物之微者，其類甚繁，故字從三虫會意。"凡動物之微小者，其類衆多，均可以"蟲"名之。

虫與蟲，古義多無分別。蟲亦省作"虫"，今則以虫爲"蟲"之簡化字。《説文·虫部》段玉裁注："古虫、蟲不分，故以蟲諧聲之字，多省作虫，如融、蚰是也。鱗介以虫爲形，如螭、虯、龕、蚌是也。飛者以虫爲形，如蝙、蝠是也。毛贏以虫爲形，如蝯、蜼是也。"今虫旁字雖多，然非盡屬於蟲類。

另有"蚰"字，亦作"蜫"，今通作"昆"，皆具"衆"義。"蚰"即"昆蟲"之謂，《説文·虫部》："蚰，蟲之總名也。從二虫，凡蚰之屬皆从蚰。讀若昆。"段玉裁注："蟲之總名稱蚰，凡經傳言昆蟲，即蚰蟲也。"段注又言："二虫爲蚰，三虫爲蟲，蚰之言昆也，蟲之言衆也。"睡虎地秦墓竹簡《秦律十八種·田律》："旱（旱）及暴風雨、水潦、螽蚰，群它物傷稼者，亦輒言其頃數。"漢許冲《上〈説文解字〉書》："而天地鬼神，山川艸木，鳥獸蚰蟲，雜物奇怪，王制禮儀，世間人事，莫不畢載。"漢牟融《理惑論》："計天下蚰蟲之數，不可稱計。"《玉篇·蚰部》："蚰，蟲之總名。亦作蜫。"昆蟲之含義亦有廣、狹之分，宋鄭樵《通志略·昆蟲草木略》中所謂的"昆蟲"，泛指各種動物而言，而現代動物學中所稱之昆蟲，則專指節肢動物門中昆蟲綱之動物。但一般所謂之昆蟲，有時也包括形狀類似昆蟲的部分動物，如蝎、蜘蛛、蜈蚣、蚯蚓、蝸牛等，并不嚴格地局限於昆蟲綱動物。

豸，甲骨文作"𧉟"，金文作"𧉞"，皆與小篆"豸"字略同，俱爲象形字。小篆豸，橫視之像侈口長脊之獸形，其本義作"猛獸（名）"解（見《説文》徐灝箋），乃長脊獸之通稱。故猫、狸、豹、貂、貛等表示長脊獸，字皆從"豸"。豸字後來漸有別義，如《爾雅·釋蟲》："有足謂之蟲，無足謂之豸。"豸始代指"無足之蟲"，再後則泛指蟲類，或蟲豸并稱以言蟲。宋邢昺疏："此對文爾，散文則無足亦曰蟲。"《説文·虫部》段玉裁注："有舉渾言以包析言者，有舉析言以包渾言者，此蟲豸析言以包渾言也。蟲者，蝡動之總名。前文既詳之矣，故祇引《爾雅·釋蟲》之文。豸者，獸長脊行豸豸然，欲有所伺殺形也。本謂有足之蟲，因凡蟲無足者，其行但見長脊豸豸然，故得假借豸名。今人俗語云蟲豸。"又《説文·虫部》"蚰"下注云："蟲下曰'有足謂之蟲，無足謂之豸'，析言之耳，渾言之則無足亦蟲也。虫下曰：或行或飛，或毛或贏，或介或鱗，皆以蟲爲象。故蟲皆从虫，而虫可讀爲蟲，蟲之總名稱蚰。凡經傳言昆蟲，即蚰蟲也。"《漢書·五行志中》："蟲豸之類謂之孽。"顏師古注："有足謂之蟲，無足謂之豸。"後蟲豸并稱，多泛指微小動物，主要見於類書類目中。豸旁字今多爲獸之屬。

此外，秦漢時期亦將蟲類動物稱爲"方"。《周易·繫辭上》："方以類聚，物以群分。"《禮記·樂記》："方以類聚。"鄭玄注："方謂行蟲也。"孔穎達疏："行蟲有性識道理，故稱方也。"

本卷名"蟲豸"而不曰"昆蟲"，乃沿襲古義泛指蟲類動物。所考内容主要包括現代動物學中昆蟲綱、蛛形綱、多足綱等動物，爬行動物中的蛇與蜥蜴，以及綫形動物、扁形動物、環節動物、軟體動物中的部分種類。在分類編排上，將昆蟲綱列爲"昆蟲"說，爬行動物列爲"爬蟲"說，其餘諸蟲列爲"雜蟲"說。

需要說明的是：其一，部分水生昆蟲及兩栖類動物，古代或歸於蟲豸類，因《中華博物通考》立有《水族卷》，故本卷不再收錄，有關内容請參閱該卷。蟒蛇之類雖爲大型動物，然古代多歸於蟲豸類，今仍依古例。其二，蟲豸種類繁多，而古籍中常見者僅是與人類生活、生産密切相關的極少部分，凡雖有其物而古籍中無明確記載的蟲豸，本卷一般不予考釋。其三，古籍中對蟲豸形態的描述或詳或略，或轉引古籍而未實測，或據傳言而未目睹，故許多古稱很難與現代動物學名稱一一對應，在編排上則祇能以類相從，未必完全符合現代動物學分類。其四，傳統名稱較今之學名寬泛模糊，所舉學名與傳統名稱祇是大致相當。

第二節　蟲豸演變鈎沉

蟲類是動物界中最大的族群。據現代古生物學研究，至晚在三億五千萬年前，蟲豸即已在地球上出現了。和其他動物乃至生物一樣，蟲豸繁衍變化之歷史，與地球的發展史息息相關。地球從遠古至今分爲無生代、始生代、原生代、古生代、中生代及新生代六個世代。據考，蟲類化石始見於古生代之泥盆紀（距今四億至三億五千萬年），爲無翅彈尾蟲，後來又發現有翅類蟲類化石，由此揭開了蟲豸在地球上繁衍生息的序幕。

許多蟲類動物以水生節肢動物中的多足類爲祖先。隨着時間的延續與環境的變化，有些種類登上陸地。爲了適應陸地生活，其身體構造發生了較大變化，形成具有頭、胸、腹三大段之體態。這一演變過程經歷了二億至三億年，至今仍在不停地變化着。

　　早期之蟲類動物，從小到大變化甚微，所异者乃身體之節數在不斷增加，性發育逐漸趨向成熟。其時，蟲之兩翅尚不明顯，腹足亦未完全退化，間或變化成爲跳躍器官。隨着時間的推移，約於泥盆紀末期（距今約三億五千萬年），有些蟲類才由無翅變爲有翅。

　　在億萬年的漫長歲月中，有些蟲類由於不能適應冰川、洪水、乾旱及地殼變動等外界環境的劇烈變化，被大自然淘汰。有些蟲類則逐漸適應了自然環境的變化，因此能够繼續繁衍，直至成爲今天我們所能見到的各種蟲類。甚至我們今天所見的有些昆蟲，其形態與億萬年前的化石標本并無太大差异，典型代表如蟑螂，故稱之爲"昆蟲活化石"。

　　古生代之石炭紀中期爲蟲類演變最快的時期，衆多不同形狀的蟲類相繼出現，但多屬於漸進的不完全變態類型。後來有些蟲類，從幼蟲發育到成蟲，體態有明顯的變化，成爲一生中要經過卵、幼蟲、蛹、成蟲四個不同發育階段的完全變態類群。如今所見的蟲類，其變態或完全，或不完全，亦保留了其在長期演變過程中的某些特徵。

　　蟲豸之所以能以石炭紀爲發軔期，與當時的自然環境有密切關係。石炭紀大約經歷了七千萬年的時間，其時大自然中樹木茂盛，鬱鬱葱葱，供給植物水分的沼澤、湖泊繁多，爲蟲豸生存與繁衍提供了良好環境和豐富的食物。當時兩栖類動物繁榮，出現原始爬行類動物，爲後來蛇類爬行動物的出現奠定基礎。然而，蟲豸在地球上的生存與發展并非一帆風順，地球環境變化、動物之間的競争，對蟲豸也造成很大影響，許多種類早已滅絕。但有很多適應能力極强之蟲類，借助其自身優勢，還是頑强地延續下來。而且由於蟲類動物多體小靈動，便於隱藏，食量少，繁殖快，故時至今日，有上百萬種蟲豸生活在地球上，廣泛分布於地面、土壤、空中、水中及較大動物體表與體内，其種類約占動物種類的80%，無論是個體數量、生物量，還是種數，均遠遠凌駕於其他動物之上。

　　需要説明的是，本卷内容包括昆蟲、爬蟲、蠕蟲等不同種類，各自的形成與演化過程極爲複雜，時間跨度亦相差較遠，本卷僅言其大概而已。

第三節 蟲豸研究簡史

蟲豸與人類有着非常密切的關係，而且有着比人類更爲久遠的歷史。因此，人類對蟲豸認識的萌芽，從人類形成之時即已開始。就目前所見資料而言，我國先民對蟲豸的認識能上溯到公元前六千年左右。世界上公認的三大蟲類——蜜蜂、桑蠶、紫膠蟲的養殖均起源於中國。

在山西夏縣西陰村新石器時代仰韶文化遺址（約五千六百至六千零八十年前）中，曾發現半個經人工割裂過的繭殼；在山西芮城及河北正定南楊莊仰韶文化遺址（距今五千四百年前後）分別出土兩枚陶製蠶蛹；在河南滎陽青臺村發掘的仰韶文化遺址（距今約五千五百年）的兒童甕葬中有絳色羅；在陝西、河南、山東等地的出土文物中，亦常見到公元前兩千五百年前後隨葬的玉蠶或石蠶幼蟲。上述文物的發現，表明當時人們已熟悉蠶及蠶繭，亦表明蠶在很久以前即被馴化。

甲骨文的發現，爲研究殷商時代人們對蟲豸的認識，提供了有力證據和豐富資料。據考，在已能辨認的約兩千個甲骨文單字中，不僅出現了"虫""蚰"字，而且還有蝗、蛹、蠶、蟬、蜂、蝎、蚣、蜻、蛛、蛔、蛇等蟲豸名稱，卜辭中還記載了養蠶、抽絲、織絲等活動，以及蝗災、腹內寄生蟲病等内容。有學者據甲骨文中大量"蜂"字及有關卜辭推測，我國在殷代已經開始養蜂。上述記載是中國有關蟲豸最早、最原始的記錄，表明中國對蟲豸的認識和研究的信史有四五千年。

在商代青銅器及石刻上，已出現許多蜻蜓、蟬等蟲豸圖像及采桑圖紋飾，表意明確，形象亦極爲生動。在商代第二十三代王武丁（約前1250—前1192）的妻子婦好墓中發現的蟬、蝗、螳螂等玉雕，造型逼真，栩栩如生。這説明當時人們對蟲豸的觀察和認識已相當細緻。

周秦至漢代，人們關於蟲豸的認知與研究更加深入，其主要成就在秦漢時期的多種著作中有所體現。

《山海經》常被視爲神話類書籍，然而從書中所載内容看，該書也是一部古代人文和生物、地理、歷史專著。關於蟲豸，書中提到驕蟲、大蜂、朱蛾、蜚等名稱，并述及養蜂氏族有蟜氏。此外，書中對蛇的描繪内容豐富，曾提及蝮蛇、白蛇、玄蛇、赤蛇、青蛇、黄蛇、長蛇、鳴蛇、儵鱅、肥遺、琴蟲等。有學者認爲，《山海經》是中國最古老的、最有權威的，明確記載山川地理、自然資源、民族活動和分布等的科學巨著。從時間上看，其中史實當爲在公元前三十世紀左右的事物、人物及其活動（郭郛、［英］李約瑟、成慶泰《中國古代動物學史》，科學出版社 1999 年版）。關於書中所述內容，晋代郭璞《山海經注》《山海經圖贊》，明代楊慎《山海經補注》，清代畢沅《山海經新校正》和郝懿行《山海經箋疏》等均有闡釋。

《詩》是中國古代最早的詩歌總集，其中提及大量蟲豸名稱，如蜂、螽、螽斯、阜螽、露螽、蛾、虹、蝤蠐、蓁、蜩、螗、蟋蟀、蜉蝣、莎雞、宵行、蛂蟲、伊威、蠨蛸、蜱蛉、蜾蠃、蒼蠅、青蠅、蠆、蛇、虺、蜴、螟、螣、蟊、賊等，有很多名稱沿用至今。《詩》中還涉及許多蟲豸的生活習性及物候、病蟲害防治等內容。《詩·周頌·小毖》"莫予荓蜂，自求辛螫"，爲關於蜂螫人已知的最早描述。《詩·周頌·大田》"去其螟螣，及其蟊賊"，是爲防治農業蟲害的有關描述。"五月鳴蜩""六月莎雞振羽""（蟋蟀）七月在野""八月在宇""九月在戶""十月蟋蟀入我床下"等，具體、生動地記載了蟲豸物候學的內容。《夏小正》《吕氏春秋》《禮記·月令》及《淮南子》有關蟲豸與物候的認識，與《詩》所述均一脉相承。

《爾雅》是一部解釋詞義的訓詁專著，主要反映和總結先秦至秦漢時期自然科學及社會科學的有關成就，堪稱我國最古老的一部百科全書。《爾雅》將動物分爲蟲、魚、鳥、獸四大類，有關蟲豸的內容集中於"釋蟲"專篇，其中所釋蟲豸七十餘種，包括昆蟲六十餘種、多足類四種、蛛形類四種、環節類兩種、兩栖類一種。另將蛇、蜥蜴及部分昆蟲幼蟲歸於"釋魚"。"釋蟲"不僅對蟲豸名稱進行詳盡解釋，而且對蟲豸成蟲與幼蟲的區別，以及蟲豸的生活習性、行爲、生理生態等生物學特性亦有所解釋。"釋蟲"以"有足謂之蟲，無足謂之豸"區分蟲與豸，以"螜醜蟪，螽醜奮，强醜捋，蜂醜螫，蠅醜扇"概括蟲豸的行動方式等內容，均標志着我國秦漢以前對於蟲豸的分類研究已達到較高水平。

《輶軒使者絕代語釋別國方言》，簡稱《方言》，是我國第一部比較方言詞彙的著作。其中第十一卷主要釋蟲豸名稱，將不同地域對蛥蚗、蟬、蛄䗐、蜻蚓、螳螂、姑蝑、蟒、蜻蛉、春黍、蠀蟓、鼁、蠅、蚍蜉、蠀螬、蚰蜒、䵶黽、蜉蝣、馬蚿等蟲豸的不同稱謂進行彙集，對研究秦漢時期蟲豸名稱具有重要意義。

《説文》是東漢許慎所著的解釋漢字形、音、義的著作。該書按"以類相從"的原則，列出"蟲"屬（包括虫部、蚰部、蟲部）字一百九十一個，若將其他部首中涉及蟲豸的字一并統計則爲二百九十九個（見郭郛、〔英〕李約瑟、成慶泰《中國古代動物學史》），是對東漢以前蟲豸研究成就的一次較全面的總結。按現代動物學分類，"蟲"屬字涉及哺乳類、兩栖類、爬行類、腔腸類、蠕形類、軟體動物類、甲殼類及昆蟲類，説明早期"蟲"的含義的確很廣。許慎對"蟲"屬字的解釋，一般是先釋義，再分析形體構造及讀音，既準確又高度概括，是研究蟲豸必須參考的重要文獻。

除上述著作外，先秦及漢代對於蟲豸的研究尚有許多成果，如《周禮·考工記》將動物分爲"小蟲"與"大獸"兩類，并認爲小蟲之屬衆多，若以骨言，有内骨、外骨之分；以行言，有却行、仄行、連行、紆行之别；以鳴言，有脰鳴、注鳴、旁鳴、翼鳴、股鳴、胸鳴之异。又《周禮·秋官·司寇》有"翦氏掌除蠹物""赤友氏掌除墻屋""蟬氏掌去鼃黽""壺涿氏掌除水蟲"等記載，説明當時已有人專職從事除蟲工作。《淮南子·説林訓》曾總結昆蟲食性有食而不飲、飲而不食、不飲不食三種類型："蠶食而不飲，二十二日而化；蟬飲而不食，三十日而脱；蜉蝣不飲不食，三日而死。"并指出動物食毒物後有不同反應。漢代以前對蟲豸的幼蟲已有專門名稱，如桑蠶的幼蟲叫蚅，蟬的幼蟲叫復育，蚊的幼蟲叫孑孓，蠅的幼蟲叫蛆，蜻蜓的幼蟲叫水蠆，蠱的幼蟲叫蠈，蝗的幼蟲叫蝻，金龜子的幼蟲叫蠐螬。漢焦延壽《易林·震之蹇》"蟻封户穴，大雨將集"，説明當時已知蟻能預知天氣變化。此外，秦漢時期已有許多蟲豸入藥的記載（詳本章第四節《蟲豸藥用概況》）。

秦漢以降，隨着儒學不斷興盛及社會不斷變化，蟲豸研究被視爲"雕蟲小技"而逐漸走向末流。揚雄曾曰："雕蟲小技，壯夫不爲。"韓愈亦有詩云："《爾雅》注蟲魚，定非磊落人。"由於這種思想的影響，秦漢以來的蟲豸研究，從總體上講，缺乏較爲全面、系統與深刻的研究，成果較爲零散。儘管如此，秦漢之後的蟲豸研究仍然取得了許多成就，尤其在典籍注疏、藥用研究及賞玩等幾個方面體現得較爲突出。

漢末及魏晋時期，張揖仿《爾雅》體例作《廣雅》，爲繼《爾雅》和《説文》後的又一巨著。其中"釋蟲"計四十七條，反映了漢魏時期蟲豸名稱的變化。晋陸璣著《毛詩草木鳥獸蟲魚疏》，是一部專門注釋《詩》中提及的草木蟲魚名稱的著作，有學者認爲該書是我國第一部有關動植物的專著。書中注釋《詩》涉及的蟲豸十八種，所描述之形態特點、記録之分布地域等均十分細緻。該書對後世研究《詩》及本草學的發展均有深刻影響，如明代毛晋《毛詩草木鳥獸蟲魚疏廣要》、清代徐鼎《毛詩名物圖説》等均受其啓發。

晋崔豹《古今注》爲名物訓釋專著，對蟲豸名稱多有解説。郭璞對《爾雅》《方言》《山海經》等進行了廣泛注釋，其中涉及蟲豸者甚多，其説多有可取之處。以上諸家對後世影響極大，至今仍有重要參考意義。

養蜂在我國雖有悠久的歷史，但直到公元 3 世紀皇甫謐《高士傳》中才有關於以養蜂爲專門職業的記載。魏晋之際還首次記錄了昆蟲化石及"以蟲治蟲"技術。南朝梁陶弘景指出："琥珀中有一蜂，形如生，蜂爲松脂所粘，因墜地淪没爾。"張華《博物志》云："柏脂淪入地中……千年化爲琥珀。"這是有關昆蟲化石的最早記載，其認識與現代古生物學是一致的。嵇含《南方草木狀》載："柑，乃橘之屬，滋味甘美特異者也。有黄者，有頼者，謂之壺柑。交趾人以席囊貯蟻，鬻於市者，其窠如薄絮，囊皆連枝葉，蟻在其中，並窠而賣。蟻赤黄色，大於常蟻。南方柑樹若無此蟻，則其實皆爲群蠹所傷，無復一完者矣。"説明我國早在西晋即已利用了以蟲治蟲的生物防治技術。類似記載還見於唐代段成式的《酉陽雜俎》。

段成式所著《酉陽雜俎》，爲隋唐時期重要的博物著作。全書二十二卷，關於動植物方面的内容主要集中於卷一六至一九之"廣動植"。其中卷一七設有《蟲篇》，記載與蟲豸相關内容三十七條，或采自秘府珍籍，或爲耳聞目睹，具有重要的參考價值。如書中記有螞蟻通過一種聲音呼唤同伴，説明在唐代已有人確知昆蟲是有語言的。又如《蟲篇》："天牛蟲，黑甲蟲也。長安夏中，此蟲或出於籬壁間，必雨。成式七度驗之，皆應。"觀察細膩而連續，語言質樸而翔實。另外，徐堅《初學記》、段公路《北户録》、劉恂《嶺表録異》等亦爲唐代載有蟲豸内容較多的著作。

唐代是蟲文化逐步走向繁榮的時期，據史料記載，養蟋蟀、鬥蟋蟀始自唐代。王仁裕《開元天寶遺事》載："每至秋時，宮中妃妾輩，皆以小金籠捉蟋蟀閉於籠中，置之枕函畔，夜聽其聲。庶民之家皆效之也。"《説郛》卷一八引宋顧文薦《負暄雜録·禽蟲善鬥》："父老相傳，鬥蛩亦始於天寶間。長安富人鏤象牙爲籠而畜之，以萬金之資，付之一啄，其來遠矣。"陶穀《清異録》又載，唐代民間已出現賽蟬社團——"仙蟲社"，以比賽蟬鳴爲娱。

咏物詩始見於《詩》，至唐代尤爲盛行，著名詩人如駱賓王、杜甫、白居易、李商隱、賈島、韓偓等均有吟咏蟲豸的佳作。元積則有《蟲豸詩》咏蟲七種，各賦三首，堪稱吟咏蟲詩之專輯。歐陽詢曾將咏蟬、蠅、蚊、蝶、螢、叩頭蟲、蛾、蜂、蟋蟀、尺蠖、蟻、螳螂、蝗等蟲豸的詩、賦、贊等收録於《藝文類聚》蟲豸部，後世編寫類書者多仿其例。

《埤雅》，宋代文史兼博物學家陸佃著，爲繼《廣雅》之後對《爾雅》的再次擴充與增補。其中"釋蟲"篇討論了蟲豸名稱的由來、形態及習性等，如"蜂有兩衙……采取百芳釀蜜，其房如脾，今謂之蜜脾。其王之所居，疊積如臺。語云蜂臺蟻樓，言蜂居如臺"，真實描述了蜜蜂建造蜂房、蜜脾、蜂臺等不同結構。羅願的《爾雅翼》是一部專釋動植物名稱的博物之書，共三十二卷，其中"釋蟲"四卷，共釋蟲名四十類，蛇、蜥蜴、蝸牛等則歸於"釋魚"。該書或因字說義，或由音求名，且根之物性，以探名之由來。以上二書基本代表了宋代蟲豸研究的進展和成就。此外，鄭樵《通志·昆蟲草木略》、《爾雅》邢昺疏、范成大《桂海蟲魚志》等，也多有可取之處。

宋元時期關於蟲豸研究的另一特點是，在蠶、蜂的養殖技術方面有了較大提高。如《永嘉郡記》對蠶的"滯育"已有深入研究，當時已能利用溫度的高低來維持蠶卵的滯育和打破滯育，從而調節蠶的飼養代數，提高經濟效益。秦觀著有《蠶書》一卷，記錄山東兗州地區的養蠶方法甚爲詳盡，書中分"變種""時食""製居""化治"等條，對研究宋代養蠶技術多有參考。在養蜂方面，王禹偁在《小畜集》中有"記蜂"一則，對蜂群內部組織、生活習性、分群方法、蜂王特點等作了詳細記述。元末明初劉基在《郁離子》卷上"靈丘丈人"中，詳細記述了如何在清潔、寒暖、晴雨、燥濕及防治敵害方面對蜂群進行管理，并對蜂箱的選材、製作、擺放等加以說明，可見當時的養蜂技術已達到很高水平。

對於蝗災的防治在宋代也引起了足夠的重視，熙寧年間頒布了全世界最早的治蝗規定，并相繼出現了《救荒活民書》及《救荒補遺書》等專著，詳細記載了宋代蝗災的情況與防治方法。此外，宋代已開始注意掘卵滅蝗，以便在滅蝗中爭取主動。

在蟲豸觀賞、咏蟲藝文等方面，宋代不僅延續了唐代遺風，而且使之得以發展。賈似道編寫了第一部關於養鬥蟋蟀的《促織經》，對明清之際鬥蟋蟀之風盛行影響很大。關於咏蟲詩賦，除了個人詩集、文集外，在《太平御覽》《文苑英華》《事物紀原》等類書中多有收錄，且在宋詞中亦有體現。

明清時期關於蟲豸研究的主要成果集中體現在李時珍的《本草綱目》中。李時珍爲明代偉大的醫藥學家和博物學家，他利用近三十年的時間編纂了《本草綱目》。該書共計五十二卷，分爲十六部六十類，載藥一千八百九十二種，其中動物藥四百四十四種，分爲蟲、鱗、介、禽、獸、人六部。卷三九至卷四二爲蟲部藥，共收載蟲類藥一百種，附藥三十二種，合計一百三十二種。另外在鱗部收錄蛇類十七種及石龍子、守宮、蛤蚧等。李時珍認爲，"蟲乃生物之微者"，然其物雖微，却"蠢動含靈，各具性氣"，"學者可不究夫物理而察其良毒乎？"對每味蟲類藥的敘述，一般分爲釋名、正誤、集解、修治、氣味、主治、發明、附方等項，對蟲豸的名稱、形態、習性、藥性、功用、方劑等詳加介紹。或徵引群籍，或述個人觀察，或糾正舊誤，或提出新説，所言每能得其要，即以當今動物學觀點視之，其科學價值也達到了相當高的水平。該書"博而不繁，詳而有要"，雖屬本草專著，然就其中蟲豸内容而言，所取得的成就也是極高的。

《古今圖書集成》爲清代纂修的一部百科全書式的大型類書，動物部分集中於《禽蟲典》，其中卷一六五至一九二爲蟲豸，彙釋蟲豸八十種，分爲"彙考""藝文""紀事""雜録"等項，將歷代相關内容加以彙集，收羅宏富。類似著作還有稍早的《淵鑑類函》、稍晚的《格致鏡原》及《清稗類鈔》等，然均不及《禽蟲典》之博雅。

除了《本草綱目》《古今圖書集成・禽蟲典》等宏篇巨制外，明清之際還涌現了大量養蠶、養蟋蟀、捕蝗等方面的專著。如養蠶文獻，有明代黄省曾《蠶經》，清代沈潛《桑蠶説》、黄恩彤《蠶桑輯要》等；蟋蟀文獻，有明代袁宏道《促織志》、劉侗《促織志》，清代金文錦《促織經》、朱從延《蚟孫鑑》等；捕蝗文獻，有清代陳芳生《捕蝗考》、王勗《撲蝻歷效》、俞森《捕蝗集要》等。此外，清代還出現了陳鼎《蛇譜》一卷、趙彪昭《説蛇》一卷。另，郝懿行有《蜂衙小記》，專述養蜂之事。

清代蟲豸研究的另一特點是，隨着乾嘉學派的興起，對經典的注釋之風日盛，出現了大量高水平著作，如王念孫《廣雅疏證》、段玉裁《説文解字注》、朱駿聲《説文通訓定聲》、桂馥《説文解字義證》、郝懿行《爾雅義疏》、錢繹《方言箋疏》等，其中均有關涉蟲豸的内容，亦爲研究蟲豸的重要參考資料。

此外尚值得一提的是，明清時期還出現了幾部重要蟲豸專著，如明代譚貞默《譚子雕蟲》、穆希文《螳史集》，清代李元《蠕範》和方旭《蟲薈》等。《譚子雕蟲》分上下兩卷，記述蟲豸六十二種，加上附録則近百種。全書以賦結合傳的形式寫成，内容豐富，堪稱我國現存第一部蟲豸專著。《蠕範》八卷，以"道範天地，天地範萬類"爲主旨，從物理、物匹、物生、物化、物體、物聲、物食、物居、物性、物制、物材、物知、物偏、物候、物名、物壽等十六個方面論述了動物的有關問題。在"分類備檢"中，將動物分爲禽、獸、鱗、介、蟲五屬。蟲屬又將蟲豸分爲飛蟲、走蟲、倮蟲、介蟲、异蟲五類，收羅异名、別稱，甚爲廣博。《蟲薈》五卷，將動物分爲羽蟲、毛蟲、昆蟲、鱗蟲、介蟲五類，共計一千零三十九種，其中昆蟲二百一十九種，收録種類爲歷代最富。

　　隨着西學東漸，清代已有現代動物學、昆蟲學之萌芽，然與後來逐漸成熟的動物學、昆蟲學相比，還甚爲幼稚，成績亦不突出，今不再贅述。

第四節　蟲豸藥用概況

　　蟲豸與人類的衣食住行密切相關，如用蠶絲織綢、蜜蜂釀蜜、蛾蝶傳粉以及以蟲入食、以蟲入藥，等等。蟲豸在人類生活中一直都起着十分重要的作用，就大多數蟲豸而言，應用最廣泛的當是以之入藥。

　　蟲豸入藥不僅有着悠久的歷史，而且入藥蟲豸種類衆多，以蟲豸爲主或純以蟲豸組成的方劑不可勝計，在古今中醫臨床中發揮極其重要的作用，張仲景、孫思邈、李時珍、葉天士等均爲善用蟲類藥的著名醫家。

　　在現存最早的中醫方書——《五十二病方》（《馬王堆醫書》之一）及其他秦漢簡帛書《阜陽漢簡》《居延漢簡》《敦煌漢簡》《武威醫簡》中，已應用動物藥兩百餘種，其中蟲類藥三十餘種，如白魚（亦稱食衣白魚）、守宮、虻、黃蜂、黃蜂駒（亦稱蠭駒、逢卵、豐卵、逢房中子）、蜜（亦作蟁，亦稱白蜜）、蝎、蜱蛸（亦作卑稍，亦稱桑卑肖）、蠦蟲（亦稱席蟲）、蠪、蠶卵（亦稱冥蠶種、蠶種）、蠶矢、天牡（即天社）、丘引之矢（亦稱丘引矢，即蚯蚓矢）、白礜丘引、地膽蟲（亦作地脂）、赤蛾（即赤蟻）、牡狗（亦稱牡螻、土螻）、非廉（即蜚蠊）、長足、䗪蛛（即蜘蛛）、智蛛網（即蜘蛛網）、斑蝥（亦作螌蝥，即斑蝥）、慶良（即蜣螂）、爵甕（亦稱爵甕中蟲青北者，即雀甕）、蛇、蛇膏、蛇兌（亦稱蟲兌，即蛇退）等。上述諸品，大多在後世臨床中沿用。

　　現存最早的本草著作《神農本草經》，總結了漢代以前我國藥物學的成就，爲後世中藥學、方劑學及治療學的發展奠定了基礎。全書載藥三百六十五種，分爲上、中、下三品，收載蟲類藥計有三十一種，其中上品藥有石蜜、蜂子、蜜蠟、桑蜱蛸（桑螵蛸），中品藥有猬皮（或歸爲獸部）、露蜂房、柞蟬（即蚱蟬）、蠐螬、白僵蠶、樗鷄、活蝓（即蛞蝓）、石龍子、木虻、蜚虻、蜚蠊、蠦蟲、伏翼，下品有蛇蛻、蚯蚓、蠮螉、吳蚣（即蜈蚣）、水蛭、班苗（即班蝥）、石蠶、雀甕、蜣螂、馬陸、地膽、鼠婦、螢火、衣魚。對每味藥均從性味、功用、主治、別名、生長環境等加以論述。

南朝梁陶弘景《神農本草經集注》在"三品"的基礎上，將所載中藥分七類，"蟲獸"乃其中之一。唐宋以降，蟲豸入藥的數量不斷增加。唐《新修本草》列"蟲魚部"，較《神農本草經》增加原蠶蛾、蚺蛇膽、蝮蛇膽、蜘蛛、蜻蛉、蛇黃、芫青、葛上亭長、田中螺汁、蝸牛等蟲類藥十種。

宋金元時期，蟲類藥的數量進一步增加。其中唐慎微所撰《重修政和經史證類備用本草》，集宋代以前藥物學成就之大成，載藥一千七百四十六種，其中魚蟲部載藥一百八十七種，其中蟲類藥爲七十五種，新增者近半數。

經宋元時期的進一步發展，在明代李時珍編著的《本草綱目》中，蟲類藥已單列一部，即卷三九至卷四二爲蟲部藥。本書共收載蟲類藥一百種，附藥三十二種，合計一百三十二種，其中新增九香蟲、天牛等。另外在鱗部收録蛇二十六種及石龍子、守宮、蛤蚧等。其所收蟲豸類藥的總數當在一百五十種左右。清代趙學敏《本草綱目拾遺》載蟲類藥四十種，多爲《本草綱目》未收或言而未詳者。

經歷代醫藥學家的不斷研究與探索、總結與補充，蟲類藥已成爲本草的重要組成部分，爲中醫治病發揮重要作用。

第五節　蟲豸文化説略

在廣袤的大自然中，蟲豸具有形體微小、種類繁多、色彩斑斕、形態各异、生機勃勃等特點。在没有人類之前，蟲豸即已在大自然中扮演着重要角色。有了人類之後，蟲豸則一直與人相伴，關係十分密切。蟲豸不僅與人類的衣食住行密切相關，而且與人們的精神活動休戚相關。從文字到語言，從民俗到物候，從農業到醫藥，從文學到藝術，從戰爭到政治，從戀愛到婚姻，從飲食到裝飾，處處都與蟲豸有牽涉。在我國，人們對許多蟲豸類尤有關愛，尤其是歷代文人墨客，無論對蟲豸是喜是惡，是養是逐，吟詩作畫常以其爲對象，留下不少傳世佳作。人們以蟲寄情，以蟲喻事，以情賞蟲，以情愛蟲，充分展示中華民族的浪漫與博愛，形成我國獨特的"蟲文化"。

咏蟲詩始自《詩》，其後歷代文人從蝶舞蟬鳴、蟻行蛇爬中得到靈感者代不乏人，或以蟲言志，或以蟲抒懷，或以蟲爲喻，或以蟲爲興，在諸多詩篇中亦可謂別具一格。甚至直以蟲名入於詞牌、曲牌，如“蝶戀花”“撲燈蛾”“粉蝶兒”等。《藝文類聚》收集有關蟬、蠅、蚊、蝶、螢、叩頭蟲、蛾、蜂、蟋蟀、尺蠖、螳、蝗等蟲類的詩、賦、贊等；後世仿其體例者亦多，如《淵鑑類函》《古今圖書集成·禽蟲典》等，其所集蟲豸詩賦堪稱洋洋大觀。不僅詩詞歌賦，在成語、俗語中，言及蟲豸者，亦多不勝數。如螳螂捕蟬、螳臂當車、蠶首蛾眉、莊周夢蝶、蚍蜉撼樹、金蟬脱殼、作繭自縛、飛蛾撲火等，不僅見諸歷代文章，而且至今仍多引用。以蟲爲喻者，如以蝸喻居、以蝶喻舞、以蟬翼喻輕薄、以蛇蝎喻狠毒等，見諸辭章者，比比皆是。

中國是世界上節日最多的國家之一，據統計傳統民間節日多達兩千個，在全國影響較大的有百餘個。在衆多節日中，有許多與蟲豸相關聯，如春節、元宵節、二月二、清明節、端午節等傳統節日，均直接或間接與蟲豸有關，或祝願益蟲興盛，或祈求害蟲不災，或借節日以清除惡蟲。雖然具體活動因不同民族、地區等有所差异，但均反映了我國傳統文化的某些特色。

我國姓氏見於文獻者有五千六百多個，其中以蟲部字爲姓者有四十多個，既有單姓，也有複姓，如蟲、蠶、蛾、蟬、蠍、蟻、蚳、蜎、蜚、繭、蜜等均曾入姓。上述姓氏多源於古代，但也有爲皇帝所賜者。如蛸（或作蠨）姓，原爲蕭，南北朝時齊武帝因巴東王蕭子響反叛，令蕭氏改姓爲蛸，故《通志·氏族略》有“以凶德爲蛸氏”之語。另還有以蟲爲人名、地名者。

陶穀《清異錄》記述唐代都城長安有賽蟬鳴的“仙蟲社”，聚蟬較鳴，以比鳴聲久暫高低。《夢粱錄》《武林舊事》等書記載，南宋杭州雜耍項目中有“弄蟲蟻”一科，説明我國古代有專門以耍蟲爲業的藝人。

鬥蟋蟀歷史久遠，是我國民間的一項重要民俗活動，頗具中國傳統文化特色。據考，鬥蟋蟀始於唐，著於宋，盛於明清。宋代顧文薦《負暄雜錄·禽蟲善鬥》載“鬥蛩之戲始於天寶間。長安富人鏤象牙爲籠而畜之，以萬金之資，付之一喙”，可見在唐代已開始養蟋蟀、鬥蟋蟀，而且已頗爲盛行。宋代兒童玩蟋蟀的場面已入於畫。南宋宰相賈似道雖無甚政績，却以善鬥蟋蟀而聞名，不僅築半閑堂專以鬥蟋蟀，而且還寫了我國第一部蟋蟀專著《促織經》。明清之際民間鬥蟋蟀之風日烈，如袁宏道《促織志》載，明代“京師人至七八月，家家皆養促織……不論老幼男女，皆引逗爲樂”。除了袁氏《促織志》，明代周履靖曾續增《促織經》、劉侗亦編有《促織志》，清代朱從延著《蚟孫鑑》三卷、金文錦著《促織經》一卷、方旭著《促織譜》一卷，亦説明明清時鬥蟋蟀之盛。

　　以蟲爲食，在《周禮》中已載有"蚳醢"，乃由蟻卵加工而成的蟻卵醬，供"天子饋食"與"祭祀"之用。《禮記》中"蜩"（蟬）、"范"（蜂）亦供"人君燕食"。北宋范仲淹稱："蝗可和菜蒸食。"此外，蜂蜜、蠶蛹、蜻蜓、天牛、龍蝨、蠐螬等也均爲古人餐桌上的食品。現代研究亦認爲，許多昆蟲可以入食，而且資源豐富、營養價值較高。

　　無論過去還是現在，蟲豸一直與人類保持着密切而複雜的關係。相信將來，蟲豸與人類的這種關係將得到持續并加强。隨着現代科學技術的發展、蟲豸研究的深入，探索昆蟲、仿生昆蟲、法醫昆蟲、資源昆蟲、食用昆蟲、天敵昆蟲、藥用昆蟲、傳粉昆蟲等將在人類生活中發揮越來越重要的作用。

第二章 昆蟲説

第一節 甲蟲考

甲蟲，在古代典籍中亦稱"介蟲"。其廣義者，泛指帶有甲殼的動物，如《孔子家語·執轡》："甲蟲三百有六十，而龜爲之長。"其狹義者，則是對帶有甲殼蟲類的統稱，與現代動物學中所謂甲蟲的含義基本相同。如《禮記·月令》："〔孟秋之月〕孟秋行冬令，則陰氣大勝，介蟲敗穀。"鄭玄注："介，甲也。甲蟲屬冬。"《逸周書·時訓解》："水不始涸，甲蟲爲害。"在現代動物學分類中，甲蟲爲昆蟲綱鞘翅目昆蟲的統稱。

鞘翅目爲昆蟲綱中最大的一目，因其鞘翅如武士之甲胄，故稱"甲蟲"。鞘翅對身體具有良好的保護作用，可免遭天敵侵害，故甲蟲於昆蟲中較爲發達。據統計，其種類約占昆蟲總數的百分之四十，也是整個動物界中數量最多的一類。全世界約有三十五萬種，我國約有一萬種。小至大型均有，體軀堅硬，有光澤。頭可自由活動，有咀嚼式口器。觸角通常十一節，形狀各异。前胸大，可活動；中後胸多愈合。翅兩對，前翅角質，肥厚，無明顯翅脉，合攏時覆蓋在胸部和腹部的背面，形成一個硬殼，即所謂"鞘翅"；後翅膜質，具少數脉紋，休息時完全摺在鞘翅之下，也有完全無後翅者。足適於馳行，有些種類變异後適於開掘。鞘翅目昆蟲的出現約有二億八千萬年的歷史，屬完全變態昆蟲，分布極廣。

　　古籍中常見的甲蟲有螢火、金龜子、蜣螂、斑蝥、芫青、地膽、葛上亭長、叩頭蟲、天牛及多種蛀木甲蟲。其中斑蝥、芫青、地膽等多入藥用，而典籍中常見者主要有螢火、金龜子、蜣螂、叩頭蟲等。

螢火

　　甲蟲名。泛指能自行發光的各種昆蟲。全世界約有兩千種，常見者如鞘翅目螢科紅胸螢（*Luciola lateralis* Motschulsky）、窗胸螢（*Pyrocoelia analis* Fabricius）等。體細長而扁平，黑褐色，長約半寸，雌雄相等，均有鞘翅，或雄蟲有而雌蟲無。足三對，腹六七節，尾節黃白色部分爲發光器，因呼吸時能使螢光素氧化，故可發光。雄蟲發光力强於雌蟲。卵胎生，多栖於水邊草叢中，晝伏夜行，捕食蚯蚓、蝸牛及其他昆蟲。雌蟲産卵於水邊草根間。卵漸次發育時，自其内部發光。幼蟲栖於水邊，能捕食小蟲及釘螺、螺螄。全蟲可入中藥。亦稱"即炤"。《爾雅·釋蟲》："螢火，即炤。"晋郭璞注："夜飛，腹下有火。"清郝懿行義疏："今驗螢火有二種：一種飛者，形小頭赤；一種無翼，形似大蛆，灰黑色，而腹下火光大於飛者，乃《詩》所謂'宵行'，《爾雅》之'即炤'，亦當兼此

螢
（明王圻等《三才圖會》）

二種。"亦稱"腐蠸""螢火蟲"。《莊子·至樂》："瞀芮生乎腐蠸。"唐成玄英疏："腐蠸，螢火蟲。亦言是粉鼠蟲。"亦作"熒火"。《神農本草經·下品》："熒火……味辛，微温，無毒。主明目，小兒火創傷熱氣，蠱毒，鬼注，通神精。"明李時珍《本草綱目·蟲三·螢火》："〔集解〕時珍曰：螢有三種：一種小而宵飛，腹下光明，乃茅根所化也，吕氏《月令》所謂'腐草化爲螢'者是也；一種長如蛆蠋，尾後有光，無翼不飛，乃竹根所化也……一種水螢，居水中……入藥用飛螢。"清李元《蠕範》卷二："螢……狀似瓜蠅，腹下有光，夜飛如火，常以大暑前後出，茅根所化。"按，螢火蟲爲卵生昆蟲，古人認爲乃腐草或茅根所化，實誤。

螢火
（明李時珍《本草綱目》）

【即炤】

　　即螢火。此稱秦漢時期已行用。見該文。

【腐蠸】

　　即螢火。此稱先秦時期已行用。見該文。

【螢火蟲】

　　即螢火。此稱唐代已行用。見該文。

【熒火】

同“螢火”。此體秦漢時期已行用。見該文。

【螢】

“螢火”之省稱。《禮記·月令》：“〔季夏之月〕腐草爲螢。”鄭玄注：“螢，飛蟲，螢火也。”亦稱“流螢”。南朝齊謝朓《玉階怨》詩：“夕殿下珠簾，流螢飛復息。”唐杜牧《秋夕》詩：“銀燭秋光冷畫屏，輕羅小扇撲流螢。”亦稱“螢煌”。宋張耒《飛螢詞》：“漢宮千門連萬户，夜夜熒煌暗中渡。”亦稱“飛螢”“秋螢”。清李元《蠕範》卷二：“螢……螢火也，飛螢也，流螢也，秋螢也。”參見“螢火”文。

【流螢】

即螢。此稱南北朝時期已行用。見該文。

【螢煌】

即螢。此稱宋代已行用。見該文。

【飛螢】

即螢。此稱清代已行用。見該文。

【秋螢】

即螢。此稱清代已行用。見該文。

【丹良】

即螢火。亦稱“丹鳥”。《大戴禮記·夏小正》：“丹鳥羞白鳥。丹鳥者，謂丹良也。白鳥者，謂閩蚋也。”晋崔豹《古今注·魚蟲》：“螢火……一名丹良……一名丹鳥。”明楊慎《後蚊賦》：“玄圭紀正，炯弗昧兮，丹良爲羞，欣絶彙兮。”參見“螢火”文。

【丹鳥】

即丹良。此稱漢代已行用。見該文。

【夜光】

即螢火。《神農本草經·下品》：“熒火，一名夜光。”晋潘岳《螢火賦》：“翔太陰之玄昧，抱夜光以清游。”亦稱“夜照”“放光”。《藝文類聚》卷九七引三國魏吳普《吳氏本草》：“螢火，一名夜照。”南朝梁陶弘景《名醫别録》卷三：“螢火，無毒。一名放光。”亦稱“夜游女子”。《事物異名録·昆蟲部》引宋吳處厚《青箱雜記》：“夜游女子，螢火也。”亦稱“夜火”。清李元《蠕範》卷二：“螢……夜光也，夜火也。”參見“螢火”文。

【夜照】

即夜光。此稱三國時期已行用。見該文。

【放光】

即夜光。此稱南北朝時期已行用。見該文。

【夜游女子】

即夜光。此稱宋代已行用。見該文。

【夜火】

即夜光。此稱清代已行用。見該文。

【救火】

即螢火。亦稱“據火”“挾火”。《藝文類聚》卷九七引三國魏吳普《吳氏本草》：“螢火……一名救火……一名據火，一名挾火。”《古今圖書集成·禽蟲典》引《直省志書·山陰縣》：“螢，一名挾火。越人謂入室則有客。”參見“螢火”文。

【據火】

即救火。此稱三國時期已行用。見該文。

【挾火】

即救火。此稱三國時期已行用。見該文。

【蚈】[1]

即螢火。《吕氏春秋·季夏》：“腐草化爲蚈。”漢高誘注：“蚈……一曰螢火也。”《廣韻·平先》：“蚈，螢火。”《通雅·動物·蟲》：“古單作螢……或作蚈……陸佃曰：‘蚈音溪，非宵行也，如蠿，尾後載火。'可見螢有二種，一飛一行。潛谷言西北螢，大如棗。"參見"螢火"文。

【微么蟲】

即螢火。省稱"微么"。晋郭璞《爾雅圖贊・釋蟲・螢火》："熠燿宵行，蟲之微么。出自腐草，烟若散熛。"《事物異名録・昆蟲部》卷三九："微么蟲，郭璞《螢贊》：'蟲之微么，出自腐草。'"參見"螢火"文。

【微么】

"微么蟲"之省稱。此稱晋代已行用。見該文。

【燐】

即螢火。《詩・豳風・東山》："熠燿宵行。"漢毛亨傳："熠燿，燐也；燐，螢火也。"亦稱"景天"。晋崔豹《古今注・魚蟲》："螢火……一名景天。"《藝文類聚》卷九七引三國魏吳普《吳氏本草》："螢火……一名救火，一名景天。"亦作"蟒"。《玉篇・虫部》："蟒，螢火也。"《廣雅・釋蟲》："景天，螢火，蟒也。"清王念孫疏證："螢，一作熒；蟒，一作燐。"亦稱"蠦"。清李元《蠕範》卷二："螢，燐也，蠦也。"參見"螢火"文。

【景天】

即燐。此稱三國時期已行用。見該文。

【蟒】

同"燐"。此體南北朝時期已行用。見該文。

【蠦】

即燐。此稱清代已行用。見該文。

【耀夜】

即螢火。亦稱"輝夜"。《事物異名録・昆蟲部》引晋崔豹《古今注》："螢火，一名耀夜，一名輝夜。"亦作"輝夜"。南朝宋顏延之《饗神歌》："潔粢酌，娱太一，明煇夜，華晳日。"亦作"暉夜"。《初學記》卷三〇引晋崔豹《古今注》："螢火，一名暉夜。"亦稱"夜照清"。明陳繼儒《珍珠船》卷一："夜照清，螢火也。"亦稱"照夜清"。清李元《蠕範》卷二："螢……照夜清也，夜游女子也。"參見"螢火"文。

【輝夜】

即耀夜。此稱晋代已行用。見該文。

【煇夜】

同"輝夜"。即耀夜。此體南北朝時期已行用。見該文。

【暉夜】

同"輝夜"。即耀夜。此體晋代已行用。見該文。

【夜照清】

即耀夜。此稱明代已行用。見該文。

【照夜清】

即耀夜。此稱清代已行用。見該文。

【熠燿】[1]

即螢火。《詩・豳風・東山》："熠燿宵行。"孔穎達疏："熠燿者，螢火之蟲，飛而有光之貌。"《藝文類聚》卷九七引三國魏吳普《吳氏本草》："螢火……一名熠燿。"宋黃庭堅《演雅》詩："螳螂當轍恃長臂，熠燿宵行驚照火。"亦作"熠耀""熠爚"，亦稱"焜燿""燿天"。清李元《蠕範》卷二："螢……焜燿也，熠燿也，熠爚也，景天也，燿天也。"按，《埤雅》以"熠燿"爲宵行之异稱。參見"螢火""宵行"文。

【焜燿】

即熠燿。此稱清代已行用。見該文。

【熠耀】[1]

同"熠燿"。此體清代已行用。見該文。

【熠爚】

同“熠燿”。此體清代已行用。見該文。

【燿天】

即熠燿。此稱清代已行用。見該文。

水螢

蟲名。螢火之一種。以其栖於水邊或低濕處，故稱。唐李子卿《水螢賦》：“水螢爲蟲，惟蟲能天，彼何爲而化草，此何事而居泉？”明李時珍《本草綱目·蟲三·螢火》：“〔集解〕時珍曰：螢有三種……一種水螢，居水中。唐李子卿《水螢賦》所謂‘彼何爲而化草，此何爲而居泉’是也。”清李元《蠕範》卷二：“其别種曰水螢，居水中，水蟲所化，亦有光。”參見“螢火”文。

宵行

蟲名。螢火之一種。形似蠶，色灰黑，無翼不飛，夜行腹下有光。以其帶光夜行，故稱宵行。亦稱“熠燿”。《詩·豳風·東山》：“熠燿宵行。”朱熹集傳：“宵行，蟲名，如蠶，夜行喉下有光如螢。”《爾雅·釋蟲》：“螢火，即炤。”清郝懿行義疏：“一種無翼，形似大蛆，灰黑色，而腹下有火光，大於飛者，乃《詩》所謂宵行。”亦稱“宵燭”。晋崔豹《古今注·魚蟲》：“螢火……一名宵燭。腐草爲之，食蚊蚋。”南朝梁劉峻《廣絶交論》：“冀宵燭之末光，邀潤屋之微澤。”亦作“熠燿”。《埤雅·釋蟲》：“熠燿，行蟲爾。今卑濕處有蟲如蠶蠋，尾後載火，行而有光，俗謂之熠燿。”亦稱“宵熠”。宋范成大《嘲蚊四十韻》詩：“濕生同糞蠍，腐化類宵熠。”按，《埤雅》所謂“熠燿”，古人多作“螢火”之异稱。參見“螢火”“熠燿”文。

【熠燿】[2]

即宵行。此稱先秦時期已行用。見該文。

【宵燭】

即宵行。此稱晋代已行用。見該文。

【熠燿】[2]

即宵行。此稱宋代已行用。見該文。

【宵熠】

即宵行。此稱宋代已行用。見該文。

【蠲】

即宵行。亦稱“螢蛆”。明李明珍《本草綱目·蟲三·螢火》：“〔集解〕時珍曰：螢有三種……一種長如蛆蠋，尾後有光，無翼不飛，乃竹根所化也。一名蠲，俗名螢蛆，《明堂月令》所謂‘腐草化爲蠲’者是也，其名宵行，茅竹之根，夜視有光，復感濕熱之氣，遂變化成形爾。”參見“宵行”文。

【螢蛆】

即蠲。此稱明代已行用。見該文。

蚊螢

蟲名。或以爲螢火之一種。其形似蚊，夜間飛行，螢光如鏡，體大如蜻蜓。明郎瑛《七修類稿·事物類·蚊螢》：“滁有魏生，乘馬山行，漸入於夜，隱隱見前途一物如金鏡，奕奕有光。殆迫馬首，由由然未去也，意以爲祟，不得已，舉鞭擊之，應手墜地，視之，乃一大螢耳。又金文靖公《北征録》中，紀元故都處有蚊如蜻蜓。予以螢光如鏡，形雖大，未爲害也。蚊若蜻蜓，可被其啞乎？”

金龜子

甲蟲名。爲鞘翅目金龜科昆蟲之泛稱。種類甚多，我國常見者如大黑鰓金龜子（*Holotrichia diomphalia* Bates）、銅緑麗金龜

（ *Anomala corpulenta* Motschulsky ）、中華弧麗
金龜（ *Popillia quadriguttata* Fabr. ）等。體略
呈卵圓形，大如刀豆，狀似龜，頭較小。金綠
色或黑褐色，被有黃褐色細毛，有光澤。觸角
鰓葉狀，一般爲十節，呈膝狀彎曲，各節能自
由開閉。鞘翅堅硬，上有數條隆起之暗紋。後
翅半透明。足三對，甚長。卵生，居於田野，
夏季成群，晝伏夜出，以植物葉片、嫩芽或花
爲食。其幼蟲名“蠐螬”。漢代，金龜子或稱
“蚄”“蟥蚄”，“蟥蚄”亦作“黃蚄”。《爾雅·釋
蟲》：“蚄，蟥蚄。”晋郭璞注：“甲蟲也，大如
虎豆，綠色。今江東呼黃蚄。”清郝懿行義疏：
“今甲蟲綠色者，長二寸許，金碧煥然，江南
有之，婦人用爲首飾，郭義或當指此。”南北
朝時期稱“金蟲”，至唐始稱“金龜子”，亦省
稱“金龜”。南朝梁吳均《和蕭洗馬子顯古意》
詩之二：“蓮花銜青雀，寶粟鈿金蟲。”唐段公
路《北戸錄》卷一：“金龜子，甲蟲也。五六
月生於草蔓上，大於榆莢，細視之，真金帖龜
子。行則成雙，類璧龜耳。其蟲死則金色隨滅，
如螢火也。”《南史·王僧辯傳》：“田間得白蛆
化爲金龜。”宋代亦稱“瓜蠹”。宋薛士隆《金
龜賦》：“金龜，瓜蠹。”徐珂《清稗類鈔·動
物·金龜子》：“金龜
子，俗稱金蟲，體長
六七分，金綠色，背
有甲，六足，種類甚
多。”按，一説《爾
雅》所謂“蚄”乃別
爲一種甲蟲，非金龜
子，俟考。

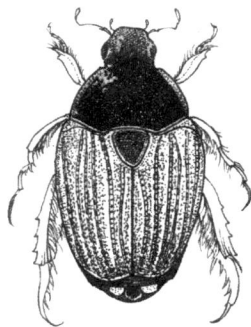

中華弧麗金龜

【蚄】
　　即金龜子。此稱漢代已行用。見該文。

【蟥蚄】
　　即金龜子。此稱漢代已行用。見該文。

【黃蚄】
　　同“蟥蚄”，即金龜子。此稱晋代已行用。
見該文。

【金蟲】
　　即金龜子。此稱南北朝時期已行用。見該文。

【金龜】
　　“金龜子”之省稱。此稱南北朝時期已行
用。見該文。

【瓜蠹】
　　“金龜子”之別稱。此稱宋代已行用。見
該文。

蠐螬

　　蟲名。金龜子之幼蟲。乳白或黑褐色，圓
柱形，體長寸許，常彎曲成馬蹄狀，背上多橫
皺紋，胸部三節，各節有發達的胸足一對。居
土中，食害植物的根和莖。可入藥用。此稱行
用於先秦，沿稱至今。《莊子·至樂》：“烏足之
根爲蠐螬。”《晋書·盛彦傳》：“母既疾久，至
於婢使數見捶撻。婢忿恨，伺彦暫行，取蠐螬
炙飴之。”晋張華《博物志》：“蠐螬，以背行，
快於用足。”亦單稱
“蠐”“螬”。《爾雅·釋
蟲》：“蠐，蠐螬。”晋
郭璞注：“在糞土中。”
《孟子·滕文公下》：“井
上有李，螬食實者過半
矣。”螬亦作“蝤”，蠐
螬亦作“齊蝤”。《説

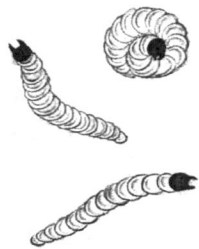

蠐　螬
（《補遺雷公炮製便覽》）

文·虫部》："蠹，齊蠹也。"孫奭疏："以背行，馺於足，狀似酒槽，以齊俗所名，故謂之蠐螬也。"

【蟦】

　　即蠐螬。此稱先秦時期已行用。見該文。

【螬】

　　"蠐螬"之單稱。此稱先秦時期已行用。見該文。

【蠹】

　　同"螬"。即蠐螬。此體漢代已行用。見該文。

【齊蠹】

　　同"蠐螬"。此體漢代已行用。見該文。

【蟦蠐】

　　即蠐螬。《神農本草經》："蠐螬……一名蟦蠐。"亦稱"蜰蠐"，南朝梁陶弘景《名醫別録》卷二："蠐螬……一名蜰蠐，生河内及人家積糞草中。"亦稱"乳齊""地蠶""應條""蟦蠐"。明李時珍《本草綱目·蟲三·蠐螬》："〔釋名〕蟦蠐、蜰蠐、乳齊、地蠶、應條。時珍曰：蠐螬，《方言》作蟦蠐，象其蠹物之聲。或謂是齊人曹氏之子所化，蓋謬説也。蟦、蜰，言其狀肥也。乳齊，言其通乳也。"亦稱"敎齊"。《爾雅·釋蟲》："蟦，蠐螬。"清郝懿行義疏："《本草》一名蟦蠐，《別録》一名蜰齊，一名敎齊。此皆語聲相轉而爲名也。"參見"蠐螬"文。

【蜰蠐】

　　即蠐螬。此稱南北朝時期已行用。見該文。

【乳齊】

　　即蠐螬。此稱晋代已行用。見該文。

【地蠶】[1]

　　即蠐螬。此稱晋代已行用。見該文。

【應條】

　　即蠐螬。此稱三國時期已行用。見該文。

【蟦蠐】

　　即蠐螬。此稱漢代已行用。見該文。

【敎齊】

　　即蠐螬。此稱漢代已行用。見該文。

【蜎蠾】

　　即蠐螬。亦稱"蚕蠋""蝖蠿""蛒""蝎""蛭蛒""當齊""蜋蝑"。《方言》第十一："蜋蝑謂之蟦。自關而東謂之蜎蠾，或謂之蚕蠋，或謂之蝖蠿。梁益之間謂之蛒，或謂之蝎，或謂之蛭蛒。"郭璞注："亦呼當齊……或呼蜋蝑。"按，蝎後世多指木中蠹言。亦稱"蝖"。《玉篇·虫部》："蝖，蜎蠾也。"蚕蠋亦作"蚕蠋"，蝖蠿亦作"喧蟄"。清李元《蠕範》卷三："蟦，蛒也，蠐螬也，肥蠐也，乳齊也，蚕蠋也，蜎蠾也，蛭蛒也，喧蟄也，應條也，地蠶也。身短足長，背有毛筋，居糞土中，肥白，以背滾行，捷於足。"參見"蠐螬"文。

【蚕蠋】

　　即蜎蠾。此稱漢代已行用。見該文。

【蝖蠿】

　　即蜎蠾。此稱漢代已行用。見該文。

【蛒】[1]

　　即蜎蠾。此稱漢代已行用。見該文。

【蝎】[1]

　　即蜎蠾。此稱漢代已行用。見該文。

【蛭蛒】

　　即蜎蠾。此稱漢代已行用。見該文。

【當齊】

　　即蜎蠾。此稱晋代已行用。見該文。

【蟥蝐】

即蜣蟉。此稱晋代已行用。見該文。

【蝐】

即蜣蟉。此稱南北朝時期已行用。見該文。

【螑蠋】[1]

同"螑蠋"。即蜣蟉。此體清代已行用。見該文。

【喧穀】

同"蝐穀"。即蜣蟉。此體清代已行用。見該文。

土蛹[1]

人工培育的金龜子類幼蟲。既可蒸食，亦可入中藥。亦稱"乳蟲"。《説郛》卷二五引南宋張仲文《白獺髓·牛乳》："田民曰：鄉中有地種乳。先掘地成窖，以粳米粉鋪於窖内，以草蓋之，用糞壤擁之，候雨過氣出則發開，時米粉已化成蛹，如蠐螬狀。取蛹作汁，以米粉漬而蒸成乳食之也。"明李時珍《本草綱目·蟲三·乳蟲》："〔釋名〕土蛹。〔集解〕時珍曰……此亦蠐螬之類，出自人爲者。《淮南萬畢術》所謂'置黍溝中，即生蠐螬'，《廣雅》所謂'土蛹，蠁蟲'者，皆此物也。服食用此代蠐螬，更覺有功無毒。"按，《廣雅》所謂"土蛹"是否即此，諸説不一，俟考。

【乳蟲】[1]

即土蛹[1]。此稱明代已行用。見該文。

蜣蜋

甲蟲名。常見者爲鞘翅目蜣蜋科神農潔蜣蜋（*Catharsius molossus* Linnaeus）之成蟲。體大如栗，長約寸許，色黑稍帶光澤。雄蟲頭部前方呈扇面形，中央具角突一對，後方兩側有複眼一對。前翅爲鞘翅，後翅膜質，黄色或黄棕色。足三對，中後足跗節兩側有成列之褐紅色毛刺。雌蟲似雄蟲而小，頭部中央無角狀突。卵胎生，常栖息於牛糞、人屎堆中，或掘土穴居。以動物屍體及糞尿爲食。有趨光撲火的習性。産卵後，雌雄共同推曳糞土將卵包裹成丸狀。其蟲黑亮而大者入中藥。亦作"蜣螂"，亦稱"蛣蜣"。《爾雅·釋蟲》："蛣蜣，蜣蜋。"晋郭璞注："黑甲蟲，啖糞土。"宋邢昺疏："蛣蜣，一名蜣螂。黑甲，翅在甲下，噉糞土，喜取糞作丸而轉之。"《莊子·齊物論》："庸詎知吾所謂知之非不知邪？"晋郭象注："蛣蜣之知，在於轉丸。"蛣蜣亦作"結蜣"。唐蘇鶚《蘇氏演義》卷下："蜣蜋，一名結蜣……能以土包屎轉而成丸，圓正無斜角。"其大者亦稱"胡蜣蜋"，亦作"胡蜣螂"。《爾雅翼·釋蟲》"蜣蜋……其鼻高目深者名胡蜣蜋。"明李時珍《本草綱目·蟲三·蜣螂》："〔集解〕宗奭曰：蜣螂有大小二種，大者名胡蜣螂，身黑而光，腹翼下有小黄子，附母而飛，晝伏夜出，見燈光則來，宜入藥用；小者身黑而暗，晝飛夜伏。狐並喜食之。小者

蜣　螂
（明李時珍《本草綱目》）

蜣　蜋
（明王圻等《三才圖會》）

不堪用。"按，藥用蜣螂，多取深目高鼻，黑亮而大者，小者不堪入藥。又按，今民間俗稱屎殼郎。

【蜣蜋】

同"蜣蜋"。此體宋代已行用。見該文。

【蛄蜣】

即蜣蜋。此稱秦漢時期已行用。見該文。

【結蜣】

同"蛄蜣"。即蜣蜋。此體唐代已行用。見該文。

【胡蜣蜋】

蜣螂之大者。此稱宋代已行用。見"蜣蜋"文。

【胡蜣螂】

同"胡蜣蜋"。蜣螂之大者，入藥多用之。此體明代已行用。見"蜣蜋"文。

【渠蟑】

即蜣蜋。亦稱"天社""天柱"。《説文·虫部》："渠蟑，一曰天社。"段玉裁注："社，一作柱。"《廣韻》訛作"神"。按，渠即蛄蜣雙聲之轉。《玉篇》謂蜣、蟑同字，是也……玉裁謂此物前卻推丸，故曰渠蟑。一曰，猶一名也。《廣雅》曰："天柱，蜣蜋也。"亦稱"蛄螂""蛄蜋"。《駢雅·釋蟲魚》："蛄螂，天柱……蛄蜋，黑甲蟲也。"元李壽卿《度柳翠》第三折："你今日個脱身利己，柳翠也，從今後早則去了你那蛄蜋皮。"按，天社與蜣螂後世藥用多別爲二物。參見"蜣蜋"文。

【天社】

即渠蟑。此稱漢代已行用。見該文。

【天柱】

即渠蟑。此稱三國時期已行用。見該文。

【蛄螂】

即渠蟑。此稱明代已行用。見該文。

【蛄蜋】

同"蛄螂"。即渠蟑。此體元代已行用。見該文。

【推屎蟲】

即蜣蜋。明李時珍《本草綱目·蟲三·蜣螂》："〔附方〕膈氣吐食，用地牛兒二箇，推屎蟲一公一母，同入罐中，待蟲食盡牛兒，以泥裹煨存性；用去白陳皮二錢，以巴豆同炒過，去豆，將陳皮及蟲爲末。每用一二分，吹入咽中，吐痰三四次，即愈。"亦稱"滾矢蟲"。《古今圖書集成·禽蟲典》引《丹徒縣志》："蜣螂，俗呼滾矢蟲。"參見"蜣蜋"文。

【滾矢蟲】

即推屎蟲。此稱清代已行用。見該文。

【轉丸】

即蜣蜋。亦稱"弄丸"。晋崔豹《古今注·魚蟲》："蜣蜋能以土包糞轉成丸，圓正無斜角……一名轉丸，一曰弄丸。"亦稱"弄圓""轉圓"。宋葉廷珪《海録碎事·雜蟲門》："蜣蜋，一名弄圓，一名轉圓。"亦稱"推車客""推丸"。元危亦林《世醫得效方》卷六："如男子病，推車客用頭，土狗用身；如女子病，土狗用頭，推車客用身。"明李時珍《本草綱目·蟲三·蜣螂》："〔釋名〕弘景曰：《莊子》云：蛄蜣之智，在於轉丸。喜入糞土中取屎丸而推卻之，故俗名推丸。時珍曰：崔豹《古今注》謂之轉丸、弄丸，俗呼推車客，皆取此義也。"清郝懿行《爾雅義疏·釋蟲》："蜣蜋體圓而純黑，以土裹糞，弄轉成丸，雄曳雌推，穴地納丸，覆之而去。不數日間有小蜣蜋出而飛去，蓋字乳其中也。"故有諸稱。參見"蜣蜋"文。

【弄丸】

　　即轉丸。此稱晋代已行用。見該文。

【弄圓】

　　即轉丸。此稱宋代已行用。見該文。

【轉圓】

　　即轉丸。此稱宋代已行用。見該文。

【推車客】

　　即轉丸。此稱元代已行用。見該文。

【推丸】

　　即轉丸。此稱明代已行用。見該文。

【黑牛兒】

　　即蜣蜋。多指蜣蜋之黑亮而大者。亦稱"鐵甲將軍""夜游將軍"。明李時珍《本草綱目・蟲三・蜣蜋》:"〔釋名〕黑牛兒、鐵甲將軍、夜游將軍。時珍曰:其蟲深目高鼻,狀如羌胡,背負黑甲,狀如武士,故有蜣蜋將軍之稱。〔附方〕赤白下痢:黑牛散治赤白痢、噤口痢及泄瀉,用黑牛兒(即蜣蜋,一名鐵甲將軍)燒研,每服半錢或一錢,燒酒調服(小兒以黃酒服),立效。李延壽方。"亦稱"矢甲""麻母"。清李元《蠕範》卷六:"蜣蜋,蛣蜣也,矢甲也,天社也,弄丸也,轉丸也,推丸也,麻母也……深目高鼻,黑甲,甲下有翅,飛鳴洪洪然。"參見"蜣蜋"文。

【鐵甲將軍】

　　即黑牛兒。此稱明代已行用。見該文。

【夜游將軍】

　　即黑牛兒。此稱明代已行用。見該文。

【矢甲】

　　即黑牛兒。此稱清代已行用。見該文。

【麻母】

　　即黑牛兒。此稱清代已行用。見該文。

豉蟲

　　甲蟲名。屬鞘翅目豉蟲科豉甲屬昆蟲(*Gyrinus curtus* Motsch.),爲水面上常見之甲蟲。長約二分,其形如豆。背面隆起而光滑,色黑有光澤。頭呈三角形,觸角短,眼分上下兩部。前足發達,中、後足短闊扁平而呈槳狀。栖居水面。宋唐慎微《證類本草・蟲魚部》:"豉蟲有毒,殺禽獸,蝕息肉,傅惡瘡。"亦稱"豉母蟲"。今稱"豉甲"。明李時珍《本草綱目・蟲四・豉蟲》:"〔釋名〕豉母蟲。〔集解〕時珍曰:陳藏器《拾遺》有豉蟲,而不言出處、形狀。按葛洪《肘後方》云,江南有射工蟲,在溪澗中射人影成病……取水上浮走豉母蟲一枚,口中含之便瘥,已死亦活。此蟲正黑,如大豆,浮游水上也。今有水蟲,大如豆而光黑,即此矣。名豉母者,亦象豆形也。"

【豉母蟲】

　　即豉蟲。此稱晋代已行用。見該文。

螌蝥

　　甲蟲名。屬鞘翅目芫青科,常見者爲南方大斑蝥(*Mylabris phalerata* Pallas)。體長半寸至一寸,黑色,被有黑色絨毛。頭呈圓三角形,複眼較大。觸角一對,末端膨大呈棒狀。鞘翅上有兩條黃色斑紋,中央前後各有一條黃色波紋狀橫帶。足三對,有黑色長絨毛,關節處能分泌黃色毒液,傷及人的皮膚,可起水泡。幼蟲六齡,以假蛹越冬。成蟲多群集取食農作物之花、葉、芽,危害較大。全蟲入中藥,有大毒。亦作"班毛""螌蝁"。《武威醫簡》治心腹大積上下行如蟲狀大患(痛)方:"班毛十枚,地膽（膽）一枚，桂一寸，凡三物，皆並治，合和，使病者宿毋食，旦飲藥一刀圭。"《養生方》治藥巾方："取楊思一升，赤蛾一升，螌蝥廿，以美口半斗並漬之。"亦單稱"螌"。《説文·虫部》："螌，螌蝥，毒蟲也。"亦稱"晏青"。《廣雅·釋蟲》："螌蝥，晏青也。"亦作"蝛蝥"。唐元稹《江邊四十韻》詩："池清漉螃蟹，瓜蓏拾蝛蝥。"明李時珍《本草綱目·蟲二·斑蝥》："〔集解〕弘景曰：此一蟲五變，主療皆相似。二三月在芫花上，即呼爲芫青；四月在王不留行草上，即呼爲王不留行蟲；六七月在葛花上，即呼爲葛上亭長；八九月在豆花上，即呼爲斑蝥；九月十月復還地蟄，即呼爲地膽。此是僞地膽耳。"按，芫青、王不留行蟲、葛上亭長、地膽與斑蝥雖同屬一科，然非同種，故今別之。

【班毦】

同"螌蝥"。此體漢代已行用。見該文。

【螌蝥】

同"螌蝥"。此體漢代已行用。見該文。

【螌】

"螌蝥"之省稱。此稱漢代已多行用。見該文。

【晏青】

即螌蝥。此稱三國時期已行用。見該文。

【蝛蝥】

同"螌蝥"。此體唐代已行用。見該文。

【斑蝥】

即螌蝥。爲今之通用名。亦訛作"斑猫"。明李時珍《本草綱目·蟲二·斑蝥》："〔釋名〕時珍曰：斑言其色，蝥、刺言其毒，如茅刺也。亦作螌蝥。俗訛爲斑猫。"又"〔集解〕弘

景曰：……其斑蝥大如巴豆，甲上有黃黑斑點。……〔雷〕敩曰：斑蝥背上一畫黃，一畫黑，嘴尖處有一小赤點，在豆葉上食汁"。參見"螌蝥"文。

斑 蝥
（明李時珍《本草綱目》）

【斑猫】

即螌蝥。亦作"斑苗"，亦稱"龍尾""龍蚝"。《神農本草經》："斑苗，味辛寒，主寒熱，鬼疰蠱毒，鼠瘻惡創，疽蝕死肌，破石癃。一名龍尾。"宋唐慎微《證類本草·蟲魚部·斑猫》引三國魏吳普《吳氏本草》："斑猫……一名龍蚝。"明李時珍《本草綱目·蟲二·斑蝥》："〔釋名〕時珍曰：亦作"螌蝥，俗訛爲斑猫……〔集解〕〔韓〕保昇曰：斑猫所在有之，七八月大豆葉上甲蟲也。長五六分，黃黑斑文，烏腹尖喙。"按，李時珍認爲斑猫乃"斑蝥"之訛稱，其説或是。參見"螌蝥"文。

斑 猫
（《補遺雷公炮製便覽》）

【斑苗】

同"斑猫"。苗，通猫。此體秦漢時期已行用。見該文。

【龍尾】

即斑猫。此稱秦漢時期已行用。見該文。

【龍蚝】

即斑猫。此稱三國時期已行用。見該文。

【斑蚝】

即盤蝥。亦稱“斑菌”“腃髮”“盤蛩”。宋唐慎微《證類本草·蟲魚部·斑猫》引三國魏吴普《吴氏本草》：“斑猫，一名斑蚝，一名龍蚝……一名斑菌，一名腃髮，一名盤蛩，一名晏青。”亦稱“斑尾”。明李時珍《本草綱目·蟲二·斑蝥》：“〔釋名〕時珍曰：俗訛爲斑猫，又訛斑蚝爲斑尾也。”參見“盤蝥”文。

【斑菌】

即斑蚝。此稱三國時期已行用。見該文。

【腃髮】

即斑蚝。此稱三國時期已行用。見該文。

【盤蛩】

即斑蚝。此稱三國時期已行用。見該文。

【斑尾】

“斑蚝”之訛稱。見該文。

芫青

甲蟲名。常見者爲芫青科緑芫青（*Lytta caraganae* Pallas）。體呈圓筒形，緑色或藍緑色，頭略似三角形，額前端有腎形複眼一對；翅二對。前翅革質，後翅膜質，兩側平行，翅面具黑斑。幼蟲有兩種不同形狀。成蟲能飛翔，食害豆科植物。全蟲入中藥，功同斑蝥，而毒性尤劇。南朝梁陶弘景《名醫别録》卷三：“芫青，味辛，微温，有毒。主治蠱毒風疰，鬼疰墮胎。三月取，暴乾。”亦作“芫蜻”。南朝宋雷斆《雷公炮炙論》：“芫蜻、斑猫、亭長、赤頭等四件，其樣各不同，所居、所食、所效各不同。”亦稱“青娘子”。明李時珍《本草綱目·蟲二·芫青》：“〔釋名〕居芫花上而色青，故名芫青。世俗諱之，呼爲青娘子，以配紅娘子也。”

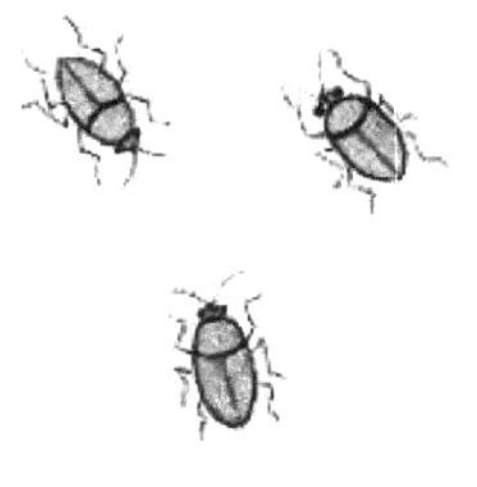

芫青（南京芫青）

（明文俶《金石昆蟲草木狀》）

【芫蜻】

同“芫青”。此體南北朝時期已行用。見該文。

【青娘子】

即芫青。此稱明代已行用。見該文。

地膽

甲蟲名。常見者爲芫青科地膽（*Meloe coarctatus* Motschulsky）。狀似斑蝥，體細長，藍黑色，有光澤。頭略大。複眼圓形，觸角長，雄者中央膨大；前胸背板細長，略呈圓柱形，鞘翅短而柔軟，藍或黑紫色，翅端尖細，不達尾端。常栖於草叢中。幼蟲體長，有尾毛二條，足三對，長成後則無足而呈蛆狀，栖於樹皮下。成蟲入中藥。秦漢之際亦作“地膽”，亦稱“地膽蟲”“蚖青”。《武威醫簡》治心腹大積上下行如蟲狀大恿〔痛〕方：“斑毦（斑蝥）十枚，地膽一枚，桂一寸，凡三物，皆並治，合和，使病者宿毋食，旦飲藥一刀圭。”《五十二病方》治牡痔方：“□龜咄（腦）與地膽蟲相半，和，以傅之。”《神農本草經》：“地膽，味辛寒，主鬼注，寒熱，鼠瘻惡創，死肌，破癥瘕，墮胎。一名蚖青。生川谷。”三國時亦稱“杜龍”“青虹”“虵要”“青蓋”“青蠵”。三國魏吴普《吴氏本草》：“地膽，一名杜龍，一名青虹。”《廣雅·釋蟲》：“地膽，虵要，青蓋，青蠵也。”按，“虵”爲蛇之异體字，《太平御覽》引作“地”。

明李時珍《本草綱目·蟲二·地膽》:"〔釋名〕時珍曰:地膽者,居地中,其色如膽也。"又〔集解〕時珍曰:今處處有之,在地中或牆石內。蓋芫青、亭長之類,冬月入蟄者,狀如斑蝥……蓋芫青,青綠色;斑蝥,黃斑色;亭長,黑身赤頭;地膽,黑頭赤尾。"按,斑蝥、芫青、地膽、葛上亭長等同屬一科,形狀略似,古代或視爲一類,甚至以爲乃"一蟲五變",故名稱或有相混者,可相互參見。

【地脂】

同"地膽"。此體漢代已行用。見該文。

【地膽蟲】

即地膽。此稱漢代已行用。見該文。

【蚖青】

即地膽。此稱秦漢時期已行用。見該文。

【杜龍】

即地膽。此稱三國時期已行用。見該文。

【青虹】

即地膽。此稱三國時期已行用。見該文。

【蚖要】

即地膽。此稱三國時期已行用。見該文。

【青蘊】

即地膽。此稱三國時期已行用。見該文。

【青蟓】

即地膽。此稱三國時期已行用。見該文。

葛上亭長

甲蟲名。常見者爲芫青科鋸角豆芫青(*Epicauta gorhami* Marseul)。體黑頭赤,有複眼一對,如臀形。觸角側扁,雄蟲觸角中央膨大。鞘翅細長,稍呈圓柱狀。幼蟲以假蛹越冬,成蟲植食性,食害大豆類植物。成蟲入中藥。因黑身赤頭如人着玄衣赤幘,又活躍於葛花時

節,故稱。此稱自南北朝時行用,沿稱至今。亦稱"赤頭"。南朝宋雷斅《雷公炮炙論》:"芫蜻、斑猫、亭長、赤頭四件,其樣各不同。"南朝梁陶弘景《名醫別錄》卷三:"葛上亭長,味辛,微溫,有毒。主治蠱毒,鬼疰,破淋結積聚,墮胎。七月取,暴乾。"省稱"亭長",《新修本草·蟲魚下》:"葛花時取之,身黑而頭赤,喻如人著玄衣赤幘,故名亭長。此一蟲五變,爲療皆相似……六月、七月在葛花上,即呼爲葛上亭長。"明李時珍《本草綱目·蟲二·葛上亭長》:"〔釋名〕弘景曰:此蟲黑身赤頭,如亭長之着玄衣赤幘,故名也。〔發明〕〔蘇〕頌曰:此蟲五六月爲亭長(頭赤身黑),七月爲斑蝥,九月爲地膽,隨時變耳。"按,芫青、斑蝥、地膽、葛上亭長等雖屬一科,但非同種,古人或以爲一蟲而隨時變化者,實誤。

亭長(葛上亭長)
(明文俶《金石昆蟲草木狀》)

【赤頭】

即葛上亭長。此稱南北朝時期已行用。見該文。

【亭長】

"葛上亭長"之省稱。此稱唐代已行用。見該文。

王不留行蟲

甲蟲名。古人或以爲芫青、斑蝥、地膽、葛上亭長、王不留行蟲乃一蟲而隨時變化者,實則各爲一種。《廣雅疏證·釋蟲》:"〔陶弘景〕又注《別錄》葛上亭長云:二月、三月在芫花

上，即呼芫青；四月、五月在王不留行上，即呼王不留行蟲；六月、七月在葛花上，即呼爲葛上亭長；八月在豆花上，即呼斑猫；九月、十月欲還地蟄，即呼爲地膽。”按，王不留行爲植物，入中藥，參見本書《醫藥卷·藥用説·中藥考》“王不留行”文。

叩頭蟲

甲蟲名。屬鞘翅目叩甲科。常見者如溝叩頭蟲（*Pleonomus canaliculatus* Faldermann）、細胸叩頭蟲（*Agriotes fusicollis* Miwa）等。體細長而略扁平，濃栗色，密被金黄色短毛。頭扁平，複眼一對，足黄褐色。按其後部，則頭胸活動如叩頭狀，故稱叩頭蟲。仰放則能躍起，故亦稱“跳百丈”。可入中藥。幼蟲金黄色，體極細，俗稱“金針蟲”。齧食農作物的種子、根及莖。《藝文類聚》卷九七：“《異苑》曰：有小蟲形色如大豆，咒令叩頭，又咒吐血，皆從所教，如似，故俗呼爲叩頭蟲。”明李時珍《本草綱目·蟲三·鼂蠡》：“〔附録〕叩頭蟲。時珍曰：蟲大如斑蝥而黑色，按其後則叩頭有聲……劉敬叔《異苑》云：叩頭蟲形色如大豆，咒令叩頭，又令吐血，皆從所教。”清趙學敏《本草綱目拾遺·蟲部·叩頭蟲》：“叩頭蟲，形黑如大豆，以手按其身，其頭能俯屈，剥剥有聲，出南方者小而力微，北土者大而力厚。小兒捕之爲戲。入藥用大者。試法：取蟲置桌，翻其背令仰，少頃便跳起三四寸，有跳起過五六寸及尺許者，力更大……此蟲北人謂

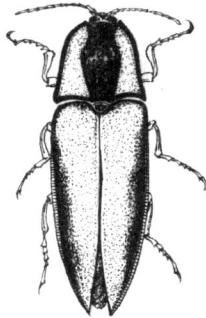

朱肩麗叩甲

之跳百丈。”

【跳百丈】

即叩頭蟲。此稱清代已行用。見該文。

【搗碓蟲】

即叩頭蟲。明劉侗《促織志》：“有玄身而兩截，形剛而性媚，搯其後，首則前頓，聲嚗嚗然，仰置之彈而上，還復其故處，不能遂覆而走也。曰叩頭蟲，一曰搗碓蟲焉。”亦稱“跳搏蟲”“膈膊蟲”，幼蟲名“金針蟲”。徐珂《清稗類鈔·動物類》：“叩頭蟲，害蟲之一也。爲小甲蟲，長者七八分，全身黑褐色，尾端稍細，頭部環節甚强，以指壓其體，則其頭爲有力之振動，故名。俗稱跳搏蟲。幼蟲至細，色黄，俗名金針蟲……晋傅咸有《叩頭蟲賦》，唐盧延讓詩有‘窗間膈膊叩頭蟲’句，故俗亦呼爲膈膊蟲。”參見“叩頭蟲”文。

【跳搏蟲】

即搗碓蟲。此稱清代已行用。見該文。

【膈膊蟲】

即搗碓蟲。此稱清代已行用。見該文。

【金針蟲】

叩頭蟲之幼蟲。參見該文。

龍虱

甲蟲名。種類甚多，常見者爲鞘翅目龍蝨科黄緣龍蝨（*Cybister japonicus* Sharp）之成蟲。體長寸許，形如金龜子，色黑，鞘翅側緣黄色。後足側扁，被長毛。複眼生於頭後，緊靠前胸前緣。水栖，善游泳，以水中魚苗及其他小蟲爲食。産於閩粵一帶，可食用，亦入藥用。《閩中海錯疏》卷下：“龍蝨類水蟲，但龍蝨來自海外，水蟲出自水中，故以爲異。”清趙學敏《本草綱目拾遺·蟲部·龍蝨》引《閩小

記》："龍蝨形如小蟑螂，又似金龜而黑色。每八月十三至十五日，飛墮漳州海口，餘日絶無。"又引《物理小識》："智少隨老父赴福甯，曾見龍蝨，後在姚有僕署中食此，云自濠鏡來，則他處亦出此，何漳獨異也。蓋是甲蟲，大如指頂，甲下有翅，熏乾油潤，去甲翅啖，似火魚之變味。"

蛄蟹

甲蟲名。屬鞘翅目象甲科。成蟲深褐色，頭部前伸似象鼻狀，後翅發達，能飛。老熟幼蟲爲乳白色蛆狀，體肥厚。以米、稻、麥、高粱等爲食，是倉儲糧食的主要害蟲。亦稱"强蛘""蛘子"。《爾雅·釋蟲》："蛄蟹，强蛘。"晋郭璞注："今米穀中蠹，小黑蟲是也。建平人呼爲蛘子。"亦作"姑蟹"，亦稱"强蛘""蛪""羊子"。《方言》第十一："姑蟹謂之强蛘。"晋郭璞注："米中小黑甲蟲也。江東謂之蛪，建平人呼羊子。羊，即蛘也。"亦稱"鐵牯牛"。清李元《蠕範》卷二："蛪……鐵牯牛也。穀中蠹，小而色黑，有角，善走。"

【强蛘】

即蛄蟹。此稱秦漢時期已行用。見該文。

【蛘子】

即蛄蟹。此稱晋代已行用。見該文。

【姑蟹】

同"蛄蟹"。此體秦漢時期已行用。見該文。

【强蛘】

同"强蛘"。即蛄蟹。此體漢代已行用。見該文。

【蛪】

即蛄蟹。此稱晋代已行用。見該文。

【羊子】

即蛄蟹。此稱晋代已行用。見該文。

【鐵牯牛】

即蛄蟹。此稱清代已行用。見該文。

【牛子】

即蛄蟹。亦稱"米牛""米象"。《爾雅·釋蟲》："蛄蟹，强蛘。"清郝懿行義疏："今按此蟲大如黍米，赤黑色，呼爲牛子，音如甌子，登萊人語也。廣東人呼米牛，紹興人呼米象，並因形以爲名。"亦稱"穀狗"。《事物異名録·昆蟲·米穀蟲》："《爾雅》：'蛄蟹，强蛘'……〔邢昺〕疏：'江東謂之蛪。'又俗呼穀狗。"參見"蛄蟹"文。

【米牛】

即牛子。此稱清代已行用。見該文。

【米象】

即牛子。此稱清代已行用。見該文。

【穀狗】

即牛子。此稱清代已行用。見該文。

强

米穀中的一種小黑蟲。與蛄蟹相類，好以足自摩挲。亦稱"蚚""强蚚"。《爾雅·釋蟲》："强，蚚。"郭璞注："即强，醜捋。"宋邢昺疏："强，蟲名也，一名蚚。好自摩捋者，蓋蠅類。"清郝懿行義疏："郭以下文'强醜捋'爲釋，是矣。"又："强即强蚚也。捋者，摩捋也。米中小黑甲蟲，好以脚自摩挲。"

【蚚】

即强。此稱秦漢時期已行用。見該文。

【强蚚】

即强。此稱清代已行用。見該文。

蠮

甲蟲名。爲鞘翅目葉甲科黃守瓜（*Aulacophora femoralis* Motsch.）之成蟲。體呈橢圓形，長約二分，橙黃色，有硬殼。瓜類害蟲，群集危害瓜苗，齧食葉片。又稱"輿父""守瓜""看瓜老子"。今亦稱"黃守瓜""瓜螢"。幼蟲黃白色，頭部褐色，居土中，食害根莖。《列子·天瑞》："九猷生乎瞀芮，瞀芮生乎腐蠮。"

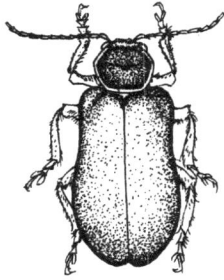

蠮

晋張湛注："謂瓜中黃甲蟲也。"《爾雅·釋蟲》："蠮，輿父，守瓜。"晋郭璞注："今瓜中黃甲小蟲，喜食瓜葉，故曰守瓜。"清郝懿行義疏："此蟲黃色，小於螢蠮。常在瓜葉上，食葉而不食瓜，俗名看瓜老子者也。"亦稱"瓜蠅"。清李元《蠕範》卷二："蠮，輿父也，守瓜也，瓜蠅也。似螢，畫飛，喜食瓜葉。"

【輿父】

即蠮。此稱秦漢時期已行用。見該文。

【守瓜】

即蠮。此稱秦漢時期已行用。見該文。

【看瓜老子】

"蠮"的俗稱。此稱清代已行用。見該文。

【瓜蠅】

即蠮。此稱清代已行用。見該文。

金花蟲

甲蟲名。屬鞘翅目葉甲科。種類甚多，大如螢蠮，卵形或圓形。眼圓形，近前胸處。今稱"葉甲""蜍"。常見者爲曲條跳甲大猿葉蟲、小猿葉蟲、中華蘿藦葉甲等。明李時珍《本草綱目·蟲三·皀莢》："〔附録〕竺法真《羅浮山疏》云：'山有金花蟲，大如斑蝥，文采如金，形似龜，可養玩數日。'"參閱唐段公路《北户録》卷一"金龜子"條及《太平御覽》卷九四九"金花"條。

行夜

甲蟲名。屬鞘翅目步行蟲科。色黃，形似螢蠮，體扁而堅實。頭部突出，前胸較長，鞘翅有黑色斑紋。足三對，色黃，形長，適於步行。幼蟲體細長而扁，乳白色。成蟲栖於石塊及朽木下，畫伏夜出，捕食小蟲。因其以夜間步行活動爲主，故名行夜。又因遇到刺激即放出黃色惡臭氣體，故今俗稱"放屁蟲"，古則謂之"蜣蟖""蜣蜋蟲""蜣蟖蟲"，亦稱"負盤""夜行"。宋唐慎微《證類本草·有名未用草木類》："行夜，療腹痛寒熱，利血。一名負盤。陶隱居云：今小兒呼蜣蟖，或曰蜣蜋蟲者也。"又"陳藏器云：蜣蟖蟲一名負盤，一名夜行。"按，蜣乃"屁"之異體字，《本草綱目·蟲三·行夜》引作"氣"，疑誤。亦稱"氣蠜"。清李元《蠕範》卷八："氣蠜，氣盤也，行夜也。不能遠飛，好夜行，觸之則氣出，狀如蜚蠊。"按，行夜、蜚蠊、草螽均有負盤（負蠜）之稱，乃同名異物。

【蜣蟖】

即行夜。此稱南北朝時期已行用。見該文。

【蜣蜋蟲】

即行夜。此稱南北朝時期已行用。見該文。

【蜣蟖蟲】

即行夜。此稱唐代已行用。見該文。

【負盤】[1]

即行夜。此稱唐代已行用。見該文。

【夜行】

　　即行夜。此稱唐代已行用。見該文。

【氤氲】

　　即行夜。此稱清代已行用。見該文。

吉丁蟲

　　甲蟲名。常見者爲鞘翅目吉丁蟲科之柑橘吉丁蟲（*Agrilus auriventris* Saunders）、桃金吉丁（*Chrysochroa fulgidissima*）等。銅綠色，金屬光澤，頭小而垂直嚮下嵌入前胸，觸角短而呈鋸齒狀，足短。幼蟲細長，蛀食柑橘木質，并蛀入木質化爲蛹。古人以此作飾品及媚藥。明李時珍《本草綱目·蟲三·皇蟲》：“〔附錄·吉丁蟲〕藏器曰：甲蟲也。背正綠，有翅在甲下。出嶺南賓、澄諸州。人取帶之，令人喜好相愛，媚藥也。”亦稱“綠金蟬”。《通雅》卷四七：“綠金蟬即吉丁蟲也。吉丁蟲背正綠，有翅在甲下，出嶺南。人取帶之，令人相媚。”

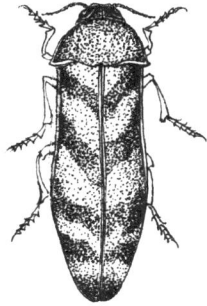

柑橘吉丁蟲

【綠金蟬】

　　即吉丁蟲。此稱明代已行用。見該文。

天牛

　　甲蟲名。爲鞘翅目天牛科天牛屬（*Cerambyx* spp.）、星天牛屬（*Anoplophora* spp.）等多種昆蟲之通稱。種類甚多，其大小、形狀因種類而異。常見者爲星天牛（*Anoplophora chinensis* Forster）之成蟲。大者如蟬，小者如豆，長橢圓形，黑色，有光澤，甲上有斑點。其喙扁而如鉗，甚利。觸角甚長，似八字，如水牛角。

栖於樹上，危害果樹、林木。幼蟲稱“蝎”，入中藥。亦稱“天水牛”。宋蘇軾《題雍秀才畫草蟲八物·天水牛》詩：“兩角徒自長，空飛不服箱。爲牛竟何事，利吻穴枯桑。”元危亦林《世醫得效方》卷一八：“〔灰牛散〕天水牛一個，獨角者尤妙。”亦稱“八角兒”。明李時珍《本草綱目·蟲三·天牛》：“〔釋名〕天水牛，八角兒。時珍曰：此蟲有黑角如八字，似水牛角，故名。〔集解〕（陳）藏器注蠐螬云：蝎，（一名）蠹，在朽木中，食木心，穿如錐刀，口黑，身長足短，節慢無毛。至春雨後化爲天牛，兩角狀如水牛，亦有一角者，色黑，背有白點，上下緣木，飛騰不遠。時珍曰：天牛處處有之。大如蟬，黑甲光如漆，甲上有黃白點，甲下有翅，能飛。目前有二黑角甚長，前向如水牛角，能動。其喙黑而扁，如鉗甚利，亦似蜈蚣喙。六足在腹，乃諸樹蠹蟲所化也。夏月有之，出則主雨。”清張璐《本經逢原·蟲部·天牛》：“天牛乃木中蠹蟲所化，楊樹中最多，桑樹中獨勝。長鬚如角，故有天牛之名。”按，天牛與蠰，古多有混稱者，今別之，以天牛爲泛稱，蠰則專指桑天牛。參見本卷《昆蟲説·甲

天　牛

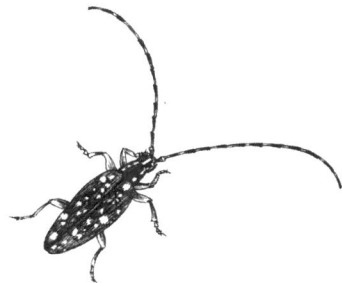

黃星桑天牛

蟲考》“蠰”文。

【天水牛】

即天牛。此稱宋代已行用。見該文。

【八角兒】

即天牛。此稱明代已行用。見該文。

獨角仙

甲蟲名。天牛類甲蟲。以其獨有一角，故稱。明李時珍《本草綱目·蟲三·天牛》：“〔釋名〕一角者名獨角仙。”徐珂《清稗類鈔·動物類》：“獨角仙，甲蟲也。長一寸四分許，雄者頭有角狀之突起物，頗長，末端分爲二，其端又各分歧如前。體黑褐色，前翅少淡。常栖息於皂荚、栗、檞等樹而蝕害之。”參見“天牛”文。

飛生蟲

蟲名。與天牛同類。省稱“飛生”。宋唐慎微《證類本草·蟲魚部》引唐陳藏器：“飛生蟲，無毒，令人易産。取角臨時執之亦得，可燒末服少許。蟲如鼯髮，頭上有角。”明李時珍《本草綱目·蟲三·天牛》：“〔附録〕時珍曰：此亦天牛別類也。與鼯鼠同功，故亦名飛生。”參見“天牛”文。

【飛生】

“飛生蟲”之省稱。此稱明代已行用。見該文。

蝎²

亦作“蠍”。蟲名。樹木中蠹蟲之泛稱，主要爲天牛之幼蟲。狀如蛴螬，圓柱形，長短不一，長或逾寸，短僅數分，節長足短，行時似蠶。寄生於樹木中，蛀蝕樹木枝幹。亦稱“蝎蟲”“蝤蠐”。《詩·衛風·碩人》：“膚如凝脂，領如蝤蠐，齒如瓠犀。”毛傳：“蝤蠐，蝎蟲

也。”孔穎達正義：“以在木中白而長，故以比頸。”《國語·晋語一》：“雖蝎譖，焉避之？”韋昭注：“蝎，木蟲也。”《爾雅·釋蟲》：“蝤蠐，蝎。”晋郭璞注：“在木中，今雖通名爲蝎，所在異。”三國魏嵇康《答難養生論》：“故蝎盛則木朽。”唐柳宗元《天對》：“胡木化於母，以蝎厥聖。”注：“蝎，木中蠹蟲。”明李時珍《本草綱目·蟲三·木蠹蟲》：“〔集解〕時珍曰：似蠶而在木中食木者，爲蝎。”按“蝎”又寫作“蠍”。徐珂《清稗類鈔·動物類》：“蠍，俗作蝎。”《北齊書·武成十二王傳·南陽王綽》已有“蠍”字。

【蝎蟲】

即蝎²。此稱秦漢時期已行用。見該文。

【蝤蠐】

即蝎²。此稱秦漢時期已行用。見該文。

【蠍】¹

同“蝎²”。此體南北朝時期已行用。見該文。

【木蠹蟲】

即蝎²。省稱“木蠹”。宋唐慎微《證類本草·蟲魚部》引唐陳藏器：“木蠹……一如蝤蠐，節長足短，生腐木中，穿木如錐刀，至春羽化，一名蝎。”參見“蝎²”文。

【木蠹】

“木蠹蟲”之省稱。此稱唐代已行用。見該文。

【蛣蜎】

即蝎²。亦稱“蠹蟲”。《爾雅·釋蟲》：“蝎，蛣蜎。”晋郭璞注：“木中蠹蟲。”劉師培《爾雅蟲名今釋》：“今此蟲長短不齊，長或逾寸，短僅數分，其色多白，亦有雜青色者，蠕蠕而行，動與蠶相似，行時自昂其首，其身一屈一伸。

桃李諸果木所生尤多，或生於果實之中。俗呼爲蠹蟲，亦有呼爲蝎蟲者。”亦作“蛞蚰”。《説文·虫部》：“蛞，蛞蚰，蝎也。”晋葛洪《抱朴子内篇·塞難》：“蛞蝓之滋於污淤，翠蘿之秀於松枝。”亦作“蛀蟲”。宋陳翥《桐譜·器用》：“然而采伐不時，則有蛀蟲之害焉。”參見“蝎[1]”文。

【蠹蟲】

　　蛞蝓之俗稱。此稱主要行用於近現代。見該文。

【蛞蚰】

　　同“蛞蝓”。此體漢代已行用。見該文。

【蛀蟲】

　　即蛞蝓。此稱宋代已行用。見該文。

蠰

　　甲蟲名。鞘翅目天牛科桑天牛（*Apriona germari* Hope）之成蟲，爲桑蠹蟲所化。體長寸許，色黑，密生黄褐色短毛，鞘翅基部密布黑色小顆瘤。蝕害桑、柳、果木等。亦稱“齧桑”“齧髮”“齧桑蟲”。《爾雅·釋蟲》：“蠰，齧桑。”晋郭璞注：“似天牛，角長，體有白點。喜齧桑樹，作孔入其中。江東呼爲齧髮。”清郝懿行義疏：“今齧桑蟲形似天牛，淺黄色，角差短，喜緣桑上。郭云齧桑樹作孔，蓋指此矣。是齧桑、天牛非一物，説者多不辨之。”亦稱“蠰蟲”。《淮南子·道應訓》：“吾比夫子，猶黄鵠與蠰蟲也。”齧桑亦作“囓桑”。明李時珍《本草綱目·蟲三·天牛》：“〔集解〕時珍曰：按《爾雅》：‘蠰，囓桑也。’郭璞注云：狀似天牛，長角，體有白點，善囓桑樹，作孔藏之，江東呼爲囓髮。此以天牛、囓桑爲二物也。而蘇東坡《天水牛》詩云：‘兩角徒自長，空飛不服

箱，爲牛竟何事，利吻穴枯桑。’此則謂天牛即囓桑也。大抵在桑樹者即爲囓桑爾。”按，蠰與天牛，古多有混稱者，今别之，以天牛爲泛稱，蠰則專指桑天牛。參見本卷《昆蟲説·甲蟲考》“天牛”“蠰[2]”文。

【齧桑】

　　即蠰。此稱秦漢時期已行用。見該文。

【齧髮】

　　即蠰。此稱晋代已行用。見該文。

【齧桑蟲】

　　即蠰。此稱清代已行用。見該文。

【蠰蟲】

　　即蠰。此稱漢代已行用。見該文。

【囓桑】

　　同“齧桑”。即蠰。此體明代已行用。見該文。

桑蠹蟲

　　蟲名。爲天牛科桑天牛之幼蟲。體呈長筒形而略扁，乳白色或淡黄色，無足。其成蟲爲桑天牛。主要寄生於桑樹中，蛀蝕木質。入中藥。亦稱“桑蠹”。《爾雅·釋蟲》：“蝎，桑蠹。”漢王充《論衡·商蟲》：“桂有蠹，桑有蝎。”亦稱“桑蝎”。明李時珍《本草綱目·蟲三·桑蠹蟲》：“〔釋名〕桑蝎。”亦稱“桑蟲”。清趙學敏《本草綱目拾遺·蟲部·蟋蟀》：“蟋蟀，辛鹹，温，能發痘，勝於桑蟲。”清張璐《本經逢原·蟲部·桑蠹蟲》：“桑蠹蟲食木，柔能勝堅，故治痘瘡毒盛。”參見本卷《昆蟲説·甲蟲考》“蝎[2]”“蠰”文。

【桑蠹】

　　“桑蠹蟲”之省稱。此稱漢代已行用。見該文。

【桑蝎】

即桑蠹蟲。此稱明代已行用。見該文。

【桑蠹】[1]

“桑蠹蟲”之省稱。此稱清代已行用。見該文。

諸慮

蟲名。桑蠹之類昆蟲。色黑身長，常纏繞樹枝作盤屈狀。亦稱“奚相”“奚桑”。《爾雅·釋蟲》：“諸慮，奚相。”清郝懿行義疏：“《釋文》‘慮’本或作‘蠦’。‘相’，舍人本作‘桑’。是此蟲名奚桑，與齧桑相次，疑是其類。”劉師培《爾雅蟲名今釋》：“今桑木之蟲有色黑身長，以身繞樹作盤屈之形，殆即此文之奚相也。因其形纏屈，故假山纍之名以爲名。”參見本卷《昆蟲説·甲蟲考》“蝎[2]”“蠰”文。

【奚相】

“諸慮”之別稱。此稱秦漢時期已行用。見該文。

【奚桑】

“諸慮”之別稱。此稱清代已行用。見該文。

桂蠹蟲

蟲名。寄生於桂樹之蠹蟲。以蜜漬蒸食之，味美可口。亦入中藥。省稱“桂蠹”。《漢書·南粵傳》：“因使者獻白璧一雙……桂蠹一器。”唐顏師古注：“應劭曰：‘桂樹中蝎蟲也。’此蟲食桂，故味辛，而漬之以蜜食之也。”明李時珍《本草綱目·蟲三·桂蠹蟲》引《大業拾遺録》云：“隋時始安獻桂蠹四瓶，以蜜漬之，紫色，辛香有味，啖之去痰飲之疾。則此物自漢、隋以來，用充珍味矣。”徐珂《清稗類鈔·動物類》：“桂蠹，桂樹所生之蟲也。大如指，色紫而香，蜜漬之，可爲珍味。漢趙佗以獻文帝者即此，《楚辭》亦有之，則此物之見珍古矣。”參見本卷《昆蟲説·甲蟲考》“蝎[2]”“蠰”文。

【桂蠹】

“桂蠹蟲”之省稱。此稱漢代已行用。見該文。

棗蠹蟲

蟲名。寄生於棗樹之蠹蟲。入中藥。明李時珍《本草綱目·蟲三·棗蠹蟲》：“〔集解〕此即蝤蠐之在棗樹中者。”參見本卷《昆蟲説·甲蟲考》“蠍[2]”“蠰”文。

桃蠹蟲

蟲名。寄生於桃樹之蠹蟲。蛀蝕桃木及果實，故稱。省稱“桃蠹”。南朝梁陶弘景《名醫別録》：“食桃樹蟲也。”明李時珍《本草綱目·蟲三·桃蠹蟲》〔集解〕引唐陳藏器：“桑蠹去氣，桃蠹辟鬼，皆隨出而各有功也。”清張璐《本經逢原·蟲部·桃蠹蟲》：“桃實中蟲，食之令人美顏色，與桃蠹不異。其蟲屎能辟溫疫。”參見本卷《昆蟲説·甲蟲考》“蝎[2]”“蠰”文。

【桃蠹】

“桃蠹蟲”之省稱。此稱唐代已行用。見該文。

柘蠹蟲

蟲名。寄生於柘木之蠹蟲。省稱“柘蟲”“柘蠹”。明李明珍《本草綱目·蟲三·柘蠹蟲》〔集解〕引唐陳藏器云：“陶注詹糖云：僞者以柘蟲屎爲之。此即柘蠹在木間食木之屎也。”參見本卷《昆蟲説·甲蟲考》“蝎[2]”“蠰”文。

【柘蠹】

“柘蠹蟲”之省稱。此稱南北朝時期已行用。見該文。

【柘蠹】

“柘蠹蟲”之省稱。此稱唐代已行用。見該文。

竹蠹蟲

甲蟲名。爲鞘翅目竹蠹蟲科竹蠹蟲（*Lyctus brunneus* Steph.）之幼蟲。體小而細長，狀如小蠶。其成蟲赤褐色，有觸角一對，翅二對，前翅翅鞘堅固，後翅膜質，適於飛翔。蠹入老竹或竹器內，蝕害竹質。省稱“竹蠹”“竹蟲”。明李時珍《本草綱目·蟲三·竹蠹蟲》：“〔集解〕時珍曰：竹蠹生諸竹中，狀如小蠶，老則羽化爲硬翅之蛾。〔發明〕時珍曰：竹蠹蟲，古方未見用者，惟《袖珍方》治小兒蠟梨用之。按《淮南萬畢術》云：‘竹蟲飲人，自言其誠。’高誘注云：‘以竹蟲三枚，竹黃十枚，和勻，每用一大豆許，燒入酒中，令人飲之，勿至大醉，叩問其事，必得其誠也。’此法傳自古典，未試其果驗否，姑載之。”參見本卷《昆蟲説·甲蟲考》“蝎²”“蠰”文。

【竹蠹】

“竹蠹蟲”之省稱。此稱明代已行用。見該文。

【竹蟲】

“竹蠹蟲”之省稱。此稱漢代已行用。見該文。

柳蠹蟲

蟲名。寄生於柳樹之蠹蟲。體小色白，蛀蝕木質，其屎入中藥。亦稱“柳木蛀蟲”。省稱“柳蠹”“柳蟲”。明李時珍《本草綱目·蟲三·柳蠹蟲》：“〔集解〕時珍曰：柳蠹生柳木中甚多，內外潔白。至春夏化爲天牛。諸家注蝤蠐多取之，亦誤矣。〔附方〕口瘡風疳，小兒病此，用柳木蛀蟲矢，燒存性，爲末，入麝香少許搽之。雜木亦可。（《幼幼新書》）齒齦風腫，用柳蠹末半合，赤小豆（炒）、黑豆（炒）各一合，柳枝一握，地骨皮一兩。每用三錢，煎水熱漱。（《御藥院方》）耳中風毒，腫起出血，取柳蟲糞化水，取清汁，調白礬末少許滴之。（《肘後》）”參見“蝎²”“蠰”文。

【柳蠹】

“柳蠹蟲”之省稱。此稱金元時期已行用。見該文。

【柳蟲】

“柳蠹蟲”之省稱。此稱晋代已行用。見該文。

【柳木蛀蟲】

即柳蠹蟲。此稱宋代已行用。見該文。

棕蟲

蟲名。寄生於棕櫚樹之蠹蟲。色黑，狀如海參。食棕櫚根脂汁。清趙學敏《本草綱目拾遺·蟲部·棕蟲》引《滇南各甸土司記》：“棕蟲產騰越州外各土司中，穴居棕櫚木中，食其根脂汁，狀如海參，粗如臂，色黑。土人以爲珍饌，土司餉貴客，必向各峒丁索取此蟲作供，連棕木數尺解送，剖木取之，作羹，味絕鮮美，肉亦堅韌而腴，絕似遼東海參云。食之增髓益血，尤治帶下。彼土婦人無患帶者，以食此蟲也。”參見本卷《昆蟲説·甲蟲考》“蝎²”“蠰”文。

桐蛀

蟲名。寄生於桐油樹之蠹蟲。清趙學敏《本草綱目拾遺·蟲部·桐蛀》引《李氏草秘》：“（桐蛀）生桐油樹中，即木蠹也。最治惡腫毒，取七根焙末冲酒服，即愈。”參見本卷《昆蟲説·甲蟲考》"蝎 ²""蠰"文。

蚌蠹

蟲名。房屋中之蠹蟲。似蟻而大，純白色，蝕梁棟木。亦稱"屋蠹"。《事物異名録·昆蟲部》:"《山堂肆考》:蚌蠹，人家屋中蠹也，似蟻而大，正白色，食梁棟如鋸開薄片，層層可揭，夏時悉脱殼生翅如蠺飛出。"原注:"屋蠹"。參見本卷《昆蟲説·甲蟲考》"蝎 ²"文。

【屋蠹】

即蚌蠹。此稱明代已行用。見該文。

石背

甲蟲名。亦作"石貝"。徐珂《清稗類鈔·動物類·石背》:"石背，甲蟲也。以其背堅如石，故名。亦作'石貝'。冬伏荔枝葉下。荔花時，石背亦産卵，實熟，輒溺其上，全枝脱蒂，雨時尤盛，故爲荔枝之害蟲。"

【石貝】

同"石背"。此體清代已行用。見該文。

第二節　蜻蜓考

蜻蜓圖像始見於商代青銅器，甲骨文中"蜻"字亦象其形，説明古人對蜻蜓早有認識。《戰國策·楚策四》稱蜻蜓"六足四翼，飛翔乎天地之間"。《爾雅翼》將蜻蜓分爲青、黄、赤三類:"色青而大者曰青蛉，小而黄者曰胡梨，小而赤者曰赤卒。"

蜻蜓色彩艷麗，飛行迅捷，是很受人們喜愛的昆蟲之一，歷代文人對其多有吟咏。如杜甫《曲江二首》詩中有"穿花蛺蝶深深見，點水蜻蜓款款飛"。唐代韓偓、宋代梅堯臣均有蜻蜓詩，清代朱彝尊、吴騫分别以"花心動"和"减字木蘭花"填《蜻蜓》詞，對蜻蜓的形態特點、習性均有形象而生動的描述。宋楊萬里《小池》詩"泉眼無聲惜細流，樹蔭照水愛晴柔。小荷才露尖尖角，早有蜻蜓立上頭"更是膾炙人口。

蜻蜓在現代動物學分類中屬昆蟲綱蜻蜓目，古籍所稱主要爲差翅亞目中的某些種類。一般體中到大型，亦有少數小型者。體色多樣。頭部轉動靈活，有大型複眼一對。觸角短小，剛毛狀。口器咀嚼式，上顎發達。前胸較小，能轉動;中、後胸結構緊密，合爲翅胸。翅兩對，膜質透明，翅脉網狀，多具美麗色彩。足三對，通常具刺。腹部細長，圓筒形或扁形。飛翔力强，且能在空中短暫停留。稚蟲水生，成蟲陸生，均爲捕食性。蜻蜓在世界各地均有分布。

蜻蜓

昆蟲名。蜻蜓目、差翅亞目昆蟲之通稱。種類繁多，我國最常見者爲蜓科蜻蜓（*Aeschna melanictera* Selys）。體細長，頭部有大型複眼一對，左右相連。觸角短小，口器發達。腹部背面有兩對膜狀翅，後略大於前。胸部細長，分節，尾有歧。喜飛集水上，善捕食蚊蠅。雌者常以尾點水，產卵於水草之莖。幼蟲名"水蠆"。成蟲大而青者入中藥。秦漢時亦單稱"蜻"，或作"青蜓"，亦稱"白宿"。《吕氏春秋·精諭》："海上之人有好蜻者，每居海上，從蜻游，蜻之至者有百數而不止，前後左右盡蜻也，終日玩之而不去。"漢高誘注："蜻，蜻蜓。小蟲，細腰四翅。一名白宿。"《淮南子·説林訓》"水蠆爲蟌"漢高誘注："蟌，青蜓也。"亦稱"蜻蛉"。《戰國策·楚策四》："王獨不見夫蜻蛉乎? 六足四翼，飛翔乎天地之間，俛啄蚊蝱而食之，仰承甘露而飲之。"按蜻蛉，漢之前泛指蜻蜓，晋之後亦特指蜻蜓之色青而大者，故後世典籍中時有混稱，今昆蟲學別爲二種。唐王建《戴勝詞》："紫冠采采褐羽斑，銜得蜻蜓飛過屋。"亦作"蜻蝏""蜻蜓"。《玄應音義》卷一七："蜻蜓，《廣志》作蜻蝏。"《集韻·平清》："蝏，蜻蝏，蟲名。"《正字通·虫部》："蝏，蜻蜓，俗讀星蜓，因訛作蝏。"按"蝏"乃"蜻"之音轉。亦稱"蜻虹"。清李元《蠕

蜻　蛉

（《補遺雷公炮製便覽》）

範》卷二："蜻蜓……蜻虹也。"

【蜻】

"蜻蜓"之省稱。此稱秦漢時期已行用。見該文。

【青蜓】

同"蜻蜓"。此體漢代已行用。見該文。

【白宿】

即蜻蜓。此稱漢代已行用。見該文。

【蜻蛉】[1]

即蜻蜓。見該文。參見"蜻蛉[2]"文。

【蜻蝏】

同"蜻蜓"。此體唐代已行用。見該文。

【蝭蜓】

即蜻蜓。此稱宋代已行用。見該文。

【蜻虹】

即蜻蜓。此稱清代已行用。見該文。

【虹蛵】

即蜻蜓。亦作"丁蛵"，亦稱"負勞"。《爾雅·釋蟲》："虹蛵，負勞。"晋郭璞注："或曰即蜻蛉也。"《説文·虫部》："蛵，丁蛵，負勞也。"《通志》引《爾雅》作"盯蛵"，疑誤。亦作"虹蜻"。明徐光啓《農政全書·種植》引《種樹書》："果樹生小青蟲，虹蜻肟掛樹自無。"清史震林《西青散記》卷一："其惻隱所發，至於病烏匽蟻……毀翅虹蛵，皆驚視惋悵，拯救安措之。"參見"蜻蜓"文。

【丁蛵】

同"虹蛵"。此體漢代已行用。見該文。

【負勞】

即虹蛵。此稱漢代已行用。見該文。

【虹蜻】

即虹蛵。此稱明代已行用。見該文。

【蛴蛉】

即蜻蜓。《方言》第十一："蜻蛉謂之蛴蛉。"亦作"蟌蛉"。《廣雅·釋蟲》："蜻蛉，蟌蛉。"王念孫疏證："今人通呼蜻蛉。"參見"蜻蜓"文。

【蟌蛉】

同"蛴蛉"。此體三國時期已行用。見該文。

【蟌】

即蜻蜓。《淮南子·説林訓》："水蠆爲蟌，孑孓爲蟁。"高誘注："水蠆化爲蟌。蟌，青蜓也。"亦作"蟌"。《廣韻·平東》："蟌，蜻蜓。"參見"蜻蜓"文。

【蟌】

同"蟌"。此體宋代已行用。見該文。

【蟌蒽】

即蜻蜓。《淮南子·齊俗訓》："夫蝦蟇爲鶉，水蠆爲蟌蒽。"高誘注："蜻蛉也。"一説"蟌蒽"乃"蟌蒽"之形誤。清王念孫《讀書雜志·淮南内篇十一》："今本作'水蠆爲蟌蒽'者，'蟌'爲'蟌'之誤，'蒽'爲'蒽'之誤。蒽，俗書'葱'字也，與蟌同音，校書者記'蒽'字於'蟌'字之旁，而寫者因誤合之耳。"參見"蜻蜓"文。

【桑根】

即蜻蜓。《説文·虫部》："蛉，蜻蛉。从虫，令聲。一名桑根。"一本作"桑根"。後世二稱并存，未明孰是。《廣雅·釋蟲》"蜻蛉"清王念孫疏證引作"桑根"，謂"桑根猶言蒼筤耳"，乃蜻蛉之音轉。若是，則"桑根"乃形誤。亦稱"桑捲"。清李元《蠕範》卷二："蜻蛉……桑捲也，桑根也。"參見"蜻蜓"文。

【桑根】

即桑根。或爲"桑根"之誤。此稱漢代已行用。見該文。

【桑捲】

即桑根。此稱清代已行用。見該文。

【蟪蛃】

即蜻蜓。《方言》第十一"蜻蛉謂之蛴蛉"晋郭璞注："六足四翼蟲也……淮南人呼蟪蛃。"亦作"蟪蛃"，亦稱"江雞"。《爾雅翼·釋蟲》："今鄱陽人呼江雞，蓋蟪蛃之轉。"亦作"蟪蜮""康伊"。清李元《蠕範》卷二："蟪蜮，康伊也。"按李元又以此爲蜻蛉之小而黄者，乃一家之言。參見"蜻蜓"文。

【蟪蛃】

同"蟪蛃"。此體宋代已行用。見該文。

【江雞】

即蟪蛃。古鄱陽語。見該文。

【蟪蜮】

同"蟪蛃"。此體清代已行用。見該文。

【康伊】

同"蟪蛃"。此體清代已行用。見該文。

【倉螘】

即蜻蜓。《廣雅·釋蟲》："蜻蛉，蟌蛉，倉螘也。"清王念孫疏證："倉，猶蒼也。"亦作"蒼螘"。清李元《蠕範》卷二："蜻蛉……蒼螘也。"參見"蜻蜓"文。

【蒼螘】

同"倉螘"。此體清代已行用。見該文。

【紗羊】

即蜻蜓。因其翅薄透明，輕柔如紗，故稱。明李時珍《本草綱目·蟲二·蜻蛉》："〔蜻蛉〕俗名紗羊，言其翅如紗也。"《事物異名録·昆蟲部·蜻蜓》引《正字通》："蜻蜓俗爲紗羊。"參見"蜻蜓"文。

蜻蛉 [2]

蜻蜓之一種。長二三寸，青綠色，爲蜻蜓中之最大者。亦稱"青亭""蝴蝶"。晋崔豹《古今注·魚蟲》："蜻蛉一名青亭，一名蝴蝶，色青而大者是也。"亦作"青蛉"。《爾雅翼·釋蟲》："蜻蛉好飛集水上，有青、赤、黃三種。色青而大者曰青蛉。"亦作"蜻蜓"。《山堂肆考》卷三五："色青而大曰蜻蜓。"按蜻蛉，漢以前與蜻蜓義同，至晋亦特指蜻蜓中色青而大者，後世則時有混稱，今昆蟲學分爲二種。參見"蜻蜓"文。

青　蛉
（明王圻等《三才圖會》）

【青亭】

即蜻蛉 [2]。此稱晋代已行用。見該文。

【蝴蝶】[1]

即蜻蛉 [2]。此稱晋代已行用。因蝴蝶亦蝶之稱謂，後世稱蜻蛉不再沿此稱。見該文。

【青蛉】

同"蜻蛉 [2]"。此體宋代已行用。見該文。

【蜻蜓】

即蜻蛉 [2]。此稱明代已行用。見該文。

【諸乘】

即蜻蛉 [2]。宋唐慎微《證類本草·蟲魚部·蜻蛉》引南朝梁陶弘景："此有五六種，今用青色大眼者，一名諸乘，俗呼胡蜊。"按，胡蜊同狐棃，一般指蜻蜓之小而黃者，此云青色大眼者，乃一家之言。參見"蜻蛉 [2]""狐棃"文。

【馬大頭】

即蜻蛉 [2]。宋寇宗奭《本草衍義·蜻蛉》："其中一種最大，京師名爲馬大頭者是。身綠色，雌者腰間一遭碧痕。用則當用雄者。"亦稱"老青"。明劉侗《促織志·蜻蜓》："蜻蜓之類三，大而青者曰老青。"參見"蜻蛉 [2]"文。

【老青】

即馬大頭。此稱明代已行用。見該文。

【流離】

即蜻蛉 [2]。亦稱"馬郎"。《廣雅·釋蟲》"蜻蛉"，清王念孫疏證："順天人謂之流離，或謂之馬郎。"亦稱"老琉璃"。《爾雅·釋蟲》："虰蛵，負勞。"清郝懿行義疏："大而青者，順天人呼老琉璃，亦曰馬郎。馬古讀如姥，姥、負音近，郎、勞聲轉，然則馬郎即負勞之遺語乎。"參見"蜻蛉 [2]"文。

【馬郎】

即流離。此稱清代已行用。見該文。

【老琉璃】

即流離。此稱清代已行用。見該文。

紺蝶

蜻蜓之一種。體較大，色青黑而透紅，多成群飛翔。因其色玄紺而形似蝶，故稱。亦稱"紺幡""童幡""天雞"。晋崔豹《古今注·魚蟲》："紺蝶，一曰蜻蛉。似蜻蛉而色玄紺。遼東人呼爲紺幡，亦曰童幡，亦曰天雞。好以七月群飛暗天。"紺，青黑帶紅之色；童通"幢"，幢、幡皆謂旗幟，言其群飛狀如旗也。亦稱"紺蠜"。明李時珍《本草綱目·蟲三·蜻蛉》引《古今注》："遼海名紺蠜。"亦作"紺蜨"。清李元《蠕範》卷三："紺蜨，紺蠜也，紺幡也，天雞也。大而色紺，大暑後群飛蔽天。"按，古説紺蝶爲海蝦所化，實誤。參見"蜻蜓"文。

【紺幡】

即紺蝶。此稱晉代已行用。見該文。

【童幡】

即紺蝶。此稱晉代已行用。見該文。

【天雞】

即紺蝶。此稱晉代已行用。見該文。

【紺蠻】

同"紺幡"。即紺蝶。此體明代已行用。見該文。

【紺蜨】

同"紺蝶"。蜨，同"蝶"。此體清代已行用。見該文。

赤卒

蜻蜓之一種。體小色赤，喜飛集水上。亦稱"絳騶""赤衣使者""赤弁丈人"。晉崔豹《古今注·魚蟲》："蜻蛉……小而赤者曰赤卒，一名絳騶，一名赤衣使者，好集水上，亦名赤弁丈人。"亦稱"紅兒"。明劉侗《促織志·蜻蜓》："蜻蜓之類三……赤者曰紅兒。"亦作"赤足"。清李元《蠕範》卷二："赤足，絳騶也。"亦稱"火壺蘆"。《爾雅·釋蟲》："虹螮，負勞。"清郝懿行義疏："按今呼赤者爲火壺蘆，即紅胡梨之聲轉也。"參見本卷《昆蟲説·蜻蜓考》"蜻蜓"文。

【絳騶】

即赤卒。此稱晉代已行用。見該文。

【赤衣使者】

即赤卒。此稱晉代已行用。見該文。

【赤弁丈人】

即赤卒。此稱晉代已行用。見該文。

【紅兒】

即赤卒。此稱明代已行用。見該文。

【赤足】

同"赤卒"。此體清代已行用。見該文。

【火壺蘆】

即赤卒。此稱清代已行用。見該文。

【龍甲】

即赤卒。亦稱"龍孫"。《古今圖書集成·禽蟲典·蜻蛉》引《戊辰雜抄》："有大龍蛻於太湖之湄，其鱗甲中蟲頃刻化爲蜻蜓，朱色，人取之者病瘡。今人見蜻蜓朱色者謂之龍甲，又謂之龍孫，不敢傷之。"參見"赤卒"文。

【龍孫】

即龍甲。此稱宋代已行用。見該文。

狐黎

蜻蜓之一種。體小色黄。《爾雅·釋蟲》："虹螮，負勞。"晉郭璞注："江東呼狐黎。"亦作"胡黎""胡離"。晉崔豹《古今注·魚蟲》："蜻蛉……小而黄者曰胡黎，一曰胡離。"亦作"胡黎"。《爾雅翼·釋蟲》："青蛉……小而黄者曰胡黎，一曰胡離。"亦作"狐犁"。清李元《蠕範》卷二："蠊蜓，康伊也，胡離也，狐犁也，江雞也，小而黄色。"按蠊蜓即蠊蚚，多泛指蜻蜓，此指蜻蜓之小而黄者，或李氏一家之言。參見"蜻蜓"文。

【胡黎】

通"狐黎"。此體晉代已行用。見該文。

【胡離】

通"狐黎"。此體晉代已行用。見該文。

【胡黎】

通"狐黎"。此體宋代已行用。見該文。

【狐犁】

同“狐黎”。此體清代已行用。見該文。

黄兒

蜻蜓之一種。明劉侗《促織志·蜻蜓》：“蜻蜓之類三……紅而黄者曰黄兒。”參見“蜻蜓”文。

水蠆

蜻蜓之幼蟲。體長翅短，頭部較大，水栖，以水生昆蟲爲食，尤喜捕捉蚊類幼蟲。因形略似蠍，故稱。《淮南子·説林訓》：“水蠆爲蟌，孑孓爲蚊。”漢高誘注：“水蠆化爲蟌。蟌，青蛉也。”《爾雅翼·釋蟲》：“水蠆既化青蛉，青蛉相交，還於水上，附物散卵，出復爲水蠆。水蠆復化焉，交相禪無已。”

第三節　螳螂考

在商代第二十三代王武丁的妻子婦好墓中，發現有螳螂玉雕，造型逼真，栩栩如生。漢代已用螳螂的卵鞘（螵蛸）入藥，至今仍爲中醫臨床常用之品。

螳螂因生有一對碩大的前足，在諸蟲中可謂別具特點。古今常以其揮斧運臂之態，比喻勇敢或捕搏之象，或以“螳臂當車”比喻不自量力。《莊子·人間世》：“汝不知夫螳蜋乎？怒其臂以當車轍，不知其不勝任也，是其才之美者也。”《韓詩外傳》“螳螂方欲食蟬，而不知黄雀在後舉其頸欲啄而食之”，故後世有“螳螂捕蟬，黄雀在後”之成語。晋郭璞《螳蜋贊》曰：“螳蜋飛蟲，揮斧奮臂。當轍不迴，勾踐是避。勇士致斃，屬之以義。”此外，晋成公綏《螳蜋賦》、唐陳硎《螳螂拒轍賦》，亦專言螳螂。

螳螂在現代動物學分類中屬昆蟲綱螳螂目，全世界已知兩千多種。體大而長，多爲綠色，亦有褐色或具花斑者。頭呈三角形，可自由活動。口器爲咀嚼式，複眼大而突出，觸角絲狀。前胸特別長。一般爲長翅型，也有短翅或無翅者。前翅皮質，後翅膜質。前足捕捉式，狀如鐮刀，着生有倒鈎的小刺，適於捕捉食物，中後足細長。腹部肥大。屬漸變態昆蟲，若蟲與成蟲相似。成蟲捕食蜂、蝶、蝗蟲、蟬等昆蟲。

螳螂

昆蟲名。爲昆蟲綱螳螂目螳螂屬（*Mantis* spp.）、小螳螂屬（*Statilia* spp.）、刀蜋屬（*Tenodera*）等多種昆蟲之通稱。種類繁多，古

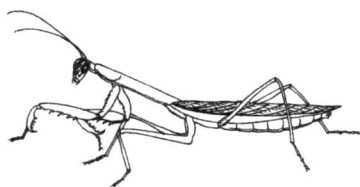

中華大刀螳

則不分，多混而稱之。我國常見者有中華大刀螳（*Tenodera sinensis* Saussure）、斑螳螂（*Statilia maculata*）、薄翅螳螂（*Mantis religiosa*）等。一般體形較大，長二寸許，綠色。頭呈三角形，複眼高突，觸角細長。胸部具四翅六足，腹部肥大。前胸細長如頸，着生粗大前足一對，狀似鐮刀。其腿節和脛節有鈎狀刺，用以捕食及禦敵。深秋時體轉灰色，乃產卵於樹莖，簇聚成房，名"螵蛸"。全蟲及子房均入中藥。秦漢至魏晉，亦作"螳蜋""蟷蜋"，因聲轉亦稱"蟷蠰"。《方言》第十一："螳螂謂之髦。"《莊子·人間世》："汝不知夫螳蜋乎？怒其臂以當車轍，不知其不勝任也。"後因以"螳臂"喻不自量力。《爾雅·釋蟲》："不過，蟷蠰。"晉郭璞注："蟷蠰，螳蜋別名。"唐元稹《有酒十章》詩之五："螳蜋雖怒誰爾懼，鵑旦雖啼誰爾憐。"宋代曾以"螳"字之反切語"突郎"稱之。宋洪邁《容齋三筆·切脚語》："世人語音有以切脚而稱者，亦間見之於書史中，如以蓬爲勃籠……螳爲突郎。"明代亦作"蟷螂""當郎"，亦稱"刀螂"。明李時珍《本草綱目·蟲一·螳螂、桑螵蛸》：

螳　螂
（馬駘《馬駘畫寶》）

"〔釋名〕時珍曰：蟷螂兩臂如斧，當轍不避，故得當郎之名。俗呼刀蜋。"俗稱"猴子"。《陝西通志》卷四四引《山陽縣志》："〔螳螂〕土人呼爲猴子。"按刀螂，一本作"刀蜋"，或因其前足似刀斧而得名。或以爲乃聲相轉也。《爾雅·釋蟲》"螳蜋"清郝懿行義疏："螳蜋今呼刀蜋，聲之轉也。"

【螳蜋】

　　同"螳螂"。此體先秦時期已行用。見該文。

【蟷蜋】

　　同"螳螂"。此體晉代已行用。見該文。

【蟷蠰】

　　即螳螂。此稱秦漢時期已行用。見該文。

【突郎】

　　即螳螂。此稱宋代已行用。見該文。

【蟷螂】

　　即螳螂。此稱明代已行用。見該文。

【當郎】

　　即螳螂。此稱明代已行用。見該文。

【刀螂】

　　"螳螂"之俗稱。此稱明代已行用。見該文。

【刀蜋】

　　同"刀螂"。即螳螂。此體明代已行用。見該文。

【猴子】

　　螳螂之俗稱。此稱明清時期已行用。見該文。

【堂蜋】

　　同"螳螂"，亦作"蟷螂"，亦稱"薑蠰"。《說文·虫部》："蜋，堂蜋也。"又："薑蠰，不過也。"段玉裁注："皆蟷螂別名。"參見"螳螂"文。

【蟷螂】

同"堂蜋"。此體清代已行用。見該文。

【蟷蠰】

即堂蜋。蠰，同"蟖"。此稱漢代已行用。
見該文。

【螳蠰】

即螳螂。亦稱"不過"或"不蟖"，亦稱
"蟖蜋"。《爾雅·釋蟲》："不過，螳蠰。"宋邢昺
疏："不過，一名螳蠰，一名蟖蜋。"《禮記·月
令》：〔仲夏之月〕小暑至，螳蜋生。"孔穎達
疏："《釋蟲》云：'不蟖，螳蠰，其子蜱蛸。'
舍人云：'不蟖，名螳蠰，今之螳蜋也。'"《集
韻·去過》："蟖，不蟖。蟲名，一曰螳蠰。通作
過。"參見"螳螂"文。

【不過】

即螳蠰。此稱秦漢時期已行用。見該文。

【不蟖】

同"不過"。即螳蠰。此體唐代已行用。見
該文。

【蟖蜋】

即螳蠰。此稱唐代已行用。見該文。

【蚌】

即螳螂。亦稱"髦""莫貈"。《爾雅·釋蟲》：
"莫貈，螳蜋，蚌。"清郝懿行義疏："蚌與髦字
異音同，莫貈合聲亦爲髦。"《方言》第十一：
"螳螂謂之髦，或謂之蚱。"郭璞注："案《爾
雅》云：螳蜋，蚌。蚱義自應下屬，《方言》依
此説，失其指也。"按後世或有從之者，如清李
元《蠕範》卷五："螳螂，蚱也，蚌也，髦也。"
參見"螳螂"文。

【髦】

即蚌。此稱秦漢時期已行用。見該文。

【莫貈】

即蚌。此稱秦漢時期已行用。見該文。

【石蜋】

即螳螂。《爾雅·釋蟲》"螳蜋"晉郭璞注：
"螳蜋，有斧蟲，江東呼爲石蜋。"亦作"蚭
蜋"。宋唐慎微《證類本草·蟲魚部·桑螵蛸》
引陶弘景云："俗呼螳螂爲蚭蜋。"亦作"蚭
蜋"。《集韻·入昔》："蚭，蟲名，螳螂也。一
名蚭蜋。"亦作"石螂"，亦稱"蚭娘"。清李元
《蠕範》卷五："螳螂……蚭娘也，石螂也。"《事
物異名録·昆蟲部·螳螂》引《正字通》："蚭娘
乃刀螂之訛。"見"螳螂"文。

【蚭蜋】

同"石蜋"。此體宋代已行用。見該文。

【蚭蜋】

同"石蜋"。此體宋代已行用。見該文。

【石螂】

同"石蜋"。此體清代已行用。見該文。

【蚭娘】

即石蜋。此稱清代已行用。見該文。

【天馬】

螳螂之別稱。因其昂首奮臂，飛動靈捷，
狀似奔馬，故稱。《吕氏春秋·仲夏》："小暑至，
螳蜋生。"漢高誘注："螳蜋，一曰天馬。"《爾
雅翼·釋蟲》：〔螳蜋〕許叔重又云：'世謂之天
馬。'蓋驤首奮臂，頸長而身輕，其行如飛，有
馬之象。"明李時珍《本草綱目·蟲一·螳螂、
桑螵蛸》：〔釋名〕時珍曰：代人謂之天馬，因
其首如驤馬也。"參見"螳螂"文。

【有斧蟲】

螳螂之別稱。因其兩前足形似斧，故稱。
《方言》第十一"螳螂"晉郭璞注："螳蜋，有

斧蟲，江東呼爲石蜋。"省稱"斧蟲"，亦稱
"殺蟲"。明郎瑛《七修類稿》卷七："螳蜋，草
蟲也，飲風食露，感一陰之氣而生，能捕蟬而
食，故又名殺蟲……曰斧蟲，以前二足如斧
也。"按，《爾雅翼·釋蟲》云："螳蜋應殺之
蟲，故小暑至後五日而生。所應者微陰，故螳
蜋司殺之小者也。"殺蟲之名，或由乎此。參
見"螳螂"文。

【斧蟲】

"有斧蟲"之省稱。此稱明代已行用。見
該文。

【殺蟲】

即有斧蟲。此稱明代已行用。見該文。

【巨斧】

即螳螂。《淮南子·時則訓》："小暑至，螳
蜋生。"漢高誘注："沇豫謂之巨斧也。"《吕氏
春秋·仲夏》又注作"拒斧"。亦作"蚷蚁"。
《廣韻·上麌》："蚷蚁，螳蜋別名。"亦稱"工
蚁"。清李元《蠕範》卷五："螳螂……工蚁也，
蚷蚁也，拒斧也。"參見"螳螂"文。

【拒斧】

同"巨斧"。此體漢代已行用。見該文。

【蚷蚁】

同"巨斧"。此體宋代已行用。見該文。

【工蚁】

即巨斧。此稱清代已行用。見該文。

【斫父】

即螳螂。《説文·虫部》："蜋，堂蜋也，一
名斫父。"清段玉裁注作"斫父"，亦稱"斫
郎"，謂："斫，各本作斫，今依《爾雅音義》
正。堂蜋臂有斧能斫，故曰斫父。郭云：江東
呼爲石蜋。石即斫，今江東呼斫郎。"清李元

《蠕範》卷五："螳螂……斫父也。"《方言》第
十一"螳螂謂之髦"，錢繹箋疏："今江東呼爲
斫郎，即石蜋之轉也。"亦稱"斮蜋""尿蜋"。
《古今圖書集成·禽蟲典》引《丹徒縣志》："螳
蜋俗呼斮蜋，其子房名螵蛸，俗以療遺尿，因
呼爲尿蜋。"參見"螳螂"文。

【斫父】

即斫父。此稱明代已行用。見該文。

【斫郎】

即斫父。此稱清代已行用。見該文。

【斮蜋】

即斫父。此稱清代已行用。見該文。

【尿蜋】

即斫父。此稱清代已行用。見該文。

【蛜蛜】

即螳螂。《方言》第十一："〔螳螂〕或謂之
蛜蛜。"清錢繹箋疏："世父詹事君曰：'髦即蛜
之轉，蛜蛜即莫貊之轉。'"亦作"芈芈"。《廣
雅·釋蟲》："芈芈……蟷蜋也。"按《藝文類聚》
及《太平御覽》引《方言》均誤作"羊羊"，後
亦誤作"羊匕"，匕爲重字符號之誤。參見"螳
螂"文。

【芈芈】

同"蛜蛜"。此體三國時期已行用。見該文。

【齕疣】

即螳螂。《吕氏春秋·仲夏》："小暑至，螳
蜋生。"漢高誘注："螳蜋，一曰天馬，一曰齕
疣。"清畢沅注："《淮南》注作'齕肬'，當是
脱其半耳。《初學記》引此注正作'齕疣'。"亦
稱"食肬"。《太平御覽》卷九四六引鄭玄《禮
記》注："今沛魯以南謂之螳蜋，燕趙之際謂之
食肬。"亦作"齕肬"。《廣雅·釋蟲》："芈芈，

齕肬，螗蜋也。”王念孫疏證：“食肬、齕肬皆疊韻字也。各本肬作‘肱’，今訂正。諸書寫此作‘朧’者，肬之誤耳；或作‘厖’者，疣之訛也。”此説當是。《禮記·月令》孔穎達疏作“食厖”，《藝文類聚》作“食蚘”者，并誤。食通“蝕”，疣同“肬”，故亦作“蝕肬”。明李時珍《本草綱目·蟲一·螳螂、桑螵蛸》：“燕趙之間謂之蝕肬。肬即疣子，小肉贅也。今人病肬者，往往捕此食之，其來有自矣。”按《神農本草經》蝕肬作“桑螵蛸”之异稱，清人錢繹以爲誤，謂：“《本草》云桑螵蛸一名蝕肬。蝕與食同。食肬，螳蜋别名。《本草》誤耳。”參見“螳螂”文。

【食肬】

即齕疣。此稱漢代已行用。見該文。

【齕肬】

同“齕疣”。此體三國時期已行用。見該文。

【蝕肬】

同“食肬”。即齕疣。此稱明代已行用。見該文。

【馬敫】

即螳螂。《藝文類聚》卷九七引王瓚：“〔螳蜋〕齊濟以東謂之馬敫。”《方言》第十一“螳螂謂之髦”清錢繹箋疏：“齊濟以東曰馬敫。髦即馬敫之合聲也。”此説或是。《太平御覽》卷九四六引王瓚作“馬敷”，《本草綱目·蟲一·螳螂、桑螵蛸》〔釋名〕引《方言》作“敷常”，《事物異名録·昆蟲部·螳螂》引《方言》作“馬穀”，并疑誤。參見“螳螂”文。

【勇蟲】

螳螂之别稱。語本《韓詩外傳》卷八載螳臂擋車事：齊莊公出獵，有螳螂奮臂擋車，莊公曰：“此爲人必爲天下勇士矣！”後因稱螳螂爲勇蟲。晋葛洪《抱朴子外篇·廣譬》：“是以晋文回輪於勇蟲，而壯士雲赴；句踐曲躬於怒蛙，而戎卒輕死。”參見“螳螂”文。

【織絹娘】

螳螂之美稱。因其後翅淡紅，透明如絹，故稱。《正字通·虫部》：“蜋，螳蜋……翼下紅翅如裙裳，俗呼織絹娘。”參見“螳螂”文。

第四節　螽斯、蝗蟲、蟋蟀考

螽斯、蝗蟲、蟋蟀，屬直翅目昆蟲。此外，螻蛄、蟈蟈、莎雞等亦屬本目。體小至大型，狹長。具緑、黄褐、黑等色。咀嚼式口器，複眼發達。觸角綫狀，分爲多節。前胸發達，中、後胸愈合爲一。前翅革質，翅脉明顯，而略韌，稱爲覆翅；後翅膜質，寬大，亦具翅脉，平時摺於前翅下。前足或爲開掘足，後足粗壯有力，適於跳躍。腹部通常十一節，第十一節與尾節聯合。有尾鬚一對，多短而不分節。發音器可分爲兩類，一類通過兩翅相互摩擦發音，如蟋蟀與螽斯；一類通過後腿與翅相互摩擦發音，如蝗蟲。其發育要經歷卵、若蟲、成蟲三個階段。常栖息於草叢、樹上、土中或石下。除少數爲肉食性外，絶大多數爲植食性。

直翅目昆蟲約於石炭紀由原直翅類昆蟲演化出兩大支，即螽斯類和蝗蟲類。現有種類大約在兩萬種以上。

典籍中記載的直翅目昆蟲，既有人們喜愛的蟋蟀、蟈蟈，又有爲害農作物并常造成灾害的蝗蟲。在諸蟲中，因蟋蟀善鳴而好鬥，故素有養蟋蟀、鬥蟋蟀之俗，所見蟋蟀文獻亦最多，既有專著，亦散見於各類著作。蝗蟲則是農業害蟲之一，危害極大，故歷代均十分重視捕蝗與滅蝗，尤其自宋代以來，多有專著述之。總之，凡於人有利、爲人所喜者，則賞之、咏之；於人有害、爲人所惡者，則捕之、滅之。

螽斯

昆蟲名。爲直翅目螽斯科昆蟲之泛稱。古統屬蝗類，今已別爲一科。種類較多，常見者如綠螽斯（*Holochlora nawae* Matsumura et Shiraki）。長寸許，草綠或褐色。觸角細長，鞭狀。翅甚短，能摩擦發音。後足强壯，善跳躍。栖於叢林草間，爲害農作物。亦稱"斯螽"。《詩·周南·螽斯》："螽斯羽，詵詵兮。"又《豳風·七月》："五月斯螽動股。"亦稱"蜇螽""蜙蝑"。《爾雅·釋蟲》："蜇螽，蜙蝑。"宋邢昺疏："蜇螽，《周南》作'螽斯'，《七月》作'斯螽'，雖字異文倒，其實一也。"亦作"螽蟖"。《慧琳音義》卷八三"秋螽"注引《考聲》云："螽，螽蟖，蟲名也。"

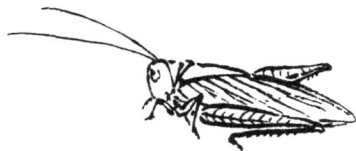

螽 斯
（馬駘《馬駘畫寶》）

【斯螽】

即螽斯。此稱先秦時期已行用。見該文。

【蜇螽】

即螽斯。此稱漢代已行用。見該文。

【蜙蝑】[1]

即螽斯。此稱漢代已行用。見該文。

【蜙蝑】

同"蜙蝑"。即螽斯。《説文·虫部》："蜙，蜙蝑。以股鳴者。蜙，蜙或省。"《詩·周南·螽斯》"螽斯羽"漢毛亨傳："螽斯，蜙蝑也。"唐段成式《酉陽雜俎·廣動植》："蜙蝑股鳴，榮原胃鳴。"亦稱"蜙蝑""蚣蝑"。《方言》第十一："舂黍謂之蜙蝑。"晋郭璞注："江東呼蚣蝑。"又作"蜙蝑"。《廣雅·釋蟲》："蜙蝑，蝑蝥。"亦作"松蝑"。清李元《蠕範》卷一："蜇螽，螽斯也，松蝑也。"參見"螽斯"文。

【蜙蝑】[2]

同"蜙蝑"。此體三國時期已行用。見該文。

【蜙蝑】

即蜙蝑。此稱漢代已行用。見該文。

【蚝蛯】[1]

　　即蚣蝑。此稱晋代已行用。見該文。

【松蝑】

　　即蚣蝑。此稱清代已行用。見該文。

【螽蟴】

　　同"螽斯"。此體唐代已行用。見該文。

【舂黍】

　　即螽斯。《方言》第十一："舂黍謂之蟄蝑。"亦作"蝽蟍"，亦稱"舂箕"。《爾雅·釋蟲》："蜇螽，蚣蝑。"晋郭璞注："蚣蜙也，俗呼蝽蟍。"宋邢昺疏："陸機云：幽州人謂之舂箕。舂箕即舂黍，蝗類也。長而青，長角長股，股鳴者也。"亦作"蠢鑫"。《廣雅·釋蟲》："蚣蝑，蠢鑫也。"清李元《蠕範》卷一："蜇螽，螽斯也，松蝑也，蚣蜙也，舂黍也，舂箕也。似負蠜而大，青色，五月中以股切切作聲。"參見"螽斯"文。

【蝽蟍】

　　同"舂黍"。此體晋代已行用。見該文。

【舂箕】

　　即舂黍。此稱晋代已行用。見該文。

【蠢鑫】

　　同"舂黍"。此體晋代已行用。見該文。

【蚣蜙】

　　即螽斯。亦作"蚣蟄"。《爾雅·釋蟲》："蜇螽，蚣蝑。"晋郭璞注："蚣蜙也，俗呼蝽蟍。"又《方言》第十一"舂黍謂之蟄蝑"注："又名蚣蟄，江東呼蚝蛯。"參見"螽斯"文。

【蚣蟄】

　　同"蚣蜙"。此體晋代已行用。見該文。

草螽

　　螽斯類昆蟲。體長約二寸，色綠或褐。頭頂尖而突出，觸角鞭狀。前翅較長，能發聲，鳴聲清脆。亦稱"草蟲""常羊"。《詩·召南·草蟲》："喓喓草蟲，趯趯阜螽。"漢毛亨傳："草蟲，常羊也。"晋陸璣疏："大小、長短如蝗也，奇音青色，好在茅草中。"亦稱"負蠜"。《爾雅·釋蟲》："草螽，負蠜。"清郝懿行義疏："《詩》作草蟲，蓋變文以韻句，蟲、螽古字通也。"明李時珍《本草綱目·蟲三·阜螽》："〔集解〕時珍曰：在草上者曰草螽。"亦稱"茅蝦"。《説郛》卷三三上："嶺南人好啖蛇，易其名曰茅鱓，草螽曰茅蝦。"清李元《蠕範》卷一："負蠜，常羊也，茅蝦也，草螽也。黑斑文，似阜螽而小。"按，清人郝懿行以草螽即今所謂蟈蟈。

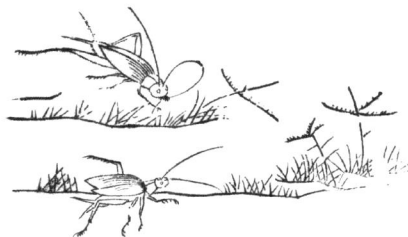

草　螽
（明王圻等《三才圖會》）

【草蟲】[1]

　　即草螽。此稱先秦時期已行用。見該文。

【常羊】

　　即草螽。此稱漢代已行用。見該文。

【負蠜】[1]

　　即草螽。此稱漢代已行用。見該文。

【茅蝦】

　　即草螽。此稱元代已行用。見該文。

蝗

　　昆蟲名。爲直翅目蝗科昆蟲之泛稱。種

類繁多，一般指飛蝗。常見者如東亞飛蝗（*Locusta migratoria manilensis* Meyen）。體細而長，雄蟲寸許，雌蟲略大，色綠或黃褐。四翅六足，前翅狹窄而堅韌，後翅寬大而柔軟，善於飛行。後足强壯，宜於跳躍。產卵管短而彎曲，卵產於土中，呈塊狀，一年生二至三代。幼蟲稱"蝻"，成蟲常成群飛行，危害農林作物。秦漢時亦稱"螽"，爲蝗類之總稱。後螽多泛指土螽、蟿螽、阜螽、蜤螽、草螽等，蝗則專指蝗蟲。《説文·虫部》："蝗，螽也。"亦稱"蟲蝗"或"蝗蟲"。《吕氏春秋·孟夏》："行春令，則蟲蝗爲敗。"又《不屈》："蝗螟，農夫得而殺之。"漢高誘注："蝗，螽也。"《史記·秦始皇本紀》："十月庚寅，蝗蟲從東方來，蔽天。"《漢書·文帝紀》："夏四月，大旱，蝗。"唐顏師古注："蝗即螽也，食苗爲灾。"漢王充《論衡·商蟲篇》："建武三十一年，蝗起太山郡，西南過陳留、河南，遂入夷狄。所集鄉縣，以千百數。"亦稱"蝗螽"。《後漢書·桓帝紀》："蝗螽孳蔓，殘我百穀。"

【螽】

即蝗。秦漢時期螽與蝗混稱，後則別之。見該文。

【蟲蝗】

即蝗。此稱先秦時期已行用。見該文。

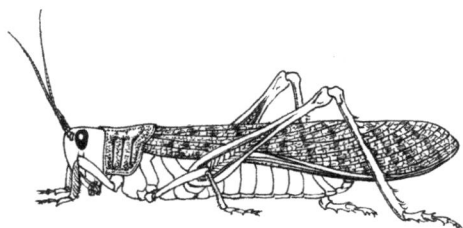

東亞飛蝗

【蝗蟲】

即蝗。此稱漢代已行用，沿稱至今。見該文。

【蝗螽】

即蝗。此稱南北朝時期已行用。見該文。

【飛蝗】

即蝗。《三國志·吴書·趙達傳》："〔趙達〕治九宮一算之術，究其微旨，是以能應機立成，對問若神，至計飛蝗，射隱伏，無不中效。"亦稱"橫蟲"。宋程大昌《演繁露·橫蟲》："蝗……俗呼橫蟲，《唐韻》蝗一音橫，去聲，則俗呼爲橫，不爲無本也。"亦稱"天蟲"。清李元《蠕範》卷三："蝗……天蟲也，橫蟲也。"清徐珂《清稗類鈔·動物類·蝗》："蝗，害蟲也，一名蝗螽，以其善飛，亦曰飛蝗。"參見"蝗"文。

【橫蟲】[1]

即飛蝗。此稱宋代已行用。見該文。

【天蟲】

即飛蝗。此稱清代已行用。見該文。

【螞蚱】

蝗之俗稱。亦作"蟆蚱"。元張國賓《薛仁貴》第一折："那薛仁貴到的高麗地面，則去撲蟆蚱，摸螃蟹，掏蜥蜴，幾曾會甚麼廝殺來。"亦作"馬札"。《元史·五行志二》："至元五年八月，京師童謠云：'白雁望南飛，馬札望北跳。'"《紅樓夢》第四十回："板兒又跑來看，説：'這是蟈蟈，這是螞蚱。'"亦作"麻札"。《直語補證·麻札》："揚

螞　蚱
（清王概等《芥子園畫譜》）

子《方言》'蟅蟒即蝗'。注：'蟅音近詐，亦呼蚍蛢。'今北方人呼螞蚱或麻札，即此二字顛倒聲轉之異。"亦作"嘛吒"。清李元《蠕範》卷三："蝗……嘛吒也。"參見"蝗"文。

【蟇蚱】

　　同"螞蚱"。此體元代已行用。見該文。

【馬札】

　　同"螞蚱"。此體明代已行用。見該文。

【麻札】

　　同"螞蚱"。此體清代已行用。見該文。

【嘛吒】

　　同"螞蚱"。此體清代已行用。見該文。

【蚚】

　　即蝗。亦稱"螣"。《禮記·月令》："〔仲夏之月〕仲夏……行春令，則五穀晚熟，百螣時起。"鄭玄注："螣，蝗之屬。"亦稱"螣蟊"。《管子·七臣七主》："苴多螣蟊，山多蟲。"亦稱"蟒""蟅蟒"。《方言》第十一："蟒，宋衛之間謂之蚚，南楚之外謂之蟅蟒，或謂之蟒，或謂之螣。"晉郭璞注："即蝗也。"《呂氏春秋·仲夏》："百螣時起，其國乃饑。"漢高誘注："百螣，動股之屬也……兗州人謂蝗爲螣。"亦作"蝕"。《廣雅·釋蟲》："蟅蟒，蝕也。"按"蚚"與"螣"古聲同，"蟅蟒""蚱蜢""蚍蛢"聲轉字異，後以"蚱蜢"爲蝗之一種。參見"蝗""蚱蜢"文。

【螣】[1]

　　即蚚。此稱漢代已行用。見該文。

【螣蟊】

　　即蚚。此稱漢代已行用。見該文。

【蟒】[1]

　　即蚚。此稱漢代已行用。見該文。

【蟅蟒】

　　即蚚。此稱漢代已行用。見該文。

【蝕】

　　同"蚚"。此體三國時期已行用。見該文。

【飛蝕】

　　即蝗。省稱"蝕"。《淮南子·本經訓》："夷羊在牧，飛蝕滿野。"漢高誘注："蝕……一曰蝗也。"亦稱"飛蝝"。北周庾信《周隴右總管長史贈太子少保豆盧公神道碑》："飛蝝出境。"亦稱"赤騰"。清李元《蠕範》卷三："蝗……赤騰也，飛蝕也。"參見"蝗"文。

【蝕】[1]

　　"飛蝕"之省稱。此稱漢代已行用。見該文。

【飛蝝】

　　即飛蝕。此稱北周時已行用。見該文。

【赤騰】

　　即飛蝕。此稱清代已行用。見該文。

【篾蟟】

　　即蝗。《漢書·文帝紀》："夏四月，大旱，蝗。"唐顏師古注："蝗即螽也，食苗爲灾，今俗呼爲篾蟟。"亦作"篾蟟"，亦稱"蝶""蠶螽""蠸蟆"。清李元《蠕範》卷三："蝗，蝶也，螽也，蠶螽也，嘛吒也，蠸蟆也，篾蟟也。"按，一説篾蟟即阜螽。參見"蝗"文。

【蝶】

　　即篾蟟。此稱清代已行用。見該文。

【蠶螽】

　　即篾蟟。此稱清代已行用。見該文。

【蠸蟆】

　　即篾蟟。此稱清代已行用。見該文。

阜螽

　　蝗之一類。爲蝗科之蚱蜢亞科多種昆蟲

的泛稱。常見者爲中華稻蝗（*Oxya chinensis* Thunberg）。體長圓形，色黃綠。頭略呈方形，觸角甚短。翅兩對，前翅狹長，後翅寬而半透明，超過腹部末端。足三對，後足尤長，善於跳躍。生育甚蕃，群栖遷飛，爲害農作物。《詩·召南·草蟲》："喓喓草蟲，趯趯阜螽。"亦作"皇螽"，亦稱"蠜"。《爾雅·釋蟲》："皇螽，蠜。"宋邢昺疏："皇螽，一名蠜。李巡曰：蝗子也。"按，以蝗子爲皇螽，或誤。南朝梁劉峻《廣絕交論》："夫草蟲鳴則阜螽躍，雕虎嘯而清風起。"宋蘇軾《物類相感志》："阜螽如蝗蟲，江東呼爲蚱蜢。"按明代李時珍以阜螽爲草螽、土螽、螽斯、蟿螽之總名，其說可參。

【皇螽】

同"阜螽"。此體秦漢時期已行用。見該文。

【蠜】

即阜螽。此稱秦漢時期已行用。見該文。

【蚱蜢】

即阜螽。亦作"蚝蜢"。《説文·虫部》："蜢，蚝蜢。"宋楊萬里《題山莊草蟲扇》："風生蚱蜢怒鬚頭，紈扇團圓璧月流。"亦作"蚝蛨"，古亦常與"土螽"混稱。《爾雅·釋蟲》"土螽"，宋邢昺疏："土螽一名蠰谿，今謂之土碟，江南呼蚝蛨，又名蚱蜢。形似蝗而小，善跳者是也。"按，"蚱蜢""蟅蟒""蚝蛨"均聲近之轉，"蚝

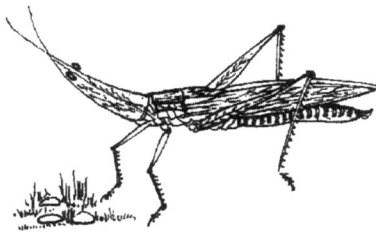

蚱　蜢
（清王概等《芥子園畫譜》）

蛨"乃"螞蚱"之倒言。諸稱本皆蝗類泛稱，後專以"蚱蜢"爲蝗之一種。參見"阜螽"文。

【蚝蜢】

同"蚱蜢"。此體漢代已行用。見該文。

【蚝蛨】[2]

即蚱蜢。此稱宋代已行用。見該文。

【蜉蝑】

即阜螽。《埤雅·釋蟲》："阜螽，今謂之蜉蝑，亦跳亦飛，飛不能遠，青色。"清李元《蠕範》卷一："蠜，阜螽也，蚱蜢也，蜉蝑也。青黑斑文，長脚修股，善跳害稼。"參見"阜螽"文。

蟿螽

蝗之一種。屬直翅目蝗科之蚱蜢亞科。常見者如中華蚱蜢（*Acrida chinensis* Westwood）。體細長，色綠或黃褐。頭尖，呈長圓錐狀，斜突出於前方，觸角短，呈劍形。後翅大，飛時札札有聲。後足細長，善跳躍，若執之，則欲跳不得，遂作舂米狀，故俗謂"舂米郎"。危害禾本科植物。亦稱"螇蚸""蛤荅板"。《爾雅·釋蟲》："蟿螽，螇蚸。"晉郭璞注："今俗呼似蚱蜢而細長、飛翅作聲者爲螇蚸。"清郝懿行義疏："今驗螇蚸，全似蚱蜢而細小，飛翅作聲尤清長，俗呼之蛤荅板是也。"按螇蚸，一本作"螇蚗"，音義俱同。清李元《蠕範》卷一："蟿螽，螇蚗也。似蚱蜢而細長，飛翅作聲。"

【螇蚸】

即蟿螽。此稱漢代已行用。見該文。

【蛤荅板】

"蟿螽"之俗稱。此稱清代已行用。見該文。

【螇蚗】

同"螇蚸"，即蟿螽。此稱清代已行用。見

該文。

【稍螞虸】

即蠽螽。因其頭尖長，故稱。明馮惟敏《李爭冬有犯》："只爲你將磚要比天，是鬼刮陣風，稍螞虸展作丹山鳳。"參見"蠽螽"文。

土蚤

蝗之一種。體小，色灰如土。頭部短小，觸角黃白色。後翅較長，達於尾外。亦稱"蠰谿""土蝶"。《爾雅·釋蟲》："土蚤，蠰谿。"晋郭璞注："似蝗而小，今謂之土蝶。"蠰谿亦作"蠰螇"，土蝶亦作"土礫"，亦稱"蛇蛑"。清李元《蠕範》卷一："土蚤，蠰螇也，土礫也，蛇蛑也。斑色，善跳，生園中。"按土蚤與蚱蜢古有混稱者，二者雖同爲蝗類，但細分有別。參見本卷《昆蟲説·蚤、蝗、蟋蟀考》"蚱蜢"文。

【蠰谿】

即土蚤。此稱秦漢時期已行用。見該文。

【土蝶】

即土蚤。此稱晋代已行用。見該文。

【蠰螇】

同"蠰谿"。即土蚤。此體清代已行用。見該文。

【土礫】

同"土蝶"。即土蚤。此體清代已行用。見該文。

【蛇蛑】

即土蚤。此稱清代已行用。見該文。

【土蛂虸】

即土蚤。亦稱"度蛂虸"。《爾雅·釋蟲》"土蚤"，清郝懿行義疏："土蚤者，今土蛂虸也。亦有二種：一種體如土色，似蝗而小，有翅能飛不遠；又一種黑斑色而大，翅絶短，不能飛，善跳，呼之度蛂虸，即土蛂虸也。"參見"土蚤"文。

【度蛂虸】

即土蛂虸。此稱清代已行用。見該文。

跳八丈

蟲名。似蝗而小，色青黃，善跳，飛時能以股作聲。《爾雅·釋蟲》"蜤蜪"，清郝懿行義疏："又一種亦似蝗而尤小，青黃色，好在莎草中，善跳，俗呼跳八丈，亦能以股作聲，甚清亮。"

蟋蟀

昆蟲名。直翅目蟋蟀科多種昆蟲之泛稱。種類甚多，最常見者爲南方油葫蘆（*Gryllus testaceus* Walker）、北京油葫蘆（*G.mitratus* Burmeister）等。體長半寸許，黑褐色，有光澤。頭大而光滑，具複眼一對，觸角細長。胸部分爲三節，中、後胸各具翅一對，每一胸節又各具足一對。後足強健，善跳躍。腹部圓筒形，有尾毛一對。雄性體小而善鬥，前翅有堅硬的發音器，兩翅摩擦可發出響聲。雌性體大，腹末具產卵管，早秋產卵。喜隱居屋角、田埂及雜草叢生處。晝伏夜出，有趨光性。以植物莖葉爲食，於農業有害。乾燥蟲體入中藥。秦漢典籍亦稱"蛬"。《詩·唐風·蟋蟀》："蟋蟀在

蟋　蟀
（明王圻等《三才圖會》）

堂，歲聿其逝。”晋陸璣疏：“蟋蟀，似蝗而小，正黑色，有光澤如漆，有角翅。”《爾雅・釋蟲》：“蟋蟀，蛬。”亦作“螅蟀”“悉蟀”。《逸周書・時訓》：“小暑之日，溫風至。又五日，螅蟀居辟。”朱右曾校釋：“螅蟀生土中，有翼而未能飛，但居壁上。”《說文・虫部》：“蟀，悉蟀也。”三國時蛬又作“蛗”。《廣雅・釋蟲》：“蛗，趣織。”王念孫疏證：“蛗，一作蛬，一作蛩。”至晋，蛬亦作“蛩”，或稱“吟蛩”。晋崔豹《古今注・魚蟲》：“蟋蟀，一名吟蛩，一名蛩。秋初生，得寒則鳴。”亦稱“蟋蟀”。《集韻・入櫛》：“蟋，蟋蟀，蟲名，促織也。”因雄蟋蟀善鳴而好鬥，故我國素有養蟀與鬥蟀之俗。據五代王仁裕《開元天寶遺事》記載，唐代天寶年間即有養蟀、鬥蟀之事。宋顧文薦《負暄雜錄・禽蟲善鬥》亦云：“父老傳聞，鬥蛩亦始於天寶間，長安富人鏤象牙為籠而畜之，以萬金之資，付之一啄，其來遠矣。”此俗明清尤盛，至今仍有沿襲。南宋賈似道《促織經》、明袁宏道《促織志》、清朱從延《蛩孫鑑》及李石孫《蟋蟀譜》等為現存蟋蟀研究專著，可參閱。

【蛬】

即蟋蟀。此稱漢代已行用。見該文。

【螅蟀】

同“蟋蟀”。此體漢代已行用。見該文。

【悉蟀】

同“蟋蟀”。此體漢代已行用。見該文。

【蛗】

同“蛬”。即蟋蟀。此體三國時期已行用。見該文。

【蛩】[2]

同“蛬”。即蟋蟀。此體晋代已行用。見該文。

【吟蛩】

即蟋蟀。此稱晋代已行用。見該文。

【蟋蟀】

即蟋蟀。此稱宋代已行用。見該文。

【蚟孫】

即蟋蟀。《方言》第十一：“〔蟋蟀〕南楚之間謂之蚟孫。”亦作“王孫”。晋陸璣《毛詩草木鳥獸蟲魚疏》：“蟋蟀……楚人謂之王孫。”《淵鑑類函・蟲豸部・蟋蟀》：“〔增〕王孫，袁瓘《秋日詩》曰：‘芳草不復綠，王孫今又歸。’人都不解，施蔭見之曰：‘王孫，蟋蟀也。’”又《集韻・平陽》〔蚟〕引《方言》作“蚟孫”。參見“蟋蟀”文。

【王孫】

同“蚟孫”。此體三國時期已行用。見該文。

【蚟孫】

同“蚟孫”。此體宋代已行用。見該文。

【促織】

即蟋蟀。《呂氏春秋・季夏》：“風始至，蟋蟀居宇。”漢高誘注：“陰氣應，故居宇，鳴以促織。”後因稱蟋蟀為“促織”。《文選・古詩十九首》之七：“明月皎夜光，促織鳴東壁。”亦作“趣織”。《淮南子・時則訓》：“蟋蟀居奧。”漢高誘注：“蟋蟀……趣織也。”晋亦作“趣

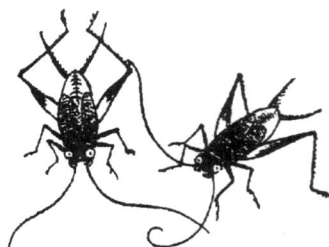

促織

（明李時珍《本草綱目》）

織""趨織"。晋陸璣《毛詩草木鳥獸蟲魚疏》："〔蟋蟀〕幽州人謂之趨織……里語曰'趨織鳴，嬾婦驚'是也。"《廣雅·釋蟲》："蛩，趨織，蚟孫，蜻蛚也。"唐杜甫《促織》詩："促織甚微細，哀音何動人。"《爾雅翼·釋蟲二·蟋蟀》："今蟋蟀有生野中及生人家者，至歲晚則同爾。好吟於土石磚甓之下，尤好鬥，勝輒矜鳴。其聲如急織，故幽州謂之促織。"明代亦稱"趨趨"。《通俗編·禽魚》引明沈德符《顧曲雜言》："京師人呼促織爲趨趨，蓋促織二字俱入聲，北音無入，遂訛至此。"清代亦稱"趨織"。《方言》第十一："蜻蛚，楚謂之蟋蟀。"清錢繹箋疏："吳下名曰趨織，義同促織，亦聲之轉也。趨、趁、促、趣，並字異義同。"此説甚是。參見"蟋蟀"文。

【趣織】

通"促織"。此體漢代已行用。見該文。

【趨織】

通"促織"。此體晋代已行用。見該文。

【趁織】

同"促織"。此體晋代已行用。見該文。

【趨趨】

即促織。此稱明代已行用。見該文。

【趨織】

即促織。此稱清代已行用。見該文。

【促機】

即蟋蟀。亦稱"投機"。《事物異名錄·昆蟲部·蟋蟀》："《埤雅》：'促織一名投機，謂其聲如急織也。'《古今注》：'一名促機。'"參見"蟋蟀"文。

【投機】

即促機。此稱宋代已行用。見該文。

【蜻蛚】

即蟋蟀。《方言》第十一："蜻蛚，楚謂之蟋蟀，或謂之蛬。"亦作"蛬蛚"。《楚辭·九辯》"哀蟋蟀之宵征"漢王逸注："見蛬蛚之夜行，自傷放棄，與昆蟲爲雙也。"亦作"精列""青蛚"。《周禮·考工記·梓人》"以注鳴者"漢鄭玄注："注鳴，精列屬。"唐賈公彦疏："《釋蟲》云：'蟋蟀，蛬。'注云：'今促織也，亦名青蛚。'"亦作"蜻蛚"。漢王充《論衡·變動》："是故夏末蜻蛚鳴，寒螿啼，感陰氣也。"晋張載《七哀詩》："仰聽離鴻鳴，俯聞蜻蛚吟。"亦稱"蚚"。《廣韻·入質》："蚚，蜻蛚別名。"按，今昆蟲學以蜻蛚別爲蟋蟀之一種。參見"蟋蟀"文。

【蛬蛚】

同"蜻蛚"。此體漢代已行用。見該文。

【精列】

同"蜻蛚"。此體漢代已行用。見該文。

【青蛚】

同"蜻蛚"。此體漢代已行用。見該文。

【蜻蛚】

同"蜻蛚"。此體漢代已行用。見該文。

【蚚】

"蜻蛚"之別名。此稱宋代已行用。見該文。

【蛐蛐兒】

即蟋蟀。清富察敦崇《燕京歲時記·蛐蛐兒聒聒兒油壺盧》："七月中旬則有蛐蛐兒，貴者可值數金，以其能戰鬥也。"亦作"屈屈""蛆蛆"。《方言》第十一："蜻蛚，楚謂之蟋蟀，或謂之蛬。"清錢繹箋疏："淮揚人謂之屈屈，順天人謂之蛆蛆，皆蛬之轉聲也。"按蟋蟀，現仍俗稱"蛐蛐兒"或"蛐蛐"。參見"蟋蟀"文。

【屈屈】

　　即蛐蛐兒。古淮揚語。見該文。

【蛆蛆】

　　即蛐蛐兒。古順天語。見該文。

【秋蜚】

　　即蟋蟀。因其初秋始見，故稱。南朝宋鮑照《擬古》詩之七："秋蜚扶戶吟，寒婦成夜織。"按一本作"秋蚳"。亦稱"秋蟬"。南朝陳徐陵《司空徐州刺史侯安都德政碑》："秋蟬載吟，競鳴機杼。"亦稱"吟蜚"。《埤雅·釋蟲》："傳曰：蟋蟀之蟲，隨陰迎陽，一名吟蜚。"亦稱"潛蜚"。《事物異名錄·昆蟲部·蟋蟀》："《表異錄》：'潛蜚，蟋蟀也。'《韓詩》：'幽響泄潛蜚。'"參見"蟋蟀"文。

【秋蚳】

　　同"秋蜚"。此體南北朝時期已行用。見該文。

【吟蜚】

　　同"吟蚳"。即秋蜚。此體宋代已行用。見該文。

【潛蜚】

　　即秋蜚。此稱明代已行用。見該文。

【嬾婦】

　　即蟋蟀。《詩·唐風·蟋蟀》："蟋蟀在堂。"三國吳陸璣疏："里語曰：'趣織鳴，嬾婦驚。'"後因稱蟋蟀爲嬾婦，亦作"懶婦"。晉崔豹《古今注·魚蟲》："蟋蟀一名吟蚳……一云濟南呼爲懶婦。"北周庾信《小園賦》："聚空倉而雀噪，驚懶婦而蟬嘶。"宋楊萬里《張功父索余近詩余以〈南海〉〈朝天〉二集示之蒙題七字》："自笑吟秋如懶婦，可能擊鼓和馮夷。"參見"蟋蟀"文。

【懶婦】

　　同"嬾婦"。此體晉代已行用。見該文。

【陰蟲】

　　蟋蟀之別稱。古人認爲蟋蟀生於夏末秋初陰氣始盛時，且善栖陰濕處，故稱。南朝宋顏延之《夏夜呈從兄散騎車長沙》詩："夜蟬當夏急，陰蟲先秋聞。"唐皮日休《貧居秋日》詩："貧家煙爨稀，灶底陰蟲語。"宋梅堯臣《夏日晚霽輿崔子登周襄故城》詩："寶氣無人發，陰蟲入夜鳴。"參見"蟋蟀"文。

【寒蟲】

　　即蟋蟀。亦稱"寒緯"。南朝宋鮑照《臨川王服競還田里》詩："愴愴秋風生，戚戚寒緯作。"一說寒緯爲"莎雞"之別稱。南朝梁王僧孺《與何炯書》："寒蟲夕叫，合輕重而同悲。"唐常建《聽琴秋夜贈寇尊師》詩："寒蟲臨砌急，清吹裹燈頻。"亦稱"寒蛩"。元丘士元《秋夜感懷》："寒蛩切切，塞雁哀哀。"參見"蟋蟀"文。

【寒緯】

　　即寒蟲。此稱南北朝時期已行用。見該文。

【寒蛩】

　　即寒蟲。此稱元代已行用。見該文。

【客蟲】

　　蟋蟀之別稱。《事物異名錄·昆蟲部·蟋蟀》引《樊榭集注》："遠客泊舟來鬥蟋蟀，俗稱客蟲。"參見"蟋蟀"文。

【秋風】

　　即蟋蟀。亦稱"莎亭部落"。《事物異名錄·昆蟲部·蟋蟀》引《清異錄》："漢龍驤子名邛，諱之，呼蛩曰秋風。又今人呼蛩爲莎亭部落。"參見"蟋蟀"文。

【莎亭部落】

即秋風。此稱明代已行用。見該文。

油葫蘆

蟲名。油葫蘆類（*Gryllus* spp.）蟋蟀之一種。體較長，圓筒形，色黑褐，有油光。觸角絲狀，長於身體。前翅較短，後翅折叠。腹部肥大，有尾鬚一對。雌蟲另具產卵器，故尾部呈三歧。雄蟲常磨翅發聲，鳴聲響亮。明劉侗、于奕正《帝京景物略·胡家村》："促織之別種三：肥大倍焉者，色澤如油，其聲呦呦，曰油葫蘆；其首大者，聲梆梆，曰梆子頭；銳喙者，聲篤篤，曰老米嘴。"《事物異名錄·昆蟲部·蟋蟀》引《事物紺珠》："油葫蘆，如促織而三尾，不鳴不鬥。"按此當指雌蟲而言。參見"蟋蟀"文。

【梆子頭】

蟋蟀之一種。頭大聲響。詳"油葫蘆"文。

【老米嘴】

蟋蟀之一種。嘴尖聲篤。詳"油葫蘆"文。

灶馬[1]

蟋蟀之一種。常見之灶馬（*Gryllodes sigillatus* Walker）體較小，黄褐色，翅退化。後足發達，善跳躍，鳴聲細而高。常栖居灶旁而鳴，故稱。唐段成式《酉陽雜俎·蟲篇》："灶馬，狀如促織，稍大，脚長，好穴於灶側。俗言灶有馬，足食之兆。"亦稱"灶鱉雞"，省稱"灶雞"。明顧起元《客座贅語·紀蟲》："在灶下，曰灶鱉雞。"明李時珍《本草綱目·蟲三·灶馬》："〔釋名〕灶雞。

灶　馬　（明李時珍《本草綱目》）

〔集解〕時珍曰：灶馬處處有之，穴灶而居。"亦稱"灶壁雞"。清趙學敏《本草綱目拾遺·蟲部》："《綱目·蟲部》亦有灶馬，形如蟋蟀，今人名灶壁雞。"參見本卷《昆蟲説·螽、蝗、蟋蟀考》"蟋蟀"文。

【灶鱉雞】

即灶馬[1]。此稱明代已行用。見該文。

【灶雞】

"灶鱉雞"之省稱。即灶馬[1]。此稱明代已行用。見該文。

【灶壁雞】

即灶馬[1]。此稱清代已行用。見該文。

白麻頭

蟋蟀之一種。色白善鬥，可籠養供賞玩。清富察敦崇《燕京歲時記·蛐蛐兒聒聒兒油壺盧》："七月中旬則有蛐蛐兒，貴者可值數金。有白麻頭、黃麻頭、蟹胲青、琵琶翅、梅花翅、竹節鬚之別，以其能戰鬥也。"參見本卷《昆蟲説·螽、蝗、蟋蟀考》"蟋蟀"文。

【黄麻頭】

蟋蟀之一種。色黄善鬥。詳"白麻頭"文。

【蟹胲青】

蟋蟀之一種。色青善鬥。詳"白麻頭"文。

【琵琶翅】

蟋蟀之一種。因其翅形似琵琶，故稱。詳"白麻頭"文。

【梅花翅】

蟋蟀之一種。因其翅紋收縮似梅花，故稱。詳"白麻頭"文。

【竹節鬚】

蟋蟀之一種。因其觸角似竹節，故稱。詳"白麻頭"文。

金鐘兒

蟋蟀之一種。體寬扁，頭較小，形似西瓜子，黑褐色。因鳴聲清脆如鐘聲，故稱。可置盒中供賞玩。明袁宏道《促織志・論似》："又一種亦微類促織，而韻致悠揚，如金玉中出，溫和亮徹，聽之令人氣平，京師人謂之金鐘兒。"清富察敦崇《燕京歲時記・金鐘兒》："金鐘兒産於易州，形如促織，七月之季，販運來京，枕畔聽之，最爲清越，韻而不悲。"清李元《蠕範》卷三："又有金鐘兒，長身歧尾，銳前豐後，躍則以翼鼓鳴，其聲稜稜如小鐘。"參見本卷《昆蟲説・螽、蝗、蟋蟀考》"蟋蟀"文。

佗負蟲

蟋蟀之一種。色白，觸角較長，背佗而無翼，善跳而不鳴，雌雄成對而居。明彭大翼《山堂肆考》卷三六："佗負蟲，似促織而白色，雙鬚甚長，無翼，不能鳴。傴背長股，善跳。好居下濕地，雌雄未嘗相離。"

螻蛄

昆蟲名。直翅目螻蛄科（*Gryllotalpa* spp.）多種昆蟲之泛稱，常見者如華北螻蛄（*G. unispina* Saussure）、東方螻蛄（*G. orientalis* Burmeister）等。體略圓，長寸許，雌略大於雄。背部黃褐或暗褐色，腹部灰黃。頭前尖後鈍，觸角絲狀。翅兩對，前翅革質較短，後翅膜質較長。足三對，前足尤發達，呈鏟狀，尖端有扁齒，適於掘土。腹部肥圓，有尾鬚二條，超出體外。穴居土中，

螻蛄
（《補遺雷公炮製便覽》）

晝伏夜出，喜就燈光。以植物根莖爲食，常致危害。乾燥全蟲入中藥，以雄者爲佳。秦漢時亦單稱"螻"。《莊子・列禦寇》："在上爲烏鳶食，在下爲螻蟻食，奪彼與此，何其偏也。"《吕氏春秋・應同》："黃帝之時，天先見大螾大螻。"漢高誘注："螻，螻蛄。"亦稱"螜""天螻"。《爾雅・釋蟲》："螜，天螻。"晋郭璞注："螻蛄也。"《大戴禮記・夏小正》："螜則鳴。螜，天螻也。"漢至三國，异稱甚多，然後世多有争論，如螜蛄、螻蟈、碩鼠等，或以爲同物异名，或以爲沿襲有誤。唐宋之際，亦稱"濕姑""啼蛄""仙姑"。唐李賀《昌穀詩》："嘹嘹濕姑聲，咽源驚濺起。"又《宮娃歌》："啼蛄吊月鈎欄下，屈膝銅鋪鎖阿甄。"《廣韻・平侯》："螻，螻蛄，一名仙姑。"明清之後，异稱漸少，然封"螻"之名義，或有説焉。明李時珍《本草綱目・蟲三・螻蛄》："〔釋名〕時珍曰：《周禮》注云：'螻，臭也。'此蟲氣臭，故得螻名。曰姑、曰婆、曰娘子，皆稱蟲之名。"

【螻】[1]

"螻蛄"之單稱。此稱先秦時期已行用。見該文。

【螜】

即螻蛄。此稱秦漢時期已行用，後世亦作"觳"或"螜"。見該文。

【天螻】

即螻蛄。此稱秦漢時期已行用。見該文。

【濕姑】

即螻蛄。此稱唐代已行用。見該文。

【啼蛄】

即螻蛄。此稱唐代已行用。螻蛄見該文。

【仙姑】

即螻蛄。此稱宋代已行用。見該文。

【螻姑】

即螻蛄。亦稱"津姑"。《廣雅·釋蟲》:"津姑……螻蛄也。"亦稱"蟠蛄"。《埤雅·釋蟲》引晉郭義恭《廣志·小學篇》曰:"螻蛄,會稽謂之蟠蛄。"按,蟠蛄亦作"蟠蛄","蟠"俗寫作"蟠"。亦稱"拉拉古"。《爾雅·釋蟲》:"螜,天螻。"清郝懿行義疏:"按今順天人呼拉拉古,亦螻蛄之聲相轉耳。"參見"螻蛄"文。

【津姑】

即螻姑。此稱三國時期已行用。見該文。

【蟠蛄】

即螻姑。此稱晉代已行用。見該文。

【蟠古】

同"蟠蛄"。此體晉代已行用。見該文。

【拉拉古】

即螻姑。此稱清代已行用。見該文。

【蟪蛄】[1]

即螻蛄。《神農本草經·下品》:"螻蛄,味鹹,寒……一名蟪蛄。"按螻蛄亦名蟪蛄,歷代本草多宗此説,如明李時珍云:"蟪蛄同蟬名……皆名同物異也。"然亦有別説。如《通雅·動物》:"或以螻蛄爲蟪蛄,亦謬。蟪蛄蓋蟬類。"又如清郝懿行《爾雅義疏·釋蟲》:"《本草》螻蛄一名蟪蛄,與蟬同名,疑相涉而誤耳。"三説未明孰是,今姑存之。參見"螻蛄"文。

【蝚】

即螻蛄。亦稱"蛖螻"《爾雅·釋蟲》:"蝚,蛖螻。"晉郭璞注:"蛖螻,螻蛄類。"清郝懿行義疏"蛖"作"蝱"。按,蝚乃"螻"之音近相轉。參見"螻蛄"文。

【蛖螻】

即蝚。此稱秦漢時期已行用。見該文。

【蝱螻】

即蝚。此稱清代已行用。見該文。

【蠱】

即螻蛄。《説文·虫部》:"蠱,螻蛄也。"亦作"蟧"。《集韻·入鐸》:"蟧,蟲名,仙姑也。"參見"螻蛄"文。

【蟧】

同"蠱"。即螻蛄。此體宋代已行用。見該文。

【杜狗】

即螻蛄。古因方言不同,亦稱"蛄諸""杜蛒""螻螲""蟓蛉"。《方言》第十一:"蛄諸謂之杜蛒,螻螲謂之螻蛄,或謂之蟓蛉,南楚謂之杜狗。"錢繹箋疏:"諸,各本並作'詣',宋本作'諸',《爾雅》疏引作'者',蓋即'諸'之誤脱其半耳。今據以訂正。"甚是。俗稱"土狗"。《爾雅翼·釋蟲》:"螻,小蟲。穴土中,好夜出,今人謂之土狗。"按,"土狗"乃"杜狗"音轉。參見"螻蛄"文。

【蛄諸】

即杜狗。此稱漢代已行用。見該文。

【杜蛒】

即杜狗。此稱漢代已行用。見該文。

【螻螲】

即杜狗。此稱漢代已行用。見該文。

【蟓蛉】

即杜狗。此稱漢代已行用。見該文。

【土狗】

杜狗之俗稱。此稱宋代已行用。見該文。

【蛞螻】

即螻蛄。《方言》第十一："螻螲謂之螻蛄……或謂之蛞螻。"亦稱"螻蜮"。《廣雅·釋蟲》："螻蜮、蟓蛉、蛞螻，螻蛄也。"按，螻蜮亦作"螻蟈"。唐代又作"括螻"。《文選·王褒〈洞簫賦〉》"螻蟻蝘蜓"唐李善注："南楚謂螻蛄爲括螻。"明代李時珍認爲，螻蟈與蛙乃名同物异，而方以智則力駁此説。《通雅·動物》："前人見一字相同，則牽纏而不能决，然則因論螻蛄而可引螻蟈乎？孟夏螻蟈鳴。螻，螻蛄；蟈，鼃也。"清錢繹《方言箋疏》云："螻蛄疊韻，字轉言之，則爲螻蜮。螻蜮與螻蟈同。"或是，今從之。參見"螻蛄"文。

【螻蜮】

即蛞螻。此稱三國時期已行用。見該文。

【括螻】

同"蛞螻"。即螻蛄。此體唐代已行用。見該文。

【炙鼠】

即螻蛄。《廣雅·釋蟲》："炙鼠，螻蛄也。"清王念孫疏證："炙鼠，蘇頌《本草圖經》引作'碩鼠'。炙、碩聲相近也……字一作石，一作鼫。"按，據此，炙鼠亦作"石鼠""鼫鼠"，并爲螻蛄之异稱。且《本草圖經》以爲，《易·晋》所云碩鼠、《荀子》所云梧鼠，亦爲螻蛄之异稱。然後世對此有异議。如宋羅願以爲《荀子》梧鼠、《説文》鼫鼠與《古今注》鼫鼠，三者不同。明代李時珍以爲石鼠、梧鼠爲螻蛄，而碩鼠非是。清郝懿行《爾雅義疏》則云："《廣雅》炙鼠不謂碩鼠，《詩》言碩鼠又非螻蛄，《本草》螻蛄亦無鼫鼠之名，此皆誤耳。"今并存其疑。參見"螻蛄"文。

【碩鼠】

即螻蛄。此稱三國時期已行用。見該文。

【寒吟蟲】

即螻蛄。《文選·古詩十九首》之十六："凜凜歲雲暮，螻蛄夕鳴悲。"唐張銑注："螻蛄，寒吟蟲也。"亦稱"偷火蟲"。《事物異名録·昆蟲部》引《本草》："螻蛄夜求食，能含燈火而走，俗呼爲偷火蟲。"參見"螻蛄"文。

【偷火蟲】

即寒吟蟲。螻蛄之别稱。此稱清代已行用。見該文。

【盧鈎】

"螻蛄"之擬人名稱謂。據《續異志》載：晋義熙中，施子然夜宿田頭，有一人來訪，自稱姓盧名鈎。後掘田埂，見一螻蛄特大，乃悟來客盧鈎即螻蛄。後因稱螻蛄爲盧鈎。參見"螻蛄"文。

莎鷄

昆蟲名。常見者爲直翅目螽斯科紡織娘（*Mecopoda elongata* Linn.）。長約二寸，緑色或褐色。頭小，觸角細長。翅膜質，長達尾端。後肢長大，善於跳躍。雄蟲具發音器，夜則鳴響，聲如織機。栖於草叢中，可供籠養。《詩·豳風·七月》："五月斯螽動股，六月莎雞振羽。"亦稱"絡緯"。漢無名氏《古八變歌》：

莎　鷄

（清王概等《芥子園畫譜》）

"枯桑鳴中林，絡緯響空堦。"亦稱"絡絲蟲"。唐白居易《秋寄微之十二韻》："饑啼春谷鳥，寒怨絡絲蟲。"宋代亦稱"梭雞"，俗稱"絡絲娘"。《爾雅翼·釋蟲》：

絡　緯
（馬駘《馬駘畫寶》）

"莎雞……率以六月振翅作聲，連夜扎扎不止，其聲如紡絲之聲，故一名梭雞，一名絡緯，今俗人謂之絡絲娘。"

【絡緯】

即莎雞。此稱漢代已行用。見該文。

【絡絲蟲】

即莎雞。此稱唐代已行用。見該文。

【梭雞】

即莎雞。此稱宋代已行用。見該文。

【絡絲娘】

即莎雞。此稱宋代已行用。見該文。

蝻

蝗類幼蟲之統稱。形似成蟲而小，頭大，僅有翅芽，常成群食害農作物。亦稱"蝝"。《國語·魯語上》："蟲舍蚳蝝，蕃庶物也。"《文選·張衡〈西京賦〉》："攫胎拾卵，蚳蝝盡取。"李周翰注："蝝，蝗子。"《太平廣記》卷四七九引《玉堂閒話》："晉天福之末，天下大蝗……其蝻之盛也，流引無數。"亦稱"蝻蟲"。宋晁補之《閻子常携琴入村》詩："芸芸麥田翻黃波，蝻蟲盤穗如蝸螺。"宋梅堯臣《正仲見贈依韻和答》："鳳皇五色毛，曷羨未翅蝻。"亦稱"蝮蜪子"。《爾雅·釋蟲》"蝝"清郝懿行義疏："今呼蝝爲蝮蜪子。"

【蝝】[1]

即蝻。此稱秦漢時期已行用。見該文。

【蝻蟲】

即蝻。此稱宋代已行用。見該文。

【蝮蜪子】

即蝻。此稱清代已行用。見該文。

【蝮蜪】

即蝻。《爾雅·釋蟲》："蝝，蝮蜪。"晉郭璞注："蝗子未有翅者。"宋邢昺疏："蝝，一名蝮蜪，蝗子未有翅者。"亦作"復陶"。《説文·虫部》："蝝，復陶也。……董仲舒説：蝝，蝗子也。"亦作"蝮蜪"。《國語·魯語上》"蟲舍蚳蝝"三國吳韋昭注："蝝，蝮蜪也，可以食。"宋歐陽修《答謝景山遺古瓦硯歌》："然猶到手不敢取，而使螟蝗生蝮蜪。"參見"蝻"文。

【復陶】

同"蝮蜪"。此體漢代已行用。見該文。

【蝮蜪】

同"蝮蜪"。此體三國時期已行用。見該文。

蟈蟈

昆蟲名。屬螽斯一類。形似蝗，體緑色，頭小腹大，翅短善躍。雄蟲前翅短硬，摩擦即鳴，聲音響亮悦耳，可籠養賞玩。亦作"聒聒"或"聒聒兒"，亦稱"紡綫娘"。明袁宏道《促織志·論似》："有一種似蚱蜢而身肥大，京師人

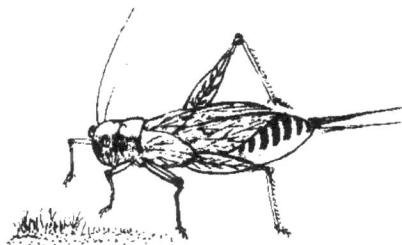

蟈　蟈
（清王概等《芥子園畫譜》）

謂之聒聒，亦捕養之。南人謂之紡綫娘。食瓜花及瓜穰，音聲與促織相似，而清越過之。"明劉侗、于奕正《帝京景物略·胡家村》："有蟲便腹青色，以股躍，以短翼鳴，其聲聒聒……以其聲名之，曰聒聒兒。"俗稱"叫哥哥"。清顧禄《清嘉録》："秋深，籠養蟈蟈，俗呼爲叫哥哥，聽鳴聲爲玩。"清富察敦崇《燕京歲時記·蛐蛐兒聒聒兒油壺盧》："京師五月以後，則有聒聒兒，沿街叫賣，每枚不過一二文。"

【聒聒】

同"蟈蟈"。此體明代已行用。見該文。

【聒聒兒】

同"蟈蟈"。此體明代已行用。見該文。

【紡綫娘】

即蟈蟈。此稱明代已行用。見該文。

【叫哥哥】

"蟈蟈"之俗稱。此稱清代已行用。見該文。

【咬乖】

即蟈蟈。因其性乖覺，被捉時常咬人手，故稱。亦稱"乖子""聒子"或"聒聒"。清蒲松齡《日用俗字·昆蟲》："蚰蜒蚼蚄使脚跟撚，螞蠟咬乖用油烹。"又《聊齋俚曲集·磨難曲》："殺人如切菜，半個不存留。會跳的乖子，看你哪里走。"《爾雅·釋蟲》："草螽，負蠜。"清郝懿行義疏："今驗一種青色善鳴者，登萊人謂之聒子，濟南人謂之聒聒，並音如乖；順天人亦謂之聒聒，音如哥。體青綠色，比蝗矗短，狀類蟋蟀，振翼而鳴，其聲清滑，及至晚秋，鳴聲猶壯。"參見"蟈蟈"文。

【乖子】

即咬乖。此稱清代已行用。見該文。

【聒子】

即咬乖。此稱清代已行用。見該文。

第五節　蟬　考

蟬，甲骨文作"𤴐"，其字象形。"商塦鼎""亞敝鼎"等殷代青銅器上有蟬形紋飾。河南安陽小屯和湖北京山（龍山文化遺址）出土有玉雕蟬。周秦至漢青銅器及古墓出土的玉蟬、石蟬更多。可見蟬爲我國古代認識和研究較早的昆蟲之一。

蟬也是人們非常喜愛的昆蟲之一。繼《詩·小雅·小弁》"菀彼柳斯，鳴蜩嘒嘒"之後，歷代詩文中咏蟬之句不斷，如六朝《夏歌》："林鵲改初調，林中夏蟬鳴。"唐代虞世南《蟬》詩："垂緌飲清露，流響出疏桐。居高聲自遠，非是藉秋風。"宋蘇軾《蟬》詩："蛻形濁污中，羽翼便翾好。"元丁鶴年《畫蟬》詩："飲露身何潔，吟風韻更長。斜陽千萬樹，無處避螳螂。"不僅咏蟬詩衆多，咏蟬賦亦復不少，如魏曹植有《蟬賦》，晋郭璞、梁蕭統各有《蟬贊》，唐蕭穎士有《聽早蟬賦》，宋歐陽修有《鳴蟬賦》。無論詩賦文章，咏蟬者或以鳴蟬比高潔，或以寒蟬喻凄涼，均以蟲寄情、以蟲言志。另據《清異錄》載，唐代已有比賽蟬鳴的社團——仙蟲社，乃有趣的賞蟲民俗。

蟬在現代動物學中屬同翅目，本目昆蟲尚有蚜蟲、飛蝨、蠟蟲、介殼蟲等。體型大小不一，圓至長橢圓形不等，體色多樣。觸角剛毛狀，有些種類爲絲狀。除一對複眼外，通常有兩三個單眼。刺吸式口器，有一個針狀的喙。翅兩對，前翅膜質或革質，静止時傾斜覆蓋在身體兩側，或有缺翅種類。多爲不完全變態。生殖方式不一，有性、無性、卵生、胎生均有。均以植物汁液爲食。

蟬

昆蟲名。爲同翅目多種昆蟲之通稱。種類甚多，一般頭部橫寬，觸角細短，具複眼一對。胸部有四翅六足，翅薄透明，翅脉明顯。腹部分節，雄者有發音器，能連續發聲。幼蟲居土中，幾經蛻皮，一般要在地下生活數年，有的長達十餘年，後羽化爲成蟲。成蟲夏秋間出現，吸食樹汁，壽命二至三周。亦稱"蜩"。《詩·豳風·七月》："五月鳴蜩。"又《大雅·蕩》："如蜩如螗，如沸如羹。"毛亨傳："蜩，蟬也。"《莊子·逍遥游》："蜩與學鳩笑之。"陸德明釋文："蜩，音條。司馬云：蟬。"《荀子·大略》："飲而不食者，蟬也。"南朝梁王籍《入若耶溪》

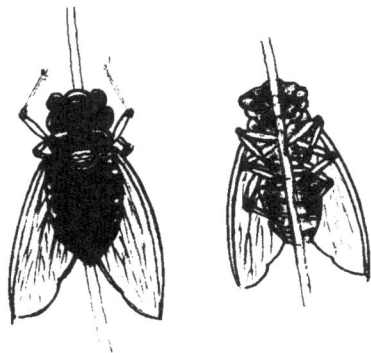

蟬
（清王概等《芥子園畫譜》）

詩："蟬噪林逾静，鳥鳴山更幽。"亦常蜩、蟬聯稱。宋蘇轍《柳湖感物》詩："根如卧地身合抱，仰視不見蜩蟬喧。"明李時珍《本草綱目·蟲三·蚱蟬》：〔集解〕時珍曰：蟬，諸蜩總名也……俱方首廣額，兩翼六足，以脅而鳴，吸風飲露，溺而不糞。"清惲敬《釋螇蚸》："自其蛻言之曰蟬，自其鳴言之曰蜩。"按蟬、蜩有時亦指蟬之最大者——蚱蟬。又，古人以爲蟬由蜣螂或蠐螬所化，實誤。又，蟬之異稱衆多，所指多有歧義。

蜩
（明王圻等《三才圖會》）

【蜩】

即蟬。此稱先秦時期已行用。見該文。

【蜩蟬】

即蟬。此稱宋代已行用。見該文。

【蚗】

同"蜩"。即蟬。《説文·虫部》："蚗，蜩，

或从舟。"段玉裁注:"古周、舟通用。"亦稱
"蛁"。漢揚雄《太玄經·飾》:"蛁鳴喝喝,口自
傷也。"范望注:"蛁,蟬也。"又司馬光集注:
"蛁,與蜩同。"參見"蟬"文。

【蛁】

即蜩。此稱漢代已行用。見該文。

【蜩螗】

即蟬。漢焦贛《易林·謙之解》:"蜩螗歡
喜,草木嘉茂。"晋陸雲《寒蟬賦》:"容麗蜩
螗,聲美宫商。"亦作"蜩螳"。宋范成大《夏
日田園雜興》詩之十二:"蜩螳千萬沸斜陽,蛙
黽無邊聒夜長。"亦稱"蜩蚗"。宋蘇軾《張安
道見示近詩》:"荒林蜩蚗亂,廢沼蛙蟈淫。"參
見"蟬"文。

【蜩螳】

同"蜩螗"。此體宋代已行用。見該文。

【蜩蚗】

即蜩螗。此稱宋代已行用。見該文。

【螇】

即蟬。亦稱"蜩蜋"。《詩·大雅·蕩》"如
蜩如螗"唐孔穎達疏:"《釋蟲》云:蜩蜋,蜩
螗。舍人曰:皆蟬也。方語不同,三輔以西爲
蜩,梁宋以東謂蜩爲螇。"參見"蟬"文。

【蜩蜋】

即蜩螗。此稱漢代已行用。見該文。

【蜻】

即蟬。亦稱"巨蜻"。《方言》第十一:
"〔蟬〕海岱之間謂之蜻。"晋郭璞注:"齊人呼
爲巨蜻。"亦稱"蛣"。《廣雅·釋蟲》:"蜻,蛣,
蟬也。"清王念孫疏證:"蜻、蛣,聲之轉也。"
一説蜻、蛣當連讀作"蛣"。參見"蟬"文。

【蛣】

即蜻。此稱三國時期已行用。見該文。

【巨蜻】

即蜻。此稱晋代已行用。見該文。

【蟭蟟】

即蟬。宋沈括《夢溪筆談·雜誌一》:"蟭蟟
之小而綠色者,北人謂之蟪。"亦稱"蜘蟟"。
《説郛》卷八七引宋陸泳《吴下田家志》:"蜘蟟
蟬叫稻生芒。"亦稱"蛣蟟""蠚蟟""蜘蟟"。《爾
雅·釋蟲》"蜩"清郝懿行義疏:"今黄縣人謂之
蛣蟟,栖霞謂之蠚蟟,順天謂之蜘蟟,皆語聲
之轉也。"按"蛣蟟""蠚蟟""蜘蟟"等,皆"蜘
蟟"之聲轉,蓋蟬類之泛稱,亦特指蟬之大而
黑者,如明郎瑛《七修類稿·氣候集解》:"蜩,
蟬之大而黑色者……雄也能鳴,雌者無聲,今
俗稱蜘蟟是也。"今諧音甚多,如"吉了""知
了""遮了"等。參見"蟬"文。

【蜘蟟】

即蟭蟟。此稱宋代已行用。見該文。

【蛣蟟】

即蟭蟟。此稱清代已行用。見該文。

【蠚蟟】

通"蛣蟟",此稱清代已行用。見該文。

【蜘蟟】

即蟭蟟。此稱清代已行用。見該文。

【齊女】

"蟬"之别稱。相傳蟬爲齊王后所化,故
稱。晋崔豹《古今注·問答釋義》:"牛亨問曰:
'蟬名齊女者何?'答曰:'齊王后忿而死,屍
變爲蟬,登庭樹嘒唳而鳴。王悔恨,故世名蟬
曰齊女也。'"宋羅願《爾雅翼·釋蟲·蜩》:"董
仲舒曰:齊王之后怨王而死,變爲蟬,故名齊

女。”亦稱“齊后”。宋孫奕《履齋示兒編·雜記》：“蟬曰齊后。”一説，齊侯之子螓首蛾眉，人隱其名而稱齊女。明李時珍《本草綱目·蟲三·蚱蟬》：“〔釋名〕時珍曰：崔豹《古今注》言：齊王后怨王而死，化爲蟬，故蟬名齊女。此謬説也。按詩人美莊姜爲齊侯之子，螓首蛾眉。螓亦蟬名，人隱其名，呼爲齊女，義蓋取此。”亦稱“玉女”。清李元《蠕範》卷三：“蟬……齊女也，玉女也。”參見“蟬”文。

【齊后】

即齊女。此稱宋代已行用。見該文。

【玉女】

即齊女。此稱清代已行用。見該文。

【仙蟲】

“蟬”之別稱。亦稱“青林音樂”。宋陶穀《清異録·青林樂》：“唐世京城游手，夏月採蟬貨之，唱曰：‘只賣青林音樂。’婦妾小兒争買，以籠懸窗户間。亦有驗其聲長短爲勝負者，謂之仙蟲社。”按《事物異名録·昆蟲部》引作“青林樂”，或脱“音”字。亦稱“社樂”“音樂”。清李元《蠕範》卷三：“蟬……仙蟲也，社樂也，音樂也。”參見“蟬”文。

【青林音樂】

即仙蟲。此稱宋代已行用。見該文。

【社樂】

即仙蟲。此稱清代已行用。見該文。

【音樂】

“青林音樂”之省稱。即仙蟲。此稱清代已行用。見該文。

【玄蟲】

即蟬。明王志堅《表異録·動物三》：“玄蟲，蟬也。出《子建集》。”《事物異名録·昆蟲部》引《謝華啓秀》作“元蟲”。按，元同“玄”。參見“蟬”文。

【元蟲】

同“玄蟲”。此體清代已行用。見該文。

復育

蟬之幼蟲。亦作“服育”。漢王充《論衡·論死》：“蟬之未蜕也，爲復育；已蜕也，去復育之體，更爲蟬之形。”又《無形》：“蠐螬化爲服育，服育轉化爲蟬。”亦作“蝮蜟”。《廣雅·釋蟲》：“蝮蜟，蜕也。”清王念孫疏證：“蟬之未蜕，則未蜕者爲蝮蜟。及其已蜕，則所蜕者爲蝮蜟，故以蝮蜟爲蜕也。”唐段成式《酉陽雜俎·廣動植之二·蟲篇》：“蟬，未蜕時名復育，相傳言蛣蜣所化。秀才韋翾，莊在杜曲，嘗冬中掘樹根，見復育附於朽處，怪之，村人言蟬固朽木所化也。翾因剖一視之，腹中猶實爛木。”亦作“復蜟”，省稱“蜟”。《廣韻·入屋》：“蜟，復蜟，蟬未退者。”按，古人亦稱蟬蜕爲蝮蜟，參見本卷《蟲豸器官生衍物説·蟲豸器官考》“蟬蜕”文。

【服育】

同“復育”。此體漢代已行用。見該文。

【蝮蜟】 [1]

同“復育”。此體三國時期已行用。見該文。

【復蜟】

同“復育”。此體宋代已行用。見該文。

【蜟】

“復蜟”之省稱。即復育。此稱宋代已行用。見該文。

蚱蟬

蟬之一種。同翅目，蟬科，黑蚱蟬（*Gryptotympana atrata*）。蟬之最大者，長寸許，色黑，有光澤。頭部橫寬，中央嚮下凹陷；複眼淡黃褐色，觸角位其前方。翅透明而有反光，基部黑褐色。雄蟲有鳴器，聲甚響亮。腹部分節，末端略尖。《神農本草經·中品》："蚱蟬，味鹹，寒，

蚱　蟬

（《補遺雷公炮製便覽》）

主小兒驚癇夜啼，癲病寒熱。生楊柳上。"《玉篇·虫部》："蚱蟬，七月生。"宋寇宗奭《本草衍義》卷一七："蚱蟬，夏月身與聲皆大者是，始終一般聲，仍皆乘昏夜方出土中，昇高處，背殼坼，蟬出。"明李時珍《本草綱目·蟲三·蚱蟬》："〔集解〕時珍曰：夏月始鳴，大而色黑者，蚱蟬也。"參見"蟬"文。

【蜩】

即蚱蟬。亦稱"馬蜩""馬蟬""馬蠽蟟"。《爾雅·釋蟲》："蜩，馬蜩。"晉郭璞注："蜩中最大者，爲馬蟬。"清郝懿行義疏："今此蟬呼爲馬蠽蟟，其形龐大而色黑，鳴聲洪壯，都無回曲。"參見"蚱蟬"文。

【馬蜩】

即蜩。此稱秦漢時期已行用。見該文。

【馬蟬】

即蜩。此稱晉代已行用。見該文。

【馬蠽蟟】

即蜩。此稱清代已行用。見該文。

【蚎】

同"蜩"。即蚱蟬。《說文·虫部》："蚎，蚗，蟬屬。"清段玉裁注據《廣韻》改"蚚蚗"爲"蚎蚗"，并云："《玉篇》《廣韻》皆曰'蜩'即'蚎'字。然則許之蚎蚗，即《爾雅》之馬蜩也。"段注或是，今從。亦稱"蟧蜩"。清李元《蠕範》卷三："蚎，蚎蚗也，蟧蜩也，馬蜩也，馬蟬也。大而色黑，五月鳴，聲雄壯，始終一聲。"參見"蚱蟬"文。

【蚎蚗】

即蚎。此稱清代已行用。見該文。

【蟧蜩】

即蚎。此稱清代已行用。見該文。

【蜩】

同"蜩"。即蚱蟬。《廣雅·釋蟲》："蟧，蜩，馬蜩也。"清王念孫疏證："蜩之大者也。"亦稱"蟟""馬蜩"。《集韻·平蕭》："蟟，蟲名，馬蜩也。"參見"蚱蟬"文。

【蟟】

即蜩。此稱宋代已行用。見該文。

【馬蜩】

即蜩。此稱宋代已行用。見該文。

【蟧】

即蚱蟬。《方言》第十一："〔蟬〕其大者謂之蟧，或謂之蜩馬。"晉郭璞注："案《爾雅》云：蜩者，馬蜩。非別名蜩馬也，此《方言》誤耳。"甚是。亦稱"馬蟧"。《廣韻·平蕭》："蟧，馬蟧，大蟬。"參見"蚱蟬"文。

【馬蟧】

即蟧。此稱宋代已行用。見該文。

【蝬】

即蚱蟬。《方言》第十一："〔蟬〕大而黑者謂之蝬。"亦作"蟫"。唐皮日休《太湖詩·孤園寺》："巖邊足鳴蝬，樹杪多飛鷗。"清李元《蠕範》卷三："蟬，蝬也，蜘蟧也。"亦稱"老蝬"。

清翟灝《通俗編·雜字》:"俗謂蟬類之黑而大者曰老蝶也。"一説,蝶爲蟬類泛稱。參見"蚱蟬"文。

【蟼】

同"蝶"。此體唐代已行用。見該文。

【老蝶】

即蝶。此稱清代已行用。見該文。

蟬母

蟬之一種。體較小,二三月間鳴。亦作"寧母"。宋唐慎微《證類本草·蟲魚部·蚱蟬》引南朝梁陶弘景曰:"二月中便鳴者,名蟬母,似寒螿而小。"又引唐陳藏器:"二月鳴者名寧母。"明李時珍《本草綱目·蟲三·蚱蟬》:"〔集解〕時珍曰:二月鳴而小於寒螿者,曰蟬母。"一説泛指蟬類。清李元《蠕範》卷三:"蟬……蟬母也,寧母也。"參見"蟬"文。

【寧母】

同"蟬母"。此體唐代已行用。見該文。

蟓

蟬之一種。體小色緑。方頭廣額,身被彩色花紋,鳴聲如"札札"。《詩·衛風·碩人》:"蟓首蛾眉,巧笑倩兮,美目盼兮。"孔穎達疏:"此蟲額廣而且方。此經手膚領齒舉全物以比之,故言如蟓首蛾眉。"亦稱"蜻蜻"。《方

蟓
（明王圻等《三才圖會》）

言》第十一:"〔蟬〕有文者謂之蜻蜻。"清錢繹箋疏:"蟓與蜻一聲之轉。"亦稱"桑蟲蟓""咨咨"。《爾雅·釋蟲》"蜻蜻"清郝懿行義疏:"蚻蚻象其聲,蜻蜻象其色。今驗此蟬,栖霞人呼桑蟲蟓,順天人呼咨咨,其形短小,方頭廣額,體兼彩文,鳴聲清婉,若咨咨然,與蚻蚻聲相轉也。"一説蟓爲寒蟬。明李蘇《見物》卷五:"八月後蛻者,曰蟼,曰蟓……形甚小,是爲寒蟬。"參見本卷《昆蟲説·蟬考》"蟬"文。

【蜻蜻】

即蟓。此稱漢代已行用。見該文。

【桑蟲蟓】

即蟓。此稱清代已行用。見該文。

【咨咨】

即蟓。此稱清代已行用。見該文。

【蚻】

即蟓。《爾雅·釋蟲》:"蚻,蜻蜻。"晉郭璞注:"如蟬而小,《方言》云:有文者謂之蟓。《夏小正》曰:鳴蚻虎懸。"後據《夏小正》稱蟓爲"蚻虎懸"或"虎懸",未知當否,俟考。亦作"札"。《大戴禮記·夏小正》:"四月鳴札。"唐韓愈、孟郊《征蜀聯句》:"始去杏飛蜂,及歸柳嘶蚻。"按,《廣雅·釋蟲》云:"蛥蚗,蚻也。"清王念孫疏證:"蛥蚗當入下條'蛁蟟也'内,無由得訓爲蚻,上本有二字,而今脱去,蛥蚗二字則又從下文竄入此條耳。"王説甚是。參見"蟓"文。

【札】

同"蚻"。此體漢代已行用。見該文。

【𡭟】

即蟓。指蟓之雌者或蟬之小者。《方言》第十一:"其雌蜻謂之𡭟。"清錢繹箋疏:"𡭟

與蠽並音姊列反，小蟬謂之坐，亦謂之蠽。”
參見“蠽”文。

蟪蛄 2

蟬之一種。同翅目，蟬科，蟪蛄
（*Platypleura kaempferi* Fabr.）。體長半寸許，青
紫色，具黑色條紋，翅有黑斑。夏末秋初鳴叫，
秋即死。《莊子·逍遥游》：“朝菌不知晦朔，蟪
蛄不知春秋。”唐陸德明釋文作“惠蛄”，云：
“司馬云：惠蛄，寒蟬也。”北齊顔之推《稽聖
賦》：“蟪蟧行以其背，蟪蛄鳴非其口。”唐李白
《擬古》詩之八：“蟪蛄啼青松，安見此樹老。”
蟪蛄五六月鳴叫，夏末則死，故常以之喻時間
短暫。如王國維《屈子文學之精神》：“彼等巧
於此類，而善於滑稽，故言大則有若北溟之魚，
語小則有若蝸角之國；語久則大椿冥靈，語短
則蟪蛄朝菌。”按，此蟬秋即死，寒蟬秋則鳴，
二者不同，古人時有混而爲一者，當誤。參見
本卷《昆蟲説·蟬考》“蜺”文。

【惠蛄】

同“蟪蛄”。此體唐代已行用。見該文。

【蛉蛄】

即蟪蛄。《方言》第十一：“〔蛥蚗〕楚謂之
蟪蛄，或謂之蛉蛄。”清錢繹箋疏：“小蟬謂之
蛉蛄，猶小馬車謂之軨，小船謂之舲，小鐘謂
之鈴也。”亦稱“山蟬”。《廣雅·釋蟲》“蟪蛄，
蛉蛄”清王念孫疏證：“〔晉〕崔譔注云：蛁蟧
也，或曰山蟬，秋鳴者不及春，春鳴者不及
秋。”參見“蟪蛄”文。

【山蟬】

即蛉蛄。此稱晉代已行用。見該文。

【蜓蚞】

即蟪蛄。《爾雅·釋蟲》：“蜓蚞，蝭蟧。”晋

郭璞注：“即蟪蟧也。一名蟪蛄，齊人呼蝭蟧。”
《方言》第十一：“蛥蚗……或謂之蜓蚞。”亦作
“蝏蚞”。清李元《蠕範》卷三：“螿……蟪蛄
也，蝏蚞也，蝭蟧也，蟪蟧也。”按，李氏以此
與寒螿爲一類，當誤。又蜓蚞或有誤作“蜓蚞”
者。參見“蟪蛄”文。

【蝏蚞】

同“蜓蚞”。此體清代已行用。見該文。

【蝭蟧】

即蟪蛄。《爾雅·釋蟲》：“蜓蚞，蝭蟧。”晋
郭璞注：“即蟪蟧也。一名蟪蛄，齊人呼蝭蟧。”
亦作“蝭鹿”。《説文·虫部》：“蝭，蝭鹿，蛁
蟧也。”或單稱“蝭”。漢桓寬《鹽鐵論·散不
足》：“諸生獨不見季夏之蝭乎？音聲入耳，秋
風至而無聲。”宋梅堯臣《依韻吳冲卿秋蟲》：
“繁鳴雜蝭蟧，感愴情不皇。”參見“蟪蛄”文。

【蝭】

“蝭蟧”之省稱。此稱漢代已行用。見該文。

【蝭鹿】

同“蝭蟧”。此體漢代已行用。見該文。

【蛥蚗】

即蟪蛄。《方言》第十一：“蛥蚗，齊謂之蝭
蟧；楚謂之蟪蛄，或謂之蛉蛄；秦謂之蛥蚗。”
亦稱“蚗蚗”。《説文·虫部》：“蚗，蚗蚗，蛁蟧
也。”亦作“蚸蚗”。漢王逸《九思·哀歲》：“蚸
蚗兮嘒嘒，蛄蛆兮穰穰。”清李元《蠕範》卷
三：“蛪，蛥蚗也，蚸蚗也。”按，“蛪”疑爲
“蛁”，或爲李氏一家之言。參見“蟪蛄”文。

【蚗蚗】

即蛥蚗。此稱漢代已行用。見該文。

【蚸蚗】

同“蚗蚗”。即蛥蚗。此體漢代已行用。見

該文。

【虰蟧】

即蟪蛄。亦稱"嘶蟧"。《方言》第十一："〔蟪蛄〕自關而東謂之虰蟧。"晋郭璞注："江東人呼嘶蟧。"清錢繹箋疏："又江東人呼嘶蟧者，亦蛁蟟之變轉也。注中'嘶'，《初學記》引作'蜆'，宋本作'蟓'，盧本作'蜩'。"亦作"貂蟟"。《淮南子·道應訓》"蟪蛄不知春秋"漢高誘注："蟪蛄，貂蟟也。"亦作"蛁蟟"。《説文·虫部》："蜺，蜺鹿，蛁蟟也。"清段玉裁注改作"蛁寮"，云："寮舊作蟟，許書無此字，淺人增虫耳。"或是。亦作"虰蟟"。晋陸璣《毛詩草木鳥獸蟲魚疏》："虰，一名虰蟟。青徐謂之蜻蟧，楚人謂之蟪蛄。"宋歐陽修《綠竹堂獨飲》詩："前有萬古後萬世，其中一世獨虰蟧。"參見"蟪蛄"文。

【嘶蟧】

即虰蟧。此稱晋代已行用。見該文。

【貂蟟】

同"虰蟧"。此體漢代已行用。見該文。

【蛁蟟】

同"虰蟧"。此體漢代已行用。見該文。

【虰蟟】

同"虰蟧"。此體晋代已行用。見該文。

【蜻蟧】

即蟪蛄。《方言》第十一："〔蟪蛄〕自關而東謂之虰蟧，或謂之蜻蟧。"清錢繹箋疏："虰蟧、蜻蟧、蛁蟟，並聲轉字異，與蚻皆微小之名也。"亦稱"蜻蟭"。《大戴禮記·夏小正》"七月寒蟬鳴"傳曰："寒蟬也者，蜻蟭也。"亦作"蝭蟧"。《廣雅·釋蟲》："蟪蛄，蛉蛄，蝭蟧，蛁蟟也。"清王念孫疏證："蜻蟭與蝭蟧同，蛁蟟之轉聲也。"一説，蜻蟧非蟪蛄，乃蟬之另一種。清惲敬《釋蟪蛄》："蜻蟧居木，似馬蜩而差小，黑黄色，其鳴自呼曰蜻蟧，夏蟬也，非蟪蛄也。"或是。參見"蟪蛄"文。

【蜻蟭】

同"蜻蟧"。此體漢代已行用。見該文。

【蝭蟧】

同"蜻蟧"。此體三國時期已行用。見該文。

【德勞】

即蟪蛄。亦稱"都盧""都蟟""夫爹夫娘"。《爾雅·釋蟲》"蜓蚞，螇螰"清郝懿行義疏："今東齊人謂之德勞，或謂之都盧，揚州人謂之都蟟，皆蜓蚞、螇螰之語聲相轉。其不同者，方音有輕重耳。"陶注《本草》云：七月八月鳴者，名蛁蟟，色青。按今德勞正以七月鳴，其鳴自呼，其色青碧。形小修長，順天人謂之夫爹夫娘者也。"參見"蟪蛄"文。

【都盧】

即德勞。此稱清代已行用。見該文。

【都蟟】

即德勞。此稱清代已行用。見該文。

【夫爹夫娘】

即德勞。此稱清代已行用。見該文。

蟧

蟬之一種。體較蚱蟬略小，頭方廣，有花冠，背部青緑色，鳴聲清亮。亦稱"蟧蜩""蟧蛦"。《爾雅·釋蟲》"蟧蜩"晋郭璞注："江南謂之蟧蛦。"清郝懿行義疏："按今蟧蜩小於馬蜩，背青緑色，頭有花冠，喜鳴，其聲清圓，若言'烏友烏友'。"蟧蜩，《夏小正》作"唐蜩"；蟧蛦，《方言》晋郭璞注作"蟧蛦"。蓋唐同蟧，蛦同蜩。參見本卷《昆蟲説·蟬考》"蟬"文。

【蟷蜩】

即蟷。此稱秦漢時期已行用。見該文。

【蟷蛦】

即蟷蛦。此稱晋代已行用。見該文。

【唐蜩】

同"蟷蜩"。即蟷。此體漢代已行用。見該文。

【蟷蛦】

同"蟷"。即蟷。此體晋代已行用。見該文。

【蟨】

即蟷。《詩・大雅・蕩》"如蜩如螗"漢毛亨傳："螗，蟨也。"《爾雅・釋蟲》"蜩蟷"晋郭璞注："《夏小正傳》曰：蟷蜩者，蟨。"按，《大戴禮記・夏小正傳》本作"匽"。亦稱"蟨蚼"。明楊慎《升庵經説・大戴禮記夏小正・鳩爲鷹唐蜩鳴》："按，《爾雅》當作'蟷蜩'，匽也，一名蟨蚼。"清杭世駿《續方言》卷下："螗，一名蟨蚼。"清李元《蠕範》卷三："蟨，蟷蜩也⋯⋯蟷蛦也。首方廣，有一角如花冠，黄碧色，五月鳴，聲清越。"參見"蟷"文。

【匽】

同"蟨"。即蟷。此稱秦漢時期已行用。見該文。

【蟨蚼】

即蟨。此稱明代已行用。見該文。

【胡蟬】

即蟷。《方言》第十一"宋衛之間謂之蟷蜩"晋郭璞注："今胡蟬也，似蟬而小，鳴聲清亮，江南呼蟷蛦。"參見"蟷"文。

良蜩

蟬之一種。體較小，色青緑，身具五彩斑紋，最先鳴，鳴聲清亮，不能至秋。《大戴禮記・夏小正傳》："五月良蜩鳴。良蜩者，五采具。"亦作"蜋蜩"《爾雅・釋蟲》："蜩，蜋蜩。"晋郭璞注："《夏小正傳》曰：蜋蜩者，五采具。"明李時珍《本草綱目・蟲部・蚱蟬》："〔集解〕時珍曰：具五色者，曰蜋蜩，見《夏小正》。"俗稱"時蠮"。《方言》第十一"蟬"清錢繹箋疏："今按蟬有大、小二種⋯⋯小者俗名時蠮，生蘆葦間，色青緑，最先鳴，聲甚清亮，惟不甚長聲，與大蟬絶異，亦不能至秋，殆即《夏小正》所謂五月良蜩鳴。"參見本卷《昆蟲説・蟬考》"蟬"文。

【蜋蜩】

同"良蜩"。此體漢代已行用。見該文。

【時蠮】

即良蜩。此稱清代已行用。見該文。

蜺

蟬之一種。體較小，色青赤，深秋始鳴，聲悽急。亦稱"寒蜩"。《爾雅・釋蟲》："蜺，寒蜩。"晋郭璞注："似蟬而小，青赤。"亦稱"寒蟬"。《禮記・月令》"〔孟秋之月〕寒蟬鳴"漢鄭玄注："寒蟬，寒蜩，謂蜺。"三國魏曹植《贈白馬王彪》詩："秋風發微凉，寒蟬鳴我側。"唐李善注引蔡邕《月令章句》："寒蟬應陰而鳴，鳴則天凉，故謂之寒蟬也。"宋歐陽修《自岐江山行至平陸驛五言二十四韻》："山鳥囀成歌，寒蜩嘒如更。"參見本卷《昆蟲説・蟬考》"蟬"文。

【寒蜩】

即蜺。此稱漢代已行用。見該文。

【寒蟬】

即蜺。此稱漢代已行用。見該文。

【寒螿】

即蜺。《淮南子·説林訓》："狐死首丘，寒螿翔水。"《爾雅·釋蟲》"蜺"晋郭璞注："寒螿也。"宋唐慎微《證類本草·蟲魚部·蚱蟬》引陶弘景曰："《離騷》云：'螻蛄鳴兮啾啾，歲暮兮不自聊。'此乃寒螿爾，九月十月中鳴，甚悽急。"亦單稱"螿"。唐元稹《夜池》詩："滿池明月思啼螿，高屋無人風張幕。"《唐韻·平精》："螿，寒螿，蟬屬。"清李元《蠕範》卷三："螿，蜺也，蟪也，寒螿也，寒蜩也，寒蟬也。"參見"蜺"文。

【螿】

"寒螿"之省稱。此稱唐代已行用。見該文。

【蟪】

即蜺。此蟬初不發音，至深秋得風乃鳴，故亦稱"瘖蜩"。《方言》第十一："蟪謂之寒蜩。寒蜩，瘖蜩也。""瘖"亦作"闇"。《廣雅·釋蟲》："闇蜩，蟪也。"清王念孫疏證："闇與瘖同，蟪之爲言猶瘖也。"亦稱"啞蟬"。《埤雅·釋蟲》："寒蜩，即今啞蟬。啞蟬初瘖，乃得寒露冷風乃鳴。"亦稱"瘖蟬"。明李時珍《本草綱目·蟲三·蚱蟬》："〔集解〕時珍曰："未得秋風，則瘖不能鳴，謂之啞蟬，亦曰瘖蟬。"亦作"闇蟬"。《駢雅·釋蟲》："闇蟬，瘖蟬也。"一説此蟬能鳴，不當曰瘖。按，言瘖者，據其未得秋風，不鳴似瘖；言鳴者，據其秋風初至，方始有聲。如清郝懿行所謂：《月令》記其鳴，而《方言》謂之瘖，各有當也。"參見"蜺"文。

【瘖蜩】

即蟪。此稱漢代已行用。見該文。

【闇蜩】

同"瘖蜩"。即蟪。此體三國時期已行用。見該文。

【啞蟬】

即蟪。此稱宋代已行用。見該文。

【瘖蟬】

即蟪。此稱明代已行用。見該文。

【闇蟬】

同"瘖蟬"。即蟪。此體清代已行用。見該文。

【青蟬】

即蜺。亦稱"寒蟬子"。《方言》第十一"瘖蜩"清錢繹箋疏："高誘《淮南子》注云：寒蟬，青蟬也。蟲陰類，感氣鳴也。蓋此蟬不鳴於夏，因有瘖蜩之名。至立秋陰氣鼓動，乃應候而鳴，故復號爲寒蟬。今池歙間人呼秋蟬爲寒蟬子，蟬之爲言，猶瘖也。"參見"蜺"文。

【寒蟬子】

即青蟬。此稱清代已行用。見該文。

【秋蟬】

即蜺。《列子·仲尼》："臣之力能折春螽之股，堪秋蟬之翼。"亦稱"秋蜩"。漢王褒《洞簫賦》："秋蜩不食，抱樸而長吟兮；玄猨悲嘯，搜索乎其間。"亦稱"凉蟬"。南朝陳江總

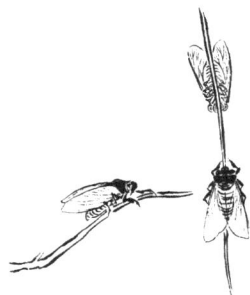

秋　蟬
（馬駘《馬駘畫寶》）

《明慶寺》詩："山階步皎月，澗户聽凉蟬。"亦稱"晚蟬"。唐杜甫《秋日夔府咏懷奉寄鄭監李賓客一百韻》："局促看秋燕，蕭疏聽晚蟬。"亦

稱"殘蜩"。元周伯琦《初秋同楊國賢太監耀珠巴戩少監子貞監丞暨僚屬重泛湖游西山》詩："菰蒲漾藻影，柳槐咽殘蜩。"參見"蜺"文。

【秋蜩】

即秋蟬。此稱漢代已行用。見該文。

【涼蟬】

即秋蟬。此稱南北朝時期已行用。見該文。

【晚蟬】

即秋蟬。此稱唐代已行用。見該文。

【殘蜩】

即秋蟬。此稱元代已行用。見該文。

【都了】

即蜺。明郎瑛《七修類稿・氣候集解》："鳴於秋者曰寒蜩，即寒螿也。今秋初夕陽之際，小而綠色，聲急疾者，俗稱都了是也。"參見"蜺"文。

蠽

蟬之一種。體小，色青綠，善鳴於草梢。亦稱"茅蜩"。《爾雅・釋蟲》："蠽，茅蜩。"晋郭璞注："似蟬而小，青色。"清郝懿行義疏："今此蟬形尤小，好鳴於草梢也。"《說文・虫部》："蠽，小蟬蜩也。"清段玉裁注："謂蟬之小者也。"茅蜩亦作"蓋蜩"，亦稱"蜩蟧"。《方言》第十一："蜩蟧謂之蓋蜩。"宋宋祁《宋景文公筆記・雜說》："倉庚鳴春，蟋蟀吟夏，蜩蟧唱秋，螿子戰陰，非有命之者，氣自動耳。"參見本卷《昆蟲說・蟬考》"蟬"文。

【茅蜩】

即蠽。此稱秦漢時期已行用。見該文。

【蓋蜩】

同"茅蜩"。即蠽。此體漢代已行用。見該文。

【蜩蟧】

即蠽。此稱漢代已行用。見該文。

【麥蚻】

即蠽。亦稱"麥蠽""蓋蠽"。《方言》第十一："〔蟬〕其小者謂之麥蚻。"晋郭璞注："如蟬而小，青色。今關西呼麥蠽。"又"蓋蜩"注："江東呼爲蓋蠽也。"按，"蓋蠽"乃"麥蠽"聲轉，亦作"茅截""蓋蜇"。《爾雅・釋蟲》"蠽"晋郭璞注："江東呼爲茅截。"清郝懿行義疏："麥蠽即蓋蠽，麥、蓋聲亦相轉。"《龍龕手鑑・虫部》："蠽，蓋蠽，似蟬而小。"又作"茅蜇"。明李時珍《本草綱目・蟲三・蚱蟬》："〔集解〕時珍曰：小而色青綠者，曰茅蜩，曰茅蜇。"參見"蠽"文。

【麥蠽】

即麥蚻。此稱晋代已行用。見該文。

【蓋蠽】

即麥蚻。此稱晋代已行用。見該文。

【茅截】

同"蠽"。即麥蚻。此體晋代已行用。見該文。

【蓋蜇】

同"蠽"。即麥蚻。此體宋代已行用。見該文。

【茅蜇】

同"蠽"。即麥蚻。此體明代已行用。見該文。

樗鷄

昆蟲名。同翅目，蟬科，紅娘子（*Huechys sanguinea* De Geer）。形似蟬而小，體長半寸餘，頭及胸部黑色，唇基朱紅色。觸角短小，複眼較大。胸背兩側各有一個朱紅色斑塊。翅

二對，草質，前翅色
黑，後翅色褐。足三
對，黑褐色，健壯。
腹部血紅色，基部黑
色。雄蟲有鳴器，雌
蟲有産卵管。栖息於
樹叢中，不能高飛。

樗　鷄
（《補遺雷公炮製便覽》）

入中藥。《神農本草
經·中品》："樗鷄，味苦平。主心腹邪氣，陰
痿，益精强志，生子好色，補中輕身。"亦稱
"紅娘子"。宋唐慎微《證類本草·蟲魚部·樗
鷄》引《本草圖經》："今在樗木上者，人呼爲
紅娘子，頭翅皆赤，乃如舊説。"亦稱"灰花
蛾"。明李時珍《本草綱目·蟲二·樗鷄》："〔釋
名〕時珍曰：其鳴以時，故得鷄名。《廣雅》
作樗鳩，《廣志》作𪆰鷄，皆訛矣。其羽文
綵，故俗呼紅娘子、灰花蛾云。〔集解〕時珍
曰：此物初生，頭方而扁，尖喙向下，六足重
翼，黑色。及長則能飛，外翼灰黃有斑點，内
翅五色相間。其居樹上，布置成行。秋深生子
在樗皮上。"按，樗鷄古人或誤爲莎鷄，現俗
稱"紅蟬""紅姑娘"等。

【紅娘子】

即樗鷄。此稱宋代已行用。見該文。

【灰花蛾】

即樗鷄。此稱明代已行用。見該文。

蠟蟲

昆蟲名。屬同翅目蚧科。常見者如白蠟蚧
（*Ericerus pela* Chavannes）形小如蝨，初則爲
白色，老則變赤黑。雌蟲橢圓形，體表褐色，
有黑斑點，無翅。雄蟲與雌蟲同色，初孵時亦
與雌蟲形似，唯足粗大，且腹部有硬棘及泌蠟

孔。雄幼蟲於樹上分泌白色蠟質，即蟲白蠟。
寄生於白蠟樹或女貞樹上。明盧之頤《本草乘
雅半偈·蟲白蠟》："蟲白蠟，蠟蟲營造女貞木上
者也。出川、滇、衡、永者力勝。"省稱"蠟"，
亦稱"寄蟲"。清李元《蠕範》卷四："蠟，寄
蟲也。如蟻白色，老則赤黑，結繭於枝上，初
若黍米，春則漸長如卵，紫赤色，每包數百子。
立夏前後，取子裹女貞枝上，半月化出。"參閱
明李時珍《本草綱目·蟲一·蟲白蠟》。

【蠟】[1]

"蠟蟲"之省稱。此稱清代已行用。見該文。

【寄蟲】

即蠟蟲。此稱清代已行用。見該文。

竹蝨

生於竹葉或草木
上之小蟲。屬同翅目
蚧科。色蒼灰，喜群
聚。因其體小如蝨，
故稱。宋蘇軾《仇池
筆記·戒殺》："竹蝨
初如塗粉竹葉上，久
乃能動，百千爲曹，
無非佛子。"亦稱

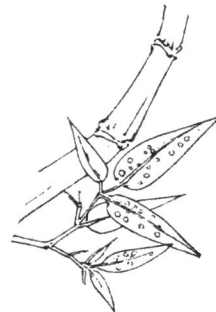

竹　蝨
（明李時珍《本草綱目》）

"竹佛子""天厭子"。明李時珍《本草綱目·蟲
三·竹蝨》："〔釋名〕竹佛子，天厭子。〔集解〕
時珍曰：竹蝨生諸竹，及草木上皆有之。初生
如粉點，久便能動，百十成簇，形大如蝨，蒼
灰色。"亦稱"佛子"。清李元《蠕範》卷四：
"蝨有九種……曰竹蝨，佛子也，天厭子也。蒼
灰色，百十爲群，初生如粉點，久便能動。生
竹上，蟲卵所化。"

【竹佛子】

即竹蛊。此稱明代已行用。見該文。

【天厭子】

即竹蛊。此稱明代已行用。見該文。

【佛子】

"竹佛子"之省稱。即竹蛊。此稱清代已行用。見該文。

第六節　蝶、蛾考

鱗翅目昆蟲因翅面上覆有鱗片，故名。包括蝶與蛾兩大類，是昆蟲綱中僅次於鞘翅目的第二個大目。全世界種類已知約二十萬種，其中蝶類約占百分之十；我國已知約八千種，其中蝶類一千三百種左右。本目昆蟲具虹吸式口器，長而伸縮自如。觸角多節，變化較大，呈棒狀、絲狀、羽狀、櫛狀或齒狀不等。複眼發達，單眼兩個或無。前胸小，中胸發達，具一對肩板。翅兩對，膜質，具翅脉，一般前大於後，翅面因密被鱗而形成不同顏色和形狀的斑紋。足細長，跗節五。腹部圓筒形或紡錘形。完全變態。卵形常呈圓球形、扁形或饅頭形，表面常有精細的刻紋。幼蟲長圓形、柔軟，觸角短，具六對單眼，三對胸足，五對腹足。幼蟲老熟後變爲被蛹。幼蟲期以植物葉、莖、根等爲食，成蟲後一般不爲害植物。

蝶與蛾的主要區別是：蝶類觸角呈棒狀，末端膨大，蛾類觸角多變，末端不膨大；蝶類腹部纖細，蛾類腹多粗壯；静止時，蝶類雙翅竪立，蛾類雙翅平展；蝶類一般於白天活動，蛾類多在夜間活動，并多具趨光性。

蝶類色彩斑斕，又常翩翩起舞，頗受人喜愛，爲觀賞昆蟲。在我國古代，咏蝶、賞蝶詩文歌賦多不勝計。蛾之種類、數量衆多，其中亦頗多具觀賞性者。然與人類最爲密切者，當屬蠶蛾幼蟲——蠶。蠶的家化對人類歷史的發展具有重要意義。

蝶

昆蟲名。鱗翅目、錘角亞目昆蟲之通稱。種類繁多，分屬於弄蝶、鳳蝶、絹蝶、粉蝶、蛺蝶、斑蝶等科，我國可見千餘種。蟲體分頭、胸、腹三部，大小因種類而异。身被各色鱗片和叢毛，形成種種花斑。頭部有錘狀或棍棒狀觸角一對，口器特化成虹吸式喙。胸部有足三對，翅兩對。翅闊而大，具顏色美麗之花紋，静止時竪於背部。腹部瘦長，無足。完全變態，幼蟲稱爲蜆。喜於花間草叢中飛行，吸食花蜜，對植物多有危害。又作"蜨"，亦稱"蛺蜨"。《説文·虫部》："蜨，蛺蜨也。"清段玉裁注："俗作蝶。"晋葛洪《抱朴子外篇·官理》："髫孺背千金而逐蛺蜨，越人棄八珍而甘蟕蠵。"蛺蜨亦作"蛺蝶"，亦稱"野蛾""風蝶""撻末"。晋崔豹《古今注·魚蟲》："蛺蝶，一名野蛾，一名風蝶，江東呼爲撻末，色白背青者是也。"南朝齊謝朓《和王主簿季哲怨情》詩："花叢亂數蝶，風簾入雙燕。"唐杜甫《曲江二首》之二："穿花蛺蝶深深見，點水蜻蜓款款飛。"又《行次古城店泛江作不揆鄙拙奉呈江陵幕府諸公》詩："風蝶勤依槳，春鷗懶避船。"宋張景修《睡香花》詩："竊花莫撲枝頭蜨，驚覺南窗半夢人。"明李時珍《本草綱目·蟲二·蛺蝶》："〔釋名〕時珍曰：蛺蝶輕薄，夾翅而飛，枼枼然也。〔集解〕時珍曰：蝶，蛾類也。大曰蝶，小曰蛾，其種甚繁，皆四翅有粉。鳳蝶好嗅花香，以鬚代鼻，其交以鼻，交則粉退。"按，古人或以爲蝶由樹葉所化，實誤。

蝶

（明王圻等《三才圖會》）

【蜨】

同"蝶"。此體漢代已行用。多與蛺并稱。見該文。

【蛺蜨】

即蝶。此稱漢代已行用。見該文。

【蛺蝶】

同"蛺蜨"。即蝶。此體晋代已行用，泛指各種蝶，今指蝶之一類。見該文。

【野蛾】

即蝶。此稱晋代已行用。見該文。

【風蝶】

即蝶。此稱晋代已行用。見該文。

【撻末】

即蝶。古江東語。見該文。

【胡蝶】

即蝶。《莊子·齊物論》："昔者莊周夢爲胡蝶，栩栩然胡蝶也。"後因以"莊蝶"稱胡蝶。唐盧肇《湖南觀雙柘枝舞賦》："帽瑩隨蛇，熠熠芝蘭之露；裙翻莊蝶，翩翩獵蕙之風。"唐代亦作"蝴蝶"，沿稱至今。唐韓偓《士林紀實》："謝蝴蝶……佳句云：'狂隨柳絮有時見，飛入梨花無處尋。'"唐段成式《酉陽雜俎·廣動植之二·蟲篇》："工部員外郎張周封言，百合花合之，泥其隙，經宿化爲大蝴蝶。"亦作"胡蜨"。宋蘇軾《作書寄王晋卿忽憶前年寒食北城之游走筆爲此詩》："北城寒食煙火微，落花胡蜨作團飛。"明李時珍《本草綱目·蟲二·蛺蝶》："〔釋名〕時珍曰：蝶美於鬚，蛾美於眉，故又名蝴蝶，俗謂鬚爲胡也。〔發明〕時珍曰：蝴蝶古方無用者，惟《普濟方》載此方治脱肛，亦不知用何等蝶也。"《字彙·虫部》："蝴，蝴蝶。古惟單'胡'字，後人加'虫'。"參見"蝶"文。

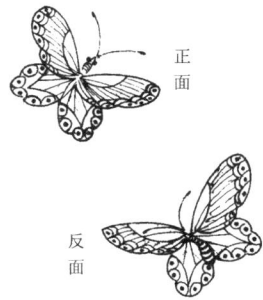

正面
反面
蝴　蝶

（清王概等《芥子園畫譜》）

【蝴蝶】[2]

同"胡蝶"。此體唐代已行用，達於今。見該文。

【胡蜨】

同"胡蝶"。此體宋代已行用。見該文。

【莊蝶】

即胡蝶。莊周曾夢爲蝶，後因稱蝶爲"莊蝶"。見該文。

【蛺蚨】

即蝶。《廣雅·釋蟲》："蛺蝶，蛺蚨也。"清王念孫疏證："蜨與蝶同。"亦稱"春駒"。《說郛》卷三一引《採蘭雜志》："蛺蝶，一名春駒。"亦稱"蜮蝶"。明李時珍《本草綱目·蟲二·蛺蝶》："〔釋名〕蜮蝶，蝴蝶。"《事物異名錄·昆蟲部》引《正字通》作"蜮蜨"。參見"蝶"文。

【春駒】

即蛺蚨。此稱宋代已行用。見該文。

【蜮蝶】

即蛺蚨。此稱明代已行用。見該文。

【蜮蜨】

同"蜮蝶"。即蛺蚨。此體清代已行用。見該文。

【武帝侍從】

即蝶。明陳繼儒《珍珠船》卷一："梁山有漢武帝廟，至今有祭者。往往有一二百蝴蝶降祠所，享其食，近之不吉，徹饌後群去，時謂'武帝侍從'，捉之者病。"參見"蝶"文。

【韓蝶】

即蝶。據《太平寰宇記·河南道十四·濟州》"韓憑冢"引晉干寶《搜神記》載：宋康王奪去舍人韓憑之妻，韓憑被拘役而死。其妻暗中將衣毀爛，在同康王登臺時，跳臺自盡，"左右攬之，著手化爲蝶"。後因稱蝴蝶爲"韓蝶"。唐李商隱《蠅蝶雞麝鸞鳳等成篇》詩："韓蝶翻羅幙，曹蠅拂綺窗。"參見"蝶"文。

【花賊】

即蝶。因其繞花而飛，取食花粉，故稱。亦稱"玉腰奴"。宋陶穀《清異錄·蟲》："溫庭筠嘗得一句云：'蜜官金翼使'，遍示知識，無人可屬。久之自聯其下曰：'花賊玉腰奴。'予以爲道盡蜂、蝶。"參見"蝶"文。

【玉腰奴】

即花賊。此稱唐代已行用。見該文。

粉蝶

粉蝶屬粉蝶種昆蟲（*Pieris* spp.）之泛稱。體小色白，翅有白粉，故稱粉蝶，亦稱"白蛺蝶"。唐李商隱《蜂》詩："青陵粉蝶休離恨，長定相逢二月中。"《古今小說·宋四公大鬧禁魂張》："枝上子規啼夜月，花間粉蝶宿芳叢。"唐段成式《酉陽雜俎·廣動植之二·蟲篇》："白蛺蝶，尺蠖繭所化也。"亦稱"粉翅""小粉"。宋蘇轍《萬蝶花》詩："誰唱殘春蝶戀花，一團粉翅壓枝斜。"宋晏幾道《留春令》詞："小粉多情怨花飛，仔細把、殘春看。"

【白蛺蝶】

即粉蝶。此稱唐代已行用。見該文。

【粉翅】

即粉蝶。此稱宋代已行用。見該文。

【小粉】

即粉蝶。此稱宋代已行用。見該文。

綵蝶

彩色之蝶。綵，同"彩"。李顯《立春日游苑迎春》詩："綵蝶黃鶯未歌舞，梅香柳色已矜夸。"亦稱"多花蝶",或省稱"花蝶"。宋范成大《秋日田園雜興十二絶》:"橘蠹如蠶入化機,枝間垂繭似裹衣。忽然蜕作多花蝶,翅粉纔乾便學飛。"又《上元紀吴下節物排諧體三十二韻》:"桑蠶春繭動,花蝶夜蛾迎。"《淵鑑類函·蟲豸部·蝶》:"〔增〕《舊志》云:(羅浮)山有蝴蝶洞,在雲峰岩下,古木叢生,四時出綵蝶,世傳葛仙遺衣所化。"

【多花蝶】

即綵蝶。此稱宋代已行用。見該文。

【花蝶】

即綵蝶。此稱宋代已行用。見該文。

黑蛺蝶

蝶之一種。大如蝙蝠,以其色黑,故稱。亦稱"玄武蟬"。宋范成大《桂海虞衡志·志蟲魚》:"黑蛺蝶,大如蝙蝠,橘蠹所化。北人或名玄武蟬。"《淵鑑類函·蟲豸部·蝶》〔增〕引作"真武蝶"。又《事物異名録·昆蟲部·蝶》引《珍珠船》作"元武蟬"。按,玄爲本字,因避諱而改爲"真""元"。宋范成大《桂海虞衡志·志蟲魚》以爲"黑蛺蝶"乃"橘蠹所化",非是。

【玄武蟬】

即黑蛺蝶。此稱宋代已行用。見該文。

【真武蟬】

即黑蛺蝶。此稱清代已行用。見該文。

【元武蟬】

同"玄武蟬"。即黑蛺蝶。此體行於清代。見該文。

【鳳子】

即黑蛺蝶。亦稱"鳳車""鬼車"。晋崔豹《古今注·魚蟲》:"〔蛺蝶〕其大如蝙蝠者,或黑色,或青斑,名爲鳳子,一名鳳車,一名鬼車。生江南柑橘園中。"唐韓偓《深院》詩:"鵝兒唼啑梔黄嘴,鳳子輕盈膩粉腰。"參見"黑蛺蝶"文。

【鳳車】

即鳳子。此稱晋代已行用。見該文。

【鬼車】

即鳳子。此稱晋代已行用。見該文。

鬼蛺蝶

蝶之一種。大如扇,具四翅。宋范成大《桂海虞衡志·志蟲魚》:"鬼蛺蝶,大如扇,四翅,好飛荔枝上。"

媚蝶

生於鶴子草上之蝶。鶴子草爲媚草,故此蝶稱媚蝶。晋嵇含《南方草木狀》卷上:"鶴草蔓生……上有蟲,老蜕爲蝶,赤黄色,女子藏之,謂之媚蝶,能致其夫憐愛。"亦稱"細蝶"。《廣群芳譜》:"鶴子草,蔓花也,當夏開,南人云是媚草,甚神。可比懷子、夢芝,採入曝乾,以代面靨,形如飛鶴狀,翅羽嘴距,無不畢備,亦草之奇者。草蔓延,春生雙蟲,常食其葉,土人收於奩粉間,飼之如養蠶。諸蟲老,不食而蜕爲蝶。女子佩之如細鳥皮,號爲細蝶。"按,段書載"細鳥"乃勒畢國所獻,服其皮者多爲丈夫所媚。

【細蝶】

即媚蝶。此稱明代已行用。見該文。

蜆

蝶類幼蟲之通稱。長寸許,身黑首赤。因常以絲懸於草木枝葉及屋壁間,故又名"縊女"。《爾雅·釋蟲》:"蜆,縊女。"晋郭璞注:"小黑蟲,赤頭,喜自經死,故曰縊女。"清郝懿行義疏：“《御覽》九四八引孫炎曰：‘小黑蟲，赤頭，三輔謂之縊女。此蟲多，民多縊死。’又引《異苑》云：‘蜆，長寸許，頭赤身黑，恒吐絲自懸。’按今此蟲吐絲自裹，望如披簑，形似自懸，而非真死，舊說殊未了也。”漢焦贛《易林·井之隨》：“蜆見不祥，禍起我鄉。”亦稱“蓑衣蟲”。清朱駿聲《説文通訓定聲·乾部》：“〔蜆〕按即今蘇俗所謂蓑衣蟲也。吐絲自裹，有時而懸，非真死。”清姚鼐《銷暑》詩：“風絲垂縊女，雨蔓長牽牛。”

【縊女】

即蜆。此稱秦漢時期已行用。見該文。

【蓑衣蟲】[1]

即蜆。此稱清代已行用。見該文。

避債蟲

生於石榴樹上之蟲。長半寸許，能負繭而行。《爾雅翼·釋蟲》：“今石榴上復有一種，聚短梗半寸以來，周圍植之以自裹，行則負以自隨，亦化蛹其中，俗呼避債蟲。”按，清郝懿行以爲此乃蜆也，即縊女。説見《爾雅義疏·釋蟲》，或是。參見本卷《昆蟲説·蝶、蛾考》“蜆”文。

鴝掇

蝶所化之蟲。《莊子·至樂》：“蝴蝶，胥也。化而爲蟲，生於竈下，其狀若脱，其名爲鴝掇。”唐成玄英疏：“鴝掇，蟲名。”一説，“蝴蝶，胥也。化而爲蟲”應作“蝴蝶胥也化而爲蟲”，“胥”謂少時也。

懷香蟲

蟲名。鱗翅目，鳳蝶科，金鳳蝶（*Papilio machaon* Linn.）之幼蟲。以其寄生於懷香（即茴香）枝葉間，故名。狀似尺蠖，長約一寸半，淺綠色，有黑色環狀條紋，體表光潔。宋寇宗奭《本草衍義》已載其入藥，謂“治小腸氣甚良”。約至明代始得此名。明李時珍《本草綱目·蟲一·懷香蟲》：“〔集解〕時珍曰：生懷香枝葉中，狀如尺蠖，青色。”現亦稱“茴香蟲”。

飛蛾

昆蟲名。指燈蛾科污燈蛾屬各種昆蟲（*Spilarctia* spp.），常見者如黃腹斑燈蛾（*S. lubricipeda* Lnn.）。體較蠶蛾爲大，全身皆白，前翅散生諸多黑點，腹部亦有黑色斑點。常於夜間飛行，見光即投。亦稱“火花”“慕光”。晋崔豹《古今注·魚蟲》：“飛蛾，善拂燈火，一名火花，一名慕光。”《埤雅·釋蟲》：“今一種善拂燈火，夜飛，謂之飛蛾，一名慕光。”明余庭璧《事物異名·昆蟲》亦稱“赴火勇士”。亦稱“撲燈蛾”。清趙學敏《本草綱目拾遺·蟲部·燈蛾》：“《祝氏效方》有治痔管法：用蜣蜋一個，同撲燈蛾十個，放罐内一宿，加麝香一錢，陰乾爲末，吹入管内，自能出水，水乾即愈。”亦稱“投燄蛾”。清薛時雨《漕倉行》詩：“嗟爾窮民苦無告，煎迫慘若投燄蛾。”

【火花】

即飛蛾。此稱晋代已行用。見該文。

【慕光】

即飛蛾。以其善趨燈光，故稱。此稱晋代已行用。見該文。

蛾
（清王概等《芥子園畫譜》）

【赴火勇士】

　　即飛蛾。此稱明代已行用。見該文。

【撲燈蛾】

　　即飛蛾。以其見燈即撲，故名。此稱清代已行用。見該文。

【投餤蛾】

　　即飛蛾。此稱清代已行用。見該文。

【燭蛾】

　　即飛蛾。以其常於燭燈前飛舞，故稱。唐白居易《江州赴忠州至江陵已來舟中示舍弟五十韻》："燭蛾誰救活，蠶繭自纏縈。"亦稱"燈蛾"。元薩都剌《燈蛾來》詩："燈蛾勞，燈蛾勞，粉其面，錦其袍。繞燈不去千百遭，忽然性命輕鴻毛。"亦稱"文蛾"。《埤雅·釋蟲》引《符子》曰："不安其昧而樂其明，是猶文蛾去暗赴燈而死。"《藝文類聚》卷九七引作"夕蛾"。亦稱"火蛾"。清陳維崧《瑞鶴仙·上元和康伯可韻》詞："六街笑聲滿，看火蛾金繭，春城飛遍。"參見"飛蛾"文。

【燈蛾】

　　即燭蛾。此稱元代已行用。見該文。

【文蛾】

　　即燭蛾。此稱宋代已行用。見該文。

【夕蛾】

　　即燭蛾。此稱唐代已行用。見該文。

【火蛾】

　　即燭蛾。此稱清代已行用。見該文。

【天蛾】

　　即飛蛾。《淵鑑類函·蟲豸部·蛾》引《廣志》曰："有蠶蛾，有天蛾。凡草木蟲以蛹化爲蛾，甚衆也。"宋范致明《岳陽風土記·飛蛾》："岳州夏秋，水漲即生飛蛾，蔽空而飛，見明即投……俗謂天蛾。"亦稱"霜蛾""落霞""霞蛾"。《事物異名録·昆蟲部·蛾》引《事物紺珠》："飛蛾又名霜蛾。"又引《螢雪雜説》："落霞與孤鶩齊飛。落霞者，乃飛蛾也。土人呼爲霞蛾。"參見"飛蛾"文。

【霜蛾】

　　即天蛾。以其身白似霜，故名。此稱清代已行用。見該文。

【落霞】

　　即天蛾。此稱清代已行用。見該文。

【霞蛾】

　　即天蛾。此稱清代已行用。見該文。

蜜虎

　　昆蟲名。以其常捕食蜜蜂，故稱。狀似飛蛾而大，遍身有毛，頭尖身圓，尾具短毫。亦稱"蜂虎"，俗稱"古路哥子""嘓嚕哥""古路哥"。清趙學敏《本草綱目拾遺·蟲部·蜜虎》："似蜂而大，首尖身圓，狀如橄欖形；有兩翼亦如蜂翅；遍身生毛，花斑色；尾有短毫，鋪張如鵝尾；鼻上有鬚二根，喜入花心中，以鬚鈎取花蕊而出，其鬚能伸縮屈曲，如象鼻然以卷物，登州人呼古路哥子，安徽人呼爲蜜虎，養蜜者最忌之。《臺灣府志》：'蜂虎，蟲屬。狀似燈蛾而大，頭有斑點，入蜜蜂窠則盡食其蜂。'"又："治心痛，鞠子静方：'用嘓嚕哥，即蜜虎，五六月飛行墻壁……諸城王遜亭云：古路哥有雌雄，雄者身瘦小，雌者腹大，入藥用雄者。'"

【蜂虎】

　　即蜜虎。此稱清代已行用。見該文。

【古路哥子】

　　即蜜虎。此稱清代已行用。見該文。

【嘓嚕哥】

即蜜虎。此稱清代已行用。見該文。

【古路哥】

即蜜虎。此稱清代已行用。見該文。

豆蟲

蜜虎産子於豆莢上所生之蟲，狀似青蟆。清趙學敏《本草綱目拾遺・蟲部・蜜虎》引鞠子静方：“其蟲於初秋散子，在豆莢中，則爲豆蟲，如青蟆狀，食豆。”參見本卷《昆蟲説・蝶、蛾考》“蜜虎”文。

朝天猴

蜜虎産子於黍穄上所生之蟲，狀似刺蝱。清趙學敏《本草綱目拾遺・蟲部・蜜虎》引鞠子静方：“其蟲於初秋散子……在黍穄上，則爲朝天猴，如刺蝱狀，後黍葉自下食而上，最爲莊田之患。”參見本卷《昆蟲説・蝶、蛾考》“蜜虎”文。

蠶

昆蟲名。爲鱗翅目家蠶蛾科（Bombycidae）和天蠶蛾科（Saturniidae）昆蟲之通稱。常見者爲家蠶（Bombyx mori Linn.）。剛孵出的幼蟲形體細小，黑色有毛，狀似螞蟻。經過幾次休眠、蜕皮後，幼蟲長大，顔色由黑變白，逐漸透明，最後停止進食，吐絲作繭。蠶在繭内漸變爲褐色，并呈肥短之狀，形成蠶蛹。蠶蛹具翅、複眼、觸角、胸脚等原始體，經過一個時期的發育，變爲成蟲蠶蛾，破繭而出。雌、雄蠶蛾交尾後，即産卵并死去。一般所謂蠶，主要指幼蟲而言。圓桶形，具暗色斑紋及黃褐色短毛。頭小而堅硬，有單眼、觸角及吐絲管等。胸腹部由十三個環節組成，前三節爲胸部，後十節爲腹部，有胸足三對，腹足四對，尾足一對。體内有絲腺，能分泌絲質，吐絲作繭。蠶性喜温暖而忌潮濕，主要以嫩桑葉爲食。種類甚多，除家蠶外，尚有柞蠶、蓖麻蠶、樟蠶等野蠶。據考證，養蠶在我國有五千多年的歷史。甲骨文中已有許多蠶的象形文字，秦漢時即演變并定形爲“蠶”。《詩・衛風・碩鼠序》：“國人刺其君重歛蠶食於民，不脩其政，貪而畏人。”孔穎達疏：“蠶食者，蠶之食桑，漸漸以食，使桑盡也。”《淮南子・覽冥訓》：“蠶咡絲而商弦絶。”《説文・虫部》：“蠶，任絲也。”亦稱“龍精”。《周禮・夏官・馬質》：“禁原蠶者。”漢鄭玄注引《蠶書》曰：“蠶爲龍精，月直大火則浴其種。”南朝宋鮑照《幽蘭五首》之四：“眇眇蛸掛網，漠漠蠶弄絲。”亦稱“孕絲蟲”。明李時珍《本草綱目・蟲一・蠶》：“〔集解〕時珍曰：蠶，孕絲蟲也。種類甚多，有大小、白烏、斑色之異。其蟲屬陽，喜燥惡濕，食而不飲，三眠三起，二十七日而老。”古字書中“蠶”之或體較多，如“蝅”“蝂”“蠺”等，然典籍中少用。

蠶　（明王圻等《三才圖會》）

【龍精】

即蠶。此稱漢代已行用。具該文。

【孕絲蟲】

即蠶。因蠶能吐絲結繭，故稱。此稱明代已行用。見該文。

【蠶婦】

“蠶”之别稱。宋蘇軾《次韻章傳道喜雨》

詩："更看蠶婦過初眠，未用賀客來旁午。"亦稱"蠶姬"。明王世貞《吳興雜興》詩之七："烏鬼秋常放，蠶姬夜不眠。"明余庭璧《事物異名·昆蟲》亦稱"錦娘子"。參見"蠶"文。

【蠶姬】

即蠶婦。此稱明代已行用。見該文。

【錦娘子】

即蠶子。此稱明代已行用。見該文。

【女兒】

"蠶"之別稱。晉干寶《搜神記》卷一四載：相傳古時有人遠征，家中唯有女兒和牡馬一匹。女思念其父，對馬戲曰："爾能為我迎得父還，吾將嫁汝。"馬遂脫韁而去，迎其父歸來。父知女言，乃將馬射死，暴其皮於庭中。女與鄰女戲，馬皮忽起，裹女而去。數日後，見馬皮與女一起化為蠶，於樹上吐絲結繭。後因稱蠶為女兒。亦稱"女蠶"。清王士禎《蠶詞》："誰家少婦青絲籠，知向香閨飼女蠶。"參見"蠶"文。

【女蠶】

即女兒。此稱清代已行用。見該文。

蚵

初生之蠶。《玉篇·虫部》："蚵，蠶初生。"亦稱"蠶蚵"。元曾策《繭館賦》："蟄户啓封，蠶蚵受風。"明宋應星《天工開物·抱養》："凡清明逝三日，蠶蚵即不偎衣衾暖氣，自然生出。"明李時珍《本草綱目·蟲一·蠶》："〔集解〕時珍曰：自卵出而為蚵，自蛻而為蠶，蠶而繭，繭而蛹，蛹而蛾，蛾而卵，卵而復蚵。"參見"蠶"文。

【蠶蚵】

即蚵。此稱元代已行用。見該文。

【蚝】

即蚵。《爾雅翼·釋蟲·蠶》："蠶之狀，喙呥呥類馬，色班班似虎。初拂謂之蚝，以毛掃之。"清李元《蠕範》卷一："〔蠶〕初拂謂之蚝，三俯三起，二十七日而老。"參見"蚵"文。

【蠶蟻】

即蚵。剛孵化的幼蠶，體小色黑，形似螞蟻，故稱。宋梅堯臣《依韻和許待制偶書》："深屋燕巢將欲補，密房蠶蟻尚憂寒。"亦稱"蠶子"。宋陸游《湖村春興》詩："稻陂正滿初投種，蠶子方生未忌人。"宋徐照《春日曲》："中婦掃蠶蟻，挈籃桑葉間。"參見"蚵"文。

【蠶子】 [1]

即蠶蟻。此稱宋代已行用。見該文。

【蠶花】

即蚵。亦稱"蟻"。明李蘇《見物》卷五："食桑葉曰蠶，子初生曰蚵、曰蟻。"亦稱"烏""烏兒"。清沈公練、仲昂庭《廣蠶桑説輯補》卷下："〔蠶〕子之初出者名蠶花，亦名蟻，又名烏。"清莊綸渭《紀吳興蠶事》詩："眠過漸覺烏兒長，食旺全無白大存。"注："蠶初出名烏兒。"參見"蚵"文。

【蟻】 [1]

即蠶花。此稱明代已行用。見該文。

【烏】

即蠶花。此稱清代已行用。見該文。

【烏兒】

即蠶花。此稱清代已行用。見該文。

蠶蛹

蠶吐絲後在繭中所化之蟲，為蠶從蠶蛹幼蟲過渡到成蟲的中間形態。省稱"蛹"。《荀子·賦篇》："蛹以為母，蛾以為父。"《説文·虫部》：“蛹，繭蟲也。”清段玉裁注：“當曰繭中蠶也。”漢蔡邕《短人賦》：“繭中蛹兮蠶蠕頓，視短人兮形若斯。”《三國志・魏書・管輅傳》：“季龍取十三種物，著大簏中，使輅射。云：‘器中藉藉有十三種物。’先說雞子，後道蠶蛹，遂一一名之。”唐韓愈等《會合聯句》：“堅如撞群金，眇若抽獨蛹。”參見本卷《昆蟲說・蝶、蛾考》“蠶”文。

蠶蛹

【蛹】

“蠶蛹”之省稱。此稱先秦時期已行用。見該文。

【蝛】

即蠶蛹。《爾雅・釋蟲》：“蝛，蛹。”晋郭璞注：“蝛，蠶蛹也。”亦稱“蝛蛹”。明李蘇《見物》卷五：“食桑葉曰蠶……繭中曰蝛蛹。”俗稱“小蜂兒”。明李時珍《本草綱目・蟲一・蠶》：“〔主治〕蠶蛹。瑞曰：繰絲後蛹子。今人食之，呼小蜂兒。”參見“蠶蛹”文。

【蝛蛹】

即蝛。此稱明代已行用。見該文。

【小蜂兒】

即蝛，蠶蛹之俗稱。此稱明代已行用。見該文。

蠶蛾

蠶之成蟲，由蛹所化，自繭而出。體長半寸許，身被白色鱗片。頭較小，觸角一對，複眼黑色。翅二對，足三對。雌大雄小，交尾產卵後，不久即死亡。省稱“蛾”。《荀子・賦篇》：“蛹以爲母，蛾以爲父。三俯三起，事乃大已，夫是之謂蠶理。”蛾亦作“蚁”或“蟻”，亦

稱“羅”。《爾雅・釋蟲》：“蚁，羅。”晋郭璞注：“蠶蚁。”《說文・虫部》：“蚁，蠶化飛蚁。”清段玉裁注：“蠶吐絲則成蛹於繭中，蛹復化而爲蚁。”《漢書・元帝紀》“有白蛾群飛蔽日”唐顏師古注：“蛾，若今之蠶蛾類也。”亦稱“蝛蛾”。清李元《蠕範》卷一：“蠶……吐絲爲繭，自處其中，久則化爲蝛蛾，破繭而出，狀如小蝶，眉曲如畫。”按，一說蝛蛾即蠶。參見本卷《昆蟲說・蝶、蛾考》“蠶”文。

蠶蛾(原蠶蛾)
（明文俶《金石昆蟲草木狀》）

【蛾】[1]

即蠶蛾。此稱先秦時期已行用。見該文。

【蚁】

同“蛾”。即蠶蛾。此體秦漢時期已行用。見該文。

【蟻】

同“蛾”。即蠶蛾。此體漢代已行用。見該文。

【羅】

即蠶蛾。此稱秦漢時期已行用。見該文。

【蝛蛾】

即蠶蛾。此稱清代已行用。見該文。

原蠶

夏秋間第二次孵化之蠶。因其殘桑，故古代官府多禁養。《周禮・夏官・馬質》：“若有馬訟，則聽之，禁原蠶者。”漢鄭玄注：“原，再

也。"《淮南子·泰族訓》："原蠶一歲再收，非
不利也，然而王法禁之者，爲其殘桑也。"亦稱
"二蠶"。《三國志·魏書·高祖紀上》："〔承明元
年秋八月〕甲申，以長安二蠶多死，丐民歲賦
之半。"亦稱"魏蠶"。《爾雅翼·釋蟲》："原蠶，
一名魏蠶。"明李時珍《本草綱目·蟲一·原
蠶》："〔釋名〕弘景曰：原蠶是重養者，俗呼爲
魏蠶。宗奭曰：原者有原復敏速之義，此是第
二番蠶也。時珍曰……今轉爲二蠶是矣。"明黄
省曾《蠶經·藝桑》："禁原蠶之飼，飼則來年枝
纖而葉薄。"清何琇《樵香小記·原蠶》："原蠶
絲惡，恐妨民用，亦一理。"

【二蠶】

　　即原蠶。此稱晋代已行用。見該文。

【魏蠶】

　　即原蠶。此稱宋代已行用。見該文。

【原蠶】

　　同"原蠶"。省稱"原"。亦稱"重蠶"。《爾
雅·釋言》"原，再也"晋郭璞注："今呼重蠶爲
原。"唐郤昂《岐邠涇寧四州八馬坊頌碑》："禁
原驅蝝，撫穌趣馬。"宋路振《祭戰馬文》："原
蠶申禁，駔駿何多。"參見"原蠶"文。

【原】

　　"原蠶"之省稱。此稱晋代已行用。見該文。

【重蠶】

　　即原蠶。此稱晋代已行用。見該文。

【晚蠶】

　　即原蠶。《廣韻·平元》："原，晚蠶。"亦稱
"再蠶"。《集韻·平桓》："原，再蠶也。"亦稱
"夏蠶""熱蠶"。《埤雅·釋蟲》："再蠶謂之原
蠶……里俗謂之夏蠶，亦曰熱蠶，亦曰晚蠶。"
明李時珍《本草綱目·蟲一·原蠶》〔集解〕引

蘇頌曰："原蠶東南州郡多養之，此是重養者，
俗呼爲晚蠶。"亦稱"螶"。《洪武正韻·東韻》：
"螶，夏蠶。《周禮》謂之原蠶。"清查慎行《憫
農詩和朱恒齊比部》："麥黄未及秋，晚蠶又催
眠。"參見"原蠶"文。

【再蠶】

　　即晚蠶。此稱宋代已行用。見該文。

【夏蠶】

　　即晚蠶。此稱宋代已行用。見該文。

【熱蠶】

　　即晚蠶。此稱宋代已行用。見該文。

【螶】

　　即晚蠶。此稱明代已行用。見該文。

八輩蠶

　　一年八熟之蠶。出吳越、交廣等地，常
作貢品。北魏賈思勰《齊民要術·種桑柘》引
《永嘉記》曰："永嘉有八輩蠶：蚖珍蠶（三月
績）、柘蠶（四月初績）、蚖蠶（四月末績）、愛
珍（五月績）、愛蠶（六月末績）、寒珍（七月
末績）、四出蠶（九月初績）、寒蠶（十月績）。"
省稱"八蠶"。《文選·左思〈吳都賦〉》："國稅
再熟之稻，鄉貢八蠶之緜。"唐李善注引劉欣
期《交州記》："一歲八蠶繭出日南也。"唐王渙
《惆悵詩》之一："八蠶薄絮駕鴛綺，半夜佳期
並枕眠。"亦稱"八繭蠶"。唐李賀《南園》詩
之二："長腰健婦偷攀折，將餧吳王八繭蠶。"
按，蚖或作"蚖"。

【八蠶】

　　"八輩蠶"之省稱。此稱晋代已行用。見
該文。

【八繭蠶】

　　即八輩蠶。此稱唐代已行用。見該文。

蚖珍蠶

八輩蠶中的頭熟蠶。省稱"蚖珍"。北魏賈思勰《齊民要術・種桑柘》："凡蠶再熟者，前輩皆謂之珍。養珍者，少養之。愛蠶者，故蚖蠶種也。蚖珍三月既績，出蛾取卵，七八日便剖卵蠶生。"按，蚖或作"蚢"。參見本卷《昆蟲説・蝶、蛾考》"八輩蠶"文。

【蚖珍】

"蚖珍蠶"之省稱。此稱北魏已行用。見該文。

柘蠶

八輩蠶中四月初成熟之蠶。北魏賈思勰《齊民要術・種桑柘》引《永嘉記》："柘蠶，四月初績。"元袁桷《舟中雜書五首》之四："春洲蘆雁少，曉户柘蠶勻。"明李時珍《本草綱目・蟲一・蠶》："〔集解〕時珍曰：今之柘蠶與桑蠶並育。"參見本卷《昆蟲説・蝶、蛾考》"八輩蠶"文。

蚖蠶

八輩蠶中四月末成熟之蠶，爲蚖珍蠶卵孵化而生。北魏賈思勰《齊民要術・種桑柘》："蚖珍三月既績，出蛾取卵，七八日便剖卵蠶生，多養之，是爲蚖蠶。"按，蚖或作"蚢"。參見本卷《昆蟲説・蝶、蛾考》"八輩蠶"文。

愛珍

八輩蠶中五月成熟之蠶，爲蚖珍蠶卵孵化而生。亦稱"愛子"。北魏賈思勰《齊民要術・種桑柘》："取蚖珍之卵，藏内罋中，隨器大小亦可。拾紙蓋覆器口，安硎泉冷水中，使冷氣折其出勢，得三七日，然後剖生。養之，謂爲愛珍，亦呼愛子。"按，蚖或作"蚢"。參見本卷《昆蟲説・蝶、蛾考》"八輩蠶"文。

【愛子】

即愛珍。此稱北魏已行用。見該文。

愛蠶

八輩蠶中六月末成熟之蠶，爲愛珍卵所化。北魏賈思勰《齊民要術・種桑柘》："得三七日，然後剖生。養之，謂爲愛珍，亦呼愛子。績成繭，出蛾生卵。卵七日又剖成蠶。多養之，此則愛蠶也。"參見本卷《昆蟲説・蝶、蛾考》"八輩蠶"文。

寒珍

八輩蠶中七月末成熟之蠶。北魏賈思勰《齊民要術・種桑柘》引《永嘉記》曰："永嘉有八輩蠶……寒珍（七月末績）。"參見本卷《昆蟲説・蝶、蛾考》"八輩蠶"文。

四出蠶

八輩蠶中九月初成熟之蠶。北魏賈思勰《齊民要術・種桑柘》引《永嘉記》："永嘉有八輩蠶……四出蠶（九月初績）。"參見本卷《昆蟲説・蝶、蛾考》"八輩蠶"文。

寒蠶

八輩蠶中十月成熟之蠶。十月天涼，歷月餘乃熟。三國魏嵇康《答難養生論》："火蠶十八日，寒蠶三十日餘。"北魏賈思勰《齊民要術・種桑柘》引《永嘉記》："永嘉有八輩蠶……寒蠶（十月績）。"參見本卷《昆蟲説・蝶、蛾考》"八輩蠶"文。

三臥一生蠶

一年一熟之蠶。北魏賈思勰《齊民要術・種桑柘》："案今世有三臥一生蠶。"亦稱"大蠶"。《佩文韻府拾遺》卷二八引《農桑通訣》："魯桑宜飼大蠶。"清屈大均《廣東新語・蟲語》："大蠶一歲一熟。熟至八日而出蛾，配其雌雄。又至八日而蛾卵，卵則蛾死。以紙裹卵藏之，至立春蠶駒復出，故曰大蠶。"

【大蠶】

即三卧一生蠶。此稱清代已行用。見該文。

四卧再生蠶

一年兩熟之蠶。北魏賈思勰《齊民要術·種桑柘》："案今世有三卧一生蠶，四卧再生蠶。"

春蠶

春季飼養之蠶。晋傅玄《明月篇》："昔爲春蠶絲，今爲秋女衣。"南朝梁江淹《麗色賦》："春蠶度網，綺地應紡。"宋蘇軾《自金山放船至焦山》詩："雲霾浪打人跡絶，時有沙户祈春蠶。"清張問陶《采桑曲》："豈獨春蠶細如縷，君不見道旁餓殺采桑女。"清馬鑾《投梭女》詩："早識春蠶絲易盡，當時應悔誤投梭。"

紅蠶

指老熟之蠶。其體色紅，故稱。漢揚雄《太玄經·將》："紅蠶緣於枯桑，其繭不黄。"唐陸龜蒙《雜諷》詩之一："紅蠶緣枯桑，青繭大如甕。"宋周紫芝《雨中花令·吴興道中頗厭行役作此曲寄武林交舊》詞："雪繭紅蠶熟後，黄雲隴麥秋間。"《埤雅·釋蟲》："蓋蠶足於葉三俯三起二十七日，而蠶已老則紅，故謂之紅蠶。"

起蠶

指頭眠蠶。宋陸游《山家暮春》詩："起蠶初放食，新麥已磨鐮。"亦稱"起娘"。《事物異名録·昆蟲·蠶》："起娘，頭眠蠶。"清周凱《飼蠶十二咏·分箔序》："蠶至大起，視其食葉稍減，中有瑩光者，置一箔以便先上簇也。俗謂起娘，以其先熟也。"起娘或指眠畢之蠶。清李宗昉《蠶事二十咏》之五"捉眠"原注："將眠不勤食者，曰紅懶思、青懶思；食者曰食娘；眠起者曰起娘。"

【起娘】

即起蠶。此稱清代已行用。見該文。

巧娘

最先成熟之蠶。《事物異名録·昆蟲·蠶》："《事物紺珠》：起娘，頭眠蠶；巧娘，最先熟蠶。"

繚娘

將熟而先作繭之蠶。清周煌《吴興蠶詞》："一籠燈焰青如許，長伴香閨照繚娘。"原注："〔蠶〕有食娘、起娘、繚娘之名。繚娘者，將熟欲作繭者也。"清李宗昉《蠶事二十咏》："繚娘何事營巢急，一寸秋心一寸絲。"原注："有將熟而先作繭者曰繚娘。"

食娘

將眠而食之蠶。清周煌《吴興蠶詞》："一籠燈焰青如許，長伴香閨照繚娘。"原注："〔蠶〕有食娘、起娘、繚娘之名。"清李宗昉《蠶事二十咏》之五"捉眠"原注："將眠不勤食者，曰紅懶思、青懶思；食者曰食娘；眠起者曰起娘。"

紅懶思

將眠而不勤食之蠶。亦稱"青懶思"。清李宗昉《蠶事二十咏》："紅懶思兼青懶思，辛勤分箔下春時。"原注："將眠不勤食者，曰紅懶思、青懶思。"

【青懶思】

即紅懶思。此稱清代已行用。見該文。

青蠶

指一眠之後、二眠當眠不眠之蠶。清沈公練、仲昂庭《廣蠶桑説輯補》卷下："第二次當眠不眠，俗名青蠶是也。"

白大蠶

能食而不作繭之蠶。省稱"白大"。清莊綸渭《紀吳興蠶事》詩："眠過漸覺烏兒長，食旺全無白大存。"原注："蠶能食而不繭者，俗名白大蠶。"

【白大】

"白大蠶"之省稱。此稱清代已行用。見該文。

白僵蠶

因病而死之家蠶。長一寸左右，灰白色，多被有白色粉霜。體多彎曲皺縮，頭、足及各節清晰可辨。略有腐臭氣，全體入中藥。以其色白體僵，故稱。《神農本草經·下品》："白僵蠶，味鹹。主小兒驚，夜啼，去三蟲，滅黑䵟，令人面色好，男子陰瘍病。"孫星衍案："正當作'僵'，舊作'殭'，非。"亦作"白殭蠶"。宋唐慎微《證類本草·蟲魚部》引《藥性論》云："白殭蠶惡桑螵蛸、桔梗、茯苓、茯神、萆薢，有小毒。"明李時珍《本草綱目·蟲一·蠶》："〔釋名〕時珍曰：蠶病風死，其色自白，故曰白僵。"清周岩《本草思辨錄》："白僵蠶，味辛氣温而性燥，故治濕勝之風痰，而不治燥熱之風痰。"

白殭蠶
（《補遺雷公炮製便覽》）

【白殭蠶】

同"白僵蠶"。僵、殭，古多混用。此體宋代已行用。見該文。

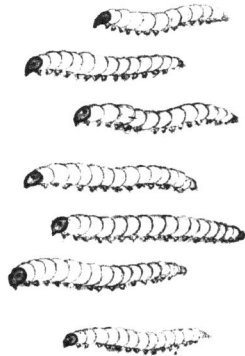

【殭蠶】

"白僵蠶"之省稱。宋唐慎微《證類本草·蟲魚部》引《日華子本草》云："殭蠶治中風失音，並一切風疾。"宋寇宗奭《本草衍義》卷一七："然蠶有兩三番，惟頭番殭蠶最佳，大而無疽。"亦作"蠶蠶"。《玉篇·虫部》："蠶，蠶蠶。"參見"白僵蠶"文。

殭蠶(棣州白殭蠶)
（明文倣《金石昆蟲草木狀》）

【蠶蠶】

同"殭蠶"。此體宋代已行用。見該文。

綀顆

口傷不能吐絲之蠶。清李宗昉《蠶事二十咏》："蘭閨深静日初長，綀顆烏頭別繭忙。"原注："口傷不能爲絲者爲綀顆。"

烏頭繭

垂成而死并作繭之蠶。省稱"烏頭"。清李宗昉《蠶事二十咏》："蘭閨深静日初長，綀顆烏頭別繭忙。"原注："垂成而死者爲烏頭繭。"

【烏頭】

"烏頭繭"之省稱。此稱清代已行用。見該文。

烏爛死蠶

在蠶簇上腐爛之蠶。以其色烏而臭，故名。可入藥用。宋唐慎微《證類本草·蟲魚部》引唐陳藏器曰："烏爛死蠶，有小毒。蝕瘡有根者，亦主外野雞病，並傅瘡上。在簇上烏臭者。白死蠶主白游，赤死蠶主赤游，並塗之。"參閱明李時珍《本草綱目·蟲一·蠶》。

火蠶

以火加溫促其早熟之蠶。三國魏嵇康《答難養生論》："火蠶十八日，寒蠶三十日餘，以不得踰時之命，而將養有過倍之隆。"戴明揚校注："此謂養蠶室中，以火熾之欲其早老而省食，非指炎洲之火蠶。"清莊綸渭《紀吳興蠶事》詩："遲速火蠶分冷熱，舊新筐葉替朝昏。"

冷火蠶

以微火加溫，經六至八日而眠之蠶。清莊綸渭《紀吳興蠶事》詩："遲速火蠶分冷熱，舊新筐葉替朝昏。"原注："六日八日而眠，寒煖惟其時，寒則稍加溫焉。火僅微烈，曰冷火蠶。"

熱火蠶

以烈火加溫，經三日夜而眠之蠶。清莊綸渭《紀吳興蠶事》詩："遲速火蠶分冷熱，舊新筐葉替朝昏。"原注："始生烈火熨之。凡三日夜而眠，曰熱火蠶。"

野蠶

泛指野生之蠶。因所食之物不同，可分爲蠔、雔由、蚢、柞蠶等，其中尤以就桑食葉而作繭者爲常見。《宋書·符瑞志》："〔孫權〕黃龍三年夏，野蠶繭大如卵。"明宋應星《天工開物·乃服》："野蠶自爲繭，出青州、沂水等地，樹老即自生。其絲爲衣，能禦雨及垢污。其蛾出即能飛，不傳種紙上。"

蠔

以桑葉爲食的野蠶。所作之繭名桑繭。《爾雅·釋蟲》："蠔，桑繭。"晉郭璞注："食桑葉作繭者，即今蠶。"清郝懿行義疏："蠔者，象也。言能象物賦形也。"《爾雅翼·釋蟲》："蠔，桑繭野蠶，不養於人，就桑食葉作繭者。比家蠶小而行疾……古者稱野蠶成繭以爲瑞。若蠔者，

歲未嘗無，但成繭者，言其成熟如家繭。"明李時珍《本草綱目·蟲一·蠶》："〔集解〕時珍曰：蠔即今桑上野蠶也。"參見本卷《昆蟲説·蝶、蛾考》"野蠶"文。

雔由

以樗（臭椿）、棘（酸棗）、欒（欒荆）葉爲食的野蠶之通稱。所作之繭分別稱樗繭、棘繭、欒繭。《爾雅·釋蟲》："雔由，樗繭、棘繭、欒繭。"宋邢昺疏："此皆蠶類作繭者，因所食葉異而異其名也……食樗葉、棘葉、欒葉者名雔由。"明李時珍《本草綱目·蟲一·蠶》："〔集解〕時珍曰：《爾雅》云：'蠔，桑繭也。雔由，樗繭、棘繭、欒繭也。蚢，蕭繭也。'皆各因所食之葉命名。"參見本卷《昆蟲説·蝶、蛾考》"野蠶"文。

蚢

以蕭葉（艾蒿）爲食的野蠶。所作之繭名蕭繭。《爾雅·釋蟲》："蚢，蕭繭。"宋邢昺疏："食蕭葉作繭者名蚢。"郝懿行義疏："蚢者，《玉篇》云：'蠶類，食蒿葉。'蒿即蕭也。今草上蟲吐絲作繭者甚衆，不獨蒿也。嶺南蠶或食紫蘇葉作繭矣。"參見"野蠶"文。

柞蠶

以柞樹葉爲食的野蠶。現指鱗翅目天蠶蛾科柞蠶（*Antheraea pernyi* G.Meneville）。幼蟲綠色或黃色，圓筒形，口能吐絲。繭橢圓形，黃褐色，爲繅絲原料。成蟲長寸餘，全身被有黃褐色鱗毛，四翅各有白色眼狀斑紋及斜條紋，能飛。柞蠶多放養於野外，以毛櫸科之各種柞樹葉爲食。據考證，柞蠶業起源於我國，已有三千多年歷史。《太平御覽》卷八二五引《廣志》："有柞蠶，食柞葉，可以作綿。"參見本卷

《昆蟲説·蝶、蛾考》"野蠶"文。

吳蠶

　　産於吳地之蠶。古吳盛養蠶業，故稱其良者爲吳蠶。其稱始見於唐，至清仍沿稱。唐李白《寄東魯二稚子》詩："吳地桑葉綠，吳蠶已三眠。"宋陸游《初夏游凌氏小園》詩："風和海燕分泥處，日永吳蠶上簇時。"清嚴我斯《繰絲曲》："吳蠶上山繭如雪，絲車索索鳴柴扉。"

日南蠶

　　特指日南（今越南中部）所養之一年八熟蠶。北魏賈思勰《齊民要術·種桑柘》引俞益期箋："日南蠶八熟，繭軟而薄。"《文選·左思〈吳都賦〉》："國税再熟之稻，鄉貢八蠶之縣。"唐李善注引劉欣期《交州記》："一歲八蠶繭出日南也。"參見本卷《昆蟲説·蝶、蛾考》"八輩蠶"文。

蚝蛳

　　昆蟲名。常見者爲鱗翅目刺蛾科黃刺蛾（*Monema flavescens* Walker）之幼蟲。狀似蠶而短，初黃色，成熟時變爲黃綠色。頭小，腹部肥而長。體側有小突起，上生褐色刺毛，能蜇人。多栖樹上，蛀食嫩葉。秋季結繭，名蚝蛳房。亦作"蚝蜇"，亦稱"螺"。《爾雅·釋蟲》："螺，蚝蜇。"晋郭璞注："蛓屬也。今青州人呼蛓爲蚝蜇。孫叔然云'八角螫蟲'，失之。"亦作"蚝斯"，亦稱"蝥"。《説文·虫部》："蚝，蚝斯，蝥也。"清段玉裁注："按許蛓下云：'毛蟲也。'此乃食木葉之蟲，非木中之蠹。"唐代亦省作"占斯"。唐孫思邈《千金翼方》卷二四："占斯散，主消腫，癰疽消膿方。"《爾雅翼·釋蟲》："〔蚝蛳〕身扁，綠色，似蠶而短，背有毒毛，能螫人。"明李時珍《本草綱目·蟲

一·雀甕》："〔集解〕時珍曰：蚝蛳處處樹上有之，牡丹上尤多。入藥惟取榴棘上、房内有蛹者，正如螵蛸取桑上者。"按，蚝蛳亦稱八角螫蟲，郭注以爲非。清郝懿行以爲："孫炎以蚝蜇爲八角螫蟲者，背毛攢族，如起棱角，非真有八角也。"清段玉裁則云："叔然説不誤也。"或是。

【蚝蜇】

　　同"蚝蛳"。此體秦漢時期已行用。見該文。

【蚝斯】

　　同"蚝蛳"。此體漢代已行用。見該文。

【螺】

　　即蚝蛳。此稱秦漢時期已行用。見該文。

【蝥】

　　同"螺"。即蚝蛳。此體漢代已行用。見該文。

【占斯】

　　同"蚝蛳"。此體唐代已行用。見該文。

【蛓】

　　即蚝蛳。亦稱"毛蟲"，俗稱"刺毛"。《説文·虫部》："蛓，毛蟲也。"清段玉裁注："按，今俗云刺毛者是也。食木葉，體有棱角，有毛，有采色，毛能螫人。"漢王逸《九思·怨上》："蛓緣兮我裳，蠋入兮我懷。"亦稱"蚝蟲"。宋唐慎微《證類本草·蟲魚部·雀甕》："陶隱居云：'蚝蜇，蚝蟲也。'此蟲多在石榴樹上，俗爲蚝蟲，其背毛亦螫人。"亦作"蛓蟲"。《爾雅翼·釋蟲》："蚝蜇，蛓蟲也。"亦稱"蛓毛"。清張璐《本經逢原·蟲部·雀甕》："其蟲夏生葉上，背上有刺螫人，故名蛓毛。秋深葉盡欲老，口吐白沫，凝聚漸硬，在中成蛹如蠶，至夏羽化而出。"參見"蚝蛳"文。

【毛蟲】

即蝤。以其身被螫毛，故稱。此稱漢代已行用。見該文。

【蚝蟲】

即蝤。此稱南北朝時期已行用。見該文。

【蛓蟲】

即蝤。此稱宋代已行用。見該文。

【刺毛】

即蝤。此稱清代已行用。見該文。

【蛓毛】

即蝤。此稱清代已行用。見該文。

【蝤】

即蛅蟖。亦稱"毛蟲""毛蛓"。《爾雅·釋蟲》："蝤，毛蟲。"晉郭璞注："即蝤。"唐陸德明釋文："今俗呼爲毛蛓。有毒，螫人。"亦稱"蟔蛓"。《爾雅·釋蟲》："蟔，蛅蟖。"清郝懿行義疏："按，今登萊人呼蛅蛑爲蟔蛓。蟔、蟔聲相轉也。"參見"蛅蟖"文。

【毛蟲】

即蝤。此稱秦漢時期已行用。見該文。

【毛蛓】

即蝤。此稱唐代已行用。見該文。

【蟔蛓】

即蝤。此稱清代已行用。見該文。

【楊瘌蟲】

即蛅蟖。《爾雅翼·釋蟲》："蛅蟖，蛓蟲也……今俗呼楊瘌蟲。"亦稱"楊瘌子"。明李時珍《本草綱目·蟲一·雀甕》："〔釋名〕時珍曰：俗呼毛蟲，又名楊瘌子，因有螫毒也。"亦稱"蠻瘌"。《駢雅·釋蟲魚》："蛅蟖，蠻瘌也。"參見"蛅"文。

【楊瘌子】

即楊瘌蟲。此稱明代已行用。現俗稱"洋辣子"，與此音近。見該文。

【蠻瘌】

即楊瘌蟲。此稱明代已行用。見該文。

尺蠖

昆蟲名。鱗翅目尺蠖蛾科昆蟲之幼蟲。體細長，狀似蠶而小。行動時身體一屈一伸，如人以手代尺度物，故稱。多生於樹木或蔬菜上，蛀食其葉。種類較多，常見者如棗尺蠖、桑尺蠖、茶尺蠖等。《周易·繫辭下》："尺蠖之曲，以求信也。"孔穎

尺　蠖

達疏："尺蠖之蟲，初行必屈者，欲求在後之信也。"信，通"伸"。亦作"庲蠖"。《周禮·考工記·弓人》："合灂若背手文，角環灂，牛筋賁灂，麋筋庲蠖灂。"清郝懿行又引作"庍蠖"，蓋"庍"乃"庲"之本字。亦作"蚇蠖"，或單稱"蠖"。《爾雅·釋蟲》："蠖，蚇蠖。"清郝懿行義疏："其行先屈後申，如人布手知尺之狀，故名尺蠖。今作蚇，非。"當是。亦作"蚇蠖"。漢王褒《洞簫賦》："是以蟋蟀蚇蠖，蚑行喘息。"唐白居易《代書詩一百韻寄微之》："伸屈須看蠖，窮通莫問龜。"宋代亦稱"度蟲"。《事物異名録·昆蟲下·尺蠖》引《演繁露》："尺蠖俗呼度蟲。度者，蠖音之訛也。"現南方俗稱"造橋蟲"，乃因其屈時形如拱橋也。

【庲蠖】

同"尺蠖"。此體先秦時期已行用。見該文。

【蚇蠖】

即尺蠖。"蚇"或爲"尺"之訛文。此稱秦漢時期已行用。見該文。

【蠖】

"尺蠖"之省稱。此稱秦漢時期已行用，後世多有沿稱。見該文。

【蚇蠖】

同"尺蠖"。此體漢代已行用。見該文。

【度蟲】

即尺蠖。此稱宋代已行用。見該文。

【蝍蝛】

即尺蠖。《方言》第十一："蝍蝛謂之尺蠖。"亦稱"蝍蝛"。《爾雅・釋蟲》："蠖，蚇蠖。"晋郭璞注："今蝍蝛。"清郝懿行義疏："是蝍蝛即蝍蝛。"亦稱"蝍蹜"。《廣韻・入屋》："蹜，蝍蹜，蚇蠖。"按，《事物異名録・昆蟲・尺蠖》引《方言》"蝍"作"蝡"。參見"尺蠖"文。

【蝍蝛】

即蝍蝛。此稱晋代已行用。見該文。

【蝍蝐】

即蝍蝛。此稱宋代已行用。見該文。

【步屈】

即尺蠖。其每行一步，必先屈而後伸，故稱。亦稱"尋桑""桑蠋""折樓蟲"。《方言》第十一："蝍蝛謂之蚇蠖。"晋郭璞注："又呼步屈。"清錢繹箋疏："《衆經音義》卷九、卷一八並引舍人注云：'宋地曰尋桑。'又引《纂文》云：'吳人以步屈名桑蠋，一名蝍蝛，又云折樓蟲。'"《爾雅・釋蟲》："蠖，蚇蠖。"清郝懿行義疏："今驗步屈，小青蟲也，在草木葉上，懸絲自縋，亦作小繭，化爲飛蝶。或在桑上，故有尋桑、桑蠋諸名。"現亦稱"步曲"，與"步屈"

同。參見"尺蠖"文。

【尋桑】

即步屈。此稱唐代已行用。見該文。

【桑蠋】

即步屈。此稱唐代已行用。見該文。

【折樓蟲】

即步屈。此稱唐代已行用。見該文。

【屈伸蟲】

即尺蠖。因此蟲行進時作屈伸狀，故名。亦作"屈申蟲"。《說文・虫部》："蠖，尺蠖，屈申蟲。"唐代亦稱"求伸蠖"。唐韓愈、李正封《晚秋郾城夜會聯句》："山多離隱豹，野有求伸蠖。"《爾雅翼・釋蟲》："尺蠖，屈申蟲也。狀如蠶而絶小，行則促其腰，使首尾相就，乃能進步。屈中有伸，故曰屈申。"《埤雅・釋蟲》："蚇蠖，屈伸蟲也。"按，清段玉裁注改"屈"爲"詘"，並云："詘，各本作屈，非，今正。詘者，詰詘也，曲也。"參見"尺蠖"文。

【屈申蟲】

同"屈伸蟲"。此體漢代已行用。見該文。

【求伸蠖】

即屈伸蟲。此稱唐代已行用。見該文。

螟蛉

螟蛾幼蟲之通稱。狀似蠶而小，多遍體青色，主要蛀食稻禾等植物的心苗。因其常被蜾蠃捕捉以寄生其子，故古人誤認爲蜾蠃養螟蛉爲己子，後因以螟蛉爲養子之代稱。《詩・小雅・小宛》："螟蛉有子，蜾蠃負之。"亦單稱"螟"。《詩・小雅・大田》："去其螟螣，及其蟊賊，無害我田穉。"毛傳："食心曰螟，食葉曰螣，食根曰蟊，食節曰賊。"亦作"螟蠕"。漢揚雄《法言・學行》："螟蠕之子殪而逢蜾蠃，祝之

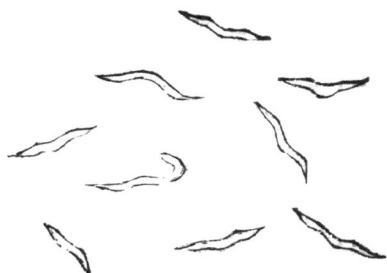

螟蛉
（明王圻等《三才圖會》）

曰：'類我類我。'久則肖之矣。"宋歐陽修《螟蠕賦》："爰有桑蟲，實曰螟蠕，與夫蜾蠃，異類殊形。"亦稱"速肖"。明張岱《夜航船·四靈部·蟲豸》："蜾蠃負螟蛉之子，祝曰：'類我類我。'七日夜化爲己也，故又謂之速化肖。"按，《詩·小雅·大田》毛傳所謂之螟、螣、蟊、賊，是按蟲食植物的不同部位，對四類害蟲的泛稱，後常以之喻指害人害國之人。

【螟】

"螟蛉"之省稱。此稱先秦時期已行用。見該文。

【螟蠕】

同"螟蛉"。此體漢代已行用。見該文。

【速肖】

即螟蛉。此稱明代已行用。見該文。

【桑蟲】[2]

即螟蛉。《詩·小雅·小宛》："螟蛉有子，蜾蠃負之。"毛傳："螟蛉，桑蟲也。"漢鄭玄

螟
（明王圻等《三才圖會》）

箋："蒲盧取桑蟲之子，負持而去，煦嫗養之，以成其子。"亦稱"桑蟃""戎女"。《爾雅·釋蟲》："螟蛉，桑蟲。"晉郭璞注："俗謂之桑蟃。亦曰戎女。"又："食苗心，螟。"清郝懿行義疏："今食苗心小青蟲，長僅半寸，與禾同色，尋之不見，故言冥冥難知。"亦稱"橫蟲""錠心蟲"。清李元《蠕範》卷四："螟，橫蟲也，錠心蟲也。似蚼蚄而頭白，似蠶而身小。食禾心盡，復吐絲包之，則穗苞不復出。"參見"螟蛉"文。

【桑蟃】

即桑蟲[2]。此稱晉代已行用。見該文。

【戎女】

即桑蟲[2]。此稱晉代已行用。見該文。

【橫蟲】[2]

即桑蟲[2]。此稱清代已行用。見該文。

【錠心蟲】

即桑蟲[2]。此稱清代已行用。見該文。

口蟲

螟蛉之色白者。體小，藏於苗心，危害農作物。《爾雅·釋蟲》："食苗心，螟。"清郝懿行義疏："余族弟卿雲言，又有小白蟲藏在苗心，幺麿難辨，俗呼口蟲。有此即禾葉變白色，而不能放穗矣。"參見"螟蛉"文。

螣[2]

泛指專以植物莖葉爲食的害蟲。《詩·小雅·大田》："去其螟螣，及其蟊賊。"毛傳："食葉曰螣。"《廣韻·平登》："螣，食禾蟲。"金元好問《雁門道中書所見》詩："食禾有百螣，擇肉非一虎。"亦稱"蟘"。《龍龕手鑑·虫部》："蟘，食禾蟲也。"清吕熊《女仙外史》第四八回："螟蟘蟊賊，蝗蝻螽蜡。"參見本卷《昆蟲説·蝶、蛾考》

"螟"文。

【蝥】

即螣[2]。此稱遼代已行用。見該文。

【蟘】

即螣[2]。亦稱"縣蟲"。《爾雅·釋蟲》："食葉，蟘。"清郝懿行義疏："蟘似槐樹上小青蟲，長一寸許，既食苗葉，又吐絲纏裹餘葉，令穗不得展。今登萊人呼爲縣蟲。"亦作"蟘"。《説文·虫部》："蟘，蟲食苗葉者。"唐李商隱《爲河南盧尹賀上尊號表》："苗蟘葉蟘，坐致銷亡。"《集韻·入德》："蟘，或作蟘。"參見"螣[2]"文。

【蟘】

同"蟘"。此體漢代已行用。見該文。

【縣蟲】

即蟘。此稱清代已行用。見該文。

【蚩】

即螣[2]。宋龔鼎臣《述醫》："夫稼茂田疇，爲螟蚩所害，唯能悉除螟蚩，則稼之秀可實也。"《廣韻·入德》："蚩，食禾葉蟲。"亦稱"特""蚼蚄""窩葉蟲"。清李元《蠕範》卷四："蟘，螣也，特也，蚼蚄也，窩葉蟲也。似蠶，青色，初食苗葉，久則裹葉而繭其中。"見"螣[2]"文。

【特】

即蚩。此稱清代已行用。見該文。

【蚼蚄】[1]

即蚩。此稱清代已行用。見該文。

【窩葉蟲】

即蚩。此稱清代已行用。見該文。

穿蟲

專食豆葉之蟲。螣屬。長寸許，頭白身赤。《爾雅·釋蟲》："食葉，蟘。"清郝懿行義疏："今登萊人呼爲綿蟲。其食豆葉者呼爲穿蟲，亦長寸許，身赤頭白，亦食豆粒也。"參見本卷《昆蟲説·蝶、蛾考》"螣[2]"文。

蟊

泛指專以植物根苗爲食的害蟲。亦稱"鐵蜅""殭蟲"。《詩·小雅·大田》："去其螟螣，及其蟊賊。"毛傳："食根曰蟊，食節曰賊。"《爾雅·釋蟲》："食根，蟊。"清郝懿行義疏："今蟲食根者有二種。其一肥長，灰黑色，名鐵蜅，最饒猛；其一細而差短，淺黃色，體堅礓，因名殭蟲。二種並根爲患。"明堵允錫《地方利弊十疏》："去害而馬肥，去蟊而禾茂。"亦稱"爛根蟲"。清李元《蠕範》卷四："蟊，爛根蟲也。色黑，兩端尖鋭，尾有岐，能螫人。居禾之根，潛泥食根，則禾爲之黃。"參見本卷《昆蟲説·蝶、蛾考》"螟"文。

【鐵蜅】

即蟊。此稱清代已行用。見該文。

【殭蟲】

即蟊。此稱清代已行用。見該文。

【爛根蟲】

即蟊。此稱清代已行用。見該文。

賊

泛指專以植物莖節爲食的害蟲。《詩·小雅·大田》："去其螟螣，及其蟊賊。"毛傳："食節曰賊。"唐孔穎達疏引晉陸璣云："賊，似桃李中蠹蟲，赤頭，身長而細耳。"亦作"蠈"。漢王符《潛夫論·本訓》："麟龍鸞鳳，蟊蠈蟓蝗，莫不氣之所爲也。"《廣韻·入德》："蠈，食禾節蟲。亦作賊。"清吳蔚光《囤户嘆》："食葉則有螟，食節則有蠈。"亦作"蠈"，亦稱"戳蟲"。《爾雅·釋蟲》："食節，賊。"唐陸德明釋文：“蟖，今本作賊。”清郝懿行義疏：“今食苗節者，俗呼截蟲。身白，頭紫色，不及木中者肥而長也。善鑽禾稈，令禾不蕃。”亦稱“鋸節蟲”。清李元《蠕範》卷四：“蟖，鋸節蟲也。”參見本卷《昆蟲説·蝶、蛾考》“螟”文。

【蟖】

同“賊”。此體漢代已行用。見該文。

【蟖】

同“賊”。此體唐代已行用。見該文。

【截蟲】

即賊。此稱清代已行用。見該文。

【鋸節蟲】

即賊。此稱清代已行用。見該文。

蚜蚄蟲

昆蟲名。鱗翅目夜蛾科黏蟲（*Mythimua separata*）之幼蟲。形似尺蠖，長寸許，頭褐色，背有彩色縱紋。其行亦如尺蠖，屈伸嚮前。以植物莖葉爲食，對農作物危害很大。北魏賈思勰《齊民要術·收種》：“《氾勝之術》曰：牽馬令就穀堆食數口，以馬踐過爲種，無蚜蚄蟲也。”亦省稱“蚜蚄”。唐皮日休《鹿門隱書》：“能害稼，不能害人。”《類篇·虫部》：“蚜，蚜蚄，蟲名，食苗者。”亦省作“子方”“子方蟲”。清褚人穫《堅瓠集·秘集》引《史册拾遺》：“元豐中，慶州界内生一種蟲，名子方。秋田之際，害稼殆盡。忽又生一種蟲，名曰旁不肯……遇子方蟲，以鉗鑷之，悉爲兩段，旬日子方蟲皆盡。”

【蚜蚄】[2]

“蚜蚄蟲”之省稱。此稱漢代已行用。見該文。

【子方】

同“蚜蚄”。即蟲。此體清代已行用。見該文。

【子方蟲】

同“蚜蚄蟲”。此稱清代已行用。見該文。

蟲

蟲名。因主要爲害瓜田，故亦稱“瓜蟲”。北魏賈思勰《齊民要術·種瓜》引崔寔曰：“十二月臘時祀炙蕫，樹瓜田四角，去蟲。”原注：“瓜蟲謂之蟲。”《玉篇·虫部》：“蟲，瓜蟲也。”蟲亦可傷麥。《金史·宣宗紀上》：“〔至寧四年夏四月〕甲辰，有司言，扶風、郿縣有蟲傷麥。”按，《廣韻》《集韻》又以蟲爲“桑蟲”，似當別有所指。

【瓜蟲】

即蟲。此稱北魏已行用。見該文。

結草蟲

蟲名。體圓而長，暗黑色。常在草木上端折屈葉片爲巢，經兩年化蛹變蛾。春季以梅、茶、李等之嫩芽爲食，多有危害。亦稱“結葦”。晋崔豹《古今注·魚蟲》：“結草蟲，一名結葦。好於草末折屈草葉以爲巢窟。處處有之。”亦稱“木螺”“蓑衣丈人”。《説郛》卷三一引《采蘭雜誌》：“結草蟲，一名木螺，一名蓑衣丈人。”

【結葦】

即結草蟲。此稱晋代已行用。見該文。

【木螺】

即結草蟲。此稱元代已行用。見該文。

【蓑衣丈人】

即結草蟲。此稱元代已行用。見該文。

橘蠹

蟲名。寄生於橘樹之蠹蟲。狀似蠶，能作繭。一説其成蟲爲黑蛺蝶。宋范成大《秋日田園雜興十二絶》："橘蠹如蠶入化機，枝間垂繭似蓑衣。忽然蜕作多花蝶，翅粉才乾便學飛。"《事物異名録·昆蟲部》："《珍珠船》：黑蛺蝶，大如蝙蝠，橘蠹所化。北人或名元武蟬。"按，今黑蛺蝶屬鱗翅目。參見本卷《昆蟲説·甲蟲考》"蝎[1]""蠰"文。

皂莢蠹蟲

蟲名。以其寄生於皂莢樹上，故稱。狀似青蟲，其色始青後黑，入中藥。亦稱"皂莢蛀蟲"。明劉文泰《本草品彙精要續集》："皂莢蠹蟲，主豁痰，通關格，功同皂莢。祛風痹。〔名〕皂莢蛀蟲。〔地〕出皂莢中……〔質〕狀如草葉上青蟲，微黑便出，所以不見……若不待時候細心採之，恐難得耳。"亦稱"牙皂樹蟲"。清趙學敏《本草綱目拾遺·蟲部·牙皂樹蟲》："《救生苦海》云：此樹大如錢，粗者方得有蟲。但取之有法，以利刀速砍其樹，遲則蟲即下行之根，不可得。其蟲子時下行，過午則上行，須午後伐取。"

【皂莢蛀蟲】

即皂莢蠹蟲。此稱明代已行用。見該文。

【牙皂樹蟲】

即皂莢蠹蟲。此稱清代已行用。見該文。

蘆蠹蟲

蟲名。以其寄生於蘆葦節間，故稱。狀似蠶而小，入中藥。亦稱"蘆中蟲"。宋唐慎微《證類本草·蟲魚部》引唐陳藏器曰："蘆中蟲，無毒。主小兒飲乳後吐逆，不入腹亦出。破蘆節中，取蟲二枚，煮汁飲之。蟲如小蠶。"明李

明珍《本草綱目·蟲三·蘆蠹蟲》："〔集解〕藏器曰：出蘆節中，狀如小蠶。"省稱"蘆蠹"。《山堂肆考》卷二八二："蘆蠹，本草蘆蠹蟲，治小兒飲乳吐遞。狀如小蠶。"

【蘆中蟲】

即蘆蠹蟲。此稱唐代已行用。見該文。

【蘆蠹】

"蘆蠹蟲"之省稱。此稱明代已行用。見該文。

蒼耳蠹蟲

蟲名。以其寄生於蒼耳草梗中，故稱。狀似小蠶，入中藥。亦稱"麻蟲"。明李時珍《本草綱目·蟲三·蒼耳蠹蟲》："〔集解〕時珍曰：蒼耳蠹蟲，生蒼耳梗中，狀如小蠶。"又〔附方〕治一切疔腫引《聖濟總録》："用麻蟲（即蒼耳草内蟲，炒黄色）、白僵蠶、江茶，各等分爲末，蜜調塗之。"亦稱"蒼耳子蟲""蒼耳草蟲"。清陸以湉《冷廬雜識》："比在杭郡，學舍旁蒼耳草蟲甚多，以療疔毒，無不獲效。"

【麻蟲】[1]

即蒼耳蠹蟲。此稱宋代已行用。見該文。

【蒼耳子蟲】

即蒼耳蠹蟲。此稱清代已行用。見該文。

【蒼耳草蟲】

即蒼耳蠹蟲。此稱清代已行用。見該文。

青蒿蠹蟲

蟲名。以其寄生於青蒿節間，故稱。狀似蠶而小，入中藥。明李時珍《本草綱目·蟲三·青蒿蠹蟲》："〔集解〕時珍曰：此青蒿節間蟲也。狀如小蠶，久亦成蛾。"明劉文泰《本草品彙精要續集》亦稱"青蒿蛀蟲"。清代亦稱"青蒿蟲"。清陸以湉《冷廬雜識》："又青蒿蟲，

治小兒驚風最靈。”

【青蒿蛀蟲】

即青蒿蠹蟲。此稱明代已行用。見該文。

【青蒿蟲】

即青蒿蠹蟲。此稱清代已行用。見該文。

蔗蛄

蟲名。生於甘蔗田中，形似蠶，以蔗根爲食。清趙學敏《本草綱目拾遺·蟲部·蔗蛄》：“漳、泉種蔗田中，出一種蟲，如蠶，食蔗根，名蔗蛄。土人食之，味甚甘美。”

黄麻梗蟲

蟲名。以其寄生於黄麻梗節中，故稱。形似小蠶，細長，入中藥。省稱“黄蔴蟲”“黄麻蟲”“麻蟲”。明王肯堂《證治準繩》：“蜣螂膏，治疔毒。蜣螂三個，肚白者，黄蔴蟲十個。”清趙學敏《本草綱目拾遺·蟲部·黄麻梗蟲》：“黄麻梗蟲，須秋時先收取，以葱管藏之。《百草鏡》：‘麻蟲生麻梗近根上一節中，二月化爲飛蟲，穿穴去。山左人每於刈麻時，將蟲連麻梗寸斷，布袋裝盛，帶至南方，貨與養禽鳥家，飼畫眉、百翎之用。云其蟲性暖，去風行血，鳥食之可以禦寒。蟲形如小蠶，細長明净。’”又：“《程林即得方》：‘用黄麻梗内蟲，以葱葉包貯，掛風頭令乾。將疔瘡挑破，以麻蟲少許，入於所挑之處，瘡即化爲水而癒。’陶節菴治疔蜣螂膏：‘用蜣螂三個（肚白者佳），黄麻蟲十個，二味擣匀，撥破患處貼之。’”

【黄蔴蟲】

即黄麻梗蟲。此稱明代已行用。見該文。

【麻蟲】[2]

“黄麻梗蟲”之省稱。此稱清代已行用。見該文。

蓼蟲

蟲名。以其寄生於蓼草之上，故名。形似螟蛉，黑喙黄身。漢東方朔《七諫·怨世》：“桂蠹不知所淹留兮，蓼蟲不知徙乎葵菜。”南朝宋鮑照《代放歌行》：“蓼蟲避葵堇，習苦不言排。”《爾雅翼·釋蟲》：“古人有言，蓼蟲不知徙乎葵菜。”亦稱“蓼蠹蟲”。明彭大翼《山堂肆考》卷三五：“蓼蠹蟲，生蓼枝中，黄身黑嘴。作羊膻氣，形似螟。”

【蓼蠹蟲】

即蓼蟲。此稱明代已行用。見該文。

棉花蟲

蟲名。以其寄生於木棉棵上，故稱。清吴蔚光《東鄉謡》：“今年幸無潮與風，陡然生出棉花蟲。齩節節便斷，喫葉葉便短。葉短難再長，節斷花亦傷。”省稱“花蟲”。清朱嶽《木棉謡》：“花蟲不畏畏風潮，播種還争下手早。”

【花蟲】

“棉花蟲”之省稱。此稱清代已行用。見該文。

牛膝蛀

蟲名。因寄生於牛膝草節中，故名。清趙學敏《本草綱目拾遺·蟲部·牛膝蛀》引《李氏草秘》：“蟲生牛膝草節中。香油浸製，治指頭毒，晝夜痛不可忍者，敷上即愈。”

芝麻蟲

蟲名。以其寄生於芝麻節梗中，故稱。狀似小蠶，绿色，入中藥。清趙學敏《本草綱目拾遺·蟲部·芝麻蟲》：“芝麻蟲，生芝麻梗中，三更輒從下而上，至頂食露，五更輒下，取之以夜。性熱助陽，入帷箔用。”

茄稞蟲

蟲名。以其寄生於茄稞梗中，故稱。形似蠋而小，綠色，入中藥。清趙學敏《本草綱目拾遺·蟲部·茄稞蟲》："此蟲生茄稞內，梗上有蛀眼，內即有蟲。其蟲帶綠色，黑嘴者是。治男女童瘵。"

茶蛀蟲

蟲名。以其寄生於茶籠之中，故稱。其屎入中藥。明李時珍《本草綱目·蟲三·茶蛀蟲》："〔集解〕時珍曰：此裝茶籠內蛀蟲也。取其屎用。"《續通志》卷一七八："棗蠹及茶蛀蟲治聤耳出汁。"

蠋

多種蛾蝶類幼蟲之通稱。形似蠶，大如指，色青。多寄生於桑、葵、槐等植物上，并食其葉。《詩·豳風·東山》："蜎蜎者蠋，烝在桑野。"毛傳："蜎蜎，蠋貌，桑蟲也。"《韓非子·內儲說上》："人見蛇則驚駭，見蠋則毛起。"亦作"蜀"。《説文·虫部》："蜀，葵中蠶也。"清段玉裁注："〔葵〕似作桑爲長。"又"《詩》曰蜎蜎者蜀。"又注："《豳風》文。今左旁又加虫，非也。"《爾雅翼·釋蟲》："蜀，葵中蠶也。從蟲，上目象蜀頭形，中象其身蜎蜎。葵者，菜之甘者也。古人有言，蓼蟲不知徙乎葵菜。今蜀食葵之甘，故其體肥大。"

【蜀】

同"蠋"。此體漢代已行用。見該文。

【蚅】

即蠋。亦作"厄"，亦稱"烏蠋"。《詩·大雅·韓奕》："鞗革金厄。"毛傳："厄，烏蠋也。"《爾雅·釋蟲》："蚅，烏蠋。"晉郭璞注："大蟲，如指，似蠶。"《爾雅翼·釋蟲》："蠋，一名蚅，狀雖可畏，然古人以金作比，而綴之車上以爲飾，故曰鞗革金厄。"明李時珍《本草綱目·蟲一·蠶》："〔集解〕時珍曰：凡諸草木皆有蚅蠋之類，食葉吐絲，不如蠶絲可以衣被天下，故莫得並稱。"參見"蠋"文。

【厄】

同"蚅"。此體先秦已行用。見該文。

【烏蠋】

即蚅。此稱漢代已行用。見該文。

藿蠋

蠋之寄生於豆葉上者。藿，豆葉。《莊子·庚桑楚》："奔蜂不能化藿蠋。"清王先謙集解引司馬彪曰："藿蠋，豆葉中大青蟲也。"《爾雅翼·釋蟲》引《廣志》曰："藿蠋有五色者香。"參見"蠋"文。

槐蠋

蠋之寄生於槐上者。《格致鏡源》卷一〇〇引《廣志》："藿蠋有五采者香，槐蠋五采有角者甚臭。"明李時珍《本草綱目·蟲一·枸杞蟲》〔集解〕引《廣志》曰："藿蠋香，槐蠋臭。"參見"蠋"文。

枸杞蟲

蠋之寄生於枸杞葉上者。亦稱"苟杞上

枸杞蟲
（明李時珍《本草綱目》）

蟲"。宋唐慎微《證類本草・蟲魚部》引陳藏器曰："〔苟杞上蟲〕其蟲如吞，食苟杞葉。"明李時珍《本草綱目・蟲一・枸杞蟲》："〔集解〕時珍曰：此《爾雅》所謂'蚅，烏蠋'也。其狀如蠶，亦有五色者。老則作繭，化蛾孚子。諸草木上皆有之，亦各隨所食草木之性。"參見"蠋"文。

【苟杞上蟲】

即枸杞蟲。此稱唐代已行用。見該文。

第七節　蜂、蟻考

甲骨文中已多見"蜂"字，有學者據蜂的相關卜辭推測，殷商時已開始養蜂。《詩・周頌・小毖》"莫予荓蜂，自求辛螫"，是我國關於蜂及蜇刺的較早記載。《禮記・內則》將"爵、鷃、蜩、范"列爲"人君燕食"，其中"范"即蜂子（蜂之幼蟲）。秦漢之際，蜂蜜、蜂子已廣泛入藥，亦説明人們對蜂的熟知和利用有着悠久的歷史。蜜蜂是對人類有重要貢獻的昆蟲之一，故歷代詩文中咏蜂之作尤多。然蜂又能以刺蜇人，亦常有人惡之。

蟻雖不像蜜蜂那樣於人有大益，然對其觀察、研究與利用不僅歷史久遠，而且資料非常豐富。《周禮》中已載有"蚳醢"，乃由蟻卵加工而成的蟻卵醬，專供"天子饋食"與"祭禮"之用。螞蟻還常被用來觀察物候和天氣變化，如《夏小正》："〔二月〕蚳來降……〔十月〕玄駒奔。"漢焦贛《易林・震之蹇》："蟻封户穴，大雨將集。"唐代段成式《酉陽雜俎》卷一七記載，螞蟻能通過一種聲音呼喚同伴，説明在唐代已有人確知昆蟲是有語言的。

蜂、蟻均屬膜翅目。本目昆蟲體型大小差异較大，體色較暗，或有艷者具有光澤和彩紋，體壁柔軟或角化。頭部靈活，頸細，複眼發達；觸角形狀各異，絲狀、棒狀或櫛狀，通常十二至十四節。口器主要適於咀嚼，也有特化適於舐吸者。胸部發達，前胸和中胸緊密結合，第一腹節并入胸部，稱爲"并胸腹節"。翅兩對，膜質，透明，前大於後，少數退化或變短。足一般細長，也有粗短或加厚毛者。雌性有發達的產卵器，多爲針狀，或具刺蜇能力。

膜翅目昆蟲爲完全變態。卵多爲卵圓或香蕉形。幼蟲或有足或退化，頭兩側各有一個單眼。蛹爲裸蛹，一般有繭保護。膜翅目昆蟲特有的一個現象是蜜蜂和螞蟻有複雜的社會組織，在其本身的組織內，分工明確，各盡其職。

本目全世界已知種類約十二萬種，我國已知有兩千三百餘種。

需要説明，白蟻今屬等翅目，古代則與螞蟻同屬一類，今亦一并考之。

蜂

　　昆蟲名。膜翅目蜜蜂科、胡蜂科、土蜂科等所屬各種蜂類之通稱。多群聚而栖，每群由蜂王、雄蜂和工蜂組成。蜂王即雌蜂，通常一隻，主司產卵；雄蜂數百，專司與蜂王交尾，以繁殖後代；工蜂最衆，體較小，有翅善飛，尾端多具蜇刺，職司采花釀蜜、喂飼幼蟲、築巢禦敵，一般所謂蜂，多指此而言。蜂蜜可供食用，蜂毒、蜂膠等亦入藥用。蜂類甚多，分布極廣。近年山東萊陽及臨朐山旺曾發現蜂之化石，距今約兩千萬年。蜂字初亦作“蠭”或“螽”，後俗作“蜂”。《詩·周頌·小毖》：“莫予荓蜂，自求辛螫。”朱熹集注：“蜂，小物而有毒。”《説文·虫部》：“蠭，飛蟲螫人者。從䖵，逢聲。蠭，古文省。”《左傳·僖公二十二年》：“蠭蠆有毒，而況國乎？”陸德明釋文：“蠭，俗作蜂。”《楚辭·天問》：“蠭蛾微命，力何固？”洪興祖補注：“蠭，一作蜂。”《集韻·平鐘》：“〔蠭〕古作螽，通作蜂。”亦稱“范”，後作“蜫”。《禮記·檀弓下》：“范則冠而蟬有緌。”鄭玄注：“范，蜂也。”《玉篇·虫部》：“蜫，蜂也。”明李明珍《本草綱目·蟲一·蜜蜂》：“〔釋名〕時珍曰：蜂尾垂鋒，故謂之蜂。蜂有禮範，

蜂
（清王概等《芥子園畫譜》）

故謂之蜂。”亦稱“羅叉”“萬”“小峭”。《事物異名録·昆蟲部·蜂》：“《石藥爾雅》：蜂一名羅叉。”又：“《埤雅》：蜂一名萬，蓋蜂類衆多，動以萬計。”又：“《清異録》：蜂爲小峭。”按，工蜂爲生殖系統不發育之雌性蜂，古人云純雄無子，實誤。

【蠭】

　　“蜂”之古字。此體秦漢時期已行用。見該文。

【螽】

　　同“蠭”。“蜂”之古字。此體秦漢時期已行用。見該文。

【范】

　　即蜂。此稱秦漢時期已行用。見該文。

【蜫】

　　即蜂。此體宋代已行用。見該文。

【羅叉】

　　即蜂。此稱唐代已行用。見該文。

【萬】

　　即蜂。此稱宋代已行用。見該文。

【小峭】

　　即蜂。此稱宋代已行用。見該文。

【蠓蝓】

　　即蜂。《方言》第十一：“蠭，燕趙之間謂之蠓蝓。”清錢繹箋疏：“蠓蝓並疊韻字。”因幼蜂長成工蜂後，須經小孔飛昇而出，故亦稱“孔昇翁”。唐段成式《酉陽雜俎·支諾皋中》：“禪師隱於柱聽之，有曰：‘孔昇翁爲君筮不詳，君頗記無？’”按，明彭大翼《山堂肆考》卷二二六《昆蟲》作“孔昇兒”，明余庭璧《事物異名·昆蟲》云蒙古語稱“著哥”。參見“蜂”文。

【孔昇翁】

　　“蜂”之戲稱。此稱唐代已行用。見該文。

【孔昇兒】

　　即蜂。此稱明代已行用。見該文。

【著哥】

　　蜂之蒙古語。見該文。

蜂王

　　蜂群中能産卵的雌蜂。一群中通常衹有一隻，體大，腹長，翅短，居巢内，專司産卵以繁殖後代。唐張鷟《滄州弓高縣實性寺釋迦像碑》：“蜂王獻蜜，紛飛紫紺之樓；龍女持花，出入珊瑚之殿。”宋楊萬里《蜂兒》詩：“蜜成萬蜂不敢嘗，要輸蜜國供蜂王。”亦稱“蜂母”。宋唐慎微《證類本草·蟲魚部·蜂子》引《本草圖經》曰：“謹按《嶺表録異》載，宣、歙人取蜂子法……土人採時，須以草衣蔽體，以捍其毒螫，復以烟火熏散蜂母，乃敢攀緣崖木，斷其蒂。”參見“蜂”文。

【蜂母】

　　即蜂王。此稱唐代已行用。見該文。

將蜂

　　雄蜂。體壯，頭圓，翅大，尾粗，無蜇刺。專司與蜂王交尾而無他功，交尾後即死亡。亦稱“相蜂”。《淵鑑類函·蟲豸部·蜂一》引《陰陽變化録》曰：“蜂每歲三四月則生黑色蜂，名曰將蜂，又名相蜂。不能采花，但能釀蜜，蓋無此蜂則蜜不成。至七八月間盡死，不死則群蜂饑。俗云：相蜂過冬，蜂族必空。”清李元《蠕範》卷一：“其將蜂色黑，不采花而能釀蜜。”按，古云將蜂能釀蜜，實誤。參見本卷《昆蟲説·蜂、蟻考》“蜂”文。

【相蜂】

　　即將蜂。此稱明代已行用。見該文。

稺蜂

　　蜂名。體小腰細，類似螺蠃。亦作“稚蜂”。《列子·天瑞》：“純雌其名大腰，純雄其名稺蜂。”晋張湛注：“〔稺〕古稚字。”又引司馬彪曰：“稚蜂，細腰者，取桑蟲祝之，使似己子也。”《爾雅翼·釋蟲》：“蠁，種類至多。其黄色細腰者，謂之稚蜂。腰間極細，僅相聯屬。”明李明珍《本草綱目·蟲一·蠮螉》：“〔正誤〕時珍曰：今通攷諸説，並視驗其卵，及蜂之雙雙往來，必是雌雄……《列子》言純雄無雌，其名將蜂，《莊子》言細腰者化，則自古已失之矣。”按，蜂群中數量最多的工蜂，爲没有生殖力的雌蜂，古云純雄無雌，實誤。參見“蜂”“螺蠃”文。

【稚蜂】

　　同“稺蜂”。此體漢代已行用。見該文。

蜜蜂

　　蜂之一類。屬膜翅目蜜蜂科，我國最常見者爲人工飼養的中華蜜蜂（*Apis cerana Fabricius*）。工蜂體小，暗褐色，身被灰黄色細毛。頭略呈三角形，有複眼一對，觸角膝狀彎曲。胸分三節，有翅兩對，膜質透明。足三對，具采集花粉之構造。腹呈圓錐狀，有黑黄相間之環帶，末端尖鋭，有毒腺與蜇針。腹下有蠟板四對，内有蠟腺。蜂王體大，翅短小，腹部尤長。雄蜂較工蜂大，頭呈圓球狀，無毒腺和蜇針。成群而居，其中工蜂專司采花釀蜜，以供食用。此外，蜂王漿、蜂蠟、蜂毒等亦有較高食用或藥用價值。亦作“蜜蠭”。南朝宋裴松之《上〈三國志注〉表》：“竊惟續事以衆色成文，蜜鑪以兼采爲味，故能使絢素有章，甘逾本質。”唐杜甫《敝廬遣興奉寄嚴公》詩：“風輕粉蝶喜，花暖蜜蜂喧。”《爾雅翼·釋蟲》：“蜜蜂似蜂而小，工作蜜……今人家畜者，質小而微黃，大率腰腹相稱，如蠅蟬也。”亦稱“蠟蜂”。《埤雅·釋蟲》：“〔蜂〕採取百花釀蜜，其房如脾，今謂之蜜脾……一名蠟蜂。”參見本卷《昆蟲説·蜂、蟻考》“蜂”文。

【蜜鑪】

同“蜜蜂”。此體南北朝時期已行用。見該文。

【蠟蜂】

即蜜蜂。此稱宋代已行用。見該文。

【蜜官】

即蜜蜂。宋陶穀《清異録·花賊》：“温庭筠嘗得一句云：‘蜜官金翼使’，遍示知識，無人可屬。久之，自聯其下曰：‘花賊玉腰奴。’予以爲道盡蜂鑪。”亦稱“蜜蟲”。宋黃庭堅《二十八宿歌贈别無咎》：“藥材根氐罹斸掘，蜜蟲奪房抱饑渴。”參見“蜜蜂”文。

【蜜蟲】

即蜜官。此稱宋代已行用。見該文。

蜾蠃

蜂之一種。膜翅目，蜾蠃科，蜾蠃（*Eumenes pomifomis* Fabr.）。體色青黑，長約半寸。有複眼一對，觸角棒狀。翅膜質，半透明。腰細，尾有蜇針及產卵器。常以泥土營巢於樹枝或墻壁上。產卵前，先捕捉蜘蛛、螟蛉等將其麻醉後放入巢内，以寄生己子。古時認爲蜾蠃養螟蛉爲己子，實誤。亦稱“蒲盧”。《詩·小雅·小宛》：“螟蛉有子，蜾蠃負之。”毛傳：“蜾蠃，蒲盧也。”鄭玄箋：“蒲盧取桑蟲之子，負持而去，

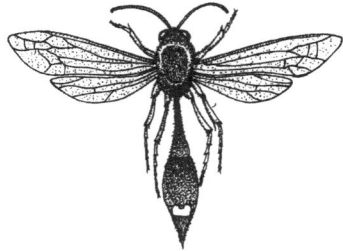
蜾　蠃

煦嫗養之，以成其子。”蜾蠃亦作“果蠃”或“蟲蠃”，蒲盧亦作“蒲蘆”。《爾雅·釋蟲》：“果蠃，蒲盧。”《説文·虫部》：“《詩》曰：‘螟蠕有子，蜾蠃負之。’……蟲或从果。”三國吳陸璣《毛詩草木鳥獸蟲魚疏》卷下：“蜾蠃，土蜂也。一名蒲盧，似蜂而小腰。”唐代亦稱“螺母”。唐白居易《禽蟲十二章》詩之九：“蟻王化飯爲臣妾，螺母偷蟲作子孫。”宋人或據作窠位置之異，以别蜾蠃、蠮螉、蒲盧。《淵鑑類函·蟲豸部·果蠃》〔增〕引宋彭乘《墨客揮犀》：“《詩》云：‘螟蛉有子，蜾蠃負之。’其類有三：銜泥營巢於室壁間者，曰蜾蠃；穴地爲巢者，名蠮螉；窠於書卷、筆管中者爲蒲盧。名既不同，質狀大小亦異。”此説可參。按，古多以土蜂、蜾蠃爲一，或因其形似，或同名實异。今分别爲二。參見本卷《昆蟲説·蜂、蟻考》“蜂”文。

【果蠃】

同“蜾蠃”。此體秦漢時期已行用。見該文。

【蟲蠃】

同“蜾蠃”。此體漢代已行用。見該文。

【蒲盧】

即蜾蠃。此稱秦漢時期已行用。見該文。

【蒲蘆】

同“蒲盧”。即蜾蠃。此體三國時期已行用。見該文。

【螺母】

即蜾蠃。此稱唐代已行用。見該文。

【細腰蜂】

即蜾蠃。以其腰細，故名。省稱"細要"，要同"腰"。《説文·虫部》："蜾蠃，蒲盧，細要，土蜂也。"亦作"細胥蠶"。《爾雅·釋蟲》："果蠃，蒲盧。"晉郭璞注："即細胥蠶。"唐韓愈《孟東野失子》詩："細腰不自乳，舉族常孤鰥。"宋代亦稱"細腰黑蜂"。《爾雅翼·釋蟲》："果蠃，即細腰黑蜂也。"又："今細腰蜂作房在小樹上，及人家簷下，房皆倒懸，其綴着處必以漆。"明李時珍《本草綱目·蟲一·蠮螉》〔釋名〕引陶弘景曰："此類甚多，雖名土蜂，不就土中作窟，謂捷土作房爾。"參見"蜾蠃"文。

【細要】

"細腰蜂"之省稱。此稱漢代已行用。見該文。

【細胥蠶】

同"細腰蜂"。此體晉代已行用。見該文。

【細腰】

即細腰蜂。此稱唐代已行用。見該文。

【細腰黑蜂】

即細腰蜂。此稱宋代已行用。見該文。

【貞蟲】

即蜾蠃。古人以爲其純雄無雌，無牝牡之合，故稱。《墨子·明鬼下》："百獸貞蟲，允及飛鳥，莫不比方。"《淮南子·説山訓》："貞蟲之動，以毒螫。"漢高誘注："貞蟲，細腰蜂，蜾蠃之屬。無牝牡之合曰貞。而有毒，故能螫。"參見"蜾蠃"文。

蠮螉

蜾蠃一類小蜂。體小腰細，銜土築巢。亦稱"蚼蛻"。《方言》第十一："〔蠭〕其小者謂之蠮螉，或謂之蚼蛻。"晉郭璞注："小細腰蠭也。"清錢繹箋疏："蠮螉、蚼蛻皆雙聲。蠮螉以其聲言之，蚼蛻以其形言之，並以小得名也。"亦稱"蟧"或"螉"，亦作"蟧螉"。《廣雅·釋蟲》："蟧，螉也。"清王念孫疏證："即下文蠮螉也。"《玉篇·虫部》："蟧，蟧螉。"亦作"螠螉"。《淵鑑類函·蟲豸部·果蠃》："〔增〕《埤雅》曰：果蠃，一名螠螉。"按，《廣雅》又以土蜂爲蠮螉之異稱，清王念孫疏證："蠮螉銜土作房，故又有土蜂之名。與《爾雅》土蠭地中作房者，同名異實。"參見本卷《昆蟲説·蜂、蟻考》"蜂""蜾蠃"文。

蠮　螉
（《補遺雷公炮製便覽》）

【蚼蛻】

即蠮螉。此稱漢代已行用。見該文。

【蟧】

即蠮螉。此稱三國時期已行用。見該文。

【螉】

即蠮螉。此稱三國時期已行用。見該文。

【蟧螉】

同"蠮螉"。此體宋代已行用。見該文。

【螠螉】

同"蠮螉"。此體宋代已行用。見該文。

奔蜂

蜂名。體小細腰，類似蜾蠃。《莊子·庚桑楚》："奔蜂不能化藿蠋，越雞不能伏鵠卵。"晉司馬彪注："奔蜂，小蜂也。"唐成玄英疏："奔蜂，細腰土蜂也。"清黃宗羲《蘇州三峰漢月藏禪師塔銘》："奔蜂而化藿蠋，越雞而伏鵠卵。"參見本卷《昆蟲説・蜂、蟻考》"蜂""蜾蠃"文。

土蜂

蜂之一種。膜翅目，土蜂科，土蜂（*Discolia vittifrons* Sch.）。體圓而長，色黑，身被細毛。頭略寬，觸角色黃。翅二對，膜質，褐色。足三對，粗壯。尾有蜇針，能蜇人。以其善築巢於沙地中，故稱。亦作"土蠭"。《爾雅・釋蟲》："土

土　蜂

蠭，木蠭。"郭璞注："今江東呼大蠭在地中作房者爲土蠭。"宋唐慎微《證類本草・蟲魚部・蜂子》引唐陳藏器曰："其穴居者名土蜂，最大，蜇人至死。"《爾雅翼・釋蟲》："土蠭黑色，似木蠭而大，地中作房。蠭之最大者，蜇人至死，能食蜘蛛。"亦稱"蚮蠆"。《格致鏡原・昆蟲類一・蜂》引《格物總論》："蜂穴居者最大，一名蚮蠆，尾能蜇人。"參見本卷《昆蟲説・蜂、蟻考》"蜂""胡蜂"文。

【土蠭】

同"土蜂"。此體秦漢時期已行用。見該文。

【蚮蠆】

即土蜂。此稱清代已行用。見該文。

【馬蜂】

即土蜂。亦作"馬蠭"。亦稱"蠤""戇蜂"。《爾雅・釋蟲》"土蠭"晉郭璞注："今江東呼大蠭在地中作房者爲土蠭，唸其子，即馬蠭。今荆巴間呼爲蠤。"清郝懿行義疏："按土蠭，今呼戇蜂。大者斃牛，其房層累，大於十斗甕器。"亦稱"蠤蜂"。明李時珍《本草綱目・蟲

一・土蜂》〔釋名〕引唐蘇頌曰："郭璞注《爾雅》云：'今江東呼大蜂在地中作房者爲土蜂，即馬蜂也。荆巴間呼爲蠤蜂。'"參見"土蜂"文。

【馬蠭】

即馬蜂。此稱晉代已行用。見該文。

【蠤】

即馬蜂。此稱晉代已行用。見該文。

【戇蜂】

即馬蜂。此稱清代已行用。見該文。

【蠤蜂】

即馬蜂。此稱約唐代已行用。見該文。

【蜚零】

即土蜂。《神農本草經・上品》："土蜂子，主癰腫。一名蜚零。生山谷。"《事物異名録・昆蟲部・蜂》引《正字通》："土蜂穴居作房，一名蜚零，荆巴間呼爲蠤蜂。"清李元《蠕範》卷一："蠤，蜚零也，土蜂也，馬蜂也。赤翎黑首，穴土最大，有毒，好食蜘蛛，能預知蜘蛛藏處，尋覓無遺。"參見"土蜂"文。

胡蜂

蜂之一類。屬膜翅目胡蜂科，我國常見者爲斑胡蜂（*Vespa mandarinia*）、黃胡蜂（*Vespula vulgaris* Linn.）。體較大而細，長寸餘，黃色及紅黑色，具黑色和褐色斑點及條帶。胸與腹部等寬，翅狹長。夏季築巢於屋檐下或樹枝間，橢圓形，内由密集的六角房組成。亦作"壺蠭"。《方言》第十一："〔蠭〕其大而蜜者，謂之壺蠭。"亦作"胡蠭"，亦稱"玄蠭"。《爾雅翼・釋蟲》："《楚

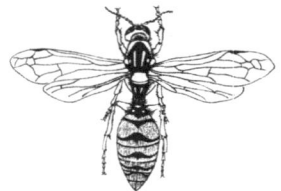

胡　蜂

辭》云：'赤蟻若象，玄蠭若壺。'壺形圓大，故蜂似之。《方言》：'蠭大而蜜，謂之壺蠭。'今人胡蜂亦呼爲胡蠭。"明代作"胡蜂"，沿稱至今。明李時珍《本草綱目·蟲一·大黄蜂》："〔釋名〕黑色者名胡蜂。"按，李氏以爲，大黄蜂與胡蜂"乃一類二種"，大黄蜂色黄而胡蜂色黑，是其異也。參見本卷《昆蟲説·蜂、蟻考》"蜂"文。

【壺蠭】

同"胡蜂"。此體漢代已行用。見該文。

【胡蠭】

同"胡蜂"。此體宋代已行用。見該文。

【玄蠭】

即胡蜂。玄，黑也。以其色黑，故名。此稱先秦時期已行用。見該文。

【㼐瓠蜂】

即胡蜂。宋唐慎微《證類本草·蟲魚部·蜂子》引南朝梁陶弘景："黄蜂則人家屋上者及㼐瓠蜂也。"亦稱"元瓠蜂"。宋寇宗奭《本草衍義》卷一七："蜂色赤黄，其形大於諸蜂，世謂之元瓠蜂。"原注："〔元〕音犯聖祖諱，今改爲元。"故元瓠蜂，本應作"玄瓠蜂"。明李時珍《本草綱目·蟲一·露蜂房》即引作"玄瓠蜂"。清代亦稱"瓠瓠蜂"。《爾雅·釋蟲》："土蠭，木蠭。"清郝懿行義疏："然則壺蠭亦木蠭，今呼之瓠瓠蜂，陶注所謂㼐瓠蜂也。"參見"胡蜂"文。

【元瓠蜂】

即㼐瓠蜂。此稱宋代已行用。見該文。

【玄瓠蜂】

同"元瓠蜂"。即㼐瓠蜂。此體宋代已行用，後因避諱，改"玄"爲"元"。見該文。

【瓠瓠蜂】

即蜂。此稱清代已行用。見該文。

黄蜂

蜂名。以其色黄而名。尾有螫針。宋蘇軾《送春》詩："酒闌病客惟思睡，蜜熟黄蜂亦懶飛。"清趙學敏《本草綱目拾遺·蟲部·藥蜂針》引《物理小識》曰："取黄蜂尾針，合硫煉，加冰、麝爲藥，置瘡瘍之頭，以火點之，灸瘡上。《本草》未載此法。"參見本卷《昆蟲説·蜂、蟻考》"蜂"文。

大黄蜂

蜂名。因其體大而色黄，故稱。亦稱"革蜂"。宋唐慎微《證類本草·蟲魚部·露蜂房》："凡使其窠有四件：一名革蜂窠。"明李時珍《本草綱目·蟲一·露蜂房》："〔集解〕時珍曰：革蜂，乃山中大黄蜂也，其房有重重如樓臺者。"按，李時珍又以大黄蜂爲胡蜂之"一類二種"。參見本卷《昆蟲説·蜂、蟻考》"蜂""胡蜂"文。

【革蜂】

即大黄蜂。此稱宋代已行用。見該文。

獨蜂

蜂名。因窠中獨居一蜂，故稱。宋唐慎微《證類本草·蟲魚部·露蜂房》引雷斅曰："次有獨蜂窠，大小只如鵝卵大，皮厚，蒼黄色，是小蜂肉并蜂翅，盛向裏只有一個蜂，大如小石燕子許，人馬若遭螫着立亡。"亦稱"七里蜂"。明李時珍《本草綱目·蟲一·露蜂房》："〔集解〕時珍曰：獨蜂，俗名七里蜂者是矣，其毒最猛。"參見本卷《昆蟲説·蜂、蟻考》"蜂"文。

【七里蜂】

即獨蜂。此稱明代已行用。見該文。

蟷蜂

蜂名。附生於橄欖樹上，形似樹葉，可入藥，或佩之辟蠱。宋代已有對此蜂的描述，至清始見其名。《淵鑑類函·蟲豸部·蜂》："〔增〕《投荒雜録》曰：'南海有蜂，生橄欖樹上，形類木葉。'"清趙學敏《本草綱目拾遺·蟲部·蟷蜂》："《粤志》：陽春有蟷蜂，嘗附橄欖樹而生，雖有手足，與木葉無別，須木葉凋落乃得之……佩之辟蠱。"亦稱"橄欖蜂"。清李元《蠕範》卷一："橄欖蜂，生橄欖樹上，形如木葉，有手足抱枝自附，與葉無別。仆樹彫葉而後辨。"按，蟷蜂，清屈大均《廣東新語·蟲語》作"蟷蠦"。參見本卷《昆蟲説·蜂、蟻考》"蜂"文。

【橄欖蜂】

即蟷蜂。此稱清代已行用。見該文。

【蟷蠦】

同"蟷蜂"。此體清代已行用。見該文。

赤腰蜂

蜂名。唐段成式《酉陽雜俎·支動》："又有赤腰蜂，養子於蜘蛛腹下。"按，《淵鑑類函·蟲豸部·蜂》〔增〕引陳藏器曰："諸飛蟲著蜘蛛之網皆不能脱，惟蜂不畏蜘蛛，反擒而食之。"故蜂或可養子於蜘蛛腹下。參見本卷《昆蟲説·蜂、蟻考》"蜂"文。

赤翅蜂

蜂名。以其翅赤，故稱。狀似土蜂，翅色赤，具毒。宋唐慎微《證類本草·蟲魚部》引唐陳藏器曰："赤翅蜂，有小毒……出嶺南，如土蜂，翅赤，頭黑，穿土爲窠，食蜘蛛。"明李時珍《本草綱目·蟲一·赤翅蜂》："〔集解〕時珍曰：此毒蜂穿土作窠者……養生遠害者，不

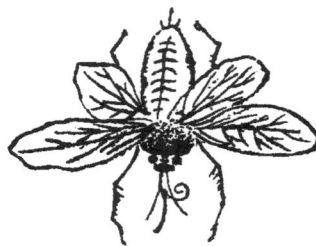

赤翅蜂
（明李時珍《本草綱目》）

可不知。"參見本卷《昆蟲説·蜂、蟻考》"蜂"文。

木蠦

蜂名。以其巢築於木上，故稱。《爾雅·釋蟲》："土蠦，木蠦。"晋郭璞注："似土蠦而小，在樹上作房，江東亦呼爲木蠦，又食其子。"按，清郝懿行義疏"今按木蠦有數種"，認爲凡巢於樹者，皆可謂之木蠦。又，明李時珍《本草綱目·蟲一·土蜂》〔集解〕引蘇頌作"木蜂"。參見"蜂"文。

【木蜂】

同"木蠦"。此體宋代已行用。見該文。

竹蜂

蜂名。體鈍圓而肥，大如小指，長近寸，黑色，身被黑絨毛。翅紫藍色，足黑色而短。亦可釀蜜。以其常營巢於竹木的莖稈中，故稱。亦稱"笛師"。《方言》第十一："其大而蜜者謂之壺蠦。"晋郭璞注："今黑蠦穿竹木作孔，亦有蜜者，呼笛師。"亦稱"留師"。宋唐慎微《證類本草·蟲魚部》引唐陳藏器："留師蜜……蜂如小指大，正黑色，齧竹爲窠，蜜如稠糖，酸甜好食。《方言》云留師，竹蜂也。"按，留或爲"笛"之誤。亦稱"竹蜜蜂"。唐段成式《酉陽雜俎·蟲篇》："蜀中有竹蜜蜂，好於野竹

上結窠，窠大如雞子，有帶，長尺許。窠與蜜並紺色可愛，甘倍於常蜜。"明李時珍《本草綱目·蟲一·竹蜂》："〔集解〕時珍曰：按今人家一種黑蜂，大如指頭，能穴竹木而居，腹中有蜜，小兒撲殺取食，亦此類也。"按，清錢繹認爲，陳藏器所謂之竹蜂，俗稱"鐵胡蘆"，有大毒。而笛師乃"小而黑，細腰者。常居竹管中，能鳴，聲如蠮螉，俗謂之螟蛉子"。説見《方言箋疏》。參見本卷《昆蟲説·蜂、蟻考》"蜂""胡蜂"文。

【笛師】

即竹蜂。此稱晉代已行用。見該文。

【留師】

即竹蜂。"留"或"笛"字之誤。見該文。

【竹蜜蜂】

即竹蜂。此稱唐代已行用。見該文。

石蜂

蜂名。色青，巢築於屋上。宋唐慎微《證類本草·蟲魚部·露蜂房》引雷敩曰："石蜂窠，只在人家屋上，大小如拳，色蒼黑，内有青色蜂二十一箇，不然只有十四箇，其蓋是石垢，粘處是七姑木汁，隔是竹衃。"明李時珍《本草綱目·蟲一·露蜂房》："〔集解〕時珍曰：石蜂、草蜂，尋常所見蜂也。"清李元《蠕範》卷一："石蜂，窠大如拳，色蒼黑。"參見本卷《昆蟲説·蜂、蟻考》"蜂"文。

草蜂

蜂名。宋唐慎微《證類本草·蟲魚部·露蜂房》引雷敩曰："凡使其窠有四件……四名草蜂窠是也。"明李時珍《本草綱目·蟲一·露蜂房》："〔集解〕時珍曰：石蜂、草蜂，尋常所見蜂也。"清李元《蠕範》卷一："草蜂，在草

中。"參見本卷《昆蟲説·蜂、蟻考》"蜂"文。

蛒蜂

蜂名。體較大而毒亦甚，窠於蹇鼻蛇穴下。亦單稱"蛒"。唐元稹《蟲豸詩·蛒蜂》詩序："蛒，蜂類而大，巢在蹇鼻虵穴下，故毒螫倍諸蜂蠆，中手足輒斷落，及心胸則扡裂。用他蜂中人之方療之，不能愈。"明李時珍《本草綱目·蟲一·赤翅蜂》："〔集解〕時珍曰：又有一種蛒蜂，出巴中，在蹇鼻蛇穴内，其毒倍常，中人手足輒斷，中心胸即扡裂，非方藥可療，惟禁術可制。"《通雅·動物》："巴中蛒蜂，在蹇鼻蛇穴内，最毒。"參見本卷《昆蟲説·蜂、蟻考》"蜂"文。

【蛒】[2]

即蛒蜂。此稱唐代已行用。見該文。

牛舌蜂

蜂名。以其窠似牛舌，故稱。宋寇宗奭《本草衍義》卷一七："露蜂房有兩種，一種小而其色淡黃，窠長六七寸至一尺者，闊二三寸，如蜜脾下垂，一邊是房，多在叢木鬱翳之中，世謂之牛舌蜂。"參見本卷《昆蟲説·蜂、蟻考》"蜂"文。

獨腳蜂

蜂名。形似小蜂，黑色，獨足連於樹上，出嶺南。宋唐慎微《證類本草·蟲魚部》引唐陳藏器曰："獨腳蜂……似小蜂，黑色，一足連樹根不得去，不能動搖，五月採取。出嶺南。"亦稱"獨足蟲"。《古今圖書集成·禽蟲典》引《物類相感志》："獨足蟲，形如小蜂，黑色，連樹不能去，位不能動摇。"亦稱"樹蜂"。《通雅·動物》："嶺南有樹蝶、樹蜂，皆連於樹上。"參見"蜂"文。參閱明李時珍《本草綱目·蟲

獨脚蜂
（明李時珍《本草綱目》）

一·獨脚蜂》。

【獨足蟲】

即獨脚蜂。此稱宋代已行用。見該文。

【樹蜂】

即獨脚蜂。此稱明代已行用。見該文。

异蜂

蜂名。體較蜜蜂略大，飛動勁疾。唐段成式《酉陽雜俎·蟲篇》："异蜂，有蜂如蠟蜂稍大，飛勁疾，好圓栽樹葉，捲入木竅及壁罅中作窠。成式常發壁尋之，每葉卷中實以不潔，或云將化爲蜜也。"清李元《蠕範》卷一："异蜂，似蜜蜂而大，飛勁疾，好栽圓葉，入木竅作窠。"參見本卷《昆蟲説·蜂、蟻考》"蜂"文。

鸞蜂

蜂名。唐蘇鶚《杜陽雜編》卷上："貞元八年，吳明國貢常燃鼎、鸞蜂蜜……鸞蜂蜜，云其蜂之聲有如鸞鳳，而身被五彩。大者可重十餘斤。"清李元《蠕範》卷一："鸞蜂，大者重十餘斤，聲如鸞鳳，身被五采，毒可殺象，釀蜜碧色，服之成仙。"按，此蜂疑爲傳説之物，待考。參見本卷《昆蟲説·蜂、蟻考》"蜂"文。

白蜂

蜂名。清李元《蠕範》卷一："白蜂，色白，土窠大如卵。"參見本卷《昆蟲説·蜂、蟻考》"蜂"文。

菌蜂

蜂名。清李元《蠕範》卷一："菌蜂，黑色，喙若鉅，長二三分，夜入人耳鼻。凡菌夜有光者，經雨化蜂。出嶺南。"按，此云菌化蜂，當誤。參見本卷《昆蟲説·蜂、蟻考》"蜂"文。

折腰蜂

蜂名。清李元《蠕範》卷一："折腰蜂，窠在沙中，崩則出，土人燒之爲琥珀。"參見本卷《昆蟲説·蜂、蟻考》"蜂"文。

蟻 [2]

昆蟲名。古代爲膜翅目蟻與等翅目白蟻之通稱。種類繁多，大小、顏色、習性不一，皆營巢群居。居而有等，每群中分雌蟻、雄蟻與工蟻三型，工蟻抑或變型爲兵蟻。各蟻分工不同，雌、雄蟻主司生殖繁衍，工蟻職爲築巢采食，兵蟻爲工蟻中專於保衛者，生息井然有序。成蟲體小，黑色或紅褐色。觸角呈膝狀彎曲，胸具六足，胸腹之間呈結節狀，尾部寬圓。雌蟻與雄蟻有翅，工蟻則無。卵生穴居，春出冬蟄，行則有隊。因種類之異，於人利害不等。其利者可捕食害蟲，如養柑蟻早在 1600 年前即用以防治柑橘蟲害。其害者破壞作物，甚至損屋潰堤，如白蟻之類。蟻，本作"蛾"，亦作"螘"。《説文·虫部》："蛾，羅也。"清段玉裁注："蛾，羅。見《釋蟲》。許次於此，當是。螘，一名蛾。古書説蛾爲蠶蛾者多矣。蛾是正字，蟻是或體……《爾雅》'螘'字本或作'蛾'，蓋古因二字雙聲通用，要之本是一物。"其説甚是，秦漢典籍中蛾作蟻例甚多。如《墨子·公孟》："是猶荷轅而擊蛾也。"清畢沅校注："蛾，同螘。"《文選·揚雄〈長楊賦〉》："皆稽顙樹頷，扶服蛾伏。"唐李善注："蛾伏，如蟻之伏也。蛾，古蟻字。"至唐，稱蟻之大者爲"馬蟻"，明清之際又作"螞蟻"，其義亦由專指蟻之大者漸變爲蟻之泛稱，并沿用至今。明李詡《戒庵老人漫筆》卷五："蟻謂之馬蟻，形如馬也。群聚成陣，俗謂之馬蟻作壘必有雨。"清翟灝《通俗編·蟲魚》："馬蟻是蟻之別種，而今以概呼凡蟻，且益虫旁爲螞字，舉世相承，不知其非矣。"清李元《蠕範》卷一："〔蟻〕穴居卵生，性畏烰炭、桐油、竹雞。居有等，行有隊，能知雨候，雨則穴户，春出冬蟄。"按蟻與白蟻，古同屬一類，今動物學則別爲二種，分屬二目。

【蛾】[2]

"蟻[2]"之本字。此稱漢代已行用。見該文。

【螘】[1]

"蟻[2]"之古字。此稱秦漢時期已行用。見該文。又，螘古時亦特指蟻之小者，見本卷《昆蟲説·蜂、蟻考》"螘[2]"文。

【螞蟻】

即蟻[2]。此稱明代已行用。見該文。

【蚍蜉】[1]

即蟻[2]。《禮記·學記》："蛾子時術之。"漢鄭玄注："蛾，蚍蜉也。"亦作"螲蟘""蜱蜉"。《漢書·五行志中》："宣公十五年冬，蝝生。劉歆以爲：蝝，螲蟘之有翼者，食穀爲灾，黑眚也。"唐顏師古注引孟康曰："螲蟘，音蚍蜉。"漢焦贛《易林·復之萃》："蜱蜉戴盆，不能上山。"亦作"蚍蚼"。宋陸游《小茸村居》詩：

"庳濕生蚍蚼，得暖森翅羽。"亦作"蠹螘""蚍螽"。《説文·虫部》："螘，蚍蜉也。"清段玉裁改"蚍蜉"爲"蠹螘"，并注："俗作蚍蜉，非是，今正。《蟲部》曰'蠹螘，大螘也'，析言之也，渾言之則凡螘皆曰蠹螘。"清桂馥義證又作"蚍蠹"。按，蠹亦作"虥"，同"蜉"，均爲或體。參見"蟻[2]"文。又，蚍蜉古亦特指蟻之大者。參見本卷《昆蟲説·蜂、蟻考》"蚍蜉[2]"文。

【螲蟘】

同"蚍蜉[1]"。此體漢代已行用。見該文。

【蜱蜉】

同"蚍蜉[1]"。此體漢代已行用。見該文。

【蚍蚼】

同"蚍蜉[1]"。此體宋代已行用。見該文。

【蠹螘】

同"蚍蜉[1]"。此體漢代指大螘，清代亦泛指蟻類。見該文。

【蚍蠹】

同"蚍蜉[1]"。此體清代已行用。見該文。

【螱蜉】

即蟻[2]。螱蜉爲蚍蜉之聲轉，故稱。亦稱"蚼蝚""蛾蜌"。《方言》第十一："蚍蜉，齊魯間謂之蚼蝚……燕謂之蛾蜌。"晉郭璞注："〔蚍蜉〕亦呼爲螱蜉。"錢繹箋疏："螱、蚍一聲之轉。"蚼蝚亦作"蚼蛘"。《廣韻·平虞》："蚼蛘，蚍蜉。"按，《事物異名錄·昆蟲部·蟻》引《方言》作"蚼蠓"，當爲形訛。清李元《蠕範》卷一"蟻"又稱"蝺螱""蜉螘"，未明所出及當否，待考。參見"蟻[2]"文。

【蚼蝚】

即螱蜉。古齊魯間語。見該文。

【蛾蛘】[1]

即蟄蜉。古燕語。見該文。

【蚼蛘】

同“蚼蠪”。即蟄蜉。此體宋代已行用。見該文。

【螻】[2]

即蟻[2]。亦稱“螻螘”或“螻蟻”。《吕氏春秋・慎小》：“巨防容螻而漂邑殺人。”又《盡數》：“流水不腐，户樞不螻，動也。”陳奇猷校釋引范耕研曰：“螻即螻蟻，《莊子》‘在下爲螻蟻食’，《楚辭・惜誓》‘爲螻蟻之所裁’，並指蟻而言，雖非本義，而古人亦有用之者。白蟻善蝕木。‘户樞不螻’，言不爲蟻所蝕，與不蠹説正同。”《淮南子・人間訓》：“千里之隄，以螻螘之穴漏。”宋周密《齊東野語・姚幹父雜文》：“況夫螻蟻至微，微而有知。”按，螻一般認爲乃蟻之泛稱，而據其善蠹之性，似當指白蟻而言。參見“蟻[2]”文。

【螻螘】

即螻[2]。此稱漢代已行用。見該文。

【螻蟻】

即螻[2]。此稱秦漢時期已行用。見該文。

【蠬蟜】

即蟻[2]。《廣韻・平宵》：“蠬蟜，螘也。”明余庭璧《事物異名・昆蟲》亦作“蠬蟜”，亦稱“蠬虮”“慕羶小子”。清代亦稱“石宫”。《淵鑑類函・蟲豸部・蟻》：“〔增〕《詞林海錯》曰：蟻名蠬蟜，一名石宫。”清李元《蠕範》卷一：“蟻……蠬蟜也，石宫也。”參見“蟻[2]”文。

【蠬蟜】

同“蠬蟜”。此體明代已行用。見該文。

【蠬虮】

即蠬蟜。此稱明代已行用。見該文。

【慕羶小子】

即蠬蟜。此稱明代已行用。見該文。

【石宫】

即蠬蟜。此稱清代已行用。見該文。

【槐安王】

“蟻[2]”之戲稱。據唐李公佐《南柯太守傳》載：淳于棼嘗醉卧古槐下，夢入槐安國，并任南柯太守。醒後則見槐下一大蟻穴，穴中有二大蟻爲王。後因戲稱蟻爲“槐安王”。事亦見《事物異名録・昆蟲部・蟻》引《異聞録》：“淳于棼夢入古槐穴中，題曰‘大槐安國’。入見王，命守南柯郡。寤，因尋槐下，穴有二大蟻，乃槐安王。又一穴直上南枝，即南柯郡也。”參見“蟻[2]”文。

【臂卑履】

即蟻[2]。梵語。《事物異名録・昆蟲部・蟻》引《正字通》：“梵言臂卑履，此云蟻。”參見“蟻[2]”文。

蚍蜉[2]

蟻之大者。色黑，善鬥。秦漢典籍亦稱“大螘”，俗稱“馬蚍蜉”。《爾雅・釋蟲》：“蚍蜉，大螘。”晉郭璞注：“俗呼爲馬蚍蜉。”唐代俗稱“馬蟻”。如唐段成式《酉陽雜俎・廣動植之二・蟲篇》：“蟻，秦中多巨黑蟻，好鬥，俗呼爲馬蟻。”《通志・昆蟲草木略》：“大蟻即馬蟻也，大而黑。”馬蟻亦作“馬螘”，亦稱“馬螘蛘”。《爾雅・釋蟲》“蚍蜉，大螘”清郝懿行義疏：“蚍蜉，今順天人呼馬螘，栖霞人呼馬螘蛘。”按，蚍蜉古亦泛指蟻類，參見本卷《昆蟲説・蜂、蟻考》“蚍蜉[1]”文。

【大螘】

　　即蚍蜉[2]。此稱漢代已行用。見該文。

【馬蚍蜉】

　　即蚍蜉[2]。此稱晋代已行用。見該文。

【馬蟻】

　　即蚍蜉[2]。此稱唐代已行用。見該文。

【馬螘】

　　同"馬蟻"。即蚍蜉[2]。此體清代已行用。見該文。

【馬螘蚱】

　　即蚍蜉[2]。此稱清代已行用。見該文。

【元駒】

　　即蚍蜉[2]。《大戴禮記·夏小正》:"〔十二月〕元駒賁。元駒也者，螘也；賁者何也？走於地中也。"一本"元駒"作"黝駒"。亦稱"元蚼"。《方言》第十一:"〔蚍蜉〕西南梁益之間謂之元蚼。"晋崔豹《古今注·問答釋義》:"河内人並河而見人馬數千萬，皆如黍米，游動往來，從旦至暮。家人以火燒之，人皆是蚊蜹，馬皆是大蟻。故今人呼蚊蜹曰黍民，名蟻曰元蚼也。"亦稱"玄駒""馬駒"。明李時珍《本草綱目·蟲二·蟻》:"〔釋名〕玄駒，蚍蜉。時珍曰:大蟻喜酣戰，故有馬駒之稱。"清李元《蠕範》卷一:"元蚼，黝駒也，馬蟻也。似蚍蜉而小，黑色好鬥，得食則呼群舁之，魚貫而來，力大善負。"參見"蚍蜉[2]"文。

【黝駒】

　　即元駒。元通"玄"，黑色，黝亦黑色。見該文。

【元蚼】

　　即元駒。此稱漢代已行用。見該文。

【玄駒】

　　即元駒。此稱明代已行用。見該文。

【馬駒】

　　即元駒。此稱明代已行用。見該文。

【蚼】

　　即蚍蜉[2]。清李元《蠕範》卷一:"蚼，蚍蜉也，大而黑，行遲鈍而有群，狀似飛蟻，力能舉等身之鐵。"參見"蚍蜉[2]"文。

螘[2]

　　蟻之一種。體小，色微黃。《爾雅·釋蟲》:"蚍蜉，大螘。小者，螘。"亦稱"小黃蟻"。《通志·昆蟲草木略》:"小蟻謂小黃蟻也。"亦稱"黃蟻"。《通雅·動物·蟲》:"小而微黃曰黃蟻。"亦稱"蛾蚱""絲蟻"。清李元《蠕範》卷一:"蛾蚱，絲蟻也，淺黃色，長不踰分，小於赤蟻，力不能負，呼群聚食。"

（明王圻等《三才圖會》）

【小黃蟻】

　　即螘[2]。此稱宋代已行用。見該文。

【黃蟻】

　　即螘[2]。此稱明代已行用。見該文。

【蛾蚱】[2]

　　即螘[2]。此稱清代已行用。見該文。

【絲蟻】

　　即螘[2]。此稱清代已行用。見該文。

蠬

　　蟻之一種。色赤斑駁，靈於諸蟻。亦稱"杆螘"。《爾雅·釋蟲》:"蠬，杆螘。"晋郭璞注:

"赤駮蚍蜉。"清郝懿行義疏:"杚之爲言赬也,赬、杚音近。此蟻赤駮,故以爲名。"杚亦作"丁"。《説文·虫部》:"蠪,丁螘也。"亦稱"赬螘"。清王引之《經義述聞·爾雅下》:"杚之言赬也。赬,赤也。螘色赤駮,故又謂之赬螘。"亦稱"赤蟻""虹螘"。清李元《蠕範》卷一:"蠪,赤蟻也,虹螘也。淺赤色,靈於諸蟻,形狀最小。"按,傳説中赤蟻如象,如《楚辭·招魂》"赤蟻若象",與此似有所別。

【杚螘】

即蠪。此稱漢代已行用。見該文。

【丁螘】

同"杚螘"。即蠪。此體漢代已行用。見該文。

【赬螘】

即蠪。此稱清代已行用。見該文。

【虹螘】

同"杚螘""丁螘"。即蠪。此體清代已行用。見該文。

【赤蟻】

即蠪。此稱清代已行用。見該文。

【蛆蟻】

即蠪。亦稱"丁蟻"。《通雅·動物·蟲》:"有蛆蟻,狀如黑蟻,化而羽,能螫人,《爾雅》所謂丁蟻也。"參見"蠪"文。

【丁蟻】

即蛆蟻。此稱明代已行用。見該文。

赤腰蟻

赤蟻群之主。清李元《蠕範》卷一:"〔蠪〕中有粗短者爲之主,色正黑,腰節微赤,俗名赤腰蟻,首鋭足高,走最輕迅,每六七則有主間之,呼群負物,聽主指使,主不用力,往來或翼或殿,每致生物入穴,輒壞其垤,防逸也。"

養柑蟻

蟻之一種。體較大,色黄,長足。晋唐時我國即人工飼養,用以防治柑橘蟲害。宋代始有此稱。晋嵇含《南方草木狀》:"交趾人以席囊貯蟻鬻於市者,其窠如薄絮,囊皆連枝葉,蟻在其中,並窠而賣。蟻亦黄色,大於常蟻。南方柑樹若無此蟻,則其實皆爲群蠧所傷,無復一完者矣。"唐劉恂《嶺表録異》:"嶺南蟻類極多……有黄色大於常蟻而脚長者,云南中柑子樹無蟻者,實多蛀,故人競買之,以養柑子也。"宋莊季裕《鷄肋編》卷下:"廣南可耕之地少,民多種柑橘以圖利,嘗患小蟲損食其實,惟樹多蟻,則蟲不能生。故園户之家,買蟻於人……謂之養柑蟻。"參見"蟻²"文。

獨脚蟻

蟻之一種。獨脚,與樹根相連。宋唐慎微《證類本草·蟲魚部》引唐陳藏器:"又有獨脚蟻,功用同蜂。亦連樹根下,能動摇。出嶺南。"亦稱"樹蟻"。《通雅·動物·蟲》:"嶺南有樹蝶、樹蜂、樹蟻,皆連於樹上。"清李元《蠕範》卷一:"獨脚蟻,一足連樹根而生,蠕動不行。"參見"蟻²"文。

【樹蟻】

即獨脚蟻。此稱明代已行用。見該文。

山螞蟻

蟻之一種。生於山谷,頭似虎,能飛。省稱"山蟻"。清趙學敏《本草綱目拾遺·蟲部·山螞蟻窠》:"張聖來云:山蟻生深山窮谷中,頭如虎,有牙鉗甚銛利,有翼能飛。"

【山蟻】

"山螞蟻"之省稱。此稱清代已行用。見該文。

虎蟻

蟻之一種。體大，好食群蟻。《通雅·動物·蟲》:"稍大好啖群蟻，曰虎蟻。"

青腰蟻

蟻之一種。清李元《蠕範》卷一:"青腰蟻，赤色，能飛，一尾而尖，腰中青黑，似狗獨。"

膠蟻

蟻之一種。清李元《蠕範》卷一:"膠蟻，九真移風縣，土赤如膠，墾之，以木樹其中，蟻緣而生漆，堅凝如蜱蛸。折漆以染絮，其色正赤，謂之赤絮。"因稱該蟻曰膠蟻。

白蟻

昆蟲名。爲等翅目昆蟲之統稱。群栖而居，每群由母蟻、雄蟻、工蟻、兵蟻組成。母蟻（蟻后）頭小腹大，專司産卵;雄蟻專職交配。卵經一個月即成幼蟲，再經幾次蜕皮，發育成不能生殖的工蟻和兵蟻。工蟻體小，觸角念珠狀，多節，司築巢、運卵、喂飼他蟻等職。兵蟻似工蟻而大，上顎尤爲發達，職司警衛與作戰。以木材、菌類等爲食，對房屋、橋梁、堤防等危害甚大。白蟻與蟻，今動物學分爲二目，

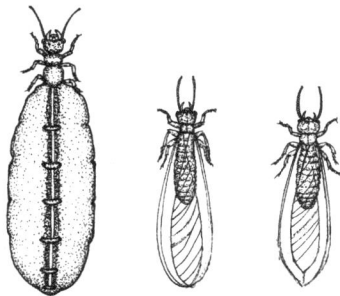

蟻后　　生殖蟻

白　蟻

而古人因兩者形態、習性多有相似之處，故同歸一類，稱謂亦多混雜。至宋始有"白螘"之稱，後作"白蟻"，沿稱至今。宋蘇軾《雨橋》詩之二:"千年誰在者，鐵柱羅浮西。獨有石鹽木，白蟻不敢躋。"《爾雅翼·釋蟲》:"白蟻，狀如螘卵。凡斬木不以時，木未及燥而作室;或柱礎去地不高，則是物生其中。以泥爲房，詰曲而上。往往變化生羽，遇天晏濕，群隊而出，飛亦不能高，尋則脱翼，藉藉在地而死矣。"明李時珍《本草綱目·蟲二·蟻》:"〔附録〕時珍曰:白蟻即蟻之白者……穴地而居，蠹木而食，因濕營土，大爲物害。初生爲蟻蝝，至夏遺卵，生翼而飛，則變黑色，尋亦隕死。"

【白螘】

同"白蟻"。此體宋代已行用。見該文。

【螱】

即白蟻。亦作"蝚"，亦稱"飛螱"。《爾雅·釋蟲》:"螱，飛螘。"宋邢昺疏:"有翅而飛者名螱，即飛螘也。"唐陸德明釋文作"蝚"。《爾雅翼·釋蟲》:"螱，飛螘，螘之有翅者，蓋柱中白螘之所化也。"亦作"飛蟻"。明李時珍《本草綱目·蟲二·蟻》:"〔附録〕時珍曰:白蟻……一名螱，一名飛蟻。"清李元《蠕範》卷一:"螱，白蟻也。似蚍蜉而白，腹肥有光澤，好食松柳木，穴其中，空可丈餘。初緣地生，一蟻當先，衆蟻踵至，首尾不絶如綫，若有部伍行列。其穴木，一綫直達，仍取水飲之，木底壅土爲隧，以便往來。"參見"白蟻"文。

【蝚】

同"螱"。此體唐代已行用。見該文。

【飛螱】

即螱。此稱秦漢時期已行用。見該文。

【飛蟻】

同"飛螘"。即蠟。此體明代已行用。見該文。

【巴蟻】

即白蟻。唐元稹《蟲豸詩・蟻子》序："巴蟻微而善攻櫟棟，往往木容完具，而心節朽壞。"亦稱"蝮蜟"。清李元《蠕範》卷一："蝮

蜟，飛蟻也。穴地而居，蠹木而食。初生爲蟻，色白，至夏生翼，變黑。遇天熱濕，群隊而出。飛不能高，脱翼則墮地而死。好食禾苗。"按，李元將蝮蜟與白蟻別爲二條，蓋蝮蜟專指成蟲而言。參見"白蟻"文。

【蝮蜟】

即巴蟻。此稱清代已行用。見該文。

第八節　蚊、蠅考

蚊子與蒼蠅同屬於雙翅目。雙翅目爲昆蟲綱中的一個大目，體形微小至中等。口器爲刺吸式或舐吸式，多具複眼，觸角形狀多樣。前翅發達，膜質，翅脉很少；後翅退化爲平衡棒，故所見僅有雙翅。完全變態，卵長而圓；幼蟲體柔軟，前端小而後端大，無胸足和腹足；蛹爲裸蛹或圍蛹。幼蟲水栖，成蟲善飛，食性多樣。已知種類達八萬餘種，常見者除蚊、蠅之外，尚有蚋、虻、白蛉等，大多對人類健康有害。

蚊、蠅、虻、蚋之屬，或爲吸血之徒，或爲逐臭之夫，因其擾人、害人而常令人惡之。唐白居易《蚊蟆》"呴膚拂不去，繞耳薨薨聲"，其言多有無奈。元方夔《夜坐苦蚊》"區區蟲豸中，惡毒無如蚊"，足見惡之已極。唐代劉禹錫《聚蚊謠》，明白嶼《落梅風・咏蚊》《咏蠅》等，雖咏蚊蠅而有諷喻之意。宋歐陽修《憎蒼蠅賦》，借比可嫉可憎之人，明霍燝廣之，又添以新意。蚊蠅雖令人厭惡，然今之仿生科學家由之而研究出諸多成果，變害爲利。

蚊

昆蟲名。雙翅目蚊科蚊之成蟲。多指按蚊屬（瘧蚊）昆蟲（*Anopheles* spp.），尤以中華按蚊（*A. sinensis* Wiedemann）及其亞種（*A. hyrcanus* Pallas）爲常見。細身利喙，雙翅六足，冬蟄夏出，畫伏夜飛。雌蚊叮人吸血，能傳播疾病。蚊蟲卵生，卵、幼蟲和蛹均居水中，

幼蟲稱"孑孓"。蚊之種類甚多，全世界有兩千餘種，我國有兩百餘種，最常見且與人類相關的有按蚊、庫蚊和伊蚊三屬。按蚊體多灰色，翅有黑白花斑；庫蚊多黃棕色，翅無花斑；伊蚊體黑色或棕色，翅多有白斑。《莊子・天運》："蚊虻噆膚，則通昔不寐矣。"亦作"螡""蟁"。《説文・虫部》："蟲，齧人飛蟲。从蚰，民聲。

蠹，蠹或从昏，以昏時出也。蚊，俗蠹。”亦作“蟊”。《廣韻·平文》謂同“蠹”，“出《漢書》”云。亦稱“蚊子”。句道興本《搜神記》：“小鳥者無過鷦鷯之鳥，其鳥常在蚊子角上養七子，猶嫌土廣人（明王圻等《三才圖會》）稀。其蚊子亦不知頭上有鳥。”唐劉禹錫《聚蚊謠》：“沈沈夏夜閑堂開，飛蚊何暗聲如雷。”宋范成大《次韻李子永見訪二首》之二：“雨蝶衣濡粉，秋蚊喙吐花。”明李時珍《本草綱目·蟲三·蚊虻》：“〔附錄〕蚊子。時珍曰：蚊處處有之，冬蟄夏出，晝伏夜飛，細身利喙，咂人膚血，大爲人害……化生於木葉及爛灰中。産子於水中，爲孑孒蟲，仍變爲蚊也。”梵語亦稱“諸趣”。明楊慎《諸趣》：“張湛《列子》注云：龜龍甲鱗之宗，麟鳳毛羽之長，爰逮蜎飛蠕動，皆鳴呼相聞，各有意趣。佛經以蚊、蚋小蟲之屬名曰諸趣，本此。”《事物異名録·昆蟲·蚊》：“梵書蚊蚋之屬名曰諸趣。”

【蠹】

同“蚊”。此體漢代已行用。見該文。

【蠹】

同“蚊”。此體漢代已行用。見該文。

【蟊】

同“蠹”。此體漢代已行用。見該文。

【蚊子】

即蚊。此稱晋代已行用，至今襲稱。見該文。

【諸趣】

蚊之梵語。此稱唐宋時期已行用。見該文。

【蠹】

同“蠹”，即蚊。《淮南子·説林訓》：“水蠆爲蟌，孑孒爲蠹。”亦作“㬰”。《莊子·人間世》：“適有㬰蝱僕緣，而抌之不時，則缺銜毀首碎胸。”亦作“蚊虫”。《集韻·平文》：“蠹，亦作蚊，蚊虫。”參見“蚊”文。

【㬰】

同“蠹”。此體先秦時期已行用。見該文。

【閩蚋】

即蚊。亦單稱“閩”或“蚋”，亦稱“白鳥”。《禮記·月令》〔孟秋之月〕群鳥養羞”漢鄭玄注：“《夏小正》曰：九月，丹鳥羞白鳥。説曰：丹鳥也者，謂丹良也；白鳥也者，謂閩蚋也。”唐陸德明釋文：“閩，音文，依字作蠹，又作蚊。”《大戴禮記·夏小正》作“閩蜹”。“蚋”同“蜹”。《説文·虫部》：“蜹，秦晋謂之蜹，楚謂之蚊。”亦稱“黍民”“暑蠹”。晋崔豹《古今注·問答釋義》：“河内人並河而見人馬數千萬，皆如黍米，游動往來，從旦至暮。家人以火燒之，人皆是蚊蚋，馬皆是大蟻。故今人呼蚊蚋曰黍民，蟻曰元駒也。”明李時珍《本草綱目·蟲三·蚊虻》：“〔附録〕蚊子。時珍曰：蚊處處有之……一名白鳥，一名暑蠹。或作黍民，謬矣。”《事物異名録·昆蟲·蚊》：“《齊東野語》蚊又爲閩，以虫之在門中也。”參見“蚊”文。

【蚋】

“閩蚋”之省稱。此稱漢代已行用。見該文。

【蜹】

同“蚋”，“閩蚋”之省稱。此體漢代已行用。見該文。

【閩】

同“蚊”，“閩蚋”之省稱。此體漢代已行

用。見該文。

【白鳥】

　　即閩蚋。此稱漢代已行用。見該文。

【閩蜹】

　　同“閩蚋”。此體漢代已行用。見該文。

【黍民】

　　“蚊”之別稱。此稱晋代已行用。見該文。

【暑蠚】

　　“蚊”之別稱。此稱明代已行用。見該文。

【昏蟲】

　　釋家所稱蚊。亦稱“草蟲”“下門蟲”。《淵鑑類函》卷四四七：《内典》：‘比邱患草蟲，佛廳作佛子。’注：草蟲，昏蟲也，又曰下門蟲。”按，下門蟲，《事物異名録·昆蟲·蚊》引《内典》作“門下蟲”，二者或有一誤，俟考。參見“蚊”文。

【草蟲】²

　　即昏蟲。此稱唐代已行用。見該文。

【下門蟲】

　　即昏蟲。此稱清代已行用。見該文。

【門下蟲】

　　即昏蟲。此稱清代已行用。見該文。

豹脚蚊子

　　蚊之一種。以其足有紋彩，故稱。宋代亦省稱“豹脚”。宋蘇軾《次韻周開祖長官見寄》詩：“風定軒窗飛豹脚，雨餘欄檻上蝸牛。”《爾雅翼·釋蟲》：“其生草中者，吻尤利，而足有文彩，吳興號‘豹脚蚊子’。”清代省稱“豹脚蚊”。清沈紹姬《蚊》詩：“斗室何來豹脚蚊，殷如雷鼓聚如雲。”參見本卷《昆蟲説·蚊、蠅考》“蚊”文。

【豹脚】

　　“豹脚蚊子”之省稱。此稱宋代已行用。見該文。

【豹脚蚊】

　　“豹脚蚊子”之省稱。此稱清代已行用。見該文。

孑孓

　　蚊之幼蟲。由蚊卵於水中孵化而成，體細而長，胸部寬大，游泳時身體一屈一伸。《淮南子·説林訓》：“孑孓爲蛊。”《爾雅翼·釋蟲》：“蚊者，惡水中孑孓所化。”亦稱“孑孓蟲”。明李時珍《本草綱目·蟲三·蚉蟁》：“〔附録〕時珍曰：蚊處處有之……化生於木葉及爛灰中。產子於水中，爲孑孓蟲，仍變爲蚊也。”參見本卷《昆蟲説·蚊、蠅考》“蚊”文。

【孑孓蟲】

　　即孑孓。此稱明代已行用。見該文。

【蛣蟩】

　　即孑孓。亦稱“虸”“蜎”。《莊子·秋水》：“還虸蟹與科斗，莫吾能若也。”唐陸德明釋文：“虸音寒，井中赤蟲也。一名蜎。”亦作“結蟸”，亦稱“蠉”。《爾雅·釋魚》：“蜎，蠉。”晋郭璞注：“井中小蛣蟩，赤蟲，一名孑孓。”清郝懿行義疏：“孑孓即蛣蟩，又作結蟸。”《淮南子·説林訓》：“孑孓爲蠉。”漢高誘注：“孑孓，結蟸。”《廣雅·釋蟲》：“孑孓，蜎也。”參見“孑

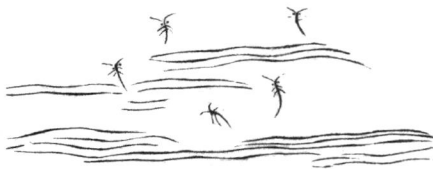

蜎
（明王圻等《三才圖會》）

子”文。

【虷】

即蛣蟩。此稱先秦時期已行用。見該文。

【蜎】

即蛣蟩。此稱秦漢時期已行用。見該文。

【結蟩】

同“蛣蟩”。此體秦漢時期已行用。見該文。

【蠉】

即蛣蟩。此稱秦漢時期已行用。見該文。

【蟩】

“蛣蟩”之省稱。即孑孓。亦作“蟩”。《玉篇·蟲部》：“蟩，井中蟲。”《晋書·束晳傳》：“羽族翔林，蟩蛁赴濕。”《字彙·虫部》：“蟩，同蟩。”參見“孑孓”文。

【蟩】

同“蠉”。此體明代已行用。見該文。

【水蛆】

即孑孓。亦稱“蛼蟲”。唐段成式《酉陽雜俎·蟲篇》：“水蛆，南中水磧澗中多此蟲，長寸餘，色黑。夏深變爲虻，螫人其毒。”《事物異名録》引《蟫史》：“水蛆，俗呼‘蛼蟲’，生積水中，屈伸反覆於水，長二三分，大如針。夏月浮水面化爲蚊。按，此即孑孓也。”參見“孑孓”文。

【蛼蟲】

即水蛆。此稱清代已行用。見該文。

【倒跂蟲】

即孑孓。《淮南子·説林訓》“孑孓爲蟁”漢高誘注：“孑孓，結蟩，水中倒跂蟲。”亦稱“沙蟲”“釘倒蟲”。《爾雅翼·釋魚》：“蜎……俗呼沙蟲……俗又名釘倒蟲，即許氏到跂之義也。”亦稱“跟頭蟲”“翻跟頭蟲”。《爾雅·釋魚》

“蜎，蠉”清郝懿行義疏：“今此蟲多生止水，頭大而尾小，尾末有歧，行則摇掉其尾，翻轉至頭，止則頭懸在下，尾浮水上，故謂之倒跂蟲。《爾雅翼》謂之‘釘倒蟲’。釘倒，猶顛倒也。今登萊人呼‘跟頭蟲’，揚州人呼‘翻跟頭蟲’。欲老則化爲蚊，尾生四足，遂蜕於水中而蚊出矣。”參見“孑孓”文。

【釘倒蟲】

即倒跂蟲。此稱宋代已行用。見該文。

【沙蟲】[1]

即倒跂蟲。此稱宋代已行用。見該文。

【跟頭蟲】

即倒跂蟲。此稱清代已行用。見該文。

【翻跟頭蟲】

即倒跂蟲。此稱清代已行用。見該文。

虻

昆蟲名。爲雙翅目虻科昆蟲之泛稱。種類較多，常見者有華虻（*Tabanus mandarinus* Schiner）及中華斑虻（*Chrysops sinensis*）等。形似蠅而稍大，體粗壯，多毛；頭闊眼大，觸角短，有三節；翼僅前翅一對，後翅退化爲平衡棒。雌蟲刺吸牛馬等牲畜之血，危害家畜，有時也吸人血。幼蟲居於沼澤中，肉食性。秦漢典籍中亦作“䖟”“䖈”。《莊子·天運》：“蚊虻噆膚，則通昔不寐矣。”又《天下》：“由天地之道，觀惠施之能，其猶一蚉一虻之勞者也。其于物也何庸？”《史記·項羽本紀》：“夫搏牛之虻，

䖟
（明王圻等《三才圖會》）

不可以破蟻蝱。”亦作“蝐”。《圓覺經》：“譬如大海不讓小流，乃至蚊蝐及阿修羅，飲其水者，皆得充滿。”唐盧仝《自咏三首》之二：“蚊蝐當家口，草石是親情。”唐元稹《蟲豸詩・蝱》序：“巴山谷間，春秋常雨，自五六月至八九月，雨則多蝱，道路群飛，噬馬牛血及蹄角。”宋歐陽修《和聖俞聚蚊》：“豕鬣固多蝱，牛閑常聚蝐。”《玉篇・虫部》：“蝱，俗作蝐。”明李時珍《本草綱目・蟲三・木蝱》：“〔釋名〕時珍曰：蝱以翼鳴，其聲蝱蝱，故名。陸佃云：蝨害民，故曰蝨；蝱害畜，故曰蝱。亦通。”

【蝱】

同“虻”。此體先秦時期已行用。見該文。

【蝱】

同“虻”。此體漢代已行用。見該文。

【蝐】

同“虻”。此體唐代已行用。見該文。

木蝱

虻類飛蟲。色綠，體稍大，叮咬牛馬。漢代亦稱“魂常”。《神農本草經》：“木蝱，味苦平，主目赤痛，眥傷，淚出，瘀血，血閉，寒熱酸嘶，無子。一名魂常。生川澤。”亦作“木蝱”。《爾雅翼・釋蟲》：“蝱有數種，商浙以南江嶺間，有大木蝱，長大綠色，殆如次蟬。咂牛馬或至頓仆。”明代亦稱“王蝱”“捨命王”。《事物異名錄・昆蟲・蝱》引明彭大翼《山堂肆考》：“蝱有數種，木蝱最大而綠色，今呼爲王蝱，又呼爲

木　蝱
（《補遺雷公炮製便覽》）

捨命王。”明李時珍《本草綱目・蟲三・木蝱》：“〔集解〕陳藏器曰：木蝱從木葉中出，卷葉如子，形圓，著葉上。破之初出如白蛆，漸大子化，拆破便飛，即能囓物。塞北亦有，南嶺極多，如古度化蟻耳。”參見本卷《昆蟲說・蚊、蠅考》“虻”文。

【魂常】

即木蝱。此稱漢代已行用。見該文。

【木蝱】

同“木蝱”。此體宋代已行用。見該文。

【王蝱】

即木蝱。此稱明代已行用。見該文。

【捨命王】

即木蝱。此稱明代已行用。見該文。

扁前

虻類飛蟲。南朝梁陶弘景《名醫別錄》：“扁前，味甘，有毒。主治鼠瘻，癰，利水道。生山陵，如牛虻，翼赤。”參見本卷《昆蟲說・蚊、蠅考》“虻”文。參閱明李時珍《本草綱目・蟲三・蜚蝱》。

鹿蝱

虻類飛蟲。體小如蠅，叮噬牲畜之血，以其色花斑如鹿，故名。唐代亦稱“牛蝱”。《新修本草・蟲魚》：“蝱有數種，並能噉血，揚浙以南江嶺間大有……又一種小者，名鹿蝱，大如蠅，齧牛馬亦猛。”亦稱“牛蝐”。清惠士奇《牧童詞》：“橫鞭還過飲牛亭，亭邊撲撲飛牛蝐。”參見本卷《昆蟲說・蚊、蠅考》“虻”文。參閱明李時珍《本草綱目・蟲三・木蝱》。

【牛蝱】

即鹿蝱。此稱唐代已行用。見該文。

【牛蝱】

同"牛䖟"。即鹿䖟。此稱清代已行用。見該文。

蜚䖟

虻類飛蟲。主要指入藥的數種，如虻屬之華虻、黃虻屬之雙斑黃虻等。狀如蜜蜂，色黃綠，複眼大。雌蟲無細毛，中部有一細窄之黑色橫帶，雄蟲複眼被有纖細之灰色短毛。額黃色或略帶淺灰，頭頂被有短毛；觸角黃色；中胸背板、側板、腹板灰黃色，被有黃色短毛，并雜有黑色或黃灰色長毛；翼透明無斑，平衡棒黃色；腹部暗黃灰色，被有稠密之黃色或黃灰色短毛。居於草叢及樹林中，性喜陽光，夜伏晝飛。雌虻吸牛、馬、驢等家畜之血，雄虻吸食植物之汁液。入中藥。亦作"蜚蝱"，亦稱"䖟蟲"。《神農本草經》："蜚蝱，味苦微寒。有毒。主逐瘀血，破下血積，堅痞癥瘕，寒熱，通利血脉及九竅。"漢張機《傷寒雜病論》"抵當湯"用"水蛭、䖟蟲各三十個，桃仁二十個，大黃三兩"。《爾雅翼·釋蟲》："蜚䖟狀如蜜蜂，黃黑色。"明李時珍《本草綱目·蟲三·蜚䖟》："〔釋名〕䖟蟲。蜚與飛同。〔集解〕弘景曰：此即方家所用䖟蟲，噉牛馬血者……宗奭曰：蜚䖟今人多用之。大如蜜蜂，腹凹褊，微黃綠色。雄、霸州、順安軍沿塘濼界河甚多。以其惟食牛馬等血，故治瘀血血閉也。"清張璐《本經逢原·蟲部》："䖟蟲，即蜚䖟。苦微寒有毒。即噉牛血蠅。"今亦

俗稱"牛蚊子""綠頭猛鑽""牛蒼蠅""瞎虻蟲""瞎螞蜂""瞎蠓""牛魔蚊"等。

【蜚蝱】

同"蜚䖟"。此體秦漢時期已行用。見該文。

【䖟蟲】

即蜚䖟。此稱漢代已行用。見該文。

蠒

虻之小者。《國語·楚語上》："夫邊境者，國之尾也。譬之如牛馬，處暑之既至，虻蠒之既多，而不能掉其尾，臣亦懼之。"韋昭注："大曰虻，小曰蠒。"唐郗昂《岐邠涇寧四州八馬坊頌碑》："禁蟁驅蠒，撫䖅趣馬。"參見本卷《昆蟲説·蚊、蠅考》"虻"文。

蠤

蟲名。似虻而小，色青，能囓人。亦稱"兔齧"。《淮南子·説林訓》："兔齧爲蠤。"漢高誘注："兔所齧草，靈在其心中，化爲蠤……一說兔齧，蟲名。"亦作"蠨"，亦稱"蠝蠨""蚎"。《廣雅·釋蟲》："蠝蠨，䖟也。"清王念孫疏證："《説文》：'䖟，齧人飛蟲也。'《玉篇》：'蠤，小䖟也。蠨似䖟而小，青班色，齧人。'……蠤與蠨同。一名爲蚎。《玉篇》云：'蚎，斑身小䖟也。'其有小䖟齧牛馬者，別名蠒。'亦稱"兔缺"。《集韻·入德》："蠤，蟲名，兔缺也。"參見本卷《昆蟲説·蚊、蠅考》"虻"文。

【兔齧】

蠤之別稱。此稱漢代已行用。見該文。

【蠨】

同"蠤"。此體漢代已行用。見該文。

【蠝蠨】

即蠤。此稱三國時期已行用。見該文。

【⿰虫区】

即蟹。此稱南北朝時期已行用。見該文。

【兔缺】

蟹之別稱。此稱宋代已行用。見該文。

蠅

昆蟲名。屬雙翅目，卵生，雙翅六足，體短腹圓，冬蟄夏出。其糞能污物，且傳染疾病，爲“四害”之一。産卵於腐物上，孵化爲蛆，羽化成蠅。蠅之種類甚多，在我國最常見且與人類關係最大者爲家蠅（*Musca domestica* Linn.），體長5—8毫米，密生短毛，灰黑色，胸背有斑紋四條，無金屬光澤。舐吸式口器，複眼大，觸角短而具芒。翼一對，後翼退化爲平衡棒。除此種外，尚有金蠅、緑蠅及麻蠅等。《説文·黽部》：“蠅，營營青蠅，蟲之大腹者。从黽，家蠅从虫。”清段玉裁注：“虫猶蟲也。此蟲大腹，故其字從黽、虫會意，謂腹大如黽之蟲也。”唐李賀《出城别張又新酬李漢》：“開貫瀉蚨母，買冰防夏蠅。”宋范成大《殊不惡齋秋晚閑吟五絶》：“旁若無人鼠飲硯，麾之不去蠅登盤。”明李時珍《本草綱目·蟲二·蠅》：“〔釋名〕時珍曰：蠅飛營營，其聲自呼，故名。〔集解〕時珍曰：蠅處處有之，夏出冬蟄，喜煖惡寒。”蠅，亦作“蝇”，今則爲蠅之簡化字。唐沈亞之《宿白馬津寄寇立》詩：“劍頭懸日影，蝇鼻落燈花。”

蠅

（明王圻等《三才圖會》）

【蝇】

同“蠅”。今爲蠅之簡化字。此體唐代已行用。見該文。

蒼蠅

蠅類之泛稱，通常指家蠅而言。《詩·齊風·雞鳴》：“匪雞則鳴，蒼蠅之聲。”三國魏曹植《贈白馬王彪》詩：“蒼蠅間白黑，讒巧令親疏。”晋葛洪《抱朴子内篇·明本》：“猶蒼蠅之力駑質，以涉昫猿之峻。”唐韓愈等《石鼎聯句》：“時於蚯蚓竅，微作蒼蠅鳴。”宋歐陽修《憎蒼蠅賦》：“蒼蠅蒼蠅，吾嗟爾之爲生，既無蜂蠆之毒尾，又無蚊蝱之利觜，幸不爲人之畏，胡不爲人之喜？”《爾雅翼·釋蟲》：“蒼蠅，蠅之絜者。《雅》有青蠅，《風》有蒼蠅。蒼蠅比於青蠅而大，其色蒼，好集几案食飲上者，是也。”《金瓶梅詞話》第五十二回：“蒼蠅不叮無縫的雞彈。”參見本卷《昆蟲説·蚊、蠅考》“蠅”文。

青蠅

蠅之一種。背有青緑色光澤，爲蠅中最骯髒者。《詩·小雅·青蠅》：“營營青蠅，止於樊。”漢鄭玄箋：“蠅之爲蟲，污白使黑，黑使白。”《埤雅·釋蟲》：“青蠅糞尤能敗物，雖玉猶不免，所謂蠅糞點玉是也。”宋梅堯臣《雜詩絶句十七首》：“青蠅何處來，聚集滿盤間。誰知腹中物，變化如循環。”《爾雅翼·釋蟲》：“青蠅，古以喻讒人，以其以趣甚污，終日營營而不知止；又爲聲以亂人聽，故以此。”明李時珍《本草綱目·蟲二·蠅》：“〔集解〕時珍曰：青者糞能敗物。”參見本卷《昆蟲説·蚊、蠅考》“蠅”文。

胡蠓

蠅之大者，以其體大似蠓（一種小蟬），故稱。《廣雅·釋詁一》：“胡，大也。”宋沈括《夢溪筆談·雜誌一》：“閩人謂大蠅曰胡蠓。”《爾雅翼·釋蟲》:"大蠅曰胡蜂。"參見本卷《昆蟲說·蚊、蠅考》"蠅"文。

麻蠅

麻蠅屬昆蟲（*Sarcophaga* spp.）或別麻蠅屬昆蟲（*Boettcherisca* spp.）之泛稱。尤以棕尾別麻蠅（*B.peregrina* R-D）最常見。體大色蒼，頭赤似火。唐代稱"大麻蠅"。唐段成式《酉陽雜俎·蟲篇》:"其類有蒼者聲雄壯，負金者聲清聽，其聲在翼也。青者能敗物，巨者首如火。如曰大麻蠅，茅根所化也。"《事物異名錄·昆蟲·蠅》引作"景迹"。宋代始呼"麻蠅"，亦稱"景跡"。《埤雅·釋蟲》:"青蠅首赤如火……其火者，肌色正蒼，今俗謂之麻蠅。"宋歐陽修《憎蒼蠅賦》:"尤忌赤頭，號爲景迹，一有沾污，人皆不食。"明彭大翼《山堂肆考》卷三五:"青者能敗物，巨者頭赤如火，赤頭者號爲景跡。"參見本卷《昆蟲說·蚊、蠅考》"蠅"文。

【大麻蠅】

即麻蠅。此稱唐代已行用。見該文。

【景迹】

即麻蠅。此稱宋代已行用。見該文。

【景跡】

同"景迹"。即麻蠅。見該文。

飯蒼蠅

古稱叮食飯菜之蠅，實即家蠅。省稱"飯蠅"。清趙學敏《本草綱目拾遺·蟲部·飯蒼蠅》:"謝天士云：蟲中各種俱入藥用，惟飯蠅無用，故《本草》不載其主治。予精思十年，求其主治不可得。嘉慶庚申，偶在東江晤柴又升先生，云：昔在台州患面疔，初起即麻木，癢幾入骨不可忍。山中倉卒無藥，有教以用飯

蠅七個，冰片一二釐，同研爛敷之，即不走黃。如言，果癢定，次日漸痊，旬日而愈。"參見本卷《昆蟲說·蚊、蠅考》"蠅"文。

【飯蠅】

"飯蒼蠅"之省稱。此稱清代已行用。見該文。

狗蠅

蠅之一種。以其常寄生於狗身，吮吸狗之血，故稱。明李時珍《本草綱目·蟲二·狗蠅》:"〔集解〕時珍曰：狗蠅，生狗身上。狀如蠅，黃色，能飛，堅皮利喙，啖咂狗血，冬月則藏狗耳中。"清張璐《本經逢原·蟲部·狗蠅》:"狗蠅，鹹，温，無毒。〔發明〕蠅食狗血，性熱而鋭，力能拔毒外出。"參見本卷《昆蟲說·蚊、蠅考》"蠅"文。

蛆

蠅之幼蟲。體軟色白，身有環節，孳生於糞便等不潔之處，生長極快，成而爲蠅。秦漢典籍中亦作"蜡""蠅胆""胆"。《周禮·秋官·司寇序》:"蜡氏下士四人。"鄭玄注:"蜡，骨肉腐臭，蠅蟲所蜡也。"《説文·虫部》:"蜡，蠅胆也。"段玉裁注:"肉部曰：'胆，蠅乳肉中也。'蜡、胆音義皆通。"又曰:"蠅蟲所蜡，即蠅乳肉中之説。乳者，生子也。蠅生子爲蛆，蛆者俗字，胆者正字，蜡者古字。已成爲蛆，乳生之曰胆、曰蜡。《齊民要術·作浥魚法》:'勿令蠅胆'，其意同也。"《玉篇·虫部》:"蛆，蠅蛆也。"明李時珍《本草綱目·蟲二·蛆》:"〔釋名〕時珍曰：蛆行趦趄，故謂之蛆。或云沮洳則生，亦通。〔集解〕時珍曰：蛆，蠅之子也。凡物敗臭則生之。古法治醬生蛆，以草烏切片投之。"明劉基《瞽聵》:"蠅生蛆，而蛆復爲

蠅，蠅蛆相生而不窮。”按，《本草綱目》據生蛆之物，又有“糞中蛆”“泥中蛆”“馬肉蛆”“蛤蟆肉蛆”等稱，可參。參見本卷《昆蟲説·蚊、蠅考》“蠅”文。

【蜡】

同“蛆”。此體秦漢時期已行用。見該文。

【胆】

同“蛆”。此體秦漢時期已行用。見該文。

【蠅胆】

即蛆。此稱漢代已行用。見該文。

死人蛆蟲

屍棺內之死蛆。省稱“人蛆”。清趙學敏《本草綱目拾遺·蟲部·死人蛆蟲》：“此檢屍場中棺內死蛆也。唐怡士云：凡人死後魂魄散盡，其生氣有未盡者，肉爛後悉腐而爲蛆，攢嚙筋骨，久之蛆亦隨死。故强死者，棺中無不有黑蛆。凡用須間仵作於屍場收之……治大麻瘋癩疾。《赤水元珠》治大麻瘋癩疾秘方：用死人蛆，洗净鋼片上焙乾爲末，每用一二錢，皂角刺煎濃湯調下……《醫學指南》有治大麻瘋秘方，用人蛆一升，細布袋盛之，放在急水內流之，乾净取起。”

【人蛆】

“死人蛆蟲”之省稱。此稱清代已行用。見該文。

蝚蜍

昆蟲名。雙翅目皮蠅科牛皮蠅（*Hypoderma bovis* Linn.）之成蟲。形似蜜蜂，體表密被長絨毛。卵生，常圍繞牛體飛行，産卵於牛體上部及腹部兩側毛上。幼蟲經毛孔鑽入皮下游行，終達背部皮下，開小孔呼吸。成熟後鑽出，落地爲蛹，羽化爲成蟲。《説文·虫部》：“蝚，蝚蜍，蟲在牛馬皮者。”清段玉裁注：“《爾雅》釋文引《字林》：蝚蜍，似鱗蟲，在牛馬皮者。《字林》本《説文》也。”

第九節　其他各目昆蟲考

衣魚、蜉蝣、蟑螂、臭蟲、蟋蟀、虱子等，分別爲纓尾目、蜉游目、蜚蠊目、半翅目、革翅目、虱目、毛翅目、蚤目等昆蟲，因各自內容較少，不宜獨立成節，今則并爲一節考之。

纓尾目屬無翅亞綱昆蟲，體小至中型，有長絲狀觸角，腹部有兩條尾鬚和一條尾絲，無明顯變態。就其形態而言，更接近原始蠕蟲類祖先，對研究昆蟲進化有特殊價值。古籍中常見者主要有衣魚。

原始古蜉蝣目昆蟲發現於石炭紀，是已發現的最古老的有翅昆蟲。成蟲體軟，短命，口器退化，翅爲膜質，前大於後。世界上有兩千餘種，我國約兩百五十種。

　　蜚蠊目昆蟲體中到大型，觸角絲狀、長而多節，前翅皮紙狀，後翅網狀，口器咀嚼式，足適於疾走，幼蟲與成蟲相似。本目中最常見者有蟑螂、蠊蟲等。

　　半翅目昆蟲一般前翅爲半鞘翅，後翅膜質，刺吸式口器，若蟲與成蟲相似，發育屬不完全變態。已知種類有三萬八千餘種，本目昆蟲通稱蝽，常見者有九香蟲、臭蟲、水馬等。

　　革翅目昆蟲多生於熱帶至温帶。發育爲漸變態。體中小型，略扁。前翅革質，後翅膜質。腹端有强大鋏狀尾鬚，不分節。常見者爲蠼螋，乃養蠶業之害蟲。

　　虱目昆蟲體小、扁平，無翅，刺吸式口器，胸部各節部分愈合，發育屬漸進變態。爲哺乳動物的體外寄生蟲，也是部分疾病的傳播媒介。

　　毛翅目昆蟲成蟲蛾狀，多毛，絲狀觸角，複眼突出，口器退化，發育屬於完全變態。古籍中常見者如石蠶。

　　蚤目昆蟲體小、竪扁，翅退化，口器適於刺吸，後足善跳躍，多寄生生活。其種類約有兩千五百種，我國有六百餘種。常見者如跳蚤。

衣魚

　　昆蟲名。屬纓尾目，衣魚科，常見者爲多毛櫛衣魚（ *Ctenolepisma Villosa* Fabr.）。體小而扁，長約半寸，身被銀色細鱗。頭小，觸角細長如鞭。胸略寬，無翅，有足三對。腹漸細，有尾鬚一對和一條正中尾絲。因其形略似

衣　魚

（明文俶《金石昆蟲草木狀》）

魚，且善栖於衣物、書籍中，故稱。又因其色白，稱“白魚”。其中生於衣中者，稱“衣中白魚”；生於書中者，亦稱“書中白魚”。《神農本草經·下品》：“衣魚，味鹹，温，無毒。主婦人疝瘕，小便不利。小兒中風，項强，皆宜摩之。一名白魚。”宋唐慎微《證類本草·蟲魚部·衣魚》：“《子母秘録》治婦人無故遺血溺，衣中白魚三十個，内陰中。《食醫心鏡》小兒中客忤，書中白魚十枚，傅乳頭，飲之，差。”按，衣魚歷代本草多載以入藥，唯近現代未見有用者。該蟲以衣物、書籍爲食，常致衣、書損壞，人多惡之。因其喜陰惡明，故古有夏日曝書驅蟲之俗。《爾雅翼·釋蟲》：“〔白魚〕始則黄色，既老則身有粉，視之如銀，故名白魚。荊楚之俗，七月曝經書及衣裳，以爲卷軸，久則有白魚。”

【白魚】

　　即衣魚。此稱秦漢時期已行用。見該文。

【衣中白魚】

　　指衣魚生於衣物中者。見該文。

【書中白魚】

　　指衣魚生於書籍中者。見該文。

【蟫】

　　即衣魚。亦稱"蛃魚"。《爾雅・釋蟲》："蟫，白魚。"晉郭璞注："衣、書中蟲，一名蛃魚。"清郝懿行義疏："今按，白魚長僅半寸，頗有魚形而歧尾，身如傅粉，華色可觀。"《廣雅・釋蟲》："白魚，蛃魚也。"清王念孫疏證："白與蛃，聲之轉。蛃之爲言，猶白也。"明李時珍則以其尾形似丙，故稱蛃魚，可參。亦稱 (明王圻等《三才圖會》)"蟫魚"。明李時珍《本草綱目・蟲三・衣魚》："〔釋名〕白魚、蟫魚。"清孫枝蔚《咏物詩・蠹魚》："青氊誰慮逢盜賊，黃卷惟愁遇蟫魚。"亦稱"蟫蟲"。清宮鴻歷《新茶行》："頭綱入庫飽蟫蟲，枉用僉名書進表。"參見"衣魚"文。

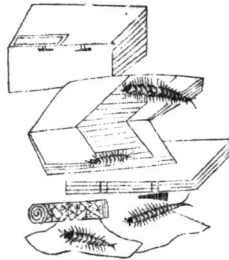

蟫

【蛃魚】

　　即蟫。此稱晉代已行用。見該文。

【蟫魚】

　　即蟫。此稱明代已行用。見該文。

【蟫蟲】

　　即蟫。此稱清代已行用。見該文。

【蠹魚】

　　即衣魚。以其常蛀食衣物、書籍，故稱。唐白居易《傷唐衢二首》詩之二："今日開篋看，蠹魚損文字。"亦稱"蠹字魚"。唐常袞《晚秋集賢院即事寄徐薛二侍郎》詩："墨潤冰文繭，香銷蠹字魚。"宋代亦稱"書魚""魚蠹"。宋蘇軾《次韻曹子方運判雪中同游西湖》詩："尊前侑酒只新詩，何異書魚餐蠹簡。"宋陸游《題明皇幸蜀圖》詩："老臣九齡不可作，魚蠹珠絲金鑑篇。"亦稱"蟫蠹"。明楊慎《群公四六序》："絕蟫蠹之缺，故藏書亦可久焉。"《廣雅・釋蟲》"白魚"清王念孫疏證："白魚能齧書及衣，故又名蠹魚。"參見"衣魚"文。

【蠹字魚】

　　即蠹魚。此稱唐代已行用。見該文。

【書魚】

　　即蠹魚。此稱宋代已行用。見該文。

【魚蠹】

　　即蠹魚。此稱宋代已行用。見該文。

【蟫蠹】

　　即蠹魚。此稱明代已行用。見該文。

【素魚】

　　即衣魚。唐李白《冬日歸舊山》詩："拂牀蒼鼠走，倒篋素魚驚。"王琦注："素魚，白魚也。即書篋中蠹魚。"按素，白也。亦稱"壁魚"。唐杜甫《歸來》詩："開門野鼠走，散帙壁魚乾。"宋唐慎微《證類本草・蟲魚部・衣魚》引《本草圖經》："今人謂之壁魚。俗傳壁魚入道經函中，因蠹食神仙字，則身有五色，人能得而吞之，可致神仙。"參見"衣魚"文。

【壁魚】

　　即素魚。此稱唐代已行用。見該文。

【螭】

　　即衣魚。《集韻・平魚》："螭，蠹魚也。"《篇海類編・蟲部》："螭，蠹魚也。通作'魚'。

衣、書中白魚蟲，一名蟫，一名蛃。"參見
"衣魚"文。

蜉蝣

　　昆蟲名。爲蜉蝣目昆蟲之通稱。種類甚
多，體狹細弱，長數分。觸角短，剛毛狀，不
甚明顯。翅半透明，前翅發達，後翅甚小，腹
末有長尾鬚兩條。成蟲壽命不長，短者數小時
至一二日，長者約七日，大多朝生而暮死。常
蜉蝣於夏天日落後成群飛舞，墜落地面。若蟲
（或稚蟲）水栖，需一至三年或五六年始能成
熟。《詩·曹風·蜉蝣》："蜉蝣之羽，衣裳楚楚。"
《爾雅·釋蟲》："蜉蝣，渠略。"晋郭璞注："似
蛣蜣，身狹而長，有角，黄黑色，叢生糞土中，
朝生暮死，猪好啖之。"三國吴陸璣《毛詩草木
鳥獸蟲魚疏》："蜉蝣，方土語也，通謂之渠略，
似甲蟲，有角，大如指，長三四寸，甲下有翅，
能飛，夏月陰雨時地中出。今人燒炙噉之，美
如蟬也。"秦漢典籍中亦作"蜉蝤"，亦稱"朝
生"。《戰國策·秦策》："不壽於朝生。"漢高誘
注："朝生，蜉蝣也。"《漢書·王褒傳》："蟋蟀
俟秋唫，蜉蝤出以陰。"又作"蜉蜿"，《方言》
第十一："蜉蜿"晋郭璞注："似天牛而小，有
甲角，出糞土中，朝生夕死。"按，清錢繹謂

蜉　蝣
（馬駘《馬駘畫寶》）

"蜉蝣"乃"復育"之轉，似蟬蟲，"蝝蠜"與
"蛢螂"聲近，且亦出糞土中，故一説蜉蝣爲
蛢螂之一種。參閲《方言》第十一"蜉蝣"錢
繹疏。

【蜉蝤】
　　同"蜉蝣"。此體漢代已行用。見該文。

【朝生】
　　"蜉蝣"之別稱。此稱先秦時期已行用。
見該文。

【浮蝣】
　　同"蜉蝣"。《荀子·大略》："不飲不食者，
浮蝣也。"亦作"浮游""蜉游"。《淮南子·詮
言訓》："龜千歲，浮游不過三日。"《説文·虫
部》："蟓，蟲蟓也。一曰蜉游，朝生暮死者。"
清段玉裁注："浮游，各本作蜉蝣，俗人所改
耳。蝣字許書無，蜉字雖有亦非，今正。"參見
"蜉蝣"文。

【浮游】
　　同"蜉蝣"。此體漢代已行用。見該文。

【蜉游】
　　同"蜉蝣"。此體漢代已行用。見該文。

【渠略】
　　即蜉蝣。亦稱"渠落"。《詩·曹風·蜉蝣》：
"蜉蝣之羽，衣裳楚楚。"毛傳："蜉蝣，渠落
也，朝生夕死。"亦作"蝝蠜""蟲蟓"，省稱
"蠜""蟲"，亦稱"蜉蜿"。《方言》第十一："蜉
蜿，秦晋之間謂之蝝蠜。"《説文·虫部》："蟓，
蟲蟓也。一曰蜉游，朝生暮死者。"又《蚰部》：
"蟲，蟲蟓也。"亦作"渠蟓"。《玉篇·虫部》：
"蜉蜿，渠蟓，朝生夕死也。"參見"蜉蝣"文。

【渠落】
　　即渠略。此稱漢代已行用。見該文。

【蜣蜣】

　　同“渠略”。此體漢代已行用。見該文。

【蟲蝩】

　　此稱漢代已行用。見該文。

【蝩】

　　“蟲蝩”之省稱。即渠略。此稱漢代已行用。見該文。

【蟲】

　　“蟲蝩”之省稱。即渠略。此稱漢代已行用。見該文。

【蜉蝓】

　　即渠略。此稱漢代已行用。見該文。

【渠蝩】

　　此稱南北朝時期已行用。見該文。

蜚蠊

　　昆蟲名。蜚蠊目昆蟲之通稱。俗稱“蟑螂”。栖於室內者主要是蜚蠊屬類（*Blatta* spp.）及大蠊屬類（*Periplaneta* spp.），常見者有東方蜚蠊（*B.orientalis* Linn.）、美洲大蠊（*P. americana* Linn.）等。體扁平，黑褐色，頭小，觸角長絲狀，複眼發達。翅平且長，有光澤，前翅革質，後翅膜質；亦有無翅者，不善飛而能疾走。腹部背板有兩孔，能分泌特殊臭氣。喜居家室內，晝伏夜出，取食飯菜及液體食物，常囓毀衣物，沾污食物，并能傳播疾病。湖南長沙馬王堆西漢帛書中亦作“非廉”。

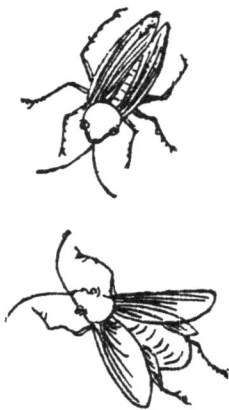

蜚　蠊
（明李時珍《本草綱目》）

　　《養生方》：“〔走〕：非廉、方葵（防葵）、石韋、桔梗、茈威（紫葳）各一小束……並以〔蜜〕若棗脂完（丸），大如羊矢，五十里一食。”《神農本草經·下品》：“蜚蠊，味鹹，寒，有毒。治瘀血癥堅，寒熱，破積聚，喉咽痹，內寒無子。生川澤及人家屋間。”三國時亦作“飛蠊”，又稱“飛蟅”。《廣雅·釋蟲》：“飛蟅，飛蠊也。”亦稱“石薑”。宋唐慎微《證類本草·蟲魚部·蜚蠊》：“陶隱居云：形亦似蘆蟲而輕小能飛，本在草中。八月、九月知寒，多入人家屋裏逃爾。有兩三種，以作廉薑氣者爲真，南人亦噉之。唐本注云：此蟲味辛辣而臭，漢中人食之，言下氣，名曰石薑。”宋代亦稱“蜚盤蟲”“香娘子”。《爾雅翼·蜚》：“蜚者，負盤，臭蟲也。亦作蟅，似蘆蟲而輕小，能飛，生草中……今人謂之蜚盤蟲，亦曰香娘子。”宋曾慥《類説·灶馬》：“狀如促織，穴於灶側。俗謂灶有馬者必足食。”明李時珍《本草綱目·蟲三·蜚蠊》：“〔釋名〕時珍曰：諱稱爲香娘子也。”清代亦稱“灶馬”，俗稱“蟑螂”或“臟郎”。清趙學敏《本草綱目拾遺·蟲部·灶馬》：“今之灶馬，俗呼臟郎，又作蟑螂，《綱目》所謂蜚蠊也。”

蜚
（明王圻等《三才圖會》）

【非廉】

　　同“蜚蠊”。此體漢代已行用。見該文。

【飛蠊】

　　同“蜚蠊”。此體三國時期已行用。見該文。

【飛蠊】

即蜚蠊。此稱三國時期已行用。見該文。

【石薑】

“蜚蠊”之別稱。以其臭氣如廉薑，故稱。此稱宋代已行用。見該文。

【蜚盤蟲】

即蜚蠊。此稱宋代已行用。見該文。

【香娘子】

“蜚蠊”之諢稱。此稱宋代已行用。見該文。

【灶馬】[2]

即蜚蠊。此稱清代已行用。見該文。

【賊郎】

“蜚蠊”之俗稱，清代已行用。見該文。

【蟑螂】

“蜚蠊”之俗稱，清代已行用，沿稱至今。見該文。

【蜚】

“蜚蠊”之省稱。亦作“蠹”。《左傳·莊公二十九年》：“秋，有蜚，爲灾也。”《説文·虫部》：“蠹，臭蟲，負蠜也。”參見“蜚蠊”文。

【蠹】

同“蜚”。即蜚蠊。此體漢代已行用。見該文。

【蠦蜰】

即蜚蠊。漢代亦作“盧蜰”，省稱“蜰”。《爾雅·釋蟲》：“蜚，蠦蜰。”《説文·虫部》：“蜰，盧蜰。”三國時亦稱“蛅蜆”。《廣雅·釋蟲》：“蛅蜆，蜰也。”清王念孫疏證：“即下文飛蠊，飛蠊也。”亦稱“滑蟲”“茶婆蟲”。明李時珍《本草綱目·蟲三·蜚蠊》：“〔釋名〕石薑、盧蜰、負盤、滑蟲、茶婆蟲、香娘子。”參見“蜚蠊”文。

【蘆蜰】

同“蠦蜰”。此體漢代已行用。見該文。

【蜰】

“蠦蜰”之省稱。此稱漢代已行用。見該文。

【蛅蜆】

“蠦蜰”之別稱。此稱三國時期已行用。見該文。

【滑蟲】

“蠦蜰”之別稱。此稱明代已行用。見該文。

【茶婆蟲】

“蠦蜰”之別稱。此稱明代已行用。見該文。

【負盤】[2]

即蜚蠊。亦稱“臭蟲”。《爾雅·釋蟲》：“蜚，蠦蜰。”晋郭璞注：“蜰即負盤，臭蟲。”清郝懿行義疏：“圓薄如盤，故名負盤。”亦作“負蠜”。《説文·虫部》：“蠹，臭蟲，負蠜也。”宋代亦作“蝜蠜”“負蟹”，省作“蟹”。《廣韻·平模》：“蠦，蠦蜰，又名蝜蠜。”《集韻·平桓》：“蟹，負盤，臭蟲也。”參見“蜚蠊”文。

【蟹】

“負盤”之省稱。此稱宋代已行用。見該文。

【臭蟲】[1]

“負盤[2]”之別稱。此稱漢代已行用。見該文。

【負蠜】[2]

同“負盤[2]”。此體漢代已行用。見該文。

【蝜蠜】

同“負盤[2]”。此體宋代已行用。見該文。

【負蟹】

同“負盤[2]”。此體宋代已行用。見該文。

蠦蟲

昆蟲名。蜚蠊目地鱉屬（*Eupolyphaga*

spp.）昆蟲之通稱。常見者如中華地鱉（*E. sinensis* Walker）之成蟲。體扁平，卵圓形，長寸許，色黑而有光澤。雄蟲有翅善飛，雌蟲無翅善奔走。複眼發達，單眼兩個，觸角絲狀，長而多節，胸部前狹後闊。雜食性，居於地下或沙土間，多見於糧倉下或油坊陰濕處。晝伏夜出，以腐殖質及澱粉爲食。雌蟲入中藥。漢簡中亦作"席蟲"。《武威醫簡》："牛膝半斤，直（值）五十……席蟲半升，廿五；小椒一升半，五十。"以其體扁似鱉，故亦稱"地鱉"或"土鱉"。《神農本草經·下品》："䗪蟲，一名地鱉。味鹹，寒，有毒。治心腹寒熱洗洗，血積癥瘕，破堅，下血閉，生子大良。生川澤及沙中、人家牆壁下土中濕處。"《太平御覽》卷九四九引三國魏吳普《吳氏本草》："䗪蟲，一名土鱉。"晋陶弘景《名醫別錄》："䗪蟲，一名土鱉，生河東及沙中，人家牆壁下，土中濕處。"宋代亦稱"簸箕蟲"。宋唐慎微《證類本草·蟲魚部·䗪蟲》引《本草衍義》曰："䗪蟲，今人謂簸箕蟲，爲象形也。乳脉不行，研一枚，水半合，漉清服。"明代亦稱"過街""蚵蚾蟲""地埤蟲"。明李時珍《本草綱目·蟲三·䗪》："〔釋名〕時珍曰：按陸農師云：䗪逢申日則過街，故名過街。《袖珍方》名蚵蚾蟲，《鮑氏方》名地埤蟲。"亦稱"蚌虎"。《事物異名錄·昆蟲·䗪》："《虎薈》：土鱉俗呼蚌虎。蚌者，屋蠧也。此物氣能制蠧，令蠧盡死，故名蚌虎。"清代亦稱"地鱉蟲"。清段玉

䗪　蟲

（明文俶《金石昆蟲草木狀》）

裁《説文解字注·虫部·䗪》："按，䗪見《本草經》，一名地鱉，今俗所謂地鱉蟲也。"今俗稱"地烏龜""土元""臭蟲母""蓋子蟲""土蟲""節節蟲""螞蟻虎"等。

【席蟲】

同"䗪蟲"。此體漢代已行用。見該文。

【地鱉】

"䗪蟲"之別稱。此稱漢代已行用。見該文。

【土鱉】

"䗪蟲"之別稱。此稱三國時期已行用。見該文。

【簸箕蟲】

"䗪蟲"之別稱。此稱宋代已行用。見該文。

【過街】

"䗪蟲"之別稱。此稱明代已行用。見該文。

【蚵蚾蟲】

"䗪蟲"之別稱。此稱明代已行用。見該文。

【地埤蟲】

"䗪蟲"之別稱。此稱明代已行用。見該文。

【蚌虎】

"䗪蟲"之別稱。此稱明代已行用。見該文。

【地鱉蟲】

"䗪蟲"之別稱。此稱清代已行用。見該文。

九香蟲

昆蟲名。屬半翅目兜蝽科。常見者爲九香蟲屬（兜蝽屬）之黑腹兜蝽（*Aspongopus nigriventris* Westwood）。體橢圓形，紫黑色。頭小，略呈三角形，複眼突出，喙較短。翅兩對，前翅爲半鞘翅，翅末爲膜質。足三對，後足長。腹面密布細刻及皺紋，後胸背板前緣有兩個臭孔，能由此放出臭氣。成蟲能飛，主要食害瓜類植物。入中藥。亦稱"黑兜蟲"。明李

九香蟲
（明李時珍《本草綱目》）

時珍《本草綱目·蟲一·九香蟲》：“〔釋名〕黑兜蟲。〔集解〕時珍曰：九香蟲，産於貴州永寧衛赤水河中。大如小指頭，狀如水黽，身青黑色。至冬伏于石下，土人多取之，以充人事。至驚蟄後即飛出，不可用矣。”清陳士鐸《本草新編》卷五：“九香蟲亦興陽之物，然外人參、白术、巴戟天、肉蓯蓉、破故紙之類，亦未見其大效也。”

【黑兜蟲】

　　即九香蟲。此稱明代已行用。見該文。

水馬

　　昆蟲名。屬半翅目水黽科。體細長，黑褐色。頭呈三角形，有觸角一對。足三對，前足較短，中、後足較長。前翅革質，腹面灰白。栖於水上，疾走如飛，善跳躍，捕食小蟲。唐杜甫《大曆三年春白帝城放船出瞿塘峽久居夔府將適江陵漂泊有詩

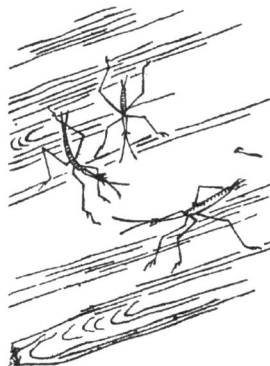

水黽
（明李時珍《本草綱目》）

凡四十韻》：“雁兒争水馬，燕子逐檣烏。”清仇兆鰲注：“〔水馬〕蓋蝦蟲之類。”亦稱“水黽”。宋唐慎微《證類本草·蟲部》引唐陳藏器：“水黽有毒，令人不渴，殺雞犬。長寸許，四脚，群游水上，水涸即飛，亦名水馬。”唐王建《和錢舍人水植詩》：“多時水馬出，盡日蜻蜓繞。”至宋亦稱“水馬兒”“水劃蟲”。宋蘇軾《二蟲》詩：“君不見，水馬兒，步步逆流水。大江東流日千里，此蟲趯趯長在此。”宋王質《林泉結契·水劃蟲》：“身褐，腹白，四足，兩鬐浮水，嘬草泥，輕趣極駛，人呼水馬兒。”亦稱“水爬蟲”。明李時珍《本草綱目·蟲四·水黽》：“〔集解〕時珍曰：水蟲甚多，此類亦有數種。今有一種水爬蟲，扁身大腹而背硬者，即此也。水爬，水馬之訛耳。”清趙學敏《本草綱目拾遺·蟲部·水馬》：“按，水馬四五月内浮出水面，身硬脚長，池沼中甚多，性喜食蠅。”按，古云水馬四足，或以其前足較短，與後足迥异，故未計其中。

【水黽】

　　即水馬。此稱唐代已行用。見該文。

【水馬兒】

　　即水馬。此稱宋代已行用。見該文。

【水劃蟲】

　　即水馬。此稱宋代已行用。見該文。

【水爬蟲】

　　即水馬。此稱明代已行用。見該文。

壁蝨

　　昆蟲名。爲半翅目臭蟲科臭蟲之成蟲。種類較多，常見者爲温帶臭蟲（*C.lectularius* Linn.）和熱帶臭蟲（*C.hemipterus* Fabr.）。體扁，橢圓形，長約一分，棕紅色；頭闊，觸角

四節，刺吸式口器，腹大。栖於宅牆、牀、家俱等縫隙中，晝伏夜出，能泄放臭氣，并叮吸人畜血液。《太平廣記》卷四九引前蜀杜光庭《録異記》："壁蝨者，土蟲之類，化生壁間。""其狀與牛蟲無異。"宋陳師道《後山詩話》："魯直有癡弟，畜漆琴而不御，蟲蝨入焉。魯直嘲之曰：龍池生壁蝨。"明代之後稱"臭蟲"，沿用至今。明李時珍《本草綱目・蟲二・狗蠅》："〔附録〕壁蝨。時珍曰：即臭蟲也。狀如酸棗仁，咂人血食，與蚤皆爲牀榻之害。"清趙學敏《本草綱目拾遺・蟲部・壁蝨》："俗呼臭蟲，以其氣腥穢觸鼻，故名。行必南向，爲南方穢濕所産。今江南北人家多有之，稍不潔即生此物，亦有遠行於旅店驛舍中，帶入衣被，歸家即生。極易蕃育，一日夜生九十九子，與蚤斯同。其形儼如半粒豌豆，老則黑，次則棗皮紅，初生者色黄而細小……多藏藁薦中及壁内，或桌凳牀縫間，其身扁而易入。至冬則入蟄，多藏泥沙山穴中及古樹根下，交春皆啓蟄，而出入人家壁木内藏。"

【臭蟲】[2]

　　即壁蝨。此稱明代已行用。見該文。

【壁駝】

　　即壁蝨。亦稱"扁蟲""薦蠅""荍蟲"。清趙學敏《本草綱目拾遺・蟲部・壁蝨》引宋戴侗《六書故》："扁蟲着牛馬食其血，産薦蓐間差小，嚙人膚，俗謂薦蠅，又名荍蟲。今人訛爲壁矣。"亦稱"荍蚤""木蟲"。又《本草綱目拾遺・蟲部・壁蝨》："《山堂肆考》：'壁蝨身

扁而臭，不能跳，善齧人，名曰荍蚤，又名扁蟲。'《五雜俎》：'壁蝨，閩人謂之木蟲，多杉木所生。'……《事物紺珠》：'壁蝨，一名壁駝，扁小褐色，臭而齧人。'"亦稱"臭蟲"。清李元《蠕範》卷四："壁蝨，臭蟲也，臭蟲也。生薦蓐中及壁隙間，身扁，狀如酸棗，好咂人頸血。"參見"壁蝨"文。

【扁蟲】

　　即壁駝。此稱宋代已行用。見該文。

【薦蠅】

　　即壁駝。此稱宋代已行用。見該文。

【荍蟲】

　　即壁駝。此稱宋代已行用。見該文。

【荍蚤】

　　即壁駝。此稱明代已行用。見該文。

【木蟲】

　　即壁駝。此稱明代已行用。見該文。

【臭蟲】

　　即壁駝。此稱清代已行用。見該文。

蠼螋

　　蟲名。革翅目蠼螋屬昆蟲之通稱。一般體型較小，狀似小蜈蚣，色青黑，有觸角一對。軀幹扁平或呈圓柱狀。前翅短，革質；後翅大而圓，膜質。腹端有夾狀尾鬚一對，能夾人、物。多卵生，栖於土石中、樹皮或雜草間。古稱"蝤""肌求""蛷"。《説文・虫部》："蝤，多足蟲也，从蚰，求聲。蛷，蝤或从虫。"清段玉裁注："肌求本或作蛷，多足之蟲。"肌求亦作"肌蛷"。《周禮・秋

臭　蟲
（明王圻等《三才圖會》）

蠼　螋
（明李時珍《本草綱目》）

官・赤龍氏》："凡隙屋，除其貍蟲。"漢鄭玄注："貍蟲，蟹、肌蚨之屬。"《玉篇・虫部》："蚤，亦作蚨。"唐段成式《酉陽雜俎・廣知》："古蠷螋、短狐、踏影蟲，皆中人影爲害。"俗稱"搜夾子"。明李明珍《本草綱目・蟲四・山蛩蟲》："〔附録〕蠷螋。時珍曰：蠷螋喜伏氍毹之下，故得此名……其蟲隱居牆壁及器物下，長不及寸，狀如小蜈蚣，青黑色，二鬚六足，足在腹前，尾有叉岐，能夾人物，俗名搜夾子。其溺射人影，令人生瘡，身作寒熱。"

【蚤】

即蠷螋。此稱漢代已行用。見該文。

【肌求】

即蠷螋。此稱漢代已行用。見該文。

【蚨】

同"蚤"。此體南北朝時期已行用。見該文。

【肌蚨】

即蠷螋。此稱清代已行用。見該文。

【搜夾子】

"蠷螋"之俗稱。此稱明代已行用。見該文。

【蚨螋】

即蠷螋。亦作"蚨螋""蚤螋"，亦稱"蟠蚨""務求""蚑蚨"。《廣雅・釋蟲》："蚨螋，蟠蚨也。"清王念孫疏證："《眾經音義》卷九引《通俗文》云：務求謂之蚑蚨。關西呼蚤螋爲蚑蚨。務求與蟠蚨同……蚑與肌，聲之轉耳。"《北史・隋秦王俊傳》："帝及后往視，見大蜘蛛、大蚨螋從枕頭出，求之不見。窮之，知妃所爲也。"清李元《蠕範》卷六："蚤，蠷螋也，蚨螋也，蚨蛟也，蟠蚨也，搜夾子也。似蜈蚣而小，長不及寸，青黑色。"按"蚨蛟"疑爲"蚨螋"之訛。參見"蠷螋"文。

【蚨螋】

同"蚨螋"。此體三國時期已行用。見該文。

【蚤螋】

同"蚨螋"。此體漢代已行用。見該文。

【蟠蚨】

即蚨螋。此稱三國時期已行用。見該文。

【務求】

即蚨螋。此稱漢代已行用。見該文。

【蚑蚨】

即蚨螋。此稱漢代已行用。見該文。

【蠷螋】

同"蠷螋"。亦稱"蠷螋蟲""蓑衣蟲""錢龍"。《廣雅・釋蟲》"蚨螋，蟠蚨也"清王念孫疏證："《博物志》云：蠷螋蟲溺人影，隨所着處生瘡。《本草拾遺》云：蠷螋蟲能溺人影，令發瘡如熱沸而大，繞腰。蟲如小蜈蚣，色青黑，長足。蠷螋、蚨螋，亦聲之轉耳。今揚州人謂之蓑衣蟲，順天人謂之錢龍。長可盈寸，行於壁上，往來甚捷。"俗稱"蛞蛕"。清陸以湉《冷廬雜識・蠷螋》："蠷螋音瞿搜。《玉篇》曰蚨螋，《博雅》曰蟠蚨。昌黎詩'蜿垣亂蚨蚔'，即此。吾鄉俗呼爲蛞蛕。"參見"蠷螋"文。

【蠷螋蟲】

即蠷螋。此稱晋代已行用。見該文。

【蓑衣蟲】 [2]

"蠷螋"之俗稱。此稱清代已行用。見該文。

【錢龍】

"蠷螋"之俗稱。此稱清代已行用。見該文。

【蛞蛕】

"蠷螋"之俗稱。此稱清代已行用。見該文。

蝨

昆蟲名。屬蝨目，爲人、畜等哺乳動物

之體外寄生蟲。種類甚多，常見者如人蝨（*Pediculus humanus*）、陰蝨（*Phthirus pubis*）、牛蝨（*Haematopinus eurysternus*）等。通稱"蝨子"。一般體小扁平，色淺黃或灰黑，頭小腹大，無翅。卵白色，橢圓形，稱"蟣"。寄生於人或畜體表，吸食血液，可傳播疾病。《説文·虫部》："蝨，齧人蟲。"亦作"虱"。《列子·湯問》："昌以氂懸虱於牖，南面而望之。旬日之間，浸大也；三年之後，如車輪焉。"《韓非子·喻老》："甲胄生蟣虱，燕雀處帷幄。"三國魏稽康《與山巨源絶交書》："危坐一時，痺不得搖，性復多蝨，把搔無已，而當裹以章服，揖拜上官。"《説郛》卷三二引宋范正敏《遯齋閑覽·諧噱》："荆公、禹玉，熙寧中同在相府。一日，同侍朝，忽有蝨自荆公襦領而上，直緣其鬚，上顧之而笑，公不自知也。"明李時珍《本草綱目·蟲二·人蝨》："〔釋名〕蝨。時珍曰：蝨……俗作虱。"《古今小説·宋四公大鬧禁魂張》："趙正道：'這婆娘要對副我，却到吃我擺番。別人漾了去，我却不走。'特骨地在那里解腰捉虱子。"

【虱】

同"蝨"。此體先秦已行用。今作簡體規範字。見該文。

【虱子】

"蝨"之俗稱。此稱明代已行用。見該文。

【蝨】

同"蝨"。漢王充《論衡·遭虎》："苟謂食人乃應爲變，蜣蜋蚊宝皆食人，人身彊大，故

不至死。"參見"蝨"文。

【琵琶蟲】

即蝨。以其頭小腹大，形似琵琶，故稱。亦稱"丹鳥"。《事物異名録·昆蟲·蝨》引《類書》："蝨，一名丹鳥。"又《山堂肆考》：宋道君北狩，至五國城，衣上見蝨，呼爲琵琶蟲，以其形類琵琶也。"亦稱"衣蝨""人蝨"。清李元《蠕範》卷四："衣蝨，人蝨也，丹鳥也，琵琶蟲也。生衣襦中，長身六足，行必向北，在身者色白，在頭者色黑，人將死則蝨離身。將蝨置青菜上，經宿粘霧，則化青蟲飛去。"參見"蝨"文。

【丹鳥】

即琵琶蟲。此稱明代已行用。見該文。

【衣蝨】

即琵琶蟲。此稱清代已行用。見該文。

【人蝨】

即琵琶蟲。此稱清代已行用。見該文。

陰蝨

昆蟲名。指生於人陰毛中之蝨，令人搔癢難當。明李時珍《本草綱目·蟲二·人蝨》："〔集解〕時珍曰：今人陰毛中多生陰蝨，癢不可當，肉中挑出，皆八足而扁，或白或紅。古方不載。"清李元《蠕範》卷四："陰蝨，生人陰毛中，八足而扁，或紅或白，癢不可當。"參見本卷《昆蟲説·其他各目昆蟲考》"蝨"文。

兩頭蝨

蝨之一種，生衣中。清李元《蠕範》卷四："蝨有九種……曰兩頭蝨，亦生衣中。"參見本卷《昆蟲説·其他各目昆蟲考》"蝨"文。

六畜蝨

蟲名。泛指寄生於牛、馬、羊、豕、鷄、

犬等牲畜體表之蟲，吸食牲畜血液。北魏賈思勰《齊民要術·養牛馬驢騾》："凡六畜蟲，脂塗悉愈。"參見本卷《昆蟲説·其他各目昆蟲考》"蟲"文。

蜱

蟲名。寄生於禽畜體表之蟲。《説文·虫部》："蜱，齧牛蟲也。"清段玉裁注："今人謂齧狗蟲，語亦同。《通俗文》曰：'狗蟲曰蜱。'"清桂馥義證："《玉篇》：'蜱，牛蟲也。'……《一切經音義》：'今牛馬雞狗皆有蟲也。'"參見本卷《昆蟲説·其他各目昆蟲考》"蟲"文。

牛蟲

蟲名。指寄生於牛體外之蟲。北魏賈思勰《齊民要術·養牛馬驢騾》："治牛蟲方，以胡麻油塗之即愈，猪脂亦得。"明代亦稱"牛蜱""牛蜱"。明李時珍《本草綱目·蟲二·牛蟲》："〔釋名〕牛蜱。時珍曰：蜱亦作蜱。按呂忱《字林》云：蜱，齧牛蟲也。〔集解〕時珍曰：牛蟲生牛身上，狀如蓖麻子，有黑、白二色。齧血滿腹時，自墜落也。入藥用白色者。"參見本卷《昆蟲説·其他各目昆蟲考》"蟲"文。

【牛蜱】

即牛蟲。此稱明代已行用。見該文。

【牛蜱】

同"牛蜱"。即牛蟲。此體明代已行用。見該文。

狗蟲

蟲名。指寄生於狗體表之蟲。色黑，小如胡麻。唐韓愈、孟郊《城南聯句》詩："靈麻撮狗蟲，村稗啼禽猩。"宋蘇軾《服胡麻賦》："狀如狗蟲，其莖方兮。"參見本卷《昆蟲説·其他各目昆蟲考》"蟲"文。

雞蟲

蟲名。指寄生於雞、鴨等禽類體外之蟲，體細小。清代亦稱"雞翁蟲"。《事物異名録·昆蟲·蟲》引《蟬史集》："雞蟲，極細觀見，人呼爲雞翁蟲。"亦稱"雞游子"。清李元《蠕範》卷四："雞蟲，雞游子也。生雞巢中，小如塵土，好游人耳面。"參見本卷《昆蟲説·其他各目昆蟲考》"蟲"文。

【雞翁蟲】

即雞蟲。此稱清代已行用。見該文。

【雞游子】

即雞蟲。此稱清代已行用。見該文。

濡需

蟲名。指寄生於猪鬣中之蟲。亦稱"豕蟲"。清李元《蠕範》卷四："蟲有九種……曰濡需，豕蟲也。生猪鬣中。"參見本卷《昆蟲説·其他各目昆蟲考》"蟲"文。

【豕蟲】

即濡需。此稱清代已行用。見該文。

蟣[1]

蟲之卵。色白細小，橢圓形。《韓非子·喻老》："天下無道，攻擊不休，相守數年不已，甲冑生蟣蝨，燕雀處帷幄，而兵不歸。"《楚辭·小言賦》："烹蟲脛，切蟣肝。"《説文·虫部》："蟣，蝨子也。"清段玉裁注："蝨，齧人蟲也。子，其卵也。"亦作"幾"。《集韻·上尾》："蟣，或作幾。"亦稱"蟣子"。元王實甫《西厢記》第五本第二折："這襪兒針脚兒細似蟣子，絹帛兒膩似鵝脂。"章炳麟《新方言·釋動物》："《説文》：蟣，蝨子也。今通謂蟲卵爲蟣子。"亦作"虮"。《正字通·虫部》："虮，蟣蟲之蟣，俗省作虮。"按，今虮爲"蟣"之簡化字。參見本卷《昆蟲説·其他各目昆蟲考》"蟲"文。

【螘】

　　同"蟻¹"。此體宋代已行用。見該文。

【蚁】

　　同"蟻¹"。今爲蟻之簡化字。見該文。

【蟻子】

　　即蟻¹。此稱元代已行用。見該文。

石蠶

　　昆蟲名。毛翅目石蠶科石蛾（*Phryganea japonica* Mclachlan）之幼蟲。形略似蠶，有胸足三對，腹部原足一對。前後翅密被細毛。成蟲産卵於水邊石上或草根上，幼蟲孵化後入水中，以絲腺之分泌物綴合葉片、木片、砂石等營造筒狀巢囊而藏身其中，露出頭、胸及足匍行於水底，以水草或小蟲爲食，漸次化蛹而爲成蟲。成蟲似蛾，稱石蛾。入中藥。秦漢典籍中亦稱"沙蝨""蓬活""地脾"。《神農本草經》："石蠶，味鹹，寒。主五癃，破石淋，墮胎，内解結氣，利水道，除熱。一名沙蝨。生池澤。"南朝梁陶弘景則謂石蠶、沙蝨并非一物。宋唐慎微《證類本草·蟲魚部》："〔石蠶〕陶隱居云：……沙蝨自是東間水中細蟲，人入水浴，著人略不可見，痛如針刺，挑亦得之。今此名或同爾，非其所稱也。"其説或是。三國時亦稱

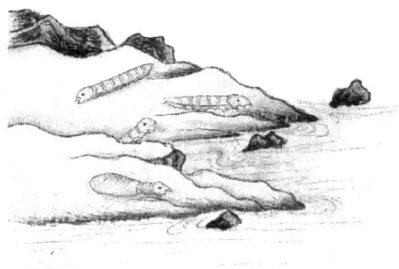

石蠶（常州石蠶）

（明文俶《金石昆蟲草木狀》）

"石蠹蟲""石蠹"，唐代亦稱"石下新婦"。明李時珍《本草綱目·蟲一·石蠶》："〔集解〕經曰：石蠶生江漢池澤。宗奭曰：石蠶在處山河中多有之。附生水中石上，作絲繭如釵股，長寸許，以蔽其身，其色如泥，蠶在其中，故謂之石蠶，亦水中蟲耳。方家用者絶稀。《別録》曰：石蠹蟲生石中。藏器曰：石蠹蟲，一名石下新婦，今伊洛間水底石下有之。狀如蠶，解放絲連綴小石如繭。春夏羽化作小蛾，水上飛。時珍曰：《本經》石蠶，《別録》石蠹，今觀陳、寇二説及主治功用，蓋是一物無疑矣。"

【沙蝨】¹

　　即石蠶。此稱秦漢時期已行用。見該文。

【石蠹蟲】

　　即石蠶。此稱三國時期已行用。見該文。

【石蠹】

　　即石蠶。此稱三國時期已行用。見該文。

【石下新婦】

　　即石蠶。此稱唐代已行用。見該文。

蚤

　　昆蟲名。屬蚤目。種類甚多，常見者有人蚤（*Pulex irritans* Linn.）、鼠蚤（*Xenopsylla cheopis* Rothschild）、猫蚤（*Ctenocephalides felis* Bouche）和狗蚤（*C. canis* Bouche）等。色黑體小而側扁，雄蚤較雌蚤小。腹大，頭及胸部小，觸角短，呈錘狀，部分隱於觸角溝内；口器刺吸式，無翅，足長，善跳躍。今通稱"跳蚤"。成蟲寄生於人和哺乳動物及鳥類之體表，吸食血液，部分能

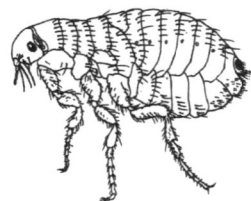

蚤

傳播疾病。幼蟲以寄主之皮膚碎屑、血塊及其他有機物爲食。《莊子·秋水》："鴟鵂夜撮蚤，察秋末。"清趙學敏《本草綱目拾遺·蟲部·壁蝨》："昔人謂暑時有五大害，乃蠅、蚊、蝨、蚤、臭蟲也。"亦作"蝨"。《說文·虫部》："蝨，齧人跳蟲也。"段玉裁注："齧，噬也；跳，躍也。蝨但齧人，蝨則加之善躍，惡之甚也。"唐韓愈《鄭群贈簟》詩："青蠅側翅蚤蝨避，蕭蕭疑有淸飆吹。"宋范成大《嘲蚊四十韻》："蚤爲鵂所撮，蠅亦虎能執。"元代亦稱"疙蚤"。元無名氏《盆兒鬼》第三折："這羊皮襖上不知是蝨子也，是疙蚤。""疙蚤"亦作"疙蚤"。《事物異名錄·昆蟲部》引《山堂肆考》："蚤生積灰，雄小雌大，俗呼爲疙蚤。"

【蝨】

同"蚤"。此稱漢代已行用。見該文。

【疙蚤】

即蚤。此稱元代已行用。見該文。

【疙蚤】

即蚤。此稱清代已行用。見該文。

【蠤】

同"蚤"。漢王充《論衡·遭虎》："蠤蝱閩虻皆食人，人身強大，故不至死。"亦作"蚕"。《字彙補·虫部》："蚕與蚤同。"亦稱"疙蝨"。《金瓶梅詞話》第三十四回："昨日吳大舅親自來，和爹說了，爹不依，小的疙蝨臉兒，好大面皮。"參見"蚤"文。

【蚕】

同"蠤"。此體清代已行用。見該文。

【疙蝨】

即蠤。即稱清代已行用。見該文。

第三章　爬蟲説

第一節　蛇　考

　　蛇屬脊椎動物門爬行綱中的一目。根據古生物學研究，最早的蛇類化石發現於白堊紀初期（距今約一億三千萬年），但其實際出現可能還要早些，大約在侏羅紀。大多數蛇類化石發現於新生代地層，説明在這一時期蛇類進入較爲繁盛的時代。由於侏羅紀蜥蜴的種類已經很多，而蜥蜴的結構與蛇具有密切關係，故一般認爲，蛇是由古代的某種蜥蜴演化而來的。

　　目前，世界上生存的蛇類有三千餘種。就結構而言，蛇體圓而細長，體表被有角質鱗，四肢退化消失，以肋骨自由伸縮而行。舌細長而分叉，眼瞼愈合爲罩於眼外的透明膜，固定而不能活動。下頜通過方骨與腦顱相連接，左右下頜骨之間以韌帶相連，故能吞食比自己大幾倍的食物。其食物來源主要爲活體動物，如昆蟲、蚯蚓、青蛙、蜥蜴等，有些種類可吞食兔、羊等哺乳動物。除冬眠外，一般兩三個月蜕一次皮。大多卵生，或卵胎生。

　　我國古代對蛇的記載很早，相傳堯舜之時，蛇虺泛濫成災，禹曾驅蛇龍入草澤。《孟子·滕文公下》："當堯之時，水逆行，氾濫於中國，蛇龍居之，民無所定，下者爲巢，上者爲營窟……使禹治之，禹掘地而注之海，驅蛇龍而放之菹……險阻既遠，鳥獸之害人者消，然後人得平土而居之。"據考，甲骨文中 "Ｐ" 即 "它（蛇）"，《説文·它部》："它，虫也。从虫而長，象冤曲垂尾形。上古艸居患它，故相問'無它乎'……蛇，它或从虫。" 蛇俗作 "虵" 或 "蛖"，别稱 "玉京子" "茅鱓" "巳日寡人" 等。唐裴鉶《傳奇·崔煒》："〔煒〕又問曰：'呼蛇爲玉京子，何也？'曰：'昔安期生長跨斯龍而朝玉京，故號之玉京子。'"宋張師正《倦游雜録》："嶺南人好啖蛇，易其名曰茅鱓。"晋葛洪《抱朴子内篇·登涉》："巳日稱寡人者，社中蛇也。"

　　蛇爲十二生肖之一，於十二地支中屬巳。從傳統文化的角度講，蛇與其他蟲豸相比具有明顯的特殊性，故歷代關於蛇之藝文、雜録、傳説等數量衆多，如郭璞有長蛇、飛蛇、巴蛇等諸蛇之贊，白居易有《漢高祖斬白蛇賦》，柳宗元有《捕蛇者説》，陸龜蒙有《告白蛇文》，元稹有咏巴蛇詩。

　　此外，以蛇入藥在我國亦有着悠久的歷史，在漢簡及帛書中已載有用蛇、蛇膏、蛇蜕療疾的藥方。現存最早的中藥典籍《神農本草經》則將蛇蜕列爲下品，以治 "驚癇癲疾、腸痔蠱毒"。其後藥用蛇的品種不斷增加，如唐宋之際，蚺蛇、蝮蛇、烏梢蛇、白花蛇等均已入藥，或取其膽，或用其蜕，或食其肉，或以蛇浸酒，多有顯著療效。

　　凡爬蟲表面覆有鱗片，故古代或將蛇歸入鱗部。

蟒蛇

　　蛇名。常見者爲蟒蛇科蟒蛇（*Python molurus bivittatus* Kühl）、東方沙蟒（*Eryx tataricus* Lichtenstein）。體長一二丈，背面灰棕色或黄色，背脊具有一行紅棕色、鑲黑邊、略呈方形的雲狀斑塊，兩側各有一行較小的淺黄色帶狀斑紋，腹面黄白色。頭部橢圓形，吻端扁平。背鱗平滑無棱，腹鱗較窄小。肛孔兩側有爪狀後肢殘餘。生活於熱帶、亞熱帶低山叢林中，多於夜間活動，捕食鼠類、鳥類、爬行類和兩栖類動物等。卵生，每次產卵數十至百枚左右。肉可食，膽入中藥，皮可製造樂器和裝飾品。蟒蛇爲諸蛇中最大的一種，無毒。亦稱 "王蛇"，省稱 "蟒"。《爾雅·釋蟲》："蟒，王蛇。"晋郭璞注："蟒，蛇最大者，故曰王蛇。"清郝懿行義疏："孫氏星衍曰：'蟒'字義當用'莽'。《小爾雅》云：莽，大也。按《爾雅》古本必作'莽'。"晋張華《博物志》："蟒開口廣丈餘，前後失人，皆此蟒氣所噏上。"《晋書·郭璞傳》："蚓蛾以不才陸槁，蟒蛇以騰驚暴鱗。"

唐白居易《送客春游嶺南二十韻》："雲煙蟒蛇氣，刀劍鱷魚鱗。"清陳鼎《蛇譜·蟒蛇》："〔蟒蛇〕長十餘丈，或數十丈，毒甚。吞人不厭，粤東西及湖南深山中極多。蟒踞處人不敢近，至廢耕桑。"亦稱"鱗蛇"。清李元《蠕範》卷四："蟒……王蛇也，鱗蛇也。長丈餘，四足，有鱗，或黄或黑，額有'王'字，爲諸蛇之長。春冬居山，秋夏居水，能食麋鹿，亦傷人。"按，此云蟒蛇有四足，或誤。

【王蛇】

即蟒蛇。此稱秦漢時期已行用。見該文。

【蟒】 [2]

"蟒蛇"之省稱。此稱秦漢時期已行用。見該文。

鱗　蛇
（明李時珍《本草綱目》）

【鱗蛇】 [1]

即蟒蛇。此稱清代已行用。見該文。

【王虺】

即蟒蛇。蟒蛇爲諸蛇中最大者，有如諸蛇之王，故稱"王蛇""王虺"。《楚辭·大招》："山林險隘，虎豹蜿只；鯛鱅短狐，王虺騫只。"漢王逸注："王虺，大蛇也。"《爾雅·釋蟲》"蟒"清郝懿行疏："王虺即王蛇也。"亦稱"王字蛇"。清趙學敏《本草綱目拾遺·蟲部》："蟒蛇

名王字蛇，其首天生有一'王'字。予於庚子在奉化長橋，見丐者手握此蛇乞錢，其蛇亦不甚大，性頗馴良，因以千錢買得縱之。"參見"蟒蛇"文。

【王字蛇】

即王虺。因此蛇頭上有"王"字，故名。此稱清代已行用。見該文。

【蚺蛇】

即蟒蛇。蟒蛇身大，行動紆緩，冉冉而行，故稱。亦作"髯蛇""蚺虵"。《淮南子·精神訓》："越人得髯蛇，以爲上肴，中國得而棄之無用。"漢高誘注："髯蛇，大蛇也。其長數丈，俗以爲上肴。"三國魏嵇康《答難養生論》："蚺蛇珍於越土，中國遇而惡之；麡斻貴於華夏，裸國得而棄之。"晋葛洪《抱朴子外篇·詰鮑》："越人之大戰，由乎分蚺虵之不均。"《南齊書·虞願傳》："〔虞願〕出爲晋平太守……郡舊出髯蛇，膽可爲藥。"明李時珍《本草綱目·鱗二·蚺蛇》："〔釋名〕時珍曰：蛇屬，紆行。此蛇身大而行更紆徐，冉冉然也，故名蚺蛇。"清陳鼎《蛇譜·蚺蛇》："蚺蛇，閩、廣、黔、滇、楚南俱有。"按，一說蟒蛇與蚺蛇并非一屬，如清李元《蠕範》蟒、蚺別爲二條，其主要區別在於蟒有足有鱗，蚺則無足無鱗。今仍依衆説，以

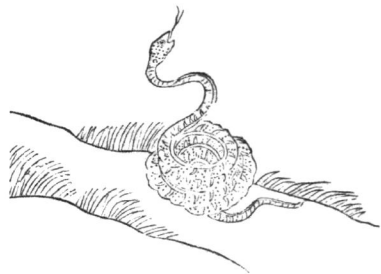

蚺　蛇
（明王圻等《三才圖會》）

二者爲一物。參見"蟒蛇"文。

【髯蛇】

同"蚦蛇"。此體秦漢時期已行用。見該文。

【蚺蚺】

同"蚦蛇"。此體晉代已行用。見該文。

【蚦蛇】

同"蚦蛇"。即蟒蛇。亦單稱"蚦"。《説文·虫部》："蚦,大蛇,可食。"《山海經·大荒南經》"黑水之南,有玄蛇,食麈"晉郭璞注:"今南方蚦蛇吞鹿亦此類。"《正字通·虫部》:"蚦,俗蚦字。"參見"蟒蛇"文。

【蚦】

"蚦蛇"之省稱。此稱漢代已行用。見該文。

【南蛇】

即蟒蛇。或因其多産於嶺南,故稱。亦稱"巴蛇"。《山海經·海内南經》:"巴蛇吞象。"晉郭璞注:"今南方蚦蛇吞象。"又因其常俯首而行,故又名"薶頭蛇""埋頭蛇"。《埤雅·釋蟲》:"蚦蛇,行地常俯其首,俗呼薶頭蛇。"明李時珍《本草綱目·鱗二·蚦蛇》:"〔釋名〕南蛇、埋頭蛇。時珍曰:産於嶺南,以不舉首者爲真,故世稱爲南蛇、埋頭蛇。"清李元《蠕範》卷七:"蚦,髯蛇也,巴蛇也,南蛇也……徑尺長丈,尾圓無鱗甲,有毛如髯,斑文如暗錦,行常俯首。"參見"蟒蛇"文。

【巴蛇】

即南蛇。此稱秦漢時期已行用。見該文。

【薶頭蛇】

即南蛇。此稱宋代已行用。見該文。

【埋頭蛇】

即南蛇。此稱明代已行用。見該文。

鱗蛇 [2]

典籍所載的一種巨蟒。長丈餘,有四足,分黃鱗、黑鱗兩色。膽可入藥。明李時珍《本草綱目·鱗二·鱗蛇》:"〔集解〕時珍曰:按《方輿勝覽》云,鱗蛇出安南、雲南鎮康州、臨安、沅江、孟養諸處,巨蟒也。長丈餘,有四足,有黃鱗、黑鱗二色,能食麋鹿。春冬居山,夏秋居水,能傷人。土人殺而食之,取膽治疾,以黃鱗者爲上,甚貴重之。珍按,此亦蚦蛇類,但多足耳。"清陳鼎《蛇譜·鱗蛇》:"〔鱗蛇〕形如蟒,有四足,土人取其膽可解諸藥之毒,産雲南隴川孟養山中。安南長官司出者可治牙疼,亦解藥毒。黃鱗爲上,黑次之。"然現實是否有此種蛇,存疑。參見本卷《爬蟲説·蛇考》"蟒蛇"文。

玄蛇

典籍所載的一種大蛇。《山海經·大荒南經》:"黑水之南,有玄蛇,食麈。"晉郭璞注:"今南山蚦蛇吞鹿亦此類。"又《海内經》:"北海之内,有山名曰幽都之山,黑水出焉。其上有玄鳥、玄蛇、玄豹、玄虎。"唐杜甫《上水遣懷》詩:"蒼蒼衆色晚,熊掛玄蛇吼。"按,因避宋始祖諱,常改"玄"爲"元",故玄蛇亦作"元蛇"。

【元蛇】

同"玄蛇"。見該文。

蟬

典籍所載的一種大蛇。以小蛇及蝮蛇爲食。《廣韻·平麻》引《字林》云:"蟬,大蛇也,出魏興。啖小蛇及蝮,但張口,小蛇自入。"《集韻·平麻》:"蟬,大蛇名。善啖小蛇。"清李元《蠕範》卷六:"蟬,大蛇也。善啖蛇吸蝮,但張其口，小蛇自入而吞之。出魏興。"參閱《格致鏡原·昆蟲類·蛇》。

兩頭蛇

蛇名。常見者爲游蛇科尖尾兩頭蛇（*Calamaria septentrionalis* Boulenger）。長一二尺，背部灰黑色或灰褐色，腹部橙紅色，頸部有黃色斑紋。尾圓鈍，有與頭頸部相同的斑紋，驟看頗似頭部，且有與頭部相同的行動習性，故名"兩頭蛇"。卵生，無毒。生活於高山或平地土中，捕食昆蟲、蚯蚓等。漢賈誼《新

兩頭蛇
（明李時珍《本草綱目》）

書·春秋》："孫叔敖之爲嬰兒也，出游而還，憂而不食。其母問其故，泣而對曰：'今日吾見兩頭蛇，恐去死無日矣。'其母曰：'今蛇安在？'曰：'吾聞見兩頭蛇者死，吾恐他人又見，吾已埋之也。'其母曰：'無憂，汝不死。吾聞之：有陰德者，天報之以福。'"宋唐慎微《證類本草·蟲魚》引唐陳藏器云："兩頭蛇，見之令人不吉。大如指，一頭無目無口，二頭俱能行。出會稽，人云是越王弩弦。昔孫叔敖埋之，恐後人見之，將必死也。"兩頭蛇小者狀似蚯蚓，或以爲蚯蚓所化，故亦稱"山蚓"。明李明珍《本草綱目·鱗二·兩頭蛇》："〔集解〕時珍曰：又張耒《雜志》云，黃州兩頭蛇，一名山蚓。云是老蚓所化，行不類蛇，宛轉甚鈍。"《爾雅翼·釋魚·枳首蛇》："又予所見夏月雨後，有蛇如蚯蚓大，但身有鱗，蜿蜒而行，其尾如首，不纖殺，亦號兩頭蛇。"

【山蚓】

即兩頭蛇。此稱宋代已行用。見該文。

【越王約髮】

即兩頭蛇。相傳此蛇爲越王束髮的帶子所化，故稱。又因其可挺直若弩弦，亦稱"弩弦"。《爾雅·釋地》："中有枳首蛇焉。"晉郭璞注："或曰：今江東呼兩頭蛇爲越王約髮，亦名弩弦。"宋邢昺疏："江東呼越王約髮，言是越王約髮所變也。亦名弩弦，即以形相似而名之也。"亦稱"越王蛇""越王弩弦"。《爾雅翼·釋魚·枳首蛇》："枳首者，歧頭，蓋兩頭也。大如指，一頭無目無口，然兩頭俱能行。一名越王蛇，亦名越王約髮，亦名越王弩弦。"按，枳有"歧"義，故枳首蛇一般指一身二首之兩頭蛇。或以之爲首尾相似之兩頭蛇者，似誤。參見"兩頭蛇"文。

【弩弦】

即越王約髮。此稱晉代已行用。見該文。

【越王蛇】

即越王約髮。此稱宋代已行用。見該文。

【越王弩弦】

即越王約髮。此稱宋代已行用。見該文。

烏蛇

蛇名。常見者爲游蛇科黑網烏梢蛇（*Zaocys dhumnades* Cantor）。長約六尺，頭扁圓，尾漸細。背部棕綠至灰褐色，中央兩行鱗片呈黃色或黃褐色，其外側各有一條黑綫縱貫全身。前段腹鱗土黃色，後段青灰色。生活於田野草叢或水邊，以蛙類、魚類爲食。卵生，無毒，入中藥，皮可製造樂器。唐張鷟《朝野僉載》卷一："商州有人患大瘋，家人惡之，山中爲起茅舍。有烏蛇墜酒罌中，病人不知，飲

酒漸差。甖底見蛇骨，方知其由也。"宋唐慎微《證類本草・蟲魚下・白花蛇》引雷敩云："凡一切虵，須認取雄雌及州土。有蘄州烏蛇，只重三分至一兩者，妙也。頭尾全，眼下不合。如活者，頭上有逆毛二寸一路，可長半分已來，頭尾相對，使之入藥。彼處若得此樣虵，多留供進。重二兩三分者，不居別處也。"此蛇脊高似劍之脊，故亦稱"劍脊烏梢"。宋寇宗奭《本草衍義》卷一七："烏蛇尾細長，能穿小銅錢一百文者佳。有身長一丈餘者。蛇類中此蛇入藥最多。嘗於順安軍塘濼堤上見一烏蛇長一丈餘，有鼠狼囓蛇頭曳之而去，是亦相畏伏爾。市者多僞以佗蛇燻黑色貨之，不可不察也。烏蛇脊高，世謂之劍脊烏梢。"亦稱"烏燒"。《淵鑑類函・鱗介・蛇一》引明沈萬鈳《詩經類考》："有一種名烏燒，尾細長，有穿錢至百者，善治風症。"亦稱"黑風蛇""烏稍"。清陳鼎《蛇譜・烏蛇》："産梧州府藤縣，其色如墨，其行如風，又名黑風蛇。取以浸酒可療風，服者入水不沾濡。陝西隴州山中亦出是蛇，又名烏稍者，則材之下矣。"

【劍脊烏梢】

即烏蛇。此稱宋代已行用。見該文。

【烏燒】

即烏蛇。此稱明代已行用。見該文。

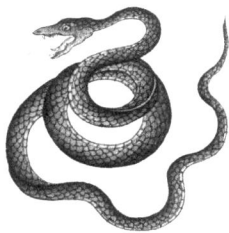

烏　蛇

（《補遺雷公炮製便覽》）

【黑風蛇】

即烏蛇。因其色黑且行如風而得名。此稱清代已行用。見該文。

【烏稍】

即烏蛇。此稱清代已行用。見該文。

【烏梢蛇】

即烏蛇。亦稱"黑猶蛇"。宋唐慎微《證類本草・蟲魚下・烏蛇》引馬志《開寶本草》："〔烏蛇〕背有三稜，色黑如漆，性善，不噬物。江東有黑猶蛇，能纏物至死，亦如其類，生商洛山。"按，明李明珍《本草綱目・鱗二・烏蛇》引作"黑梢蛇"。亦稱"香蛇"。《格致鏡原・昆蟲類・蛇》："《本草圖經》：烏蛇一名香蛇，背有三稜，色黑如漆，性至良，不噬物……又江東一種名黑梢蛇，能纏物至死，亦其類。又名烏梢蛇。"按，《證類本草》所引《圖經》文與此略异，且無香蛇、黑梢蛇、烏梢蛇等名。亦稱"黑花蛇"。元李杲《食物本草・蛇蟲・烏蛇》："烏蛇，一名烏梢蛇，一名黑花蛇。"清李元《蠕範》卷八："烏稍，烏蛇也，香蛇也，黑花蛇也。圖首，高脊，赤眼，背有三稜，頭有逆毛二十一路，腹有白帶，身黑如漆，尾細而長，可穿百錢。性良，不齧物。多在蘆林中，吸風嗅花，眼有赤光，雖死不閉。"參見"烏

烏梢蛇

蛇”文。

【黑稍蛇】

即烏梢蛇。此稱宋代已行用。見該文。

【黑梢蛇】

同“烏梢蛇”。此體明代已行用。見該文。

【黑花蛇】

即烏梢蛇。此稱元代已行用。見該文。

【香蛇】

即烏梢蛇。此稱宋代已行用。見該文。

風梢蛇

烏蛇之一種。明李時珍《本草綱目·鱗二·烏蛇》:“〔集解〕時珍曰:烏蛇有二種:一種劍脊細尾者爲上;一種長大無劍脊而尾稍粗者,名風梢蛇,亦可治風,而力不及。”亦作“風稍蛇”。清李元《蠕範》卷八:“風稍蛇,似烏蛇而尾粗脊平。”參見本卷《爬蟲説·蛇考》“烏蛇”文。

【風稍蛇】

同“風梢蛇”。此體清代已行用。見該文。

黃頷蛇

蛇名。常見者爲游蛇科黑眉錦蛇(*Elaphe taeniura* Cope)。長約五尺,頭部黃褐色,眼後有黑色橫斑,狀類黑眉。背部呈橄欖色,有四條黑色縱紋。體側前部有縱行的不規則黑斑,後半部漸擴大爲黑色縱帶。尾背黃色,尾下及側淡黃色。有時栖於屋內,性凶猛,善攀緣,行動敏捷。以鼠、雀等爲食。無毒,肉可食,亦可入藥。省稱“黃頷”。宋唐慎微《證類本草·蟲魚下·蛇蛻》引南朝梁陶弘景云:“草中不甚見虺、蝮蛇,惟有長者,多是赤蠊、黃頷輩。”元李杲《食物本草·蛇蟲·黃頷蛇》:“黃頷蛇多在人家屋間,吞鼠子、雀雛。”亦稱“黃

喉蛇”。明李時珍《本草綱目·鱗二·黃頷蛇》:“〔釋名〕黃喉蛇。〔集解〕時珍曰:黃頷,黃黑相間,喉下色黃,大者近丈。”清李元《蠕範》卷八:“黃頷蛇,長一二尺,色如黃金,居石縫中,將雨時,作牛吼聲,中人亦死。”又“黃喉蛇,好食蝮虺,食飽垂頭直下滴沫,地墳起,變爲沙蝨,中人爲毒,其額有大王字”。按,李説分黃頷蛇、黃喉蛇爲二種,且所述與諸説有異,或別有所指,今存以待考。

【黃頷】

“黃頷蛇”之省稱。此稱南北朝時期已行用。見該文。

【黃喉蛇】

即黃頷蛇。此稱明代已行用。見該文。

青竹標

蛇名。常見者爲游蛇科翠青蛇(*Cyclophiops major* Gunther)。長三尺左右,背面鮮草綠色,腹面淡黃綠色。性溫馴,無毒。生活於竹林、樹林陰濕處,以蚯蚓、昆蟲幼蟲爲食。此蛇色青綠似竹,見人則飆起,故名“青竹標”。清李元《蠕範》卷八:“青竹標,似竹色,瞎目,纏樹生子,小而捷,聞人咳唾聲,驟巧前噬,其毒亦烈。”按,此蛇無毒,李説毒烈,或失考,或所指非爲一物,待考。

赤蠊

蛇名。常見者爲游蛇科赤蠊蛇(*Dinodon rufozonatum* Cantor)。長二三尺,頭黑色,背部黑褐色,腹面灰黃色。體背有六七十條紅色窄橫紋,腹鱗兩側雜有暗褐色斑點。無毒,但性凶猛,好捕食魚、蛙類等,生活於田野及村莊附近,我國大多數地區有分布。宋唐慎微《證類本草·蟲魚部·蛇蛻》引南朝梁陶弘景:

"草中少見虺蝮蜺，惟有長者，多是赤螻、黃頷輩。"《集韻·去願》："螻，赤螻，蛇名。"以其紅黑節節相間，宛若赤練，故亦稱"赤練"或"赤練蛇"。元方回《修石山》詩："赤練稍宛轉，碎首忽若糜。"元祖柏逸句："誰呼蓬鳥青頭鴨，來殺松江赤練蛇。"亦作"赤蜺"。《篇海類編·鱗介類·蟲部》："蜺，赤蜺，蛇名。"亦稱"火赤螻蛇"。《古今小説·梁武帝累修歸極樂》："只見一條小火赤螻蛇，纔生出來的，死在那裏。"亦稱"火赤煉"。清陳鼎《蛇譜·火赤煉》："毒蛇也。渾身色如火而間黑，齧人則腫脹煩悶，不二日而死。急采半枝蓮草搗汁，服之即愈。"按，現代研究認爲，赤螻蛇性凶暴，但無明顯毒性。

赤棟蛇
（明李時珍《本草綱目》）

【赤練】

同"赤螻"。此體元代已行用。見該文。

【赤練蛇】

即"赤螻"。此稱元代已行用。見該文。

【赤蜺】

同"赤螻"。此體明代已行用。見該文。

【火赤螻蛇】

即赤螻。此稱明代已行用。見該文。

【火赤煉】

即赤。此稱清代已行用。見該文。

【赤棟蛇】

省稱"赤棟"。即赤螻。因其形似桑根，故亦稱"桑根蛇"。明李時珍《本草綱目·鱗二·黃頷蛇附赤棟蛇》："〔釋名〕赤棟蛇，一名桑根蛇。〔集解〕時珍曰：赤棟紅黑，節節相間，儼如赤棟、桑根之狀。"清李元《蠕範》卷八："螻，赤螻也，赤棟也，桑根蛇也。伏人屋間，食鼠子、雀雛。色紅黑，節節相間。"參見"赤螻"文。

【赤棟】

"赤棟蛇"之省稱。此稱明代已行用。見該文。

【桑根蛇】

即赤棟蛇。此稱明代已行用。見該文。

水蛇

蛇名。常見者爲游蛇科中國水蛇（*Enhydris chinensis* Gray）。長一二尺，背面呈青灰色，或暗灰棕色，有不規則小黑點；腹面淡黃色，有暗灰色斑點。頭後至頸部正中有黑色縱綫一條，尾腹側中央有青黃色縱紋一條。卵胎生，有輕微毒性。生活於水田、河溝等處，捕食魚類。其肉、皮可入中藥。亦稱"公蠣蛇"。宋唐慎微《證類本草·蟲魚部·蠹魚》引南朝梁陶弘

水　蛇
（明李時珍《本草綱目》）

景云："今皆作'鱧'字，舊言是公蠣蛇所化。"
元李杲《食物本草·蛇蟲·水蛇》："水蛇，一名
公蠣蛇。所在有之，生水中。"明李時珍《本草
綱目·鱗二·水蛇》："〔集解〕時珍曰：水蛇所
在有之，生水中。大如鱔，黃黑色，有纈紋，
囓人不甚毒。陶弘景言公蠣蛇能化鱧者，即此
也。"清陳鼎《蛇譜·慈曼蛇》："江南蛇多不
善浮水，惟水蛇善浮水，常於水畔捕蛙為食。"
按，水蛇有時亦泛指生活於水中的蛇。如唐段
成式《酉陽雜俎·廣動植之一》云："蛇有水、
草、木、土四種。"

【公蠣蛇】

即水蛇。此稱南北朝時期已行用。見該文。

蝮

蛇名。有黑斑蝮蛇、青蝮、白蝮等種類。常
見者為蝮蛇科蝮蛇（*Vipera russelli siamensis*），
亦稱黑斑蝮蛇。長三四尺，背面暗褐色，有淡
褐色鏈狀橢圓斑三列，各斑最外緣為黃白色，
其次為黑色；在三列斑紋之間，又散布不規則
的小斑紋；腹面灰白色，每一腹鱗有三至五個
紫褐色斑點，前後綴連略呈縱行。生活於山林
或草地，晝夜均有活動，捕食鼠類等。卵胎生。
有毒。古人或以"蝮""虺"為一類，今則多以
"虺"為蛇之一種，或為蛇類之泛稱。《廣雅·釋
魚》："虺，蝮也。"清王念孫疏證："蝮者，毒
螫傷人之名……然則虺、蝮、青蝮祇是一類，
故云'虺，蝮也'。"《正字通·虫部》："蝮，白
蝮、青蝮，毒蛇也。"明李時珍《本草綱目·鱗
二·諸蛇》："〔集解〕時珍曰：又有青蝮、白蝮、
蒼虺、文蝮、白頸、黑甲、赤目、黃口之類。"
參見本卷《爬蟲說·蛇考》"青蝮"文。

青蝮

蛇名。蝮之一種。體色青，與竹同色。亦
稱"青蝮蛇""青條蛇"。唐王燾《外臺秘要》
卷四〇引《肘後方》青蝮蛇論："此蛇正綠色，
喜緣木及竹上，與竹木色一種，人卒不覺……
大者不過四五尺，世人皆呼為青條蛇。"宋唐慎
微《證類本草·蟲魚部·蝮蛇膽》引南朝梁陶弘
景："蛇類甚眾，惟此二種（蝮蛇、虺）及青蝮
為猛。"按，"蛙"當為"蝮"之訛。亦稱"竹
根蛇"。明李時珍《本草綱目·鱗二·黃頷蛇》：
"〔集解〕時珍曰：又有竹根蛇，《肘後》謂之青
蝮蛇，不入藥用，最毒。喜緣竹木，與竹同色，
大者長四五尺。"《正字通·虫部》："《本草》：青
蝮蛇，喜緣竹，與竹同一，最毒，不入藥，一
名竹根蛇。"清李元《蠕範》卷八："蝮，青蝮
也，竹根蛇也。喜緣竹，與竹同狀，寸寸有節。
綠、赤、白三種，大者長四五尺，尾長三四寸，
能於草莽中吐絲網，伺人過，出螫其目，盲不
見物。"參見本卷《爬蟲說·蛇考》"蝮"文。

【青蝮蛇】

即青蝮。此稱晉代已行用。見該文。

【青條蛇】

即青蝮。此稱晉代已行用。見該文。

【竹根蛇】

即青蝮。此稱晉代已行用。見該文。

白蝮

蛇名。蝮之一種。《正字通·虫部》："蝮，
白蝮、青蝮，毒蛇也。"參見本卷《爬蟲說·蛇
考》"蝮"文。

熇尾蛇

蛇名。似青蝮而色异，有劇毒。宋唐慎微
《證類本草·蟲魚部·蚺蛇膽》引《本草圖經》：

"葛氏云：青蝰蛇，緑色，喜緣木及竹上，大者不過四五尺，色與竹木一種，其尾三四寸。色異者，名熇尾蛇，最毒。"明李時珍《本草綱目·鱗二·諸蛇》："〔集解〕時珍曰：葛洪云：熇尾蛇似青蝰，其尾三四寸，有異色，最毒。"清李元《蠕範》卷八："熇尾蛇，似青蝰而有黑點，最毒。"參見本卷《爬蟲説·蛇考》"蝰"文。

蝮[1]

蛇名。古代所指諸説不一，稱謂亦多相混。一説蝮即虺，亦作"虫"；一説蝮虺連稱爲一物，亦作"蝮虫"；一説蝮與虺爲二種。《山海經·南山經》："又東三百八十里，曰猨翼之山，其中多怪獸，水多怪魚，多白玉，多蝮虫，多怪蛇，多怪木，不可以上。"晋郭璞注："蝮虫，色如綬文，鼻上有針，大者百餘斤，一名反鼻。虫，古'虺'字。"又名蝮虺。《爾雅·釋魚》："蝮虺，博三寸，首大如擘。"晋郭璞注："身廣三寸，頭大如人擘指，此自一種蛇，名爲蝮虺。"清郝義行義疏："虺者，虫之假借也。《説文》：'蝮，虫也。'又云：虫，一名蝮，博三寸，首大如擘指。是虺當作虫，借作虺……《楚辭·招魂》所謂'復蛇蓁蓁'，與《爾雅》之'蝮虺'，名同實異，非一物也。"按，《爾雅》"蝮

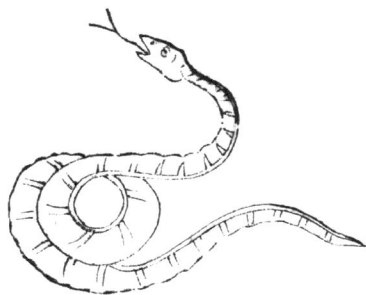

虺

（明王圻等《三才圖會》）

虺"古本一作"蝮它""復蟲"；"復蛇"《楚辭》作"蝮蛇"。《説文·虫部》："虫，一名蝮，首大如擘指。"又"蝮，虫也"。清段玉裁注："按，虫、蝮二篆説解蓋有疑焉……故景純亦云：今俗細頸大頭之蝮它，非《爾雅》之蝮它。"依上所述，古代所謂蝮當有二類，一者尖口，反鼻，有錦紋，大者長七八尺者，即今之白花蛇；一者身短，與地同色者，即今之蝮蛇。二者同屬蝰蛇科蝮亞科，詳見本卷《爬蟲説·蛇考》"蝮蛇""白花蛇"文。

【虺】[1]

即蝮[1]。此稱秦漢時期已行用。按"虺"之含義甚衆，此乃其一。見該文。

【虫】

"虺"之通假字。即蝮[1]。此稱漢代已行用。見該文。

【蝮虺】

即蝮[1]。此稱秦漢時期已行用。見該文。

【復蟲】

即蝮[1]。此稱秦漢時期已行用。見該文。

【蝮它】

同"蝮虺"。此稱秦漢時期已行用。見該文。

蝮蛇

蛇名。常見者爲蝰蛇科蝮亞科蝮蛇（*Agkistrodon halys*）。長二三尺，頭略呈三角形，頸細。背灰褐色，脊兩側各有一行深棕色圓斑，彼此交錯排列，背鱗外側及腹鱗間有一行黑褐色不規則粗點；腹面灰白色，密布棕褐色或黑褐色細點。生活於平原或山地，活動於稻田、草地及住宅附近。以鼠、魚、蛙、鳥等爲食。卵胎生。有毒。蝮蛇肉、膽及蛇毒

入中藥。《楚辭・招魂》：“蝮蛇蓁蓁，封狐千里些。”亦單稱“蝮”。《史記・田儋列傳》：“蝮螫手則斬手，螫足則斬足。何者？爲害於身也。”南朝宋裴駰集解引應劭

蝮 蛇
（《補遺雷公炮製便覽》）

曰：“蝮，一名虺，螫人手足，則割去其肉，不然致死。”唐張守節正義：“蝮，毒蛇，長二三丈。”亦作“蝮蛇”。《後漢書・崔琦傳》：“蝮蛇其心，縱毒不辜。”唐李賢注：“此當作‘蝮’。”亦作“蝮虵”。《新唐書・南蠻傳・南平獠》：“山有毒草、沙虱、蝮虵。”蝮蛇入藥始見於南北朝時期。南朝梁陶弘景《本草經集注》：“蝮蛇黃黑色，黃頷尖口，毒最烈。虺形短而扁，毒不異於蚖，中人不即療，多死。”唐《新修本草》：“蝮蛇作地色，鼻反，口又長，身短，頭尾相似，大毒，一名蚖蛇，無二種。”明李時珍《本草綱目・鱗二・蝮蛇》：“〔集解〕時珍曰：蝮與虺，陶氏言是二種，蘇公言是一種。今按《爾雅》云：蝮虺，身博三寸，首大如擘。是以蝮、虺爲一種也。郭璞云：蝮蛇惟南方有之，一名反鼻。細頸，頭大，焦尾，鼻上有鍼，錦文如綬，文間有毛如猪鬣，大者長七八尺。虺則所在有之，俗呼土虺，與地同色。顏師古云：以俗名證之，郭説爲是……是皆以蝮、虺爲二種矣。蓋蝮長大，虺短小，自不難辨，陶説爲是。”參見本卷《爬蟲説・蛇考》“蝮”“白花蛇”文。

【蝮】[2]

　　“蝮蛇”之省稱。此稱漢代已行用。見該文。

【蝮蛇】

　　同“蝮蛇”。此體南北朝時期已行用。見該文。

【蝮虵】

　　同“蝮蛇”。此體宋代已行用。見該文。

【土虺】

　　即蝮蛇。《史記・田儋列傳》：“蝮螫手則斬手”唐顏師古注：“虺若土色，所在有之，俗呼土虺。”亦稱“土脚蛇”“土骨蛇”。《爾雅・釋魚》“蝮，虺”清郝懿行義疏：“《爾雅》所釋，乃是土虺，今山中人多有見者。福山、栖霞謂之土脚蛇，江淮間謂之土骨蛇。”亦稱“禿虺蛇”。清陳鼎《蛇譜・禿虺蛇》：“尾禿而色黑帶綠，腹赤，蛇中之最毒者也。不畏人，見人故遲遲行，嚙人，治少緩即斃。”參見“蝮蛇”文。

【土脚蛇】

　　即蝮蛇。此稱清代已行用。見該文。

【土骨蛇】

　　即蝮蛇。此稱清代已行用。見該文。

【禿虺蛇】

　　即蝮蛇。此稱清代已行用。見該文。

白花蛇

　　蛇名。常見者爲蝰蛇科蝮亞科尖吻蝮（*Deinagkistrodon acutus* Gunther）。長二至六尺，頭大而扁，呈三角形，狀如犁鏵。尾端側扁、尖銳。吻鱗延長，嚮上突出，鼻如反鈎。頭頂暗褐色，頭側灰黃色。眼前鱗至口角，有一大形黑褐色斑。體背灰褐色，兩側有“∧”形暗褐色斑紋，其頂點常在背中綫上相接，將背面隔成斜方塊形。腹面黃白色，兩側有黑色圓斑。生活于山地森林中，常盤踞於樹下或山洞内，行動緩慢，捕食鳥類及小型哺乳動物。

毒腺大，毒性强烈。去除内臟的乾燥體可入中藥。宋唐慎微《證類本草·蟲魚下·白花蛇》引唐甄權《藥性論》：“白花蛇，君，主治肺風鼻塞，身生白癜風，癧瘍斑點及浮風癮瘮。”亦稱“褰鼻蛇”。唐元稹《蟲豸詩·巴蛇》詩：“巴蛇千種毒，其最鼻褰蛇。掉舌翻紅焰，盤身蹙白花。”宋寇宗奭《本草衍義·白花蛇》：“諸蛇鼻向下，獨此蛇鼻向上，背有方勝花紋，以此得名。”因此蛇以產於蘄州者入藥爲佳，故亦稱“蘄蛇”。元李杲《食物本草·蛇蟲·白花蛇》：“白花蛇，一名蘄蛇……《長慶集》云：‘巴蛇凡百類，惟白花蛇人常不見之。’”亦省稱“花蛇”。明李時珍《本草綱目·鱗二·白花蛇》：“〔集解〕時珍曰：花蛇，湖、蜀皆有，今惟以蘄蛇擅名。”清陳鼎《蛇譜·白花蛇》：“頂有方勝，尾有指甲，長尺許，能治風疾。產蘄州，爲道地良材，河南南陽者次之。”按，入中藥的白花蛇，亦包括眼鏡蛇科銀環蛇。又，白花蛇古亦稱蝮蛇。參見本卷《爬蟲説·蛇考》“蝮[1]”文。

【褰鼻蛇】

即白花蛇。此稱唐代已行用。見該文。

【蘄蛇】

即白花蛇。此稱元代已行用。見該文。

白花蛇
（明李時珍《本草綱目》）

花蛇（蘄州白花蛇）
（明文俶《金石昆蟲草木狀》）

【花蛇】

“白花蛇”之省稱。此稱明代已行用。見該文。

【反鼻蛇】

即白花蛇。因其鼻上有反鈎，故名。省稱“反鼻”，亦稱“反蛇”。漢焦延壽《易林·小過之豐》：“反鼻歧頭。”又：“反蛇三足，魃聲可惡。”明李時珍《本草綱目·鱗二·蝮蛇》〔釋名〕稱“反鼻蛇”。參見“白花蛇”文。

【反鼻】

“反鼻蛇”之省稱。此稱漢代已行用。見該文。

【反蛇】

即反鼻蛇。此稱漢代已行用。見該文。

菜花蛇

蛇名。主要指蝮蛇科原矛頭蝮屬蛇類菜花蛇（*Trimeresurus jerdonii*）。長二三尺，頭呈三角形，覆有細鱗。背面棕綠色，中部及兩側有黑斑。腹面黃色，有黑斑。卵胎生，生活於高山區，捕食鳥類及小型哺乳動物。有毒。明李時珍《本草綱目·鱗二·黃頷蛇》：“〔集解〕時珍曰：又有菜花蛇，亦長大，黃綠色，方家亦有用之者。”《格致鏡原·昆蟲部·蛇》引《事物原始》：“菜花蛇，綠色，江西人捕之，以作蛇卦，隨作蟠之形則曰某卦，以斷禍福，俚俗信之。”

犁頭蛇

蛇名。蝮蛇之屬，因頭似犁鑱，故稱。《格致鏡原·昆蟲類·蛇》：“犁頭蛇，頭似犁頭，尖嘴大頷，螫人必死。亦好伏地而行。”

蜰

蛇名。蝮蛇之屬，有劇毒。亦稱“蚨”“蜰子”。《説文·虫部》：“蜰，蚨也。从虫，亞聲。”《爾雅·釋魚》：“蚨，蜰。”晉郭璞注：“蝮屬，火眼（按，一本作‘大眼’），最有毒。今淮南人呼蜰子。”宋邢昺疏：“蛇也，蝮虺之屬，大眼，有毒，一名蚨，又名蜰，淮南人呼蜰子者是也。”明劉基《瞽瞶》：“夫天下之至毒莫如蛇，而蛇之毒者又莫如蜰。蜰噬木則木斃，齧人獸則人獸斃，其烈猶火也。”

【蚨】

即蜰。此稱漢代已行用。見該文。

【蜰子】

即蜰。此稱晉代已行用。見該文。

虺蛇

蛇名。蝮蛇之屬，體較小。泛指毒蛇。亦作“虺虵”。漢賈誼《新書·耳痹》：“燕雀剖而虺虵生。”晉郭璞《山海經圖讚·烏酸草》：“烏酸之草，三成黃華，可以爲毒，不畏虺蛇。”省稱“虺”，或作“虺”。明李時珍《本草綱目·鱗二·虺》：“〔集解〕《別録》曰：虺類，一名虺，短身土色而無文。時珍曰：虺與蝮同類，即虺也。長尺餘，蝮大而虺小，其毒則一。《食經》所謂‘虺色如土，小如蝮蛇’者是也……舊本作‘虺類一名虺’，誤矣。當作‘虺，蝮類，一名虺’。虺，即虺字。虺、虺字相近，傳

寫脱誤爾。”一説“虺”爲“虺”之或體。《爾雅·釋魚》“蝮，虺”清郝懿行義疏：“《本草》陶注以蝮蛇及虺與虺分爲三物。按，‘虺’疑即‘虺’之或體。陶誤分耳。”參見本卷《爬蟲説·蛇考》“蝮”文。

【虺虵】

同“虺蛇”。此體漢代已行用。見該文。

【虺】

“虺蛇”之省稱。此稱晉代已行用。見該文。

【虺】

同“虺”。即虺蛇。此體晉代已行用。見該文。

蛇婆

蛇名。海蛇科，半環扁尾海蛇（*Laticauda semifasciata* Reinwardt）。長二至五尺，頭部短，尾側扁，體略呈圓筒形。背面綠色或灰褐色，腹面黃白色或淡青色。全體有暗褐色環帶斑紋。卵胎生，有毒。生活於海中，捕食魚類。宋唐慎微《證類本草·蟲魚下》引唐陳藏器：“蛇婆，味鹹，平，無毒。主赤白毒痢，蠱毒下血，五野雞病，惡瘡。生東海，一如蛇，常在水中浮游。”參閲明李時珍《本草綱目·鱗二·蛇婆》。

活褥蛇

蛇名。形似鼠，色青，長八九寸，能入穴捕鼠。《舊唐書·西戎傳·波斯國》：“〔貞觀〕二十一年，伊嗣侯遣使獻一獸，名活褥蛇，形類鼠而色青，身長八九寸，能入穴取鼠。”明陳懋仁《庶物異名疏·獸部》引本文作“活褥虵”。明李時珍《本草綱目·鱗二·諸蛇》：“〔集解〕時珍曰：活褥蛇，能捕鼠。”

【活褥虵】

同“活褥蛇”。此體明代已行用。見該文。

雙身蛇

蛇名。一首兩身，長數尺，雌雄自具。善捕鼠，亦善泅水。清陳鼎《蛇譜·雙身蛇》："一頭兩身，雌雄自具，自爲合。單日糞從雄尾出，雙日糞從雌尾出。三月則交，五月卵生如雞卵，七月子育，九月子成，自覓食。是蛇長五六尺，亦有八九尺者，不滿丈。善捕鼠及狸，出占城國、緬甸。滇西亦有，則食魚鰕，善泅水。緬人以其善捕鼠，嘗蓄於家，然能爲猫害。"

鷄冠蛇

蛇名。長尺餘。頭有冠似雄鷄，有毒，傷人必死。《格致鏡原·昆蟲類·蛇》引前蜀杜光庭《錄異記》："雞冠蛇，頭如雄雞，有冠，身長尺餘，圍可數寸，中人必死，會稽山下有之。"明李時珍《本草綱目·鱗二·諸蛇》："〔集解〕時珍曰：雞冠蛇，頭上有冠，最毒。"

爆身蛇

蛇名。長一二尺，灰色，有毒。《格致鏡原·昆蟲類·蛇》引前蜀杜光庭《錄異記》："爆身蛇，長一二尺，形如灰色，聞人行聲，林中飛出，狀若枯枝，橫來擊人，中者皆死。"

報冤蛇

蛇名。以其能爲同類報冤，故稱。唐張鷟《朝野僉載》卷五："嶺南有報冤蛇，人觸之，即三五里，隨身即至。若打殺一蛇，則百蛇相集。將蜈蚣自防乃免。"清李元《蠕範》卷八："鈎蛇，報冤蛇也。好食人，爲人所傷，尋追不已，雖三五里，隨身即至，衆中往取，百不失一。若打殺一蛇，百蛇俱集。將蜈蚣自防乃免。出嶺南。"按，鈎蛇居水中，尾有鈎，當別爲一種，李説報冤蛇即鈎蛇，或誤。參見本卷《爬蟲説·蛇考》"鈎蛇"文。

鈎蛇

蛇名。長數丈，尾有鈎，居於水中，能以尾鈎取岸上人畜食之。亦稱"馬絆蛇"。《山海經·中山經》："又東一百五十里曰崌山，江水出焉，東流注於大江，其中多怪蛇。"晋郭璞注："今永昌郡有鈎蛇，長數丈，尾岐，在水中鈎取岸上人、牛、馬啖之。又呼馬絆蛇，謂此類也。"明李時珍《本草綱目·鱗二·諸蛇》："〔集解〕時珍曰：張文仲云：鈎蛇，尾如鈎，能鈎人獸入水後而食之。"宋李石《續博物志》卷二："先提山有鈎蛇，長七八尺，尾末有歧，蛇在山澗水中，以尾鈎岸上人、牛食之。"參閱清陳鼎《蛇譜·鈎蛇》。

【馬絆蛇】

即鈎蛇。此稱晋代已行用。見該文。

柂蛇

蛇名。長七八尺，形似船舵（柂），故名。明李時珍《本草綱目·鱗二·諸蛇》："〔集解〕時珍曰：張文仲云：柂蛇，形似柂，長七八尺，中人必死。"

盤龍蛇

蛇名。青黑色，有毒。《格致鏡原·昆蟲類·蛇》："《輿地志》：龍溪有盤龍蛇，青黑色，赤帶錦文，隨瀆瀼水而入於海。有毒，傷人輒死。"

綠蛇

蛇名。長三尺餘，粗若小指，喜纏樹梢之上，無毒。《格致鏡原·昆蟲類·蛇》引宋陸鴻漸《顧渚山記》："顧渚山頹石洞有綠蛇，長可三尺餘，大類小指，好栖樹杪。視之若鞶帶，纏於柯葉間。無螫毒，見人則空中飛。"參閱清李元《蠕範》卷八。

環蛇

蛇名。形似環，逐獸時如車輪飛轉，故稱。清陳鼎《蛇譜・環蛇》："三佛齊有蛇如環，大數圍至數十圍者，逐獸則疾走，如轉車輪於千仞之山，獸入環中即斃。其口眼俱生環之半，與尻相對。國人收其脂作藥，服之刀劍不能傷。"

泥蛇

蛇名。色黑，成群穴居，有毒。明李時珍《本草綱目・鱗二・水蛇》："〔集解〕水中又有一種泥蛇，黑色，穴居成群，囓人有毒，與水蛇不同。"清李元《蠕範》卷八："泥蛇，似公蠣而黑，穴居成群，囓人有毒。"

豹皮蛇

蛇名。長五尺，闊三尺，長方形，有毛斑爛若豹，故稱。亦稱"荊奇鑲""毒口蛇"。清陳鼎《蛇譜・豹皮蛇》："闊三尺，長五尺，厚三寸，形長而方，伏草莽如被然，有毛斑爛若豹，故名。豺、狼、獐、鹿踐之即斃，斃即吞之。畏鶴，鶴踐之，蛇即斃。淳泥國人呼荊奇鑲。荊奇鑲者，華言毒口蛇也。"

【荊奇鑲】

即豹皮蛇。爲淳泥語之音譯。見該文。

【毒口蛇】

即豹皮蛇。此稱清代已行用。見該文。

高聽

蛇名。喜聚蜂毒以蜇人，蜇後緣樹梢竊聽，聞哭聲乃去，故名"高聽"。《格致鏡原・昆蟲類・蛇》引明劉元卿《賢奕編》："有蛇名高聽，常闖入巨蜂房中，盡收其毒乃出。伏道旁草莽中，伺人過而蜇之，已，尾其人至於宅近處，緣樹末而竊聽之，聞其家有哭聲，

諗其人既斃，乃悠然去。否則憒憒，復集毒螫人如初。"

率然

蛇名。首尾大小相近，有彩紋，擊之則首尾迅速響應。《孫子・九地》："故善用兵者，譬如率然。率然者，常山之蛇也。擊其首則尾至，擊其尾則首至，擊其中則首尾俱至。"漢東方朔《神異經・西荒經》："西方山中有蛇，頭尾差大，有色五彩。人物觸之者，中頭則尾至，中尾則頭至，中腰則頭尾並至，名曰率然。"晋張華《博物志》卷三："常山之蛇名率然。有兩頭，觸其一頭，頭至；觸其中，則兩頭俱至。孫武以喻善用兵者。"因此蛇多產於會稽常山，亦稱"常山蛇"。《晋書・桓溫傳》："初，諸葛亮造八陣圖於魚腹平沙之上，壘石爲八行，行相去二丈。溫見之，謂'此常山蛇勢也'。"清李元《蠕範》卷八亦稱"率然蛇"。

【常山蛇】

即率然。此稱三國時期已行用。見該文。

【率然蛇】

即率然。此稱清代已行用。見該文。

啼蛇

傳説之蛇名。長十餘丈，入夜則鳴，猶小兒啼哭，故稱。清陳鼎《蛇譜・啼蛇》："三足，前二後一；三角，中短，左右長。色紫、緑、白三種。長十餘丈。善作小兒啼，晝則無聲，每日落後即啼至達旦。出烏思藏山中。"

富貴蛇

蛇名。長四五尺，居於屋內。相傳家有此蛇則富，故稱。清陳鼎《蛇譜・富貴蛇》："色微黃而間以青，腹白、舌赤、齒黑，長不過四五尺。如穴人家倉囷下，米粟必多倍於所入，其

家必發，故曰富貴蛇。"

絲蛇

蛇名。長八尺，粗一尺，能吐絲作網而居，故名。清陳鼎《蛇譜·絲蛇》："夔州府蛇倒退，地方間有之，長八尺，圍一尺。能吐絲作網，大數畝，蛇居其中，如蜘蛛然。候物入其網，即擒吞之。人或觸其絲，則躍出嚙斃。其地出是蛇，土人必榜於道，使繞而避之。"

鼓子蛇

蛇名。其形圓扁似鼓，其聲亦如撾鼓，又其皮可爲鼓，故稱。清陳鼎《蛇譜·鼓子蛇》："蛇形如鼓，圓而且扁，大至合抱，高一尺，眼、目、鼻、舌俱生平面。四川天全土司中有之。每風雨將至，雌雄相應而鳴，其聲如撾鼓，大有《漁陽三弄》之韻。或曰阿畦山中頗多，孟良山中亦有，不害人，但食蝦蟆及百足蟲。或曰其皮色蒼，可爲鼓，聲聞數里。"

圓蛇

蛇名。體圓如卵，具五彩紋，頭伏體中，有毒害人。清陳鼎《蛇譜·圓蛇》："産貴州古洲八萬土司中，圓如卵，有五彩文或山水、花鳥、竹木狀，同六合石子，人見之無不愛，拾而撫摩，不忍遽舍去。少頃得人氣，於中心迸出一頭，口目畢具，吐舌如火，嚙人即斃。人斃處草木枯槁，泥土焦裂，人不敢由此行，皆迂道以避，三年始復。然其土猶毒，苗人以竹矢插其處七日夜，射人即斃。"按，此蛇與彈子蛇習性相似，未明是否同物，待考。參見"彈子蛇"文。

彈子蛇

蛇名。形如石彈子，具彩紋，兩頭有細竅，首尾藏其中，有劇毒。清施鴻保《閩雜記》：

"彈子蛇最毒，漳泉海灘上，夏日暴雨後常有之。形如石彈大，子如鴨蛋，兩頭有細竅，周圍五色彩紋。或不知而拾，得人氣，則竅中迸出首尾，齧人立死。"按，此蛇與圓蛇習性相似，未明是否同物，待考。參見"圓蛇"文。

金蛇

蛇名。長尺許，粗如中指，無毒。以其體呈黃色，故稱。亦稱"地鱔"。明李時珍《本草綱目·鱗二·金蛇》："〔集解〕時珍曰：按劉恂《嶺表録異》云：金蛇一名地鱔，白者名錫蛇，出黔州。出桂州者次之。大如拇指，長尺許，鱗甲上分金銀。"亦稱"金虵"，亦稱"金星地鱔"。宋唐慎微《證類本草·蟲魚部·金蛇》引《本草圖經》曰："金虵，出賓、澄州，大如中指，長尺許，常登木飲露，體作金色，照日有光，及能解金毒。亦有銀蛇解銀毒。今不見有捕得者。而信州上饒縣靈山鄉出一種蛇，酷似此，彼人呼爲金星地鱔。冬月收捕之。"按，蘇頌所言"金星地鱔"，李時珍認爲即金蛇，"非二種矣"。今從。

【地鱔】

即金蛇。此稱唐代已行用。見該文。

【金虵】

同"金蛇"。此體宋代已行用。見該文。

金　蛇
（《補遺雷公炮製便覽》）

【金星地鱔】

即金蛇。此稱宋代已行用。見該文。

銀蛇

蛇名。大小習性似金蛇，惟色白似銀，故稱。又錫、銀色近，故亦稱"錫蛇"。明李時珍《本草綱目·鱗二·金蛇附銀蛇》："〔集解〕時珍曰：按劉恂《嶺表錄異》云，金蛇一名地鱔，白者名錫蛇，出黔州。"宋唐慎微《證類本草·蟲魚部·金蛇》引蘇頌《本草圖經》："亦有銀蛇，解銀毒。"《格致鏡原·昆蟲類·蛇》引宋蘇軾《物類相感志》："銀蛇出今南、桂州，其蛇粗如大指，長尺許，鱗甲有金銀星，解南土蟲毒。"參見本卷《爬蟲說·蛇考》"金蛇"文。

【錫蛇】

即銀蛇。此稱唐代已行用。見該文。

扁蛇

蛇名。體狹長而扁。略似手巾，行如飛，能逐野兔而吞之。清陳鼎《蛇譜·扁蛇》："闊五寸，長五尺，厚一寸，首尾俱齊，色如溫綢，五色相錯而方，不知者以爲手巾也。口大如斗，其行如飛，能逐狡兔，得兔即生吞之。廣西及海南山中間有。"

地扁蛇

蛇名。形扁，色蒼，有劇毒。清陳鼎《蛇譜·地扁蛇》："形扁而色蒼，亦蛇之最毒者也。昔一屠者，早起往屠豕，行誤躡蛇，蛇齧其足小指，屠即以刀除去所傷指。及反，見小指大如斗，以刀剖之，毒氣衝屠面，屠即斃於道。或曰是蛇盲不見人，嘗吐絲於路，人觸其絲即躍來齧。"

青蝘

毒蛇名。清李元《蠕範》卷八："青蝘，

毒蛇也。"省稱"蝘"。《玉篇·虫部》："蝘，於昭切。毒蛇名。"《類篇·虫部》："蝘，青蝘，蛇名。"

【蝘】

"青蝘"之省稱。此稱宋代已行用。見該文。

青葱

蛇名。體大色青，能食人。《格致鏡原·昆蟲類·蛇》："《寰宇記》：滇池、黃津江有大蛇，名曰青葱，好食人。"

黃蛇

蛇名。長丈餘，色黃，有大毒。清陳鼎《蛇譜·黃蛇》："色黃，長丈許，大錢圍。有大毒，行草上，草逾宿即枯，牛馬誤食之必斃，所止地草木不生。川廣俱有。"

杖鼓蛇

蛇名。首尾粗，腰細，形如杖鼓，伏草莽，故而得名。清陳鼎《蛇譜·杖鼓蛇》："首尾大而腰細，形如杖鼓。其氣腥，群蟻繞喙之皆斃，即以蟻爲食。"

肚裏餓

蛇名。長尺許，色綠，見人則啼聲如"肚裏餓"，故以名之。清陳鼎《蛇譜·肚裏餓》："色如竹葉，長尺許，不噬人，亦不畏人，前有兩足，見人輒啼曰'肚裏餓'。好事者投以瓜果食物，彼即接而啖之，可狎而玩也。然有毒，手近之即浮腫，一二日方消，無害也。"

七寸蛇

蛇名。頭赤身綠，長七寸，粗亦七寸，故名。亦稱"七步蛇""斷磨鏨"。清陳鼎《蛇譜·七寸蛇》："長七寸，圍亦如之，色綠如苔，而頭赤如血，噬人行七步即斃，又名七步蛇。被噬，急採黃花菜葉及松毛咀嚼之，可救，然傷處必腐脱一節方愈。海南最多，閩越吳楚間有之。又名斷磨鏨，如石工琢磨器，故云。"

【七步蛇】

即七寸蛇。此蛇傷人，七步即斃，故稱。見該文。

【斷磨鏨】

即七寸蛇。此蛇長與粗等，如石工琢磨之器，故稱。見該文。

岐蛇

毒蛇名。因被咬後行走五步即毒發難救，故亦稱"五步蛇"。徐珂《清稗類鈔·動物類·岐蛇》："金山產岐蛇，俗呼五步蛇，以被噬後行五步，即毒發難救。山中人見之，捕而焙於火，貨之藥肆，可治瘋毒。"

玉琯蛇

蛇名。因其异於衆蛇，亦稱"异蛇"。清陳鼎《蛇譜·玉琯蛇》："產永州山中，土人名異蛇，以其異於衆蛇也。取其皮、膽、骨作藥，治風疾。"

【异蛇】

即玉琯蛇。此稱清代已行用。見該文。

青簫蛇

蛇名。長三至五尺，色青，形如簫管，故稱。清陳鼎《蛇譜·慈曼蛇》："是蛇不囓人，即囓亦無大害，與青簫蛇性狀相同。青簫者，色青而狀如簫，長四五尺、三四尺不等。二蛇俱善捕鼠。"

慈曼蛇

蛇名。與青簫蛇相似，善捕鼠。清陳鼎《蛇譜·慈曼蛇》："是蛇不囓人，即囓亦無大害，與青簫蛇性狀相同……二蛇俱善捕鼠。"參見本卷《爬蟲説·蛇考》"青簫蛇"文。

吐光蛇

蛇名。相傳此蛇能吐异光，吐則有人登科。《格致鏡原·昆蟲類·蛇》引明彭儼《五侯鯖》："吐光蛇，出惠州。宋科舉年，吐異光一團則一人登科，二團則二人登科。"

百樂蛇

蛇名。每至春日則相聚而鳴，鳴聲各异，若百樂合奏，故稱。人聞其聲，以爲瑞祥之兆。清陳鼎《蛇譜·百樂蛇》："越裳氏國有蛇群處穴中，每至春日融和，風光澹蕩則出，聚鳴草莽中。或作絲竹聲，或作金石聲，或爲擂鼓鳴鑼聲，或爲喇叭長號作天鵝聲，簫管瑟琶，百樂畢備，故曰百樂蛇。國人聞其聲大喜，多置酒相賀，謂其年必豐，人無疾厄，蓋瑞蛇也……楊昇庵先生流寓滇中數十年，通彝語，識爨文，乃譯黑新逹《西南列國志》八百餘卷，載蛇狀甚詳。"

鵲不停蛇

蛇名。長數丈，粗數圍，其氣腥臭，喜鵲避之，故稱。清陳鼎《蛇譜·鵲不停蛇》："長數丈，大數圍，山林中有是蛇，鵲即移巢他去。腥且臭，鵲聞其氣卵不育，故名。廣西、安南山中多有。"

方蛇

一種怪蛇。體呈正方，色黃黑，行速，脊中黑水有毒。清陳鼎《蛇譜·方蛇》："形如牛皮篋，高五寸，縱橫各二尺，其色黃黑，其行如矢發，吐氣如爨煙，腥不堪聞。見人近，輒迸脊中黑水射之，中者立斃。粵西近楚山中有之。"

長蛇

蛇名。有毛如彘豪，音如鼓。《山海經·北

長　蛇

（明王圻等《三才圖會》）

山經》：“〔大咸之山〕有蛇名曰長蛇，其毛如彘豪，其音如鼓柝。”晉郭璞《山海經圖贊・長蛇》：“長蛇百尋，厥鬚如彘。飛群走類，靡不吞噬。”清李元《蠕範》卷八：“長蛇有豕毛，出大咸山。”

橋蛇

蛇名。長數尺，色青，行時首尾屈伸，拱起如橋狀，故稱。清陳鼎《蛇譜・橋蛇》：“長八九尺或六七尺，色清如竹，尾秃。以首尾行如橋然，首先發而尾後蹤，又如弓狀。疾如奔馬，能掩捕飛鳥。廣東雷州山中頗多，不害人。”

歌蛇

蛇名。長五尺，每至秋夜則長鳴如歌，節韵婉轉。清陳鼎《蛇譜・歌蛇》：“長五尺，大一拱，不食生物，專食山間瓜果之類，不嚙人。人以其不爲民物害，亦不忍傷之也。東印土及緬甸、永昌界俱有。是蛇每至秋風清、秋月明之夜，輒長歌如蚓然，有節韻抑揚婉轉，儼若刻羽流商。”

蜽

蛇名。一身兩首。亦作“虺”。北齊顏之推《顏氏家訓・勉學》：“吾初讀《莊子》‘蜽二首’，《韓非子》曰‘蟲有蜽者，一身兩口，爭食相齕，逐相殺也’。茫然不識此字何音，逢人

輒問，了無解者。案，《爾雅》諸書，蠶蛹名蜽，又非二首兩口貪害之物。後見《古今字詁》，此亦古之‘虺’字，積年凝滯，豁然霧解。”按，《一切經音義》引《莊子》正作“虺二首”。

【虺】[2]

同“蜽”。此體先秦時期已行用。見該文。

雙頭蛇

蛇名。一身二首，色紫。清陳鼎《蛇譜・雙頭蛇》：“四川烏蒙山中有之，兩頭一尾，得物左口嚼之，右口咀嚼，其色紫有鱗，長八九尺。”

量人蛇

蛇名。似烏蛇而色淡，見人則竪直，一比高低，故稱。清陳鼎《蛇譜・量人蛇》：“狀如烏蛇，而色稍淡，不嚙人，見人輒直竪，與人較長短。遇者當以手高舉，大呼曰：‘我比汝長八尺。’則無咎，而蛇即死矣。否則人不病即死。蛇既量，必栖高樹，遙望其家挂白及有哭聲，乃下。”徐珂《清稗類鈔・動物類・量人蛇》：“廣東瓊州有量人蛇，長六七尺，遇人輒竪起，量人長短，然後噬之。土人言此蛇於量人時，輒長鳴，人應聲曰‘我高’，蛇即自墜而死。”

八足蛇

蛇名。長近丈，八足，行如奔馬。清陳鼎《蛇譜・八足蛇》：“長八九尺，無尾，前後各四足，疾如奔馬，遇物即噬，善捕獐鹿，占城、交趾頗多。”

五色蛇

蛇名。性馴良，無毒。《格致鏡原・昆蟲類・蛇》：“《水經注》：漢水又東合洛谷，谷有二源，多五色蛇，性馴良，不爲物毒。”清李元《蠕範》卷八：“五色蛇，馴良不爲物害，出神

蛇戌溪中。"

育蛇

蛇名。《山海經·大荒南經》："有宋山者，有赤蛇，名曰育蛇。"

鳥虎蛇

蛇名。體粗圓，色蒼黑，噴唾擊鳥爲食。亦稱"鳥子虎"。清陳鼎《蛇譜·鳥虎蛇》："鳥虎蛇出滇南廣西府土司中，高五尺，大二圍，頭尾俱平，如圓木一段，然色蒼黑。嘗直立草莽中，俟飛鳥過，噴唾彈之則墜，取以爲食。土人呼爲鳥子虎。"

【鳥子虎】

即鳥虎蛇。此稱清代已行用。見該文。

五頭蛇

蛇名。一身五首，各具雙目。清陳鼎《蛇譜·五頭蛇》："一身五頭，各有雙目，各各吐舌。海南山中頗多，常入水捕魚鰕爲食。"

介蛇

蛇名。因尾部有殼，故稱。清陳鼎《蛇譜·介蛇》："長五六尺，有黑白兩種。尾繫殼如蚪，倦則蟠殼中，行則拖殼如飛。專食草中蟲，不害人。出天方國。"

丹蛇

赤色長蛇。古代詩文中多用於描述炎旱。南朝宋鮑照《代苦熱行》："丹蛇踰百尺，玄蜂盈十圍。"明何景明《憂旱賦》："詫丹蛇之十圍兮，恐文蜮之射人。"亦稱"赤蛇"。清李元《蠕範》卷八："赤蛇，丹蛇也，赤色，出豐沛。"

【赤蛇】

即丹蛇。此稱清代已行用。見該文。

火蛇

蛇名。長數尺，色赤，有兩角，能吐火如彈，故稱。清陳鼎《蛇譜·火蛇》："吐火如彈，中雀爲食，長七八尺、八九尺不等，從無滿丈者。色赤，有兩角。"

升卿

蛇名。頭似裹巾，古人以爲吉物。晉葛洪《抱朴子内篇·登涉》："山中見大蛇冠幘者，名曰升卿，呼其名則吉。"清李元《蠕範》卷八："〔蛇〕山中有冠幘者，名升卿，呼其名則不爲害。"

木龍

棲息於海船中的蛇。古人以爲吉物。清郁永河《海上紀略》："凡海舶中必有一蛇，名曰木龍。自船成日即有之，平時曾不可見，亦不知所處。若見木龍去，則舟必敗。"

一角蛇

蛇名。頭有一角，其色赤黑相間，有毒。清陳鼎《蛇譜·一角蛇》："黔東粵西山中多有一角蛇，其色赤黑相間，赤處如火焰，黑處如光漆。余友白子卧，自新貴令致仕，自鎮遠取水道歸。家人王博有勇善彈，舟行見蛇一角蜿蜒崖間，即引彈中蛇，蛇即躍來舟，博亟抽刀揮之，蛇兩段，尾墮水中，頭復迸至左岸，觸牛羊斃。"

藍蛇

蛇名。狀似蝮蛇，頭大毒，尾可解之。唐段成式《酉陽雜俎·廣動植之二·蟲篇》："藍蛇，首有大毒，尾能解毒，出梧州陳家洞。南人以首合毒藥，謂之藍藥，藥人立死。取尾爲臘，反解毒藥。"宋唐慎微《證類本草·蟲魚下》引唐陳藏器："藍蛇，頭大毒，尾良。當中有約，從約斷之，用頭合毒藥，藥人至死，嶺南人名爲藍藥。解之法，以尾作脯與食之，即愈。藍蛇如蝮，有約，出蒼梧諸縣，頭毒尾良也。"

鷄頭蛇

蛇名。頭似雄鷄，有冠色赤。徐珂《清稗類鈔·動物類·雞頭蛇》："康熙己卯，新安胡簡侯行鹽昆山，有僕陳選偶至鄉，見一人於橋下濯足，被蛇螫，立斃。告其鄉人，其發橋下石，得一蛇，長尺餘，頭似雄雞，冠正赤，身黃，赤斑，即擊殺之。"

摩該

蛇名。徐珂《清稗類鈔·動物類·摩該》："摩該，蛇名，生水中，渾身有金點。準噶爾部有之。"

第二節　蜥蜴考

現代動物學認爲，蜥蜴爲爬行綱蜥蜴目之統稱，爲爬行類動物中最大的一個族群。一般分爲頭、頸、軀幹、尾四部分。體表被角質鱗，有些種類在鱗下有小骨板。齒細小，舌的形狀與長短因種類而异。眼瞼多能活動，左右下頜骨以骨縫相接。多具四肢，或祇具前肢，或祇具後肢，或前後肢全缺。趾端有鉤爪，趾間多有微蹼。尾細長，易斷，多能再生。栖息於平原、山地、樹洞及水中。捕食昆蟲、蜘蛛、蠕蟲等。大多卵生，少數卵胎生。

現代古生物學認爲，大約在石炭紀開始出現爬行綱動物，蜥蜴是爬行綱動物中出現較早的一類，故蜥蜴在地球上出現的歷史已相當久遠。時至侏羅紀，蜥蜴的種類已經很多，而此時蛇類才剛剛出現，又因兩者結構多有相似之處，故一般認爲，蛇是由古代的某類蜥蜴演化而來的。

我國古代，對蜥蜴類動物的記載在秦漢典籍中已較多見，且某些種類已入藥用。由於守宮（壁虎）、石龍子、蝘蜓等同屬蜥蜴目，且兩栖類之蠑螈亦與其形似，古人以其同類而無細分，故其名稱多有交叉。如《爾雅·釋魚》："蠑螈，蜥蜴；蜥蜴，蝘蜓；蝘蜓，守宮也。"輾轉相解，四物共有一名，亦可謂一物而有四名。《方言》第八："守宮，秦晋西夏謂之守宮，或謂之蠦蟺，或謂之蜥易。"《説文·易部》："易，蜥易，蝘蜓，守宮也。"又《説文·虫部》："在壁曰蝘蜓，在草曰蜥蜴。"《神農本草經》："石龍子……一名蜥蜴。"可見，古人對蜥蜴的稱謂較爲混亂。

　　漢代已大致將蜥蜴類動物分爲三類：生於澤中者，爲蠑螈一屬；生於草間者，爲蜥蜴一屬；生於壁間者，爲蝘蜓一屬，即守宮一屬。南朝梁陶弘景又分爲四類："一大形純黄色爲蛇醫母，亦名蛇舅母，不入藥；次似蛇醫，小形長尾，見人不動，名龍子；次有小形而五色，尾青碧可愛，名斷蜴，并不螫人；一種喜緣籬壁，名蝘蜓，形小而黑。"（宋唐慎微《證類本草·蟲魚·石龍子》引）此説似尚未得其要。明李時珍《本草綱目·鱗一·石龍子》："〔集解〕時珍曰：諸説不定。大抵是水、旱二種，有山石、草澤、屋壁三者之異。"按其説，生山石間者曰石龍子，即蜥蜴；生草澤間者爲蛇醫，即蠑螈；生屋壁間者曰蝘蜓，即守宮。此説與現動物學分類基本一致。唯蝘蜓與守宮今又分之爲二。按，蠑螈現屬兩栖類動物，已收入《水族卷》，參見該文。

蜥蜴

　　爬蟲名。因守宮、石龍子、蝘蜓、蠑螈等形狀相似，古人以爲同屬蜥蜴類，故名稱多有相混。古籍中蜥蜴所指約有五端：一爲蠑螈，二爲蝘蜓，三爲守宮，四爲石龍子，五爲蜥蜴生於山石間者。《爾雅·釋魚》："蠑螈，蜥蜴；蜥蜴，蝘蜓；蝘蜓，守宮也。"亦作"蜥易"，或單稱"易"。《説文·易部》："易，蜥易，蝘蜓，守宮也。象形。"亦作"蜥蜴"。漢王逸《九思·亂辭》："斥蜥蜴兮進龜龍，策謀從兮翼機衡。"亦作"蜇易"。《方言》第八："東齊海岱謂之螔蝓。"晋郭璞注："似蜇易而大，有鱗。"

蜥　蜴
（明王圻等《三才圖會》）

亦作"蜇蜴"，亦稱"蚵蟉"。《廣雅·釋魚》："蚵龍，蜇蜴也。"參見"守宮""石龍子""蝘蜓"及《水族卷》"蠑螈"諸文。

【易】

　　"蜥易"之省稱。此稱漢代已行用。見該文。

【蜥易】

　　同"蜥蜴"。此體漢代已行用。見該文。

【蜥蜴】

　　同"蜥蜴"。此體漢代已行用。見該文。

【蜇易】

　　同"蜥蜴"。此體晋代已行用。見該文。

【蜇蜴】

　　同"蜥蜴"。此體三國時期已行用。見該文。

【蚵蟉】

　　即蜥蜴。此稱三國已行用。見該文。

【鼢】

　　即蜥蜴。《玉篇·鼠部》："鼢，蜥蜴。"亦稱"馬蛇子"。《爾雅·釋魚》："蜥蜴，蝘蜓。"清郝懿行義疏："其在草中者，形細長，黄斑色，〔今登萊人〕謂之馬蛇子，即蜥易矣。"俗稱"四脚蛇"。徐珂《清稗類鈔・動物類・蜥蜴》："蜥蜴長六七寸，頭扁，有四脚，似壁虎，俗名四脚蛇。雌者褐色，雄者青綠色。舌短，尾易斷，斷復生。常栖於石壁之隙，捕食細蟲。"按，此當指蜥蜴生於山石間者。

【馬蛇子】

即齡。此稱清代已行用。見該文。

【四脚蛇】

即齡。此稱清代已行用。見該文。

守宮

爬蟲名。爲蜥蜴目壁虎類（*Gekko* spp.）之泛稱。常見者有無蹼壁虎（*G.swinhoana* Gunther）、多疣壁虎（*G. japonicus*）。形似蜥蜴而稍扁，長三四寸，體背暗灰色，有黑色帶狀斑紋，頭、背覆有顆粒狀細鱗。頭大，略呈三角形。四肢短，各具五趾，趾間有微蹼，除第一趾外，均有鈎爪。尾尖長，易斷，多能再生。常栖於樹洞及墻壁，夜間活動，捕食蜘蛛及蚊、蠅等昆蟲。其乾燥全體入中藥。因形與蜥蜴、蝘蜓、蠑螈相似，古多混稱。亦稱"蠍虎"。《爾雅・釋魚》："蜥蜴，蝘蜓；蝘蜓，守宮。"清郝懿行義疏："按，今登萊人謂守宮爲蠍虎，青斑色，好在壁間，即蝘蜓矣。""蠍虎"亦作"蝎虎"，亦稱"壁宮"。唐《新修本草・蟲魚部》："蝘蜓似蛇師，不生山谷，在人家屋壁間，荊楚江淮人名蝘蜓，河濟之間名守宮，亦名蠑螈，又名蝎虎。以其常

守　宮

（明李時珍《本草綱目》）

在屋壁，故名守宮，亦名壁宮。未必如術飼朱點婦人也，此皆假釋爾。"宋蘇軾《蠍虎》詩："黃雞啄蠍如啄黍，窗間守宮稱蠍虎。"亦稱"壁虎"。明李時珍《本草綱目・鱗一・守宮》："〔釋名〕壁宮，壁虎，蝎虎，蝘蜓。……時珍曰：守宮善捕蝎、蠅，故得虎名。……〔集解〕守宮，處處人家墻壁有之。狀如蛇醫，而灰黑色，扁首長頸，細鱗四足，長者六七寸，亦不聞噬人。"按，蝘蜓古代多與守宮同名，實則兩者同類異種，今動物學中蝘蜓指石龍子科銅石龍子。參見"蝘蜓""蜥蜴"諸文。

【蠍虎】

同"蝎虎"。即守宮。此體清代已行用。見該文。

【蝎虎】

即守宮。此稱唐代已行用。見該文。

【壁宮】

即守宮。此稱唐代已行用。見該文。

【壁虎】

即守宮。此稱明代已行用。見該文。

【辟宮】

同"壁宮"。即守宮。《漢書・東方朔傳》："置守宮盂下。"唐顏師古注："守宮，蟲名也……今俗呼爲辟宮。"亦稱"蝲虎"。《事物異名錄・昆蟲部》引《正字通》："壁虎亦呼蝲虎。"亦稱"蝀蜺"。《方言》第八："守宮，秦晉西夏謂之守宮。"清錢繹箋疏引《衆經音義》："守宮在壁者……山東謂之蝀蜺，陝以西名爲壁宮。"亦稱"貞宮"。清李元《蠕範》卷三："蝘蜓……守宮也，壁宮也……蝎虎也，貞宮也。生屋壁間，狀如蛇醫，灰黑色，扁首長頸，細鱗四足，長者六七寸，好食蕈。"按，蝘蜓今別

爲一種，參見該文。

【蝘虎】

即辟宫。此稱唐代已行用。見該文。

【蝀蜆】

即辟宫。此稱清代已行用。見該文。

【貞宫】

即辟宫。此稱清代已行用。見該文。

蛤蚧

爬蟲名。屬蜥蜴目壁虎科，爲壁虎科中體形最大者。常見之蛤蚧（*G. gecko* Linn.），體長四五寸，尾長與體長略相等。通身被覆細小顆粒狀鱗，其間雜以較大疣鱗，腹部鱗片較大，略呈六角形。軀幹及四肢背面磚灰色，密布橘黄色及藍灰色斑點，尾部有深淺相間的環紋。頭寬大，略呈三角形。具四足，趾膨大，成扁平狀，除第一趾外，均有小爪，趾間有蹼迹。多栖息於山岩縫隙或樹洞，以昆蟲及小蜥蜴等爲食。入中藥。亦稱"蛤解"。《方言》第八："桂林之中，守宫大者而通鳴，謂之蛤解。"晋郭璞注："似蛇醫而短，身有鱗采，江東人呼蛤蚧。"唐劉恂《嶺表録異》卷下："蛤蚧，首如蝦蟆，背有細鱗如蠶子，土黄色，身短尾長，多巢於榕樹中……俚人採之，鬻於市爲藥，能治肺疾。"亦作"蛤蠏"。宋唐慎微《證類本草·蟲魚部·蛤蚧》引日華子曰："無毒，治肺氣，止嗽，並通月經，下石淋，及治血。又云蛤蠏合藥，去頭

蛤 蚧
（明文俶《金石昆蟲草木狀》）

足。""蛤蠏"亦作"蛤蟹"，亦稱"偓蟾"。明李時珍《本草綱目·鱗一·蛤蚧》："〔釋名〕蛤蟹，偓蟾。時珍曰：蛤蚧因聲而名，偓蟾因形而名。"

【蛤解】

同"蛤蚧"。此體漢代已行用。見該文。

【蛤蠏】

同"蛤蚧"。此體宋代已行用。見該文。

【蛤蟹】

同"蛤蚧"。此體明代已行用。見該文。

【偓蟾】

即蛤蚧。此稱明代已行用。見該文。

【偶蟲】

即蛤蚧。清李元《蠕範》卷一："蛤蚧，蛤蟹也，仙蟾也，偶蟲也。狀如蝘蜓，首似蟾蜍，細鱗如蠶子，身長四五寸，尾與身等。背緑色黄，斑爛如錦紋。雄者爲蛤，皮厚口闊，身小尾粗；雌者爲蚧，皮細口鋭，身大尾小。雌雄相視，累日乃交，兩兩相抱，或自墮地，人往捕之，亦不知覺，以手分劈，雖死不開。好栖榕樹上，旦暮則鳴，其聲自呼，大月三聲，小月兩聲，雌雄相隨，投一獲二。最惜其尾，見人來取，往往齧斷其尾而去。"參見"蛤蚧"文。

石龍子

爬蟲名。屬蜥蜴目石龍子科。常見者爲石龍子（*Eumeces chinensis*）或藍尾石龍子（*E. elegans*）。形似蜥蜴而大，長七八寸，周身被有鱗片，背面土黄或深黑色。體較粗壯，尾部細長，有四足。性敏捷，善疾走。栖於草叢及山石間，捕食昆蟲。入中藥。因石龍子與蜥蜴、蠑螈、守宫等形似，故古籍中多有混稱。

《神農本草經》：“石龍子，一名蜥蜴。味鹹，寒，有小毒。治五癃邪結氣，破石淋，下血，利小便水道。”亦稱“龍子”。宋唐慎微《證類本草・蟲魚部・石龍子》引南朝梁陶弘景：“似蛇醫，小形長尾，見人不動，名龍子。”亦稱“山龍子”“泉龍”“石蜴”“石龍”“猪婆蛇”。明李時珍《本草綱目・鱗一・石龍子》：“〔釋名〕山龍子，泉龍，石蜴，蜥蜴，猪婆蛇，守宫。〔集解〕時珍曰：生山石間者曰石龍，即蜥蜴，俗呼猪婆蛇。似蛇，有四足，頭扁尾長，形細，長七八寸，大者一二尺，有細鱗，金碧色。”參見本卷《爬蟲説・蜥蜴考》“蜥蜴”“守宫”諸文。

石龍子

（《補遺雷公炮製便覽》）

【龍子】

　　即石龍子。此稱南北朝時期已行用。見該文。

【山龍子】

　　即石龍子。此稱明代已行用。見該文。

【泉龍】

　　即石龍子。此稱明代已行用。見該文。

【石蜴】

　　即石龍子。此稱明代已行用。見該文。

【猪婆蛇】

　　即石龍子。此稱明代已行用。見該文。

蝘蜓

　　爬蟲名。常見者爲蜥蜴目石龍子科銅石龍子（*Lygosoma indicum* Gray）。形似蜥蜴，長

蝘蜓

（明王圻等《三才圖會》）

五六寸，身被光滑圓鱗。背面古銅色，有金屬光澤，或有暗褐色細點列爲數縱行。栖息於石縫、草叢間，捕食昆蟲。古代多指守宫，亦與“蜥蜴”“蠑螈”等混稱，今動物學中則別爲一種。《爾雅・釋魚》：“蠑螈，蜥蜴；蜥蜴，蝘蜓；蝘蜓，守宫也。”亦作“蜵蜓”。《説文・虫部》：“蜓，蝘蜓也……一曰蜵蜓。”參見本卷《爬蟲説・蜥蜴考》“蜥蜴”“守宫”“石龍子”諸文。

【蜵蜓】

　　同“蝘蜓”。此體漢代已行用。見該文。

避役

　　爬蟲名。常見者爲蜥蜴目避役科避役（*Chamaeleon vulgaris*）。形似守宫，體長八九寸，軀幹稍扁，鱗呈顆粒狀。真皮內有多種色素細胞，可隨時伸縮，變化體色。舌甚長，能伸出口外，捕食昆蟲。四肢較長，運動緩慢。尾長，可纏繞樹枝。因其體色能隨時變化，故俗稱“變色龍”。亦稱“十二辰蟲”。唐段成式《酉陽雜俎・蟲篇》：“南中有蟲名避役，一曰十二辰蟲，狀似蛇醫，脚長，色青，赤肉鬣。暑月時見於籬壁間，俗云見者多稱意事。其首倐忽更變，爲十二辰狀。”亦稱“十二時蟲”。《太平廣記》卷四七八引唐房千里《投荒雜録》：“南海有毒蟲者，若大蜥蜴，眸子尤精朗，土

人呼爲十二時蟲。”明李時珍《本草綱目・鱗
一・守宮》：“〔附録〕時珍曰：十二時蟲，一名
避役，出容州、交州諸處，生人家籬壁、樹木
間，守宮之類也。”

【十二辰蟲】

即避役。此稱唐代已行用。見該文。

【十二時蟲】

即避役。此稱唐代已行用。見該文。

蛇師

爬蟲名。形似蜥蜴，頭大尾短。宋唐慎
微《證類本草・蟲魚部・石龍子》引《唐本草》：
“蛇師生山谷，頭大尾短小，青黄或白斑者是。”
明李時珍則以蛇師爲蠑螈。

蛇醫母

爬蟲名。蜥蜴類。體大色黄。亦稱“蛇舅
母”。宋唐慎微《證類本草・蟲魚部・石龍子》
引陶弘景：“〔蜥蜴〕其類有四種，一大形純黄
色，爲蛇醫母，亦名蛇舅母，不入藥。”徐珂
《清稗類鈔・動物類・蛇舅母》：“蛇舅母，與蜥
蜴同類異屬，而形相似。舌甚長，尖端叉裂，
伸縮自由，略如蛇舌。背灰色，鱗片粗糙。尾
甚長，亦易脱落。其習性與蜥蜴無異。舊與蠑
螈混合爲一，非。”按，明李時珍以蛇舅母爲蠑
螈之别稱。

【蛇舅母】

即蛇醫母。此稱南北朝時期已行用。見該
文。

蠦蠪

爬蟲名。所指有二説：一爲蜥蜴之别稱，
一爲守宮之别稱。《方言》第八：“守宮，秦晋
西夏謂之守宮，或謂之蠦蠪，或謂之蜥易。”《廣
雅・釋魚》：“蠦蠪……蚖蜴也。”參見本卷《爬

蟲説・蜥蜴考》“蜥蜴”“守宮”文。

雲蟲

古稱蜥蜴類爬蟲。徐珂《清稗類鈔・動物
類・雲蟲》：“中州山嶺有物如蜥蜴，天將雨，則
自石罅沿緣而上，仰口噓氣如珠，青白不一，
直上數丈，漸大如甕，須臾合併，瀹然彌空，
遂成密雲。山中人稱爲雲蟲。”

脆蛇

蛇蜥名。蜥蜴目蛇蜥科，脆蛇蜥
（*Ophisaurus harti*）。形似蛇，全長一二尺，被
覆瓦狀鱗片。體兩側各有一縱溝，四肢退化，
僅有肢帶殘迹。尾極長，約占全長的三分之二，
易斷，斷後能再生。雌性背正中多爲棕色，兩
側紫色，腹面色淡；雄性及幼體有黑色斑點或
藍色橫斑。生活於竹林和草叢中，多穴居，以
蝸牛、蚯蚓等爲食。我國江南各省多有分布。
乾燥體可入中藥。明談遷《棗林雜俎》引《玉
鏡新譚》：“脆蛇出崑崙山下。聞人聲，身自寸
斷，少頃自續，復爲長身。”亦稱“片蛇”。《格
致鏡原・昆蟲類・蛇》引明陳仁錫《潛確類書》：
“脆蛇，一名片蛇，出雲南大侯爽夷州，長二尺
許。遇人輒自斷爲三四，人去則復續。乾之，
治惡疽。”清陳鼎《蛇譜・脆蛇》：“亦產貴州土
司中，長尺有二寸，圍如錢，嘴尖、尾禿、背
黑、腹白，暗鱗點點可玩也，或白如銀。見人
輒躍起數尺，跌爲十二段，須臾復合爲一，不
知者誤拾之，即寸斷，兩端俱生頭，嚙人即斃。
出入往來恒有度。捕之者置竹筒於其徑側，則
不知而入其中，急持之方可完，稍緩則碎矣，
故名曰脆。”亦稱“神蛇”。清李元《蠕範》卷
八：“脆蛇，片蛇也，神蛇也。長二三尺，似金
微黑，性不毒人，或觸其怒，則自斷爲三四，

如刀截然，怒定相續如故。出嶺南。"按，脆蛇古人歸爲蛇類，今則屬蜥蜴類。參閱清趙學敏《本草綱目拾遺·鱗部·脆蛇》。

【片蛇】

即脆蛇。此稱明代已行用。見該文。

【神蛇】

即脆蛇。此稱清代已行用。見該文。

雷公馬

樹蜥名。蜥蜴目鬣蜥科，樹蜥（*Calotes versicolor*）。狀如蜥蜴，長三四寸，頭較大，尾細長。背面淺棕色，雜有深棕色斑塊，并可隨環境乾濕及光綫强弱而變化。背中綫上，有一列直立而側扁的鬣鱗，頸部尤長，狀如馬鬃。生活於樹林、草叢中，常攀緣上樹，以蜘蛛等爲食。亦稱"螫"。《類篇·虫部》："螫，蟲名，如蜥蜴，食人而善藏。"清屈大均《廣東新語·蟲語·諸蛇》："其聲如猫，曰雷公馬，産雷州，可食，故北人謂雷州人食雷公云。"亦稱"沙鰍"。清李元《蠕範》卷八："螫，沙鰍也，雷公馬也。狀如蜥蜴，腹紫、背青、頭綠，項有如鬣馬，多在樹上，螫人立死。亦有無鬣者，見人則藏沙中。"按，雷公馬古歸蛇類，今則屬蜥蜴類。

【螫】

即雷公馬。此稱宋代已行用。見該文。

【沙鰍】

即雷公馬。此或專指李元所謂"亦有無者，見人則藏沙中"者。見該文。

第四章　雜蟲説

第一節　綫蟲與扁蟲考

　　蛔蟲、蟯蟲、縧蟲等低等蠕蟲，是人體的主要寄生蟲，分別屬於綫形動物門和扁形動物門，亦即通常所説的“綫蟲”與“扁蟲”。

　　綫蟲舊稱“圓形動物”，體通常呈長圓柱形，兩端尖細，不分節，由三胚層組成，雌雄异體。常見者有蛔蟲、蟯蟲、鈎蟲、絲蟲等。扁蟲亦爲低等三胚層動物，身體背腹扁平，左右對稱，雌雄同體，最常見者爲縧蟲。縧蟲體呈帶狀，由頭節、頸和體節（節片）組成。頭節上有槽、吸盤和鈎，借此附着於宿主腸壁上。節片由頸分裂而來，多寡不等。每一節片有一套完備的生殖器官，消化器官完全退化，靠體表吸收宿主的養料。節片成熟後脱落，隨宿主糞便排出體外。

　　關於人體寄生蟲，古代早有認識，統稱“九蟲”或“三蟲”。對蛔蟲、蟯蟲、縧蟲等記載尤多，包括名稱、生活習性、病證、診斷方法及防治措施等。一些驅蟲方藥，至今仍有一定用途。

九蟲

泛指人體中的九種寄生蟲，即伏蟲、蚘蟲、寸白蟲、肉蟲、肺蟲、胃蟲、弱蟲、赤蟲、蟯蟲。隋巢元方《諸病源候論》卷一八："九蟲者，一曰伏蟲，長四分；二曰蚘蟲，長一尺；三曰白蟲，長一寸；四曰肉蟲，狀如爛杏；五曰肺蟲，狀如蠶；六曰胃蟲，狀如蝦蟇；七曰弱蟲，狀如瓜瓣；八曰赤蟲，狀如生肉；九曰蟯蟲，至細微，形如菜蟲。"

三蟲

泛指人體中的三種寄生蟲，即長蟲、赤蟲、蟯蟲。漢王充《論衡・商蟲》："人腹中有三蟲……蛭食人足，三蟲食腸。"隋巢元方《諸病源候論》卷一八："三蟲者，長蟲、赤蟲、蟯蟲也。爲三蟲，猶是九蟲之數也。"按，長蟲亦即蛔蟲。

蛔蟲

人或家畜腸內的寄生蟲之一。綫蟲綱，蛔蟲科蛔蟲（*Ascaris lumbricoides*）。體呈長圓柱形，狀似蚯蚓，色白或米黃。雄蟲長四至八寸，尾部嚮腹面彎曲；雌蟲稍長而粗，不彎曲。卵呈橢圓形，黃綠或黃褐色，隨糞便排出後，在土壤中發育，附着於蔬菜或水中，若被人、畜吞下，則在腸內孵出幼蟲。幼蟲穿入腸壁血管，隨血液流至肺，然後由氣管至會厭，經食管到達胃，最後返回腸道，發育爲成蟲。成蟲寄生於小腸內可引起蛔蟲病，危害人、畜健康，兒童尤爲多見。秦漢時稱"蛕"，後亦作"蚘"，又俗作"蛔""痐"，現多稱"蛔蟲"。《説文・虫部》："蛕，腹中長蟲也。"《靈樞・邪氣藏府病形》："〔脾脉〕微滑，爲蟲毒蛕蝎。"唐柳宗元《罵尸蟲文》："彼修蛕惹心，短蟯穴胃。"《集韻・平灰》："〔蛕〕《説文》：'腹中長蟲。'或作蚘、蛔、痐。"宋周密《齊東野語・祠山應語》："試投逐蟲之劑，凡去蚘蛔二，其色如丹，即日良愈。"明李時珍《本草綱目・蟲四・蚘蟲》："〔釋名〕蛕，音回，俗作蛔，並與蚘同。"參見本卷《雜蟲説・綫蟲與扁蟲考》"九蟲""三蟲"文。

【蛕】

即蛔蟲。此稱秦漢時期已行用。見該文。

【蚘】

即蛔蟲。此稱宋代已行用。見該文。

【蛔】

即蛔蟲。此稱宋代已行用。見該文。

【痐】

即蛔蟲。此稱宋代已行用。見該文。

【蚘蟲】

即蛔蟲。《南史・張嗣伯傳》："石蚘者，久蚘也。醫療既僻，蚘蟲轉堅。"隋巢元方《諸病源候論》卷一八："蚘蟲者，是九蟲内之一蟲也。長一尺，亦有長五六寸。"明李時珍《本草綱目・蟲四・蚘蟲》亦稱"人龍"。參見"蛔蟲"文。

【人龍】

即蚘蟲。此稱明代已行用。見該文。

【長蟲】

即蛔蟲。隋巢元方《諸病源候論》卷一八："長蟲，蚘蟲也，長一尺，動則吐清水，出則心痛，貫心則死。"參見"蛔蟲"文。

【回蟲】

即蛔蟲。亦稱"回仙""回老""回道人"。清俞樾《茶香室三鈔》引《堅瓠集》："道家言，人身之尸蟲三，即諺所謂腹中蛔蟲也。今人召乩仙，所謂回仙、回老、回道人者，即回蟲，乩仙巫神，賴此以知往。"參見"蛔蟲"文。

【回仙】

即回蟲。此稱清代已行用。見該文。

【回老】

即回蟲。此稱清代已行用。見該文。

【回道人】

即回蟲。此稱清代已行用。見該文。

驢龍

寄生於驢體内的蛔蟲。清趙學敏《本草綱目拾遺·蟲部·驢龍》引《物理小識》："〔驢龍〕驢腹中蚘也，方體方目，有足，可以少使入房術用。"參見本卷《雜蟲說·綫蟲與扁蟲考》"蛔蟲"文。

蟯蟲

人體内的寄生蟲之一。綫蟲綱，尖尾綫蟲科，蟯蟲（*Enterobius vermicularis*）。體小，色白，形似針。雌蟲長約三四分，尾部長而尖細；雄蟲略短，尾端嚮腹面彎曲。卵呈長圓形，一側扁平，一側隆起。寄生於人的盲腸及其附近的腸黏膜上，可引起蟯蟲病。漢以前多單稱"蟯"。《說文·虫部》："蟯，腹中短蟲也。"《淮南子·原道訓》："澤及蚑蟯。"漢高誘注："蟯，微小之蟲也。"隋巢元方《諸病源候論》卷一八："蟯蟲，猶是九蟲内之一蟲也。形甚細小，如今之蝸蟲狀。"明李時珍《本草綱目·蟲四·蛔蟲》："〔集解〕蟯蟲至微，形如菜蟲，居胴腸中。"參見本卷《雜蟲說·綫蟲與扁蟲考》"九蟲""三蟲"文。

【蟯】

"蟯蟲"單稱。此稱漢代已行用。見該文。

寸白蟲

寄生蟲名。爲猪肉縧蟲或牛肉縧蟲的一個節片，長約一寸，色白，故稱。幼蟲卵圓形，囊狀，稱爲"囊蟲"，多寄生於猪和牛的肌肉裏。人若吃了未煮熟的帶有囊蟲的猪、牛肉，囊蟲則在腸内發育爲成蟲，即縧蟲。囊蟲和縧蟲可分别引起囊蟲病和縧蟲病。省稱"白蟲"或"寸白"。漢張仲景《金匱要略》卷二四："食生肉，飽飲乳，變成白蟲。"隋巢元方《諸病源候論》卷一八："寸白蟲候：寸白者，九蟲内之一蟲也。長一寸而色白，形小褊，因腑臟虛弱而能發動。"宋歐陽修《病中代書奉寄聖俞二十五兄》詩："飢腸未慣飽甘脆，九蟲寸白爭爲孽。"明謝肇淛《五雜俎·人部一》："余所記憶，蔡定夫之子苦寸白蟲齧腸胃間，如萬箭攢攻。"參見本卷《雜蟲說·綫蟲與扁蟲考》"九蟲"文。

【白蟲】

"寸白蟲"之省稱。此稱漢代已行用。見該文。

【寸白】

"寸白蟲"之省稱。此稱隋代已行用。見該文。

伏蟲

寄生蟲之一。長約四分，爲群蟲之主。隋巢元方《諸病源候論》卷一八："伏蟲，蟲之主也。"按伏蟲，類似今所謂之鈎蟲。參見本卷《雜蟲說·綫蟲與扁蟲考》"九蟲"文。

肉蟲

寄生蟲之一。狀似爛杏。隋巢元方《諸病源候論》卷一八："肉蟲，令人煩滿。"參見本卷《雜蟲說·綫蟲與扁蟲考》"九蟲"文。

肺蟲

寄生蟲之一。狀如蠶。隋巢元方《諸病源候論》卷一八："肺蟲，令人欬嗽。"參見本卷《雜蟲説・綫蟲與扁蟲考》"九蟲"文。

胃蟲

寄生蟲之一。狀如蝦蟇。隋巢元方《諸病源候論》："胃蟲，令人嘔吐，胃逆喜噦。"參見"九蟲"文。

弱蟲

寄生蟲之一。狀如瓜瓣。亦稱"膈蟲"。隋巢元方《諸病源候論》卷一八："弱蟲，又名膈蟲，令人多唾。"參見本卷《雜蟲説・綫蟲與扁蟲考》"九蟲"文。

【膈蟲】

即弱蟲。此稱隋代已行用。見該文。

赤蟲

寄生蟲之一。狀如生肉。隋巢元方《諸病源候論》卷一八："赤蟲，狀如生肉，動則腸鳴。"按赤蟲，類似今之薑片蟲。參見本卷《雜蟲説・綫蟲與扁蟲考》"九蟲""三蟲"文。

第二節　環節蟲與腹足蟲考

蚯蚓與蛭類分別屬於環節動物門的寡毛綱與蛭綱，二者的共同特點是身體分爲多節，行則蠕蠕而動，故亦稱分節蠕蟲。其主要區別在於，寡毛類體圓，體節有剛毛環生；蛭類體扁，體節無剛毛而頭尾各有吸盤一個。秦漢時蚯蚓與蛭類已入藥，至今仍有廣泛用途。又蚯蚓能疏鬆土壤，有益於田，故典籍中多記其事。唐代東方虬、元代任士林各有《蚯蚓賦》，歐陽修《雜説》乃專言蚯蚓之文。

腹足類爲軟體動物門中種類最多的一綱，因其足位於腹部而得名。本類因在發生期間經過旋轉致使内臟囊左右不對稱，扭轉如漩渦。多有貝殼一個，有的種類或無。腹足類最常見者爲蝸牛和蛞蝓，二者的主要區別爲前者有殼而後者則無。因二者同類，古代時有混稱。蝸牛行動緩慢，常以喻行遲；蝸殼窄小，常以喻居狹。唐馬吉甫《蝸牛賦》云其"投迹多閑，冥心寡欲，進不奔競，退非飲啄，吸大道之淳精，體中庸之止足"，所言多贊其德。宋代辛弃疾詞曰"老鶴高風，一枝投宿，長笑蝸牛戴屋行"，比喻形象而生動。

蚯蚓

蟲名。環節動物，屬寡毛綱，巨蚓科。種類甚多，常見者爲環毛蚓屬動物（*Pheretima* spp.）。體呈細圓柱形，長六七寸或盈尺，由諸多同形環節構成。背面黑褐色，腹面灰白色。穴居土中，行動遲緩，以腐殖質爲食，能使土壤鬆軟，有益農事。蟲體入中藥。古今稱謂甚多，先秦時已有蚯蚓之名，亦作“丘蚓”“丘螾”“邱螾”“邱蚓”。《禮記·月令》：“〔孟夏之月〕螻蟈鳴，蚯蚓出。”《呂氏春秋·孟夏紀》作“丘蚓”。《淮南子·時則訓》：“丘螾結，麋角解。”一本作“邱螾”。清王念孫《廣雅疏證·釋蟲》：“《月令》孟夏之月邱蚓出，仲冬之月邱蚓結。蔡邕章句云：結，猶屈也。邱蚓屈首下嚮陽氣，氣動則宛而上首，故其結而屈也。”亦省稱“蚓”或“螾”。《孟子·滕文公下》：“夫蚓，上食槁壤，下飲黃泉。”《説文·虫部》：“蚓，螾，或從引。”《荀子·勸學》：“螾無爪牙之利，筋骨之强，上食埃土，下飲黃泉，用心一也。”楊倞注：“螾與蚓同。”古人以爲蚯蚓老者其頸白，入藥爲佳，故有“白頸蚯蚓”之謂。《神農本草經》：“白頸蚯蚓，味鹹，寒，無毒。治蛇瘕，去三蟲，伏屍，鬼疰，蠱毒，殺長蟲。”按，帛書《養生方》作“白曆丘引”。明李時珍《本草綱目·蟲四·蚯蚓》：“〔釋名〕時珍曰：蚓之行也，引而後申，其塿如丘，故名蚯蚓。”亦稱“蜸”。清李元《蠕範》卷七：“蚯蚓，蜸也，螾也……孟夏出，冬至結，大寒首下，陽動首上，

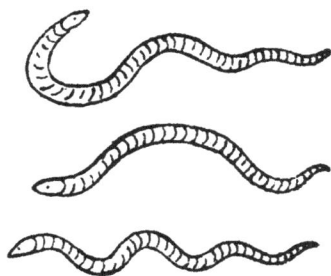

蚯　蚓
（明李時珍《本草綱目》）

雨則先出，晴則夜鳴。其身屈曲却行，前後各一竅，而前竅中視、聽、嗅、食、歌，備五用焉。”

【丘蚓】

同“蚯蚓”。此體先秦已行用。見該文。

【丘螾】

同“蚯蚓”。此體漢代已行用。見該文。

【邱螾】

同“蚯蚓”。此體漢代已行用。見該文。

【邱蚓】

同“蚯蚓”。此體漢代已行用。見該文。

【蚓】

“蚯蚓”之省稱。此稱漢代已行用。見該文。

【螾】

同“蚓”。即蚯蚓。此體漢代已行用。見該文。

【白頸蚯蚓】

即蚯蚓。此稱秦漢時期已行用。見該文。

白頸蚯蚓（蜀州白頸蚯蚓）
（明文俶《金石昆蟲草木狀》）

【白曆丘引】

同“白頸蚯蚓”。此體漢代已行用。見該文。

【蜸】

即蚯蚓。此稱清代已行用。見該文。

【螼蚓】

即蚯蚓。亦稱“蟿蟺”“螾衍”“衍蚓”。《爾雅·釋蟲》：“螼蚓，蟿蟺。”清郝懿行義疏：“鄭

注《梓人》則以仄行蟹屬，却行蟥衍之屬。劉昌宗云：蟥衍或作衍蚓，今曲蟺也。"亦省稱"蟪"。《説文·虫部》："蟪，蟥也。"清朱駿聲定聲："蟪即蚯蚓之合音。"參見"蚯蚓"文。

【蜸蚕】

即蟪蚓。此稱秦漢時期已行用。見該文。

【蟥衍】[1]

即蟪蚓。此稱秦漢時期已行用。見該文。

【衍蚓】

即蟪蚓。此稱清代已行用。見該文。

【蟪】

"蟪蚓"之省稱。此稱漢代已行用。見該文。

【蜿蟺】

即蚯蚓。亦省作"蟺"。以其善彎轉屈曲而得名。亦作"夗蟺"。《説文·虫部》："蟺，夗蟺也。"亦作"蜿蟺"。《爾雅·虫部》"蟪蚓，蜸蚕"晋郭璞注："即蜿蟺也。"《廣雅·釋蟲》："蚯蚓，蜿蟺。"清王念孫疏證："邱蚓之形屈曲，故謂之蜿蟺。"《玉篇·虫部》："蟺，蚯蚓也。"參見"蚯蚓"文。

【蟺】

即蜿蟺。此稱漢代已行用。見該文。

【夗蟺】

同"蜿蟺"。此體漢代已行用。見該文。

【蜿蟺】

同"蜿蟺"。此體晋代已行用。見該文。

【曲蟺】

即蚯蚓。以其體常彎曲而得名。亦作"蚰善"。晋崔豹《古今注·魚蟲》："〔蚯蚓〕一名曲蟺。"《玉篇·虫部》："蚰，蚰善也。"參見"蚯蚓"文。

【蚰善】

同"曲蟺"。此體南北朝時期已行用。見該文。

【寒蟪】

即蚯蚓。亦稱"寒蚓""附蚓"。明李時珍《本草綱目·蟲四·蚯蚓》〔釋名〕吳普："（蚯蚓）寒蟪，寒蚓，附蚓。"《爾雅·釋蟲》"蟪蚓，蜸蚕"晋郭璞注："江東呼寒蚓。"亦作"賽蚓"。《淵鑑類函·蟲豸部·蚯蚓》引《古今注》："蚓……亦呼爲賽蚓。"亦作"賽蟪"。《集韻·平寒》："賽，蟲名。賽蟪，蚯蚓也。或作蠕。"宋蘇軾《舟中夜起》詩："暗潮生渚吊寒蚓，落月掛柳看懸蛛。"亦稱"寒欣"。清李元《蠕範》卷七："蚯蚓……附蚓也，寒蚓也，寒欣也，寒蟪也。"參見"蚯蚓"文。

【寒蚓】

即寒蟪。此稱三國時期已行用。見該文。

【附蚓】

即寒蟪。此稱三國時期已行用。見該文。

【賽蟪】

同"寒蟪"。此體宋代已行用。見該文。

【賽蚓】

即寒蟪。此稱晋代已行用。見該文。

【寒欣】

即寒蟪。此稱清代已行用。見該文。

【蜜蟺】

即蚯蚓。古人以其能吟於地下，故又稱"歌女""鳴砌"。《淵鑑類函·蟲豸部·蚯蚓》引《古今注》曰："蚓，一名蜜蟺，一名曲蟺，善長吟於地中，江東謂之歌女，或謂鳴砌。"明李時珍《本草綱目·蟲四·蚯蚓》："〔釋名〕時珍曰：其鳴長吟，故曰歌女。"參見"蚯蚓"文。

【歌女】

即蜜蠄。此稱晋代已行用。見該文。

【鳴砌】

即蜜蠄。此稱晋代已行用。見該文。

【蜿】

即蚯蚓。亦稱“引無”。《廣雅·釋蟲》：“蚯蚓，蜿蠄，引無也。”清王念孫疏證：“又謂之蜿。蜿蠄之言宛轉也，蜿之言曲也。各本俱脱‘蜿’字。”又，王氏認爲，蚯蚓并無“引無”之稱，乃注文“引典”誤爲《廣雅》正文，“典”字又誤爲“無”。其説頗似。古有蚯蚓無心之説，故亦稱“無心蟲”。《事物異名録·昆蟲部》：“無心蟲，《正字通》：郭璞贊蚯蚓土精，無心之蟲。”參見“蚯蚓”文。

【引無】

即蜿。此稱三國時期已行用。見該文。

【無心蟲】

即蜿。此稱清代已行用。見該文。

【地螾】

即蚯蚓。《史記·封禪書》：“黄帝得土德，黄龍地螾見。”南朝宋裴駰集解引應劭曰：“螾，丘螾也。”亦稱“土龍”“地龍子”。宋唐慎微《證類本草·蟲部·白頸蚯蚓》引《名醫別録》：“一名土龍。生平土，三月取。”又引《藥性論》：“蚯蚓，亦可單用，有小毒。乾者熬末用之，主蛇傷毒。一名地龍子。”宋代亦稱“土蚓”。如黄庭堅《演雅》詩：“春蛙夏蜩更嘈雜，土蚓壁蟬何碎瑣。”宋代中醫方書中始稱“地龍”，沿用至今。宋王懷隱《太平聖惠方》治風赤眼方：“以地龍十條，炙乾爲末，夜卧以冷茶調下二錢匕。”明郎瑛《七修類稿·天地·氣候集解》：“蚯蚓即地龍也。”明李時珍《本草綱

目·蟲四·蚯蚓》〔釋名〕亦稱“土蟺”，并云：“術家言蚓可興雲，又知陰晴，故有土龍、龍子之名。”參見“蚯蚓”文。

【土龍】

即地螾。此稱南北朝時期已行用。見該文。

【地龍子】

即地螾。此稱南北朝時期已行用。見該文。

【土蚓】

即地螾。此稱宋代已行用。見該文。

【地龍】

即地螾。此稱宋代已行用，沿稱至今。見該文。

【土蟺】

即地螾。此稱明代已行用。見該文。

【螳螾】

即蚯蚓。亦稱“胸朒”“蜷蝡”。《淵鑑類函·蟲豸部·蚯蚓》引高誘曰：“螾，蚯蚓也。生平土。一名蟪，一名蚅蠄，一名螳螾，一名曲蠄，一名胸朒，一名土龍，又名蜷蝡。”明李時珍《本草綱目·蟲四·蚯蚓》：〔釋名〕時珍曰：巴人謂之‘胸朒’，皆方音之轉也。”亦稱“蚰蜸”。清李元《蠕範》卷七：“蚯蚓……蚰蜸也，蜸蠶也，胸朒也，蜷蝡也。”參見“蚯蚓”文。

【胸朒】

即螳螾。此稱漢代已行用。見該文。

【蜷蝡】

即螳螾。此稱漢代已行用。見該文。

【蚰蜸】

即螳螾。此稱清代已行用。見該文。

千人踏

蚯蚓被行人踏死者。宋唐慎微《證類本

草・蟲魚部・白頸蚯蚓》:"日華子云:蚯蚓……又名千人踏,即是路行人踏殺者。"參見本卷《雜蟲説・綫蟲與扁蟲考》"蚯蚓"文。

巨擘

蚯蚓之大者。《事物異名録・昆蟲部》:"《餘冬序録》云:孟子巨擘,蓋齊地有蟲類大蚯蚓,人謂之巨擘,善擘地以行。巨擘即蚯蚓之大者,注以爲大指,非也。"參見本卷《雜蟲説・綫蟲與扁蟲考》"蚯蚓"文。

蛭

環節動物門蛭綱類動物的統稱。常見者如水蛭、螞蟥、山蛭、泥蛭等,其中以水蛭最爲多見,故古代典籍中所稱之蛭,亦常指水蛭而言。蛭類一般體長而扁平,由口前葉和三十三個體節構成,前後各有吸盤一個,多見於淡水或潮濕的陸地。漢王充

蛭
（明王圻等《三才圖會》)

《論衡・福虛》:"蛭之性食血,惠王心腹之積,殆積血也。故食血之蟲死,而積血之病愈。"亦稱"蟣""蛭蛭""至掌"。《爾雅・釋魚》:"蛭,蟣。"晋郭璞注:"今江東呼水中蛭蟲入人肉者爲蟣。"又《釋蟲》:"蛭蟣,至掌。"清郝懿行義疏:"蛭屬有在草、泥、山、石間者,並能齧人手足,恐人不識,是以《爾雅》有至掌之稱矣。"蛭聲轉亦作"蚑"或"蜞"。宋唐慎微《證類本草・蟲部・水蛭》:"陶隱居云:蚑,今復有數種,此用馬蜞……《圖經》曰:水蛭,生雷澤池澤,今近處河池中多有之。一名蜞。

此有數種:生水中者名水蛭,亦名馬蟥;生山中者名石蛭;生草中者名草蛭;生泥中者名泥蛭。"按,馬蟥乃水蛭之大者,石蛭、草蛭、泥蛭等均爲蛭屬。

【蟣】[2]

即蛭。此稱秦漢時期已行用。見該文。

【蛭蛭】

即蛭。此稱秦漢時期已行用。見該文。

【至掌】[1]

即蛭。此稱秦漢時期已行用。見該文。

【蚑】

即蛭。此稱南北朝時期已行用。見該文。

【蜞】

即蛭。此稱宋代已行用。見該文。

水蛭

蛭之一種。常見者爲醫蛭(*Hirudo nipponia* Whitman)。體狹長而扁,長二三寸。背面黃綠色,有五條黃白色縱紋,腹面暗灰色。生湖沼或濕潤處,吸食人畜血液。入中藥。其大者稱"馬蛭",入藥較佳。《神農本草經》:"水蛭,一名至掌。味鹹,平,有毒。主逐惡血,瘀血,月

水蛭(蔡州水蛭)
（明文俶《金石昆蟲草木狀》)

閉,破血瘕,積聚,無子,利水道。"或訛作"水痴"。明李時珍《本草綱目・蟲二・水蛭》:"〔釋名〕時珍曰:方音訛蛭爲痴,故俗有水痴、草痴之稱。"參見本卷《雜蟲説・綫蟲與扁蟲考》"蛭"文。

【至掌】[2]

　　即水蛭。此稱秦漢時期已行用。見該文。

【水痴】

　　"水蛭"之訛稱。此稱明代已行用。見該文。

馬蛭

　　水蛭之大者。常見者爲寬體螞蟥（*Whitmania pigra* Whitman），亦稱寬體金綫蛭。體扁平而肥壯，長三四寸。背面暗緑色，有五條黑色縱行條紋。前吸盤小，能刺傷皮膚，但不吸血。水田及河湖中常見。"馬"有大意，故稱。亦稱"馬蜞"。宋唐慎微《證類本草·蟲魚部·水蛭》："唐本注云：大者長尺，名馬蛭，一名馬蜞。"亦稱"馬鱉""馬黄"。宋寇宗奭《本草衍義》："大者京師又謂之馬鱉，腹黄者謂之馬黄。"亦稱"馬蟥"。明李明珍《本草綱目·蟲二·水蛭》："〔釋名〕大者名馬蜞、馬蛭、馬蟥、馬鱉。"亦稱"馬蟣"。《事物異名録·昆蟲部》："《正字通》蛭呼馬蟣。"亦稱"馬蚍""雷蜞"。清李元《蠕範》卷七："馬蛭……馬蟥也，馬蚍也，馬蟣也，馬鱉也，馬蜞也，雷蜞也……生水中如蚓蝡，動如血，以物觸之，則蹙縮圜轉若鞭，良久引首，鞭形漸小，復如蚓。斷之寸寸，得水復活。"參見本卷《雜蟲説·綫蟲與扁蟲考》"蛭""水蛭"文。

【馬蜞】

　　即馬蛭。此稱唐代已行用。見該文。

【馬鱉】

　　即馬蛭。此稱宋代已行用。見該文。

【馬黄】

　　即馬蛭。此稱宋代已行用。見該文。

【馬蟥】

　　即馬蛭。此稱明代已行用。見該文。

【馬蟣】

　　即馬蛭。此稱清代已行用。見該文。

【馬蚍】

　　即馬蛭。此稱清代已行用。見該文。

【雷蜞】[1]

　　即馬蛭。此稱清代已行用。見該文。

石蛭

　　蛭之一種。生於山石間，頭尖腰粗，色赤。宋唐慎微《證類本草·蟲魚部·水蛭》引《本草圖經》："生山中者名石蛭……石蛭等並頭尖腹麤，不堪入藥，誤用之，則令人目中生煙不已。"清李元《蠕範》卷七："石蛭，石上，頭尖，腰粗，赤色。"參見本卷《雜蟲説·綫蟲與扁蟲考》"蛭""水蛭"文。

草蛭

　　蛭之一種。生於草中，能吸人畜之血。宋唐慎微《證類本草·蟲魚部·水蛭》引《本草圖經》："生草中者名草蛭。"亦訛作"草痴"。明李時珍《本草綱目·蟲二·水蛭》："〔釋名〕時珍曰：方音訛蛭爲痴，故俗有水痴、草痴之稱。……〔集解〕時珍曰：李石《續博物志》云：南方水痴似鼻涕，聞人氣閃閃而動，就人體成瘡，惟以麝香、硃砂塗之即愈。此即草蛭也。"亦稱"木蛭"。清李元《蠕範》卷七："其別種曰草蛭，木癡也。在深山草中，形如鼻涕，聞人氣閃閃而動，著人脛股，即入肉中産育爲害，大者可長尺許。"參見本卷《雜蟲説·綫蟲與扁蟲考》"蛭""水蛭"文。

【草痴】

　　"草蛭"之訛稱。此稱宋代已訛用。見該文。

【木蛭】

　　即草蛭。此稱清代已行用。見該文。

泥蛭

蛭之一種。生泥中，色紫黑。宋唐慎微《證類本草・蟲魚部・水蛭》引《本草圖經》："生泥中者名泥蛭。"亦稱"牛蛇"。清李元《蠕範》卷七："泥蛭，牛蛇也。似水蛭而粗大，紫黑色，生泥中。"參見本卷《雜蟲説・綫蟲與扁蟲考》"蛭""水蛭"文。

【牛蛇】

即泥蛭。此稱清代已行用。見該文。

爛黄

蛭之一種。腹黄，着人後摘之易斷，故名。《事物異名録・昆蟲部》："《事物紺珠》：爛黄細而長，入人肉摘之輒斷。按爛黄亦蛭名。"參見"蛭""水蛭"文。

禾蟲

蟲名。屬環節動物，形如蚯蚓，色青黄，稻禾夏遇雨蒸鬱或根腐爛後所生。清趙學敏《本草綱目拾遺・蟲部・禾蟲》："禾蟲，閩廣浙沿海濱多有之，形如蚯蚓。閩人以蒸蛋食，或作膏食，餉客爲饈，云食之補脾健胃。《廣志》：夏暑雨禾中蒸鬱而生蟲，或稻根腐而生蟲。稻根色黄，蟲乃稻根所化，故色亦黄……吳震方《嶺南雜記》：禾蟲絶類螞蝗，青黄色，狀絶可惡厭。潮所淹没淡水田禾根内出，數尺長至丈餘，寸寸斷皆活，能游泳，午後即敗不可食。滴鹽醋一小杯，裂出白漿，蒸雞鴨蛋牛乳最鮮。《粵録》：禾蟲狀如蠶，長一二寸，無種類，夏秋間早晚稻將熟，禾蟲自稻根出。潮長浸田，因乘潮入海，日浮夜沉，浮則水面皆紫。"

蝸牛

蟲名。屬軟體動物門，腹足綱，大蝸牛科，種類較多。體形大小不一，外殼呈扁圓螺旋形，色淡黄或黄褐色，質薄而脆。體柔軟，頭部有觸角兩對，後一對頂端有眼。足扁平寬大，行動時可分泌黏液。頭與足能伸出殼外，感覺靈敏，遇有刺激即縮入殼内。常栖於田野陰濕處，以綠色植物的苗葉爲食。入中藥。因其殼盤轉如漩渦，且頭有二角如牛，故名。或省稱"蝸"，亦稱"蝸蟲""小牛螺""黄犢"。《莊子・則陽》："有所謂蝸者，君知之乎？"唐陸德明《釋文》："李云：蝸蟲，有兩角，俗謂之蝸牛。《三蒼》云：小牛螺也。一云：俗名黄犢。"秦漢之際亦稱"僕纍"，因聲轉又作"蚹蠃""蝾螺""薄蠃"。亦稱"蜓蝓""旱蠃""水牛"。《山海經・中山經》："青要之山……是從僕纍、蒲盧。"晋郭璞注："僕纍，蝸牛也。"《爾雅・釋魚》："蚹蠃，蜓蝓。"晋郭璞注："蝸牛也。"清郝懿行義疏："蝸蠃與蝾蠃聲同，故蝾蠃名薄盧，蝸蠃名蚹蠃，蚹蠃與薄盧聲相轉。蜓蝓亦雙聲也，蚹蠃轉爲僕纍，見《中山經》。僕纍即蝾螺，又轉爲薄蠃。高誘注《淮南・俶真篇》云：蠃蟲，薄蠃也。按今海邊人謂蠃爲薄蠃子，樓霞人謂蝸牛爲薄蠃，揚州人呼旱蠃，順天人呼水牛。"古或謂蝸牛可制蜈蚣。《古今圖書集成・禽蟲典・蝸牛部》引《墨客揮犀》："蝸牛不特能伏蝎，亦能制蜈蚣。蜈蚣見則不復能去，蝸徐登其背，以涎繞之，其足盡落。"又蝸殼乃蝸之居，空間窄小，故常以蝸喻狹。按，蝸牛與蛞蝓形似，且屬同類，故

蝸　牛
（明王圻等《三才圖會》）

二者古多混稱。參見本卷《雜蟲説·綫蟲與扁蟲考》"蛞蝓"文。

【蝸】

　　"蝸牛"之省稱。此稱先秦時期已行用。見該文。

【小牛螺】

　　即蝸牛。此稱秦漢時期已行用。見該文。

【黄犢】

　　即蝸牛。此稱秦漢時期已行用。見該文。

【僕纍】

　　即蝸牛。此稱秦漢時期已行用。見該文。

【蚹蠃】

　　即蝸牛。此稱秦漢時期已行用。見該文。

【蝮螺】

　　即蝸牛。此稱秦漢時期已行用。見該文。

【薄蠃】

　　即蝸牛。此稱秦漢時期已行用。見該文。

【蝸蝓】

　　即蝸牛。此稱秦漢時期已行用。《埤雅》以爲"蛞蝓"之異稱，概因二者形似，故多混稱。見該文。

【蝸蟲】

　　即蝸牛。此稱唐代已行用。見該文。

【旱蠃】

　　即蝸牛。此稱清代已行用。見該文。

【水牛】

　　即蝸牛。此稱清代已行用。見該文。

【蝸蠃】

　　即蝸牛。《説文·虫部》："蝸，蝸蠃。"段玉裁注："蠃者，今人所用螺字……今人謂水中可食者爲螺，陸生不可食者曰蝸牛。想周、漢無此分別。"明李時珍《本草綱目·蟲四·蝸牛》

〔釋名〕作"蝸螺"。參見"蝸牛"文。

【蝸螺】

　　同"蝸蠃"。此體明代已行用。見該文。

【陵螺】

　　即蝸牛。《淵鑑類函·蟲豸部·蝸牛》引《古今注》曰："蝸牛，陵螺也。形如蝘蝓，殼小如螺，白色，生池澤草木間，頭有兩角，行則觸，驚則縮，首尾俱能藏於殼中。"亦稱"陵蠡""土蝸""附蝸"。《爾雅翼·釋魚》："蝸牛一名蝸蟲，以其有兩角，故以牛名……一名陵蠡，一名土蝸，一名附蝸。"按，"陵蠡""土蝸""附蝸"，與蛞蝓之異稱相同，概因蛞蝓、蝸牛同屬蠃類，故多有混稱。亦稱"蝸蜓"。明唐順之《雁訓》："掩蝌蚪之奇形，奪蝸蜓之巧篆，此蓋法象之至章也。"參見"蝸牛"文。

【陵蠡】[1]

　　即陵螺。此稱宋代已行用。見該文。

【土蝸】[1]

　　即陵螺。此稱宋代已行用。見該文。

【附蝸】[1]

　　即陵螺。此稱宋代已行用。見該文。

【蝸蜓】

　　即陵螺。此稱明代已行用。見該文。

【瓜牛】

　　即蝸牛。亦稱"蠡牛"。宋唐慎微《證類本草·蟲魚部·蝸牛》："〔陶隱居〕云：蝸牛，字是力戈反，而俗呼爲瓜牛。生山中及人家，頭形如蛞蝓，但背負殼耳……《藥性論》云：蝸牛亦可單用，一名蠡牛，有小毒。"亦稱"山蝸""蜓蚰螺""土牛兒"。明李時珍《本草綱目·蟲四·蝸牛》："〔釋名〕蠡牛、蚹蠃、蝸蝓、山蝸、蝸蠃、蜓蚰蠃、土牛兒。……時珍曰：

其頭偏戾如堝，其形盤旋如渦，故有堝、渦二者，不獨如瓜字而已。其行延引，故曰蜓蚰。《爾雅》謂之'蚹蠃'。孫炎注云：以其負蠃殼而行，故名蚹蠃。"參見"蝸牛"文。

【蠡牛】

即瓜牛。此稱唐代已行用。見該文。

【山蝸】

即瓜牛。此稱明代已行用。見該文。

【蜓蚰螺】[1]

即瓜牛。此稱明代已行用。見該文。

【土牛兒】

即瓜牛。此稱明代已行用。見該文。

【陵蠃】

同"陵螺"。即蝸牛。亦稱"蛉窮""俿蠃""蝶蠃""蜒蝓""蜓蚰蠃""篆愁君"。清李元《蠕範》卷五："蝸……陵蠃也，黃犢也，蛉窮也，俿蠃也，僕蠃也，蝶蠃也，蚹蠃也，蠡牛也，土牛也，蜒蝓也，蜒蝓也，蜓蚰蠃也，篆愁君也。似蠃，白色，背殼宛轉有文章，絞縛爲結，內有肉，常負殼行，行則頭出，有兩黑角，驚則首尾縮入殼中。常夜出，盛夏日中自懸樹葉下，往往升高，涎沫枯盡自斃。其涎粘壁如畫，可以制蜈蚣。"參見"蝸牛"文。

【蛉窮】[1]

即陵蠃。此稱清代已行用。見該文。

【俿蠃】

即陵蠃。此稱清代已行用。見該文。

【蝶蠃】

同"螺"。即陵蠃。此體清代已行用。見該文。

【蜒蝓】

即陵蠃。此稱清代已行用。見該文。

【蜓蚰蠃】

同"蜓蚰螺"。即陵蠃。此體清代已行用。見該文。

【篆愁君】

即陵蠃。此稱清代已行用。見該文。

蛞蝓

昆蟲名。屬腹足綱，蛞蝓科。常見者爲黃蛞蝓（*Limaxflavus*）。體圓，長寸許，形似去殼之蝸牛。背面呈灰色、淡褐色或黑色，腹面白色。觸角兩對，能自由伸縮，眼位於觸角頂端。身體能分泌黏液，爬行後可留下銀白色條痕。居於陰暗潮濕處，畏光怕熱，夜間或雨後舐食植物莖葉。入中藥。漢代亦稱"陵蠡"。《神農本草經·下品》："蛞蝓，一名陵蠡。味鹹，寒，無毒。治賊風僻，肘筋及脫肛、驚癇攣縮。"亦稱"土蝸""附蝸"。宋唐慎微《證類本草·蟲魚部·蛞蝓》引《名醫別錄》："蛞蝓一名土蝸，一名附蝸。生太山池澤及陰地沙石垣下。"對此，南朝梁陶弘景曾提出質疑："蛞蝓無殼，不應有蝸名，其附蝸者，復名蝸牛。"（見《證類本草》）因蛞蝓與蝸牛形似，又同屬蠃類，故二者多有混稱，或視二物爲一。至宋代，二物區別已明。宋寇宗奭《本草衍義》卷一七："蛞蝓、蝸牛，二物矣。蛞蝓，其身肉只一段。蝸牛，背上別有肉，以負殼行，顯然異矣。"明李時珍《本草綱目·蟲四·蛞蝓》："〔集解〕時珍曰：按《爾雅》無蛞蝓，止云蚹蠃，蜒蝓。郭注云蝸牛也。《別錄》無蜒蝓，止

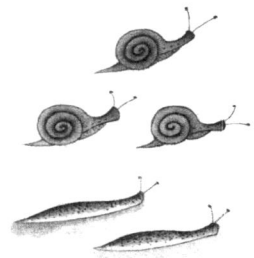

蛞　蝓
（《補遺雷公炮製便覽》）

云蛞蝓，一名附蝸。據此，則蝎蝓是蚹嬴，蛞蝓是附蝸。蓋一類二種……或以爲一物，或以爲二物者，皆失深考。”按，蝸牛與蛞蝓同屬一類，且形狀相似，故古代二者多有混稱。參見本卷《雜蟲説·綫蟲與扁蟲考》“蝸牛”文。

【陵蠡】[2]

即蛞蝓。此稱秦漢時期已行用。見該文。

【土蝸】[2]

即蛞蝓。此稱漢代已行用。見該文。

【附蝸】[2]

即蛞蝓。此稱漢代已行用。見該文。

【蜒蚰】

亦作“延游”，亦稱“虒蝓”。即蛞蝓。《説文·虫部》：“蝓，虒蝓。”清段玉裁注：“虒蝓讀‘移臾’二音。今生牆壁間濕處，無殻，有兩角，無足，延行地上。俗呼延游，即虒蝓古音。”《爾雅翼·釋蟲》：“今蝸牛之無殻者，俗呼爲蜒蚰。又呼蝸牛爲蜒蚰。”因其能分泌黏液，故又稱“涎牛”“涎游”。明彭大翼《山堂肆考》卷三六：“蛞蝓，俗呼涎牛，又名涎游。身有涎，好游下濕處，頭有二角，如蝸牛而無殻。”參見“蛞蝓”文。

【延游】

即蜒蚰。此稱清代已行用。見該文。

【虒蝓】

即蜒蚰。此稱漢代已行用。見該文。

【涎牛】

即蜒蚰。此稱明代已行用。見該文。

【涎游】

即蜒蚰。此稱明代已行用。見該文。

【鼻涕蟲】

“蛞蝓”之俗稱，因其分泌黏液如同鼻涕而得名。亦稱“托胎蟲”“蜒蚰螺”。明李時珍《本草綱目·蟲四·蛞蝓》：“〔釋名〕陵蠡，附蝸，土蝸，托胎蟲，鼻涕蟲，蜒蚰螺。”亦稱“涎魚”“托胎”。清李元《蠕範》卷七：“蛞蝓，土蝸也，附蝸也，涎牛也，涎游也，涎魚也，託胎也，陵蠡也，鼻涕蟲也。生陰地沙石垣下，形如小螺，二角，無殻而白，能登蜈蚣首而陷其腦。”參見“蛞蝓”文。

【托胎蟲】

即鼻涕蟲。此稱明代已行用。見該文。

【蜒蚰螺】[2]

即鼻涕蟲。此稱明代已行用。見該文。

【涎魚】

即鼻涕蟲。此稱清代已行用。見該文。

【托胎】

“托胎蟲”之省稱。即鼻涕蟲。此稱清代已行用。見該文。

第三節　蛛形蟲、多足蟲與甲殻蟲考

蝎子、蜘蛛等屬蛛形類，馬陸、蜈蚣等屬多足類，鼠婦等屬甲殻蟲類，它們雖與昆蟲同屬於節肢動物門，但分屬於不同的四個綱。今將蛛形蟲、多足蟲與甲殻蟲別考於此。

蛛形類蟲，體由頭胸部和腹部構成，無觸角。頭胸部有附肢六對，第一對爲螯肢，第二對爲脚鬚，後四對爲步足。大多陸栖。蝎、蜱、蟎及各種蜘蛛等均屬此類。

多足類蟲，體分頭及軀幹兩部分。頭部有觸角一對，單眼數個，軀幹部細長，背腹扁平或圓柱形，由多個體節組成。每個體節有足一對或兩對，用以行走。雌雄异體，多卵生。一般又分爲倍足與唇足兩類，前者如馬陸，後者如蜈蚣、蚰蜒。

甲殼類蟲，是節肢動物門中僅次於昆蟲綱與蛛形綱的第三大綱，但由於本類絕大多數水生，故典籍中所載較少，典型者僅鼠婦一種。

蛛形蟲與多足蟲很早即被古人認識，甲骨文中已見有 𖣔（蠍）、𖤸（蜈蚣）、𖤹（蜘蛛）等字。秦漢時上述諸蟲已入中藥，并延用至今。晋唐以降，亦多見於藝文，如唐代李商隱有《蝎賦》，宋代司馬光有《蠆祝》，晋代成公綏、宋代張耒等各有《蜘蛛賦》，孟郊、元稹、范成大、楊萬里等均有咏蜘蛛詩。又蜈蚣、蝎子俱屬"五毒"，故常以之喻狠毒與惡毒；蜘蛛善織，其絲纖細，故亦常以"蛛絲"爲譬。馬陸、蚰蜒等見於雜記者亦多。

蝎 [2]

蟲名。蛛形綱鉗蝎科，鉗蝎（*Buthus martensi* Karsch）。體長寸許，黄色。頭胸部較短，背面覆有頭胸甲。頭部有螯肢、觸肢各一對，螯肢的鉗狀上肢有二齒，觸肢鉗狀。胸部有步足四對，末端有鈎爪。腹部甚長，分前、後兩部，前寬後細，色青有節。尾端具毒刺，用以捕食或禦敵，亦可蜇人。卵胎生，多穴居，夏季繁殖，冬季蟄伏。全蟲或尾入中藥，全用名全蝎，用尾名蝎梢。先秦典籍中稱"蠆"，漢之後始行用"蝎"或"蠍"，并沿稱至今。《詩·小雅·都

蠍
（明文俶《金石昆蟲草木狀》）

人士》："彼君子女，卷髮如蠆。"唐陸德明釋文引《通俗文》曰："長尾爲蠆，短尾爲蠍。"按蠆，金文作"𖤸"，字像蝎形，無長尾短尾之分。三國時亦稱"杜伯""蠹"。《廣雅·釋蟲》："杜伯，蠹。"清王念孫疏證："《御覽》引《詩義疏》云：'蠆，一名杜伯，幽州謂之蠍。'"又據《衆經音義》《集韻》所引《廣雅》文，以爲"蛪""蚳""𧎨"三者，亦蝎之异稱，或是。一說，蠹、蠆當連讀作"蠹蠆"。唐代亦稱"主簿蟲"。如唐段成式《酉陽雜俎·廣動植之二·蟲篇》："江南舊無蝎。開元初，嘗有一主簿，竹筒盛過江，至今江南往往而有，俗呼爲主簿蟲。"明李時珍認爲，"主簿"乃"杜伯"之音訛，而後人遂附會其説。俗稱"蝎子"，因尾具毒，古人列爲五毒之一，并有穀雨或端午避毒之俗。清吕種玉《言鯖·穀雨五毒》："古者青齊

風俗，於穀雨日畫五毒符，圖蝎子、蜈蚣、蛇
虺、蜂、蜮之狀，各畫一針刺，宣布家户貼之，
以禳蟲毒。"按五毒，舊時多指蝎、蛇、蜈蚣、
壁虎、蟾蜍五者。

【蠍】 [2]

同"蝎 [2]"。二字古通用，現多作蝎。此體漢
代已行用。見該文。

【蠆】

即蠍 [2]。蝎行用後，蠆多爲蝎類毒蟲之泛稱
而非專指。此稱秦漢時期已行用。見該文。

【杜伯】

即蝎 [2]。此稱三國時期已行用。見該文。

【蠥】

即蝎 [2]。蝎尾具毒刺，故稱。此稱三國時期
已行用。見該文。

【主簿蟲】

"蝎 [2]"之別稱。此稱唐代已行用。見該文。

【蝎子】

"蝎 [2]"之俗稱。此稱清代已行用。見該文。

【萬】

即蝎 [2]。篆文作"卨"，形似蝎。《説文·虫
部》："萬，毒蟲也。象形。"清段玉裁注："按不
曰从虫象形，而但曰象形者，虫篆有尾，象其
尾也。蠆之毒在尾。"又《内部》："禹，蟲也。"
又注："與虫部萬同。"按禹、萬、蠆，三字古
同，均指蝎類毒蟲。參見"蝎 [2]"文。

【蠆尾蟲】

即蝎 [2]。蠆，毒也。因蝎尾有毒，故稱。
宋蘇軾《蝎虎》詩："爲虎君勿笑，食盡蠆尾
蟲。"亦稱"蠣"。《集韻·平曷》："蠣，蟲名。
蝎也。"亦稱"蠨蠣"。《駢雅·釋魚蟲》："杜伯，
蠨蠣，蝎也。"亦稱"蠨蜊"。清李元《蠕範》

卷四："蝎，盛蠆也，蠨蜊也，杜伯也，主簿
蟲也。"按，盛蠆或由《廣雅·釋蟲》"盛、蠆"
連讀而來，當否待考。參見"蝎 [2]"文。

【蠣】

即蠆尾蟲。此稱宋代已行用。見該文。

【蠨蠣】

即蠆尾蟲。此稱明代已行用。見該文。

【蠨蜊】

即蠆尾蟲。此稱清代已行用。見該文。

【蚰蜥】

"蝎 [2]"之緊小者。入藥較佳。宋唐慎微
《證類本草·蟲魚部·蠍》引掌禹錫曰："蜀本
云：'蠍，緊小者名蚰蜥。'"明余庭璧《事物異
名·昆蟲》作"伊祈"。參見"蝎 [2]"文。

【伊祈】

同"蚰蜥"。此體明代已行用。見該文。

蜘蛛

蟲名。屬節肢動物門，爲蛛形綱蜘蛛目及
盲蛛目動物之通稱。種類甚多，稱謂亦雜。體
圓或長圓形，分頭、胸、腹三部。有足四對。

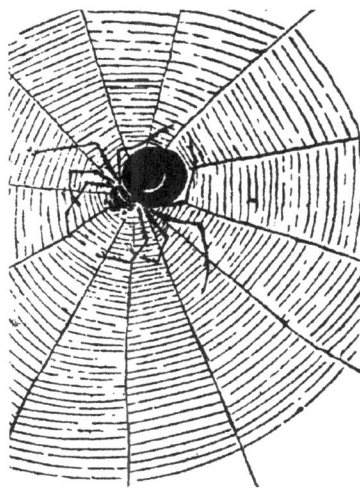

蜘　蛛
（明李時珍《本草綱目》）

腹部有紡織器，能分泌黏液成絲，結而成網，捕食飛蟲。亦作"鼅鼄"，亦稱"次蟗"。《爾雅·釋蟲》："次蟗，鼅鼄。"宋邢昺疏："次蟗即鼅鼄別名也。"《説文·黽部》"鼅"又作"蟊"，"鼄"又作"蛛"。帛書中亦作"智蛛"。《萬物》："智蛛令人疾行也。"亦作"智蚩"。《玉篇·虫部》："蟅，智蚩也。"《太平御覽》卷九四八引晋葛洪《抱朴子》："太昊師蜘蛛而結罔。"明李時珍《本目綱目·蟲二·蜘蛛》："〔集解〕時珍曰：蜘蛛布網，其絲右繞。其類甚多，大小顏色不一，《爾雅》但分蜘蛛、草、土及蟷蜋四種而已。"次蟗亦作"次䗯"。清李元《蠕範》卷七："蜘蛛有六種……次䗯也……大腹，深灰色，空中作網如魚罾，自處其中，飛蟲觸網，纏縛食之。"

【鼅鼄】

同"蜘蛛"。此體南北朝時期已行用。見該文。

【次蟗】

即蜘蛛。此稱漢代已行用。見該文。

【蟊蛛】

同"蜘蛛"。此體漢代已行用。見該文。

【智蛛】

同"蜘蛛"。此體漢代已行用。見該文。

【智蚩】

同"蜘蛛"。此體漢代已行用。見該文。

【次䗯】

同"次蟗"。此體行用於清。見該文。

【網工】

即蜘蛛。以其善結網捕蟲，故名。《方言》第十一"鼅鼄"晋郭璞注："齊人呼爲社公，亦言網工。"亦作"岡工""冈工"。《廣雅》"岡工"清王念孫疏證："冈與岡同。各本'岡'訛爲'冈'，今訂正。岡工，以作冈得名也。"亦稱"網蟲"。唐杜甫《哭李尚書》詩："客亭鞍馬絕，旅櫬網蟲懸。"亦稱"社公""網公"。清李元《蠕範》卷七："〔蜘蛛〕社公也，網公也。大腹，深灰色，空中作網如魚罾，自處其中，飛蟲觸網，纏縛食之。"參見"蜘蛛"文。

【岡工】

同"網工"。此體三國時期已行用。見該文。

【冈工】

同"網工"。此體三國時期已行用。見該文。

【網蟲】

即網工。此稱唐代已行用。見該文。

【社公】

即網工。此稱晋代已行用。見該文。

【網公】

即網工。此稱清代已行用。見該文。

【蝥】

即蜘蛛。亦稱"蟊"。《字彙》："蟊，蜘蛛也。"明張岱《夜航船·蝥》："蝥，即蜘蛛。"亦稱"蛥蝥"。《篇海》："蛥蝥，蜘蛛也。"參見"蜘蛛"文。

【蟊】

即蝥。此稱南北朝時期已行用。見該文。

【蛥蝥】

即蝥。此稱明代已行用。見該文。

鼅蝥

即蜘蛛。亦稱"蝃蝥"。《爾雅·釋蟲》："鼅鼄，鼄蝥。"晋郭璞注："今江東呼蝃蝥。"亦作"鼄蟊""蠾蟊"。《説文·黽部》："鼅鼄，鼄蟊也。"又《虫部》："蠾，蠾蟊，作網鼄蟊也。"亦作"蛛蝥"。晋左思《魏都賦》："薄戍綿冪，無異蛛蝥之網。”蠿蟊亦作“蠽蟊”，亦稱“蚰蚌”。清李元《蠕範》卷七：“蜘蛛有六種：曰蠁，蜘蛛也，蛛蟊也，蠿蟊也，蝃蟊也，蚰蟱也，蚰蚌也。”按，據《本草綱目》言，即草蜘蛛，今從其説，不以其爲蜘蛛异稱。參見本卷《雜蟲説·蛛形蟲、多足蟲與甲殼蟲考》“蜘蛛”“草蜘蛛”文。

【蝃蝥】

即蝥奄。此稱晋代已行用。見該文。

【奄蟊】

同“奄蝥”。此體漢代已行用。見該文。

【蠿蟊】

即奄蝥。此體清代已行用。見該文。

【蛛蝥】

同“奄蝥”。此稱晋代已行用。見該文。

【蠽蟊】

同“蠿蟊”。此稱漢代已行用。見該文。

【蚰蚌】

即奄蝥。此稱清代已行用。見該文。

【蠾蝓】

即蜘蛛。亦稱“蝳蜍”。《方言》第十一：“〔鼅鼄〕自關而東趙魏之郊謂之鼅鼄，或謂之蠾蝓。蠾蝓者，侏儒語之轉也。北燕朝鮮洌水之間謂之蝳蜍。”亦作“蠾蝬”“蜍”。《廣雅·釋蟲》：“蠾蝬，蝳蜍也。”亦稱“蚃蠾”“毒餘”。清李元《蠕範》卷七：“蠁，蜘蛛也……蚃蠾也，蠾蝓也，蝳蜍也，毒餘也，蠾蝬也。”參見“蜘蛛”文。

【蝳蜍】

即蠾蝓。此稱漢代已行用。見該文。

【蠾蝬】

同“蠾蝓”。此體三國時期已行用。見該文。

【蜍】

即蠾蝓。此稱漢代已行用。見該文。

【蚃蠾】[2]

即蠾蝓。此稱清代已行用。見該文。

【毒餘】

同“蝳蜍”。此稱漢代已行用。見該文。

壁錢

蜘蛛之一種。屬蛛形綱壁錢科。體扁平而寬，暗褐色。腹部卵圓形，有白色花紋。晝間潛伏，夜間徘徊壁上，捕食蟲類。此蟲喜於壁上産卵結繭，形如古錢，故名。亦稱“壁錢蟲”。宋唐慎微《證類本草·蟲魚部·蜘蛛》引日華子：“壁錢蟲，平，微毒。治小兒吐逆，止鼻洪並瘡……是壁上作繭蜘蛛也。”亦稱“壁繭”。明李時珍《本草綱目·蟲二·壁錢》：“〔集解〕藏器曰：壁錢蟲似蜘蛛，作白幕如錢，貼墻壁間，北人呼爲壁繭。”亦稱“壁蟢”。《格致鏡原·昆蟲類·壁錢》引《事物原始》：“壁繭，蟢子也，一名壁蟢。能捕蠅，作窠於門壁之上，其窠似幕，其圓大如錢。”按，“蟢子”乃“蠨蛸”异稱，此則與壁錢同名，或誤。參見本卷《雜蟲説·蛛形蟲、多足蟲與甲殼蟲考》“蜘蛛”文。

【壁錢蟲】

即壁錢。此稱唐代已行用。見該文。

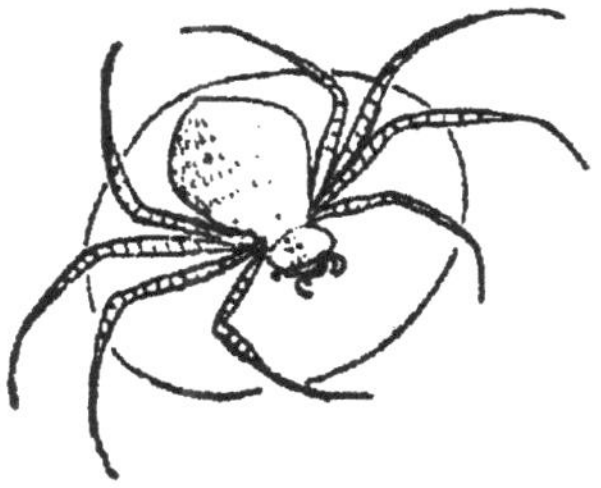

壁　錢

（明李時珍《本草綱目》）

【壁繭】

即壁錢。此稱唐代已行用。見該文。

【壁蟢】

即壁錢。此稱明代已行用。見該文。

【壁鏡】

即壁錢。以其繭圓白似鏡而得名。亦稱“壁蟲”。唐段成式《酉陽雜俎·支動》：“商、鄧、襄州多壁鏡，毒人多死。”明李時珍《本草綱目·蟲二·壁錢》：“〔主治〕治大人小兒急疳，牙蝕腐臭，以壁蟲同人中白等分燒研貼之。”亦稱“扁蟢”。《事物異名錄·昆蟲部》引明彭大翼《山堂肆考》：“壁錢蟲似蜘蛛而身扁，作白幕如錢，著壁間，俗呼爲壁繭。其抱子隔幕而伏，生子數百，坼幕而出。一名扁蟢，一名壁鏡。”清李元《蠕範》卷七：“壁鏡，壁繭也，壁蟢也，壁錢也，扁蟢也。形扁薄，八足斑色，作窠如幕貼壁間。”參見“壁錢”文。

【壁蟲】

即壁鏡。此稱明代已行用。見該文。

【扁蟢】

即壁鏡。此稱明代已行用。見該文。

蠨蛸

蜘蛛的一種。屬蛛形綱蠨蛸科。體細長，暗褐色，腹部似圓筒形，步足長而多刺。常栖於屋隅及樹草間，張網如車輪狀，捕食小蟲。《詩·豳風·東山》：“伊威在室，蠨蛸在戶。”亦作“蟏蛸”。《説文·虫部》：“蟏，蟏蛸，長股者。”因其步足較長，亦稱“長踦”。《爾雅·釋蟲》：“蠨蛸，長踦。”亦稱“長脚”。三國吳陸璣《毛詩草木鳥獸魚蟲疏》：“蠨蛸，長踦。一名長脚。”“長踦”亦作“長跂”。晋崔豹《古今注·魚蟲》：“長跂，蠨蛸也。身小足長，故謂長

跂。”唐權德輿《題亡友江畔舊居》詩：“蠨蛸集暗壁，蜥蜴走寒窗。”“長踦”，清李元《蠕範》引作“長蚑”。參見本卷《雜蟲説·蛛形蟲、多足蟲與甲殼蟲考》“蜘蛛”文。

【蟏蛸】

同“蠨蛸”。此體漢代已行用。見該文。

【長踦】

即蠨蛸。此稱漢代已行用。見該文。

【長脚】

即蠨蛸。此稱三國時期已行用。見該文。

【長跂】

即蠨蛸。此稱晋代已行用。見該文。

【長蚑】

即蠨蛸。此稱清代已行用。見該文。

【蟢子】

亦作“喜子”，蠨蛸之俗稱。古人以爲見此蟲或有客至，或母子相逢，均爲喜兆，故名。《爾雅·釋蟲》“蠨蛸，長踦。”晋郭璞注：“小蜘蛛長脚者，俗呼爲喜子。”省稱“蟢”。三國魏曹植《令禽惡鳥論》：“得蟢者莫不訓而放之，爲利人也。”亦稱“喜母”“親客”。三國吳陸璣《毛詩草木鳥獸魚蟲疏》：“〔蠨蛸〕荆州河內人謂之喜母。此蟲來著人衣，當有親客至，有喜也。幽州人謂之親客。”北齊劉晝《劉子·鄙名》：“今野人晝見蟢子者，以爲有喜樂之瑞。”《集韻·止上》：“蟢，蟢子，蟲名，蠨蛸也。”《爾雅翼·釋蟲》：“然見喜子者未必有喜，蘿雀者未必彈冠。而人悦之者，以其利人也。今人以早見爲喜，晚見爲常。”《説郛》卷三一引《采蘭雜誌》：“昔有母子離別，母每見蠨蛸垂絲著衣，則曰：‘子必至也。’果然。故名喜子。子思其母亦然，故號喜母。”元代亦稱“喜蛛”，沿用

至今。元王實甫《西厢記》第五本第二折："疑怪這噪花枝靈鵲兒，垂簾幙喜蛛兒，正應着短檠上夜來燈爆時。"參見"蟏蛸"文。

【喜子】

同"蟢子"。此體晋代已行用。見該文。

【蟢】

"蟢子"之省稱。此稱三國時期已行用。見該文。

【喜母】

即蟢子。此稱三國時期已行用。見該文。

【親客】

即蟢子。此稱三國時期已行用。見該文。

【喜蛛】

即蟢子。此稱元代已行用。見該文。

【青鳥】

即蟏蛸。亦稱"解憂"。《事物異名録·昆蟲部》引《採蘭雜志》："長踦，一名青鳥，一名解憂。"清李元《蠕範》卷七："蟢，蟏蛸也，長蚑也，青鳥也，解憂也，喜母也，親客也，絡新婦也。小而微紅，長脚，抱子而行，著衣有喜。"按，今稱絡新婦屬圓蛛科，體色美麗。因其與蟏蛸相似，故古人混稱爲一。參見"蟏蛸"文。

【解憂】

即青鳥。此稱清代以前已行用。見該文。

蠅虎

蜘蛛之一種。屬蛛形綱跳蛛科。體小，長三分許，周身有毛。頭胸略方，有單眼四對；腹部卵圓，有縱斑兩條。步足短而粗。白晝活動，不結網，善跳躍，常於壁角捕食蠅類小蟲。亦稱"虓"，《説文·虎部》："虓……蠅虎也。"清桂馥義證："始在穴中，跳躍而出，象人心之

恐動也。"亦作"蠅狐"，亦稱"蠅蝗""蠅豹"。晋崔豹《古今注·魚蟲》："蠅虎，蠅狐也。形似蜘蛛而色灰白，善捕蠅。一名蠅蝗，一名蠅豹。"宋梅堯臣《宿州河亭書事》詩："林中鴉舅獰，席上蠅虎攫。"亦稱"鶲"。清李元《蠕範》卷七："鶲，蠅虎也，蠅狐也，蠅蝗也，蠅豹也。身小足長，色灰白，兩目似虎，炯然有光，觜邊有雙肉爪，善捕蠅，蹲身不動，急起攫得之。"參見本卷《雜蟲説·蛛形蟲、多足蟲與甲殼蟲考》"蜘蛛"文。

【虓】

即蠅虎。此稱漢代已行用。見該文。

【蠅狐】

同"蠅虎"。此體晋代已行用。見該文。

【蠅蝗】

即蠅虎。此稱晋代已行用。見該文。

【蠅豹】

即蠅虎。此稱晋代已行用。見該文。

【鶲】

即蠅虎。此稱清代已行用。見該文。

草蜘蛛

蜘蛛之一種。屬蛛形綱草蛛科。灰緑至紫褐色，背面有數對"八"字斑紋。步足較長。結網矮小植物上。亦作"草蠅鼀"。《爾雅·釋蟲》"草蠅鼀"晋郭璞注："絳幙草上者。"清郝懿行疏："草蠅鼀者，《類聚》引《廣志》云：草蜘蛛在草上，色青。土蜘蛛在地上，春行草間，秋繫在草。按，此有數種，青斑色及黃色并雜色者，或扁如榆莢，或大如菜子及粟粒，並布網路幙草上。"亦稱"蚰蟱"。宋唐慎微《證類本草·蟲魚部》引唐陳藏器："陶云：懸網狀如魚罾者，亦名蚰蟱。按蚰蟱在孔穴中及

草蜘蛛
（明李時珍《本草綱目》）

草木稠密處，作網如罿絲爲幕絡者。"明李時珍《本草綱目・蟲二・草蜘蛛》："〔集解〕時珍曰：陶氏所謂蚍蟱，正與《爾雅》合；而陳氏所謂蚍蟱，即《爾雅》之草蜘蛛也。"按，古或有以蚍蟱爲蜘蛛异稱者，如《集韻・平侯》："蚍蟱，蟲名，蜘蛛也。"今不從。參見本卷《雜蟲説・蛛形蟲、多足蟲與甲殼蟲考》"蜘蛛"文。

【草罿罱】
　　同"草蜘蛛"。此體漢代已行用。見該文。

【蚍蟱】
　　即草蜘蛛。此稱唐代已行用。見該文。

土蜘蛛

　　蜘蛛之一種。屬螲蟷科。體爲長橢圓形，黑褐色，腹部有白紋數條。好掘土作筒形穴。深可近尺，内布蛛絲；穴上有蓋，可以啓閉。伺蟲經過，翻蓋捕蟲。亦作"土罿罱"，亦稱"王蚍蝪""螲蟷"。《爾雅・釋蟲》"土罿罱"晉郭璞注："在地中布網者。"又："王蚍蝪。"晉郭璞注："即螲蟷，似罿罱，在穴中有蓋。今河北人呼蚍蝪。"參見本卷《雜蟲説・蛛形蟲、多足

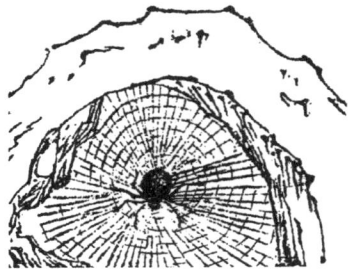

土蜘蛛
（明李時珍《本草綱目》）

蟲與甲殼蟲考》"蜘蛛"文。

【土罿罱】
　　同"土蜘蛛"。此體漢代已行用。見該文。

【王蚍蝪】
　　即土蜘蛛。此稱漢代已行用。見該文。

【螲蟷】
　　即土蜘蛛。此稱晉代已行用。見該文。

【顛當】
　　即土蜘蛛。唐段成式《酉陽雜俎・蟲篇》："顛當，成式書齋前，每雨後多顛當窠。深如蚓穴，網絲其中，土蓋與地平，大如榆莢。常仰捍其蓋，伺蠅蟱螻過，輒翻蓋捕之，纔入復閉，與地一色，並無絲隙可尋也。其形似蜘蛛，《爾雅》謂之王蚍蝪，《鬼谷子》謂之蚍母。"按，《鬼谷子》"蚍母"作"蚍母"，所言乃"青蚍"，此當係段氏引誤。南唐劉崇遠《金華子》："長安閭里中小兒常以纖草刺地穴，以手扶地曰：'顛當出來。'即見草動，則鈎出赤色小蟲，形似蜘蛛，江南小兒謂之釣駱駝，其蟲背有駝峰然也。"宋范成大《題請息齋六言》之六："恐妨蝴蝶同夢，笑倩顛當守門。"明李時珍《本草綱目・蟲二・螲蟷》〔釋名〕引《本草拾遺》稱"顛當蟲"。參見"土蜘蛛"文。

【顛當蟲】

　　即顛當。此稱清代已行用。見該文。

【金橐駝】

　　即土蜘蛛。《事物異名録·昆蟲部》引《正字通》：“顛當，金樓謂之金橐駝。以其背若駝峰故也。即土中布網蜘蛛。”亦稱“哈喇模”。《爾雅·釋蟲》“王蛈蜴”清郝懿行義疏：“蛈蜴，又爲蠮螉，又爲顛當，俱雙聲字也……今按此蟲穴沙爲居，其穴如釜而鋭底，潛伏其下，游蟲誤墮，因爪取之，不見其形。俗謂之‘哈喇模’。小兒馬髮繫蟲爲餌，謂之釣哈喇模。其形狀一如《金華子》所説也。”參見“土蜘蛛”文。

【哈喇模】

　　即金橐駝。此稱清代已行用。見該文。

沙蝨[2]

　　蟲名。屬珠形綱真蟎目羔蟎科。體細而赤，狀如疥蟲，水陸皆有，極具毒性。晋葛洪《抱朴子内篇·登涉》：“沙蝨，水陸皆有，其新雨後及晨暮前，跋涉必著人。唯烈日草燥時差稀耳。其大如毛髮之端，初著人，便入其皮裏。其所在如芒刺之狀，小犯大痛，可以針挑取之，正赤如丹，著爪上行動也……其與射工相似，皆煞人。”亦作“沙虱”，亦稱“蓬活”“地脾”。《太平御覽》卷九五〇引《淮南萬畢術》：“沙虱，一名蓬活，一名地脾。”亦稱“蜮蟓”。《廣雅·釋蟲》：“沙蝨，蜮蟓。”清王念孫疏證：“蓬活即蜮蟓之轉聲也。”亦作“蜮蟓”。明李時珍《本草綱目·蟲四·沙蝨》：“〔釋名〕蜮蟓，蓬活，地脾。〔集解〕時珍曰：按郭義恭《廣志》云：沙蝨在水中，色赤，大不過蟻，入人皮中殺人。”亦作“鞭蟓”。清李元《蠕範》卷四：

“鞭蟓，沙蝨也，蓬活也，地牌也。生水中，如蟻，赤色。或在沙中草際，著人如毛髮芒刺。初入皮裏，如針孔粟粒，四面有五色文，可以挑出，入骨則殺人。”按，“地牌”疑爲“地脾”之訛。

【沙虱】

　　同“沙蝨[2]”。此體漢代已行用。見該文。

【蓬活】

　　即沙蝨[2]。此稱漢代已行用。見該文。

【地脾】

　　即沙蝨[2]。此稱漢代已行用。見該文。

【蜮蟓】

　　即沙蝨[2]。此稱三國時期已行用。見該文

【蜮蟓】

　　同“蜮蟓”。即沙蝨[2]。此體明代已行用。見該文。

【鞭蟓】

　　即沙蝨[2]。此稱清代已行用。見該文。

沙蟲[2]

　　蟲名。狀類沙蝨，細小不可見，寄生於毒蛇鱗甲中，甚毒。唐李德裕《謫嶺南道中作》詩：“愁衝毒霧逢蛇草，畏落沙蟲避燕泥。”亦稱“沙蝨”。《太平廣記》卷四七八引前蜀杜光庭《録異記》：“潭、袁、處、吉等州有沙蟲，即毒蛇鱗中蟲也。細不可見。夏月蛇爲蟲所苦，倒掛身於江灘急流處，水刷其蟲。或卧沙中，碾蟲入沙。行人中之，所咬處如針孔粟粒，四面有五色文，即其毒也。”明李時珍《本草綱目·蟲四·沙蝨》〔附録〕“沙蟲”，以爲“此亦沙蝨之類”。清李元《蠕範》卷四以爲沙蟲與沙蝨爲一物，或誤。

【沙蝨】[3]

　　即沙蟲[2]。此稱三國時期已行用。見該文。

蜈蚣

　　蟲名。屬多足綱大蜈蚣科。通常所見者爲巨蜈蚣（*Scolopendra subspinipes multilaus* L.Koch）。體扁，長約三寸。頭部金黃色，有一對長觸角和一對聚眼。口器由一對大顎和兩對小顎構成。背面呈暗綠色，腹面黃褐色。軀幹分爲二十一節，每節有足一對。第一對足銳利，能分泌毒液；末節一對足特長，嚮後延伸似尾。生於潮濕陰暗處，晝伏夜出，行

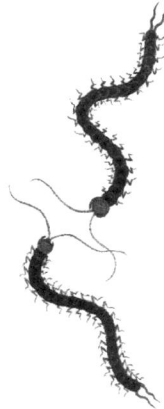

蜈蚣
（明文俶《金石昆蟲草木狀》）

動敏捷，捕食蟲類，有時亦能螫人。全蟲入中藥，有毒性。先秦典籍中稱"蝍且"，亦作"蝍蛆"，亦稱"蒺藜"。《莊子・齊物論》："蝍且甘帶，鴟鴉耆鼠。"《爾雅・釋蟲》："蒺藜，蝍蛆。"漢代以後始稱"吳公"或"蜈公""蜈蚣"，沿稱至今。《廣雅・釋蟲》："蝍蛆，吳公也。"唐陸德明《經典釋文》又引作"蜈公"。清王念孫疏證："吳公，一作'蜈蚣'。"古代有蜈蚣制蛇之說。《淮南子・說林訓》："騰蛇游霧而殆於蝍蛆。"《關尹子・三極篇》："蝍蛆食蛇，蛇食蛙，蛙食蝍蛆。"《爾雅翼・釋蟲》："蛇，物之慘毒者；騰蛇，又蛇之神也；而蝍蛆能制之。"蜈蚣或有大者，如唐段成式《酉陽雜俎・蟲篇》云："綏安縣多吳公，大者兔尋，能以氣吸兔，小

者吸蝪晰，相去三四尺，骨肉自消。"明張岱《夜航船・蜈蚣》引《南越志》曰："蜈蚣大者，其皮可以鞔鼓，其肉曝爲脯，美於牛肉。"此或蜈蚣之別一種也。一說古之蝍蛆與蜈蚣并非一物，或以爲蟋蟀，或以爲馬蚿，或以爲蜘蛛，明李時珍、清郝懿行對此均有駁正。《本草綱目・蟲四・蜈蚣》："〔釋名〕時珍曰：按張揖《廣雅》及《淮南子》注，皆謂蝍蛆爲蜈蚣，與郭說異。許慎以蝍蛆爲蟋蟀，能制蛇；又以蝍蛆爲馬蚿，因馬蚿有蛆蝶之名，并誤矣。"《爾雅・釋蟲》："蒺藜，蝍蛆。"清郝懿行疏："蜈蚣似蚰蜒而長大，尾末有岐。郭云似蝗而大腹長角，則必非蜈蚣矣。高誘《淮南》注以爲蟋蟀，但蟋蟀似蝗而小，亦非大腹。《唐本草》注'山東人呼蜘蛛一名蝍蛆，亦能制蛇'，但蜘蛛雖大腹而無長角，又不似蝗。此二物亦未聞能制蛇也。"因蜈蚣能螫人并有較强的毒性，古人將其列爲五毒之一。

蝍蛆
（明王圻等《三才圖會》）

【蝍且】

　　即蜈蚣。此稱漢代以前即已行用。見該文。

【蝍蛆】

　　同"蝍且"。即蜈蚣。此體漢代以前已行用。見該文。

【蒺藜】

　　即蜈蚣。此稱漢代以前已行用。見該文。

【吴公】

同“蜈蚣”。此體漢代已行用。見該文。

【蜈公】

同“蜈蚣”。此體唐代已行用。見該文。

【即且】

同“蝍蛆”。即蜈蚣。《史記·龜策列傳》：“騰蛇之神而殆於即且。”唐張守節正義：“即吴公也。狀如蚰蜒而大，黑色。”因蜈蚣節節有足，故亦稱“百足”。《埤雅》：“〔蝍蛆〕今俗謂之百足。魯連子曰：百足之蟲三斷不蹶，則其所持者衆也。”明李時珍《本草綱目·蟲四·蜈蚣》〔釋名〕亦稱“天龍”。清李元《蠕範》卷六：“蜈蚣，蝍蛆也，蒺藜也，天龍也。背光，黑緑色，足赤腹黄，春出冬蟄，節節有足，雙鬚歧尾。性能制龍、蛇、蜥蜴，而畏蜘蛛、蝦蟆、蛞蝓。”參見“蜈蚣”文。

【百足】[1]

即即且。此稱宋代已行用，今則俗稱“百脚蟲”。見該文。

【天龍】

即即且。此稱明代已行用。見該文。

【蛜蝷】

同“蒺藜”。即蜈蚣。《玉篇·虫部》：“蛜，蛜蝷，蝍蛆。能食蛇。亦名蜈蚣。”亦作“蛜蛪”。《集韻·入質》：“蛜，蛜蛪，蟲名。”明李時珍《本草綱目·蟲四·蜈蚣》：“〔釋名〕蛜蝷，蝍蛆，天龍。〔集解〕時珍曰：蜈蚣西南處處有之。春出冬蟄，節節有足，雙鬚歧尾。性畏蜘蛛，以溺射之，即爛斷也。”見“蜈蚣”文。

【蛜蛪】

同“蒺藜”。即蜈蚣。此體宋代已行用。見該文。

馬陸

蟲名。屬多足綱，圓馬陸科。常見者爲約安巨馬陸（*Prospirobolus joannsi* Brolemann）。體長而圓，表面光滑，由多個同形環組成。胸部每節有足一對，腹部除末節外有足兩對。背面黑褐色，有環紋。居陰濕之地，食草根或腐敗植物。晝伏夜出，有物觸之，則蜷縮成環，并放出惡臭。入中藥。秦漢典籍中

馬　陸

（明文俶《金石昆蟲草木狀》）

亦稱“蚿”。《莊子·秋水》：“夔憐蚿，蚿憐風，風憐目，目憐心。”“蚿”亦作“蝷”“蜬”，亦稱“馬蠲”。《爾雅·釋蟲》：“蝷，馬蠲。”一本作“蜬”。亦稱“蚈”。《淮南子·兵略訓》：“故良將之足，若蚈之足。”《神農本草經·下品》：“馬陸，一名百足。味辛，温，有毒。治腹中大堅癥，破積聚，息肉，惡瘡，白秃。”明李時珍《本草綱目·蟲四·馬陸》：“〔集解〕時珍曰：〔馬陸〕形大如蚯蚓，紫黑色，其足比比至百，而皮極硬，節節有橫文，如金綫，首尾一般大。觸之即側卧局縮如環，不必死也。能毒雞犬。”清李元《蠕範》卷八：“〔蚿〕馬陸也……如蚓，紫黑色，長二三寸，頭有白肉，面赤觜鋭，身如搓節，節節有細蹙文如金綫，多足比比至百，寸斷之即寸行，中斷之即分行而去。觸之則側卧如環。其尾後戴火如蠶蠋，有人把之，則臭氣入頂，可以致死。”俗稱“香油蟲”。清徐珂《清稗類

鈔·動物類·馬陸》:"馬陸,蟲名。長寸許,體如圓筒,暗褐色,有赤色斑紋,多環節,每節有脚二對。栖於温地,食草根及腐敗物質,發惡臭,觸之則蜷曲,成螺旋狀。以有油氣,俗稱爲香油蟲。"

【蚿】

即馬陸。此稱先秦時期已行用。見該文。

【蚦】

通"蚿",即馬陸。此體秦漢時期已行用。見該文。

【螁】

通"蚿",即馬陸。此體秦漢時期已行用。見該文。

【馬蚐】

即馬陸。此稱秦漢時期已行用。見該文。

【蚿】[2]

即馬陸。此稱秦漢時期已行用。見該文。

【香油蟲】

馬陸之俗稱。此稱清代已行用。見該文。

【馬蚿】

即馬陸。亦稱"馬蠲"。《説文·虫部》:"蠲,馬蠲也。"清段玉裁注:"亦名馬蚿。"亦稱"馬蚰"。《方言》第十一:"馬蚿……其大者謂之馬蚰。""馬蚰"亦作"馬軸"。宋唐慎微《證類本草·蟲魚部·馬陸》引《别録》:"一名馬軸。生玄菟川谷。"亦稱"馬蠲""蚐"。《爾雅·釋蟲》"蠲,馬蝼。"晋郭璞注:"馬蠲,蚐,俗呼馬蠲。"明李時珍《本草綱目·蟲四·馬陸》〔釋名〕亦稱"馬蟥"。參見"馬陸"文。

【馬蠲】

即馬蚿。此稱漢代已行用。見該文。

【馬蚰】

即馬蚿。此稱漢代已行用。見該文。

【馬軸】

同"馬蚰"。此體南北朝時期已行用。見該文。

【馬蠲】

同"馬蚰",即馬蚰。此體晋代已行用。見該文。

【蚐】

即馬蚿。此稱晋代已行用。見該文。

【馬蟥】

即馬蚿。此稱明代已行用。見該文。

【商蚷】

即馬陸。《莊子·秋水》:"使商蚷馳河,必不勝任矣。"亦稱"蛆螻""秦渠"。《方言》第十一:"馬蚿,北燕謂之蛆螻。"《爾雅·釋蟲》:"蠲,馬蝼。"清郝懿行疏:"高誘《吕覽》注云:'馬蚿,幽州謂之秦渠。'然則秦渠、商蚷亦即蛆螻之聲轉,皆一物也。"亦稱"蟞蛆"。《廣雅·釋蟲》:"馬蚿,蟞蛆也。"清李元《蠕範》卷八"蟞蛆"亦作"蠛蛆"。參見"馬陸"文。

【蛆螻】

即商蚷。此稱漢代已行用。見該文。

【秦渠】

即商蚷。此稱漢代已行用。見該文。

【蟞蛆】

即商蚷。此稱三國時期已行用。見該文。

【蠛蛆】

同"蟞蛆"。即商蚷。此體清代已行用。見該文。

【百足】[2]

即馬陸。以其足甚多,故名。《神農本草

經·下品》:"馬陸,一名百足。味辛,温,有毒。治腹中大堅癥,破積聚,息肉,惡瘡,白禿。"晋張華《博物志·物性》:"百足一名馬蚿,中斷成兩段,各行而去。"明李時珍《本草綱目·蟲四·馬陸》〔釋名〕引《炮炙論》亦稱"千足"。亦稱"百節蟲"。宋寇宗奭《本草衍義》卷一七:"馬陸,即今百節蟲也,身如槎節,節有細蹙紋,起紫黑色,光潤,百足。"亦稱"蛩"。《集韻·上腫》:"蛩,蟲名,百足也。"清代亦稱"草鞵絆""百足蟲"。《説文·虫部》:"蠲,馬蠲也。"清段玉裁注:"今巫山夔州人謂之草鞵絆,亦曰百足蟲。茅茨陳朽則多生之。"亦稱"百脚蟲"。《爾雅·釋蟲》"蛝,馬蟻"清郝懿行疏:"按今人呼之百脚蟲。紫黑色而光潤,節間蹙起細紋,人觸之即側卧,非必死也。"參見"馬陸"文。

【千足】

即百足。此稱魏晋時期已行用。見該文。

【百節蟲】

即百足。此稱宋代已行用。見該文。

【蛩】[3]

即百足。此稱宋代已行用。見該文。

【草鞵絆】

即百足。此稱清代已行用。見該文。

【百足蟲】

即百足。此稱清代已行用。見該文。

【百脚蟲】

即百足。此稱清代已行用。見該文。

【刀環蟲】

即馬陸。因其被觸之後則卷曲如環,故名。宋唐慎微《證類本草·蟲魚部·馬陸》引《唐本草》注:"此蟲大如細筆管,長三四寸,斑色,一如蚰蜒,襄陽人名爲馬蚿,亦呼馬軸,亦名刀環蟲。以其死側卧,狀如刀環也。"亦稱"馮功"《通雅·動物》:"商蚿,秦渠,馮功,馬蚿,百足,刀環蟲也。魯連引古語曰:'馮功之蟲,三斷不僵。'《墨子》引作'百足之蟲,三斷不蹷',則馮功即百足也。"參見"馬陸"文。

【馮功】

即刀環蟲。此稱明代已行用。見該文。

【飛蚿蟲】

即馬陸。明李時珍《本草綱目·蟲四·馬陸》:"〔集解〕弘景曰:李當之云,此蟲長五六寸,狀如大蛩,夏月登樹鳴,冬則入蟄,今人呼爲飛蚿蟲。"按,此或爲馬陸之别種。參見"馬陸"文。

蚰蜒

蟲名。屬多足綱蚰蜒科。通常所見者爲花蚰蜒(*Thereuopoda*)。體圓微扁,長一二寸,灰白色。似蜈蚣而小,分爲十五節,每節有細長足一對,最末一對足尤長。觸角長而甚敏,口器有毒鈎。栖於陰濕處,喜蜷曲,捕食小動物。秦漢之際亦稱"蛈衝"。因其好入人耳,故又有"入耳"之名。《爾雅·釋蟲》:"蛈衝,入耳。"晋郭璞注:"蚰蜒。"亦稱"蚭蛩""蛩蠼""蚨虷"。因其性喜蜷縮,又稱"蚭蚭"。《方言》第十一:"蚰蜒,自關而東謂之蛈蛩,或謂

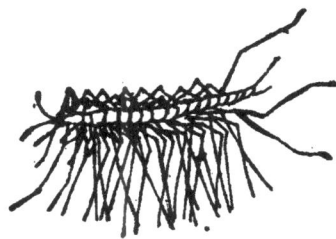

蚰　蜒
(明李時珍《本草綱目》)

之入耳，或謂之蛷螋，趙、魏之間謂之蚨虶，北燕謂之蚰蜒。"亦稱"土蟲"。宋唐慎微《證類本草·蟲魚部》引陳藏器："按蚰蜒色正黃不斑，大者如釵股，其足無數，正是陶呼爲土蟲者。此蟲好脂油香，能入耳及諸竅中，以驢乳灌之，化爲水。"此蟲動作敏捷，伸縮迅速，常以之比喻急切之狀。《紅樓夢》第三十九回："那焙茗去後，寶玉左等也不來，右等也不來，急的熱地裏的蚰蜒似的。"亦作"蚰蜒"。章炳麟《新方言·釋動物》："《方言》蚰蜒，自關而東謂之蟓蜒。今通謂之蚰蜒。"

【蟓衍】

即蚰蜒。此稱漢代已行用。見該文。

【入耳】

即蚰蜒。因此蟲喜入人耳，故名。此稱漢代已行用。見該文。

【蟓蜒】

"蟓蜒"。即蚰蜒。此體漢代已行用。見該文。

【蛷螋】

即蚰蜒。此稱漢代已行用。見該文。

【蚨虶】

即蚰蜒。此稱漢代已行用。見該文。

【蚰蜒】

即蚰蜒。此稱漢代已行用。見該文。

【土蟲】[1]

即蚰蜒。此稱唐代已行用。見該文。

【蚰蜒】

同"蚰蜒"。此體清代已行用。見該文。

【蚳】[4]

即蚰蜒。《方言》"蚰蜒"晉郭璞注："江東呼蚳。"亦稱"吐古"。《爾雅·釋蟲》"蟓衍"宋邢昺疏："此蟲象蜈蚣，黃色而細長，呼爲吐古。"亦稱"蟓衍"，亦稱"斑蚳""草鞋蟲"。清李元《蠕範》卷五："蚰蜒，蚰蜒也，蟓衍也，蛷螋也，蚨虶也……斑蚳也，入耳也，草鞋蟲也。狀似蜈蚣，長二三寸，大如釵股，背黃黑，其足無數，尾禿無歧，死亦蜷曲如環。"參見"蚰蜒"文。

【吐古】

即蚳[4]。此稱宋代已行用。見該文。

【蟓衍】[2]

即蚳[4]。此稱清代已行用。見該文。

【斑蚳】

即蚳[4]。此稱清代已行用。見該文。

【草鞋蟲】

即蚳[4]。此稱清代已行用。見該文。

【蛉窮】[2]

即蚰蜒。亦稱"蛸蚳"。《淮南子·泰族訓》："昌羊去蚤蝨而人弗席者，爲其來蛉窮也。"《太平御覽》卷九五一引《淮南子》"……爲其來蛉窮也"高誘注："蛉窮，幽冀謂之蛸蚳。"明李時珍《本草綱目·蟲四·山蛩蟲附錄蚰蜒》引作"蛉蚳"。亦稱"陵窮"。清陳元龍《格致鏡原》引明馮時可《雨航雜錄》："蛉窮，即蚰蜒也。聞人髮脂油香，則入人耳及諸竅中。昌陽香酷，能召是物，故《淮南子》以爲喻。是物好濡雨，昇高則焦死，故曰蛉窮。一曰陵窮，乘陵則窮也。"按，《淮南子·説林訓》有"昌羊去蚤蝨而來蛉窮"句，或以爲"蛉窮"乃"蛉窮"之誤，然清郝懿行則以古音相轉釋"蛉窮"，其説亦頗有理。《爾雅義疏》："按蚳即蛉窮之合聲，蟓蜒、蚰蜒聲相轉，蚰蜒、蛸蚳聲相近，入耳、蟓蜒亦音轉字變也。"參見"蚰蜒"文。

【蛸蚨】

即蛉窮。此稱漢代已行用。見該文。

【蛉蝥】

同“蛉窮”。此體明代已行用。見該文。

【陵窮】

同“蛉窮”。此體明代已行用。見該文。

【蛉蝥】

即蛉窮。一説爲“蛉蝥”之訛。見該文。

鼠婦

蟲名。屬節肢動物門甲殼綱。常見者如鼠婦科平甲蟲(*Armadillidum Vulgare* Latreille)體橢圓形，稍扁，灰褐色，表面有顆粒狀突起。觸角二對，第一對短小，第二對發達，呈鞭狀。胸部七節，每節有足一對；腹部六節，最後有一尾腹節，呈三角形。多集居於土石下及甕底等潮濕處。入中藥。《神農本草經·下品》：“鼠婦……味酸，温，無毒。治氣癃不得小便，婦人月閉血瘕，癇痓寒熱，利水道。”晋干寶《搜神記》卷一九：“出東門，入園中覆船下，就視之，皆是鼠婦。”亦作“鼠負”，亦稱“鼠姑”“鼠婦蟲”。宋唐慎微《證類本草·蟲魚下·鼠婦》引南朝梁陶弘景：“一名鼠負，言鼠多在坎中，背則負之。今作‘婦’字，如是乖理。又一名鼠姑。”又引日華子：“鼠婦蟲有毒，利小便，能墮胎。”

鼠　婦
(明李時珍《本草綱目》)

【鼠負】

同“鼠婦”。此體南北朝時期已行用。見該文。

【鼠姑】

即鼠婦。此稱南北朝時期已行用。見該文。

【鼠婦蟲】

即鼠婦。此稱五代時期已行用。見該文。

【伊威】

即鼠婦。亦稱“鼠蝜”。《詩·豳風·東山》：“伊威在室，蠨蛸在户。”晋陸璣疏：“伊威……一名鼠婦。在壁根下底土中生，似白魚者是也。”亦作“負蟠”“蚟蛜”，《神農本草經·下品》：“鼠婦，一名負蟠，一名蚟蛜。”負蟠，一本作“負蟠”。亦作“蛜威”。《説文·虫部》：“蛜，蛜威。”清段玉裁注：“蛜，各本作蚟，今正。蛜威疊韻字。”唐元積《月三十韻》：“西園筵蟓蝐，東壁射蚟蛜。”清金農《過北碃精舍得宋高僧手寫涅槃經殘本即題其後》詩：“懺堂拭案白拂揮，漆龕朽壤生蚟蛜。”參見“鼠婦”文。

【鼠蝜】

同“鼠婦”。即伊威。此體晋代已行用。見該文。

【負蟠】

即伊威。此稱秦漢時期已行用。見該文。

【蚟蛜】

同“伊威”。此體秦漢時期已行用。見該文。

【蚟威】

同“伊威”。此體漢代已行用。見該文。

【蛜威】

即鼠婦。亦稱“委黍”。《爾雅·釋蟲》：“蛜威，委黍。”晋郭璞注：“舊説鼠婦别名。”

蛜　蝛

（明王圻等《三才圖會》）

《詩·豳風·東山》"伊威在室"毛傳："伊威，委黍也。"《說文·虫部》："蛜，蛜威，委黍。委黍，鼠婦也。"亦稱"蛜蝛"。南朝梁陶弘景《名醫別錄》卷三："鼠婦，微寒，無毒。一名蛜蝛。生魏郡及人家地上。"唐韓愈、孟郊《城南聯句》："暮堂蝙蝠沸，破灶蛜威盈。"參見"鼠婦"文。

【委黍】

即蛜威。此稱秦漢時期已行用。見該文。

【蛜蝛】

即蛜威。此稱南北朝時期已行用。見該文。

【蟠】

即鼠婦。俗稱"鞵底蟲"。《說文·虫部》："蟠，鼠婦也。"清段玉裁注："蘇州人所謂鞵底蟲也。"《爾雅·釋蟲》："蟠，鼠負。"宋邢昺疏："此蟲一名蟠，一名鼠負。負或作婦，《本草》作婦。"清郝懿行義疏："今按，鼠婦長半寸許，色如蚯蚓，背有橫文，腹下多足，生瓨底或牆根濕處。此蟲名蟠，不名負蟠，《本草》'鼠婦一名負蟠'，非也。"參見"鼠婦"文。

【鞵底蟲】

即"蟠"。此稱清代已行用。見該文。

【鼠黏】

即鼠婦。宋唐慎微《證類本草·蟲魚下·鼠婦》引《蜀本草》："《爾雅》云：蟠，鼠婦是也。多在器底及土坎中，常惹著鼠背，故名之也。俗亦謂之鼠黏，猶如蒠耳名羊負來也。"參見"鼠婦"文。

【濕生蟲】

即鼠婦。宋唐慎微《證類本草·蟲魚下·鼠婦》引寇宗奭《本草衍義》："鼠婦，此濕生蟲也。"亦稱"地雞""地蝨"。明李時珍《本草綱目·蟲三·鼠婦》："〔釋名〕時珍曰：按陸佃《埤雅》云：鼠婦食之令人善淫，故有婦名。又有鼠姑，猶鼠婦也。鼠黏，猶鼠負也。然則婦、負二義俱通矣。因濕化生，故俗名濕生蟲。曰地雞、地蝨也者，象形。"亦省稱"濕生"。清李元《蠕範》卷二："蟠，伊威也，濕生也，委黍也，鼠黏也，鼠姑也，鼠婦也，鼠負也，地雞也，地蝨也。狀似蟬而稍大，色如蚓而深灰，多足，背有橫文蹙起，大者長三四分，常在磚瓦甕底及下濕處，凡壁落無人掃除則生。"參見"鼠婦"文。

【地雞】

即濕生蟲。此稱明代已行用。見該文。

【地蝨】

即濕生蟲。此稱明代已行用。見該文。

【濕生】

"濕生蟲"之省稱。此稱清代已行用。見該文。

第四節　异蟲考

本節所考乃古籍中所載之奇异或怪异蟲豸，或未知其有無，或未明其所屬，然古籍中有載，故亦予收録。清李元《蠕範》云："蟲，物之微者，備羽、毛、鱗、介，兼産水陸，其種不一……又有名未具形狀者，曰蚗，曰蚚，曰螇，曰蛌，曰蚳，曰蛚，曰蚿，曰螿，曰蜮，曰蜰，曰蚑，曰蝂，曰蝴，曰蛺，曰蝋，曰蟀，曰螶，曰蝊，曰蟒，曰蟰，曰螩，曰蝤，曰螰，曰蠚，曰蠤，曰蟷，曰螪，曰螺，曰蟢，曰螟，曰蠜，曰蚐，曰蟬，曰螪，曰蚵，曰蛤蜅，曰蟿蟖，曰肌蛛，曰蟚蟮，曰蟴蟍，曰蟛蟍。"李氏所言"有名未具形狀者"，多爲"异蟲"之屬。其實，古籍中所載有名而未詳者尚不止於此，今之所考亦僅其部分而已，非求其全爾。

异蟲之异，或异於形之微，如細蟻生於蚊翼之下；或异於居之奇，如鞠通專居於古琴，食古桐古墨；或异於動，如蠁之頭能隨聲音轉動；或异於行，如隊隊出則雌雄相隨；或异於聲，如碎車蟲聲如人吟笑；或异於能，如蜡能預知陰雨。异蟲雖多不可實考，然其用尚存，如金蠶、雪蠶、棗猫等，本草亦載其用。故本考仍據典籍所載，予以考釋，亦聊備一格耳。

人蚜

蟲名。生於屍棺内，體小而光滑，色赤如血，有甲而不能飛。清趙學敏《本草綱目拾遺·蟲部·人蚜》引陳所安《今見録》："近有一種不肖奸徒，輒於攢殯左右，勾賄寄户（寄户者，以産賃人厝棺，杭人呼爲開寄場）。每有七日内之出厝棺木，到場即被昏夜啓棺，竊取人蚜，貨與方術家及走醫，爲夾棍藥，並治跌打，絶邪瘧等用。予初不解人蚜爲何物，後詢唐博士與宜。博士家有老僕來升曾見之，云：凡人死七日外，遍身肌肉腐如漿，心氣散漫，蒸爲人蚜，形如九龍蟲而小，色赤如血，光滑異常，男女皆有，入藥。男棺者佳。其取之法：用大鑽於棺和頭前鑽一大孔，以香糟塗孔外，内蟲聞糟氣皆從孔出。其蟲雖有甲而不能飛，用手搦投入小瓶中，燒酒浸，陰陽瓦上焙乾用。"

天社蟲

舊説一種狀似蜂，大腰，食草木葉之蟲。帛書中作"天牡"。《養生方》製壯陽藥巾方："蠃四斗，美洛（酪）四斗，天牡四分升一……所胃（謂）天牡者。□□□食桃李華者殹（也）。"明李時珍《本草綱目·蟲三·蜣蜋》："〔附録〕天社蟲。《别録》有名未用曰：味甘，無毒。主絶孕，益氣。蟲狀如蜂，大腰，食草木葉。三月采。時珍曰：按張揖《廣雅》云，天社，蛂螻也。與此不知是一類否？"按，此蟲與蛂螻性味有別，藥用不一，當非同類。

【天牡】

即天社蟲。此稱漢代以前已行用。見該文。

丹戩

蟲名。狀若鼠負，頭赤股青。亦稱"飛龍"。南朝梁陶弘景《名醫別錄》卷三："丹戩，味辛。主治心腹積血。一名飛龍。生蜀都，如鼠負，青股，頭赤。七月七日採，陰乾。"參閱明李時珍《本草綱目·蟲三·鼠婦》〔附錄〕。

【飛龍】

即丹戩。此稱行用於南北朝時期。見該文。

冰蠶

蟲名。長六七寸。體黑色，有鱗角，以霜雪覆蓋作繭。以其爲雪蠶之類，又生於冰山一帶，故名。明李時珍《本草綱目·蟲一·雪蠶》："〔集解〕時珍曰：王子年《拾遺記》云，員嶠之山有冰蠶，長六七寸，黑色，有鱗角。以霜雪覆之，則作繭，長一尺。抽五色絲，織爲文錦，入水不濡，投火不燎。堯時海人獻之，其質輕暖柔滑。按，此亦雪蠶之類也。"清高其倬《望雪山》詩："橐駝載布馬載粟，羅致火鼠收冰蠶。"

花地遍

蟲名。狀似小蛇，蜇人立死。《格致鏡原·昆蟲部·蛇》引明謝肇淛《五雜俎》："江南有花地遍，狀如小蛇，螫立殺人。嶺南有夜虎，此其類也。"按，夜虎未明何物，此蟲歸屬待考。《格致鏡原》將其歸入蛇類，可參。

青寧

蟲名。寄生於竹之青蟲。《莊子·至樂》："羊奚比乎不笋，久竹生青寧。"唐陸德明釋文引司馬彪曰："〔青寧〕蟲名。"

青腰蟲

蟲名。大如蟻，青腰赤色。宋唐慎微《證類本草·蟲魚部》引唐陳藏器："青腰蟲，有大毒，著皮肉起，殺癬蟲，食惡瘡息肉，剝人皮面，除印字，印骨者亦盡。蟲如中蟻大，赤色，腰中青黑，似狗猲，一尾尖，有短翅，能飛，春夏時有。"

金蠶

蟲名。狀似蠶，金色，有毒。亦稱"金蠶蟲"。《佩文韻府·玄廈韻·蟲》引《虛谷閑抄》："〔鄒閬〕覺股上有物蠕蠕然動，金光爛然，乃一蠶也。友人有識者曰：'此所謂金蠶蟲也。能入人腹中，殘齧腸胃。'"亦稱"食錦蟲"。明李時珍《本草綱目·蟲四·金蠶》："〔釋名〕食錦蟲。〔集解〕時珍曰：按陳藏器云，故錦灰療食錦蟲蟲毒。注云：蟲屈如指環，食故緋帛錦，如蠶之食葉也。今考之，此蟲即金蠶也。"

【金蠶蟲】

即金蠶。此稱宋代已行用。見該文。

【食錦蟲】

即金蠶。此稱明代已行用。見該文。

夜虎

蟲名。狀似蚯蚓，長尺許，嘴尖如錐，能食人心腹致死。宋彭乘《墨客揮犀》卷五："嶺南有異蟲，如蚯蚓，長尺餘，嘴尖如錐，半身著地，半指空而行，或有觸之者，直入人心腹，食人至死乃出。土人目之爲夜虎，甚畏避之。"

郎巾

蟲名。兩頭光，色黃。傳說此蟲有詰盜之

功。唐段成式《酉陽雜俎續集·支動》：“予幼時嘗見説郎巾，謂狼之筋也。武宗四年，宮市郎巾……坐老僧泰賢云：涇帥段祐宅在昭國坊，嘗失銀器十餘事……段因令貧道以錢一千詣西市賈胡求郎巾……遂於古培摘出三枚，如巨蟲，兩頭光，帶黄色，祐得，即令集奴婢環庭炙之。蟲慄蠕動，有一女奴臉唇動，詰之，果竊器而欲逃者。”參見本卷《蟲矛器官與生衍物説·蟲矛巢穴考》“狼巾”文、本書《國法卷·衙庭狀牘説·衙庭衙用考》“狼筋”文。

細蟣

蟲名。傳説爲蚊翼下之小飛蟲，體極細小，能傷人。亦稱“嬰蜺”。漢東方朔《神異經·南荒經》：“南方蚊翼下有小蜚蟲焉，目明者見之……亦食人及百獸。食者知，言蟲小食人，不去也。此蟲既細小，因曰細蟣……此蟲常生，以季夏藏於鹿耳中，名嬰蜺。”

【嬰蜺】

即細蟣。此稱漢代已行用。見該文。

食膠蟲

蟲名。因此蟲喜食松脂，故稱。唐段成式《酉陽雜俎·廣動植之二·蟲篇》：“食膠蟲，夏月食松膠。前脚傅之，後脚攝之，内之尻中。”省稱“膠蟲”。清李元《蠕範》卷六：“膠蟲，好食松脂。夏日脂出，輒以前足傅脂，如蠭採花，後足攝脂，納入尻中而去。”

【膠蟲】

食膠蟲之省稱。此稱行用於清。見該文。

負版

蟲名。善負物，黑色，有毒。亦稱“傅”“蝜蚅蟲”，又音轉作“蟠蝪”。《爾雅·釋蟲》“傅，負版”清郝懿行義疏：“《釋文》版亦作蝂。《玉篇》云：蝜蚅蟲，大如蜆，有毒。又云：蝂，蟠蝪也。按，蚅版聲轉蟠蝪，即版之合聲……今驗此蟲，黑身，爲性躁急，背有齟齬，故能負不能釋。但其名今未聞。”亦稱“蝜蝂”。《集韻·濟》：“蝂，蝜蝂，蟲名。或書作‘蛕’，通作‘版’。”唐代以後多稱作“蝜蝂”。唐柳宗元《蝜蝂傳》：“蝜蝂者，善負小蟲也。行遇物，輒持取，卬其首負之，背逾重，雖困劇不止也。其背甚澀，物積因不散，卒躓仆不能起，人或憐之，爲去其負，苟能行，又持取如故。又好上高，極其力不已，至墜地死。”元鄧玉賓《一枝花》套曲：“是一個無斤兩的風去怛，蝜蝂蟲般舍命的貪。”元陶宗儀《輟耕録·四卦》：“蝜蝂升高，其道窮也，躓而不悔。”

【傅】

即負版。此稱秦漢時期已行用。見該文。

【蝜蚅蟲】

即負版。此稱南北朝時期已行用。見該文。

【蟠蝪】

即負版。此稱南北朝時期已行用。見該文。

【蝜蝂】

同“負版”。此體唐代已行用，沿用至今。見該文。

【蝹蝂】

即負版。此稱宋代已行用。見該文。

度古

蟲名。長約二尺，首如鏟，背有斑紋，能化蚯蚓。俗稱“土蟲”。唐段成式《酉陽雜俎·廣動植之二·蟲篇》：“度古，似書帶，色類蚓，長二尺餘，首如鏟，背上有黑黄襴，稍觸則斷。常趁蚓，蚓不復動，乃上蚓掩之，良久蚓化。惟腹泥如涎，有毒，雞喫輒死。俗呼土蟲。"

【土蟲】[2]

即度古。此稱唐代已行用。見該文。

桃絲竹蝨

生於桃絲竹上之小蟲。清趙學敏《本草綱目拾遺·蟲部·桃絲竹蝨》："此桃絲竹上所生竹蝨。李氏《草秘》云：罨疔瘡、痘疔最妙。"

菊牛

菊類害蟲。亦稱"菊虎"。《廣群芳譜·菊花四·捕蟲》："四五月時，有黑殼蟲似螢火，肚下黃色，尾上二鉗，名曰菊牛，又名菊虎。或清晨，或將暮，或雨過晴，忽來傷葉，可疾尋殺之。"

【菊虎】

即菊牛。此稱清代已行用。見該文。

雪蠶

蟲名。狀似蠶，生於雪山，故稱。亦稱"雪蛆"。明李時珍《本草綱目·蟲一·雪蠶》："〔集解〕：時珍曰，按葉子奇《草木子》云，雪蠶生陰山以北及峨嵋山，北人謂之雪蛆。二山積雪，歷世不消。其中生此，大如瓠，味極甘美。"清張璐《本經逢原·蟲部·雪蠶》："雪蠶，即雪蛆。〔發明〕雪蛆生峨眉山北，積雪歷年不消。其中生此，大如瓠，味極甘美，故能解內熱渴疾，方物中之最益人者也。"清李元《蠕範》卷八："雪蛆，雪蠶也。生陰山積雪不消之處，似蝟無刺，肥白，長五六寸，腹有水，身能伸縮，味甘可食。"亦名"冰蛆"。清徐珂《清稗類鈔·動物類·雪蛆》："雪蛆，一名冰蛆，大如指，出四川峨眉山，可食。"

【雪蛆】

即雪蠶。此稱清代已行用。見該文。

【冰蛆】

即雪蠶。此稱清代已行用。見該文。

唛臘蟲

蟲名。狀如麥，有甲，嗜食死人肉。《太平御覽》卷八九二引《林邑國記》："西南界有唛臘蟲，食死人肉，豹皮覆尸，畏而不來。"省稱"唛臘"，亦稱"蒼梧蟲"。清李元《蠕範》卷四："唛臘，蒼梧蟲也。狀如麥，有甲，性嗜臭肉。人將死，則群集舍中，食肉都盡，餘殘骨存乃去。其來紛紛，不可驅逐，唯避梓板及豹皮耳。"

【唛臘】

"唛臘蟲"之省稱。此稱清代已行用。見該文。

【蒼梧蟲】

即唛臘蟲。此稱清代已行用。見該文。

淮東子

蟲名。形似跳蚤而大，色如蝦青，腹下多足，善跳躍，生於濕土。亦稱"跳蝦蟲"。清趙學敏《本草綱目拾遺·蟲部·淮東子》："淮東子，今名跳蝦蟲，生濕土中，形如跳蚤而大逾倍，色如蝦青，腹下多足如蝦，善跳躍。兒童以器置於水中，捕得輒投入，便不能跳躍出。秋時鬥蟋蟀家多畜之……云能益蛩力也。"

【跳蝦蟲】

即淮東子。此稱清代已行用。見該文。

隊隊

蟲名。產於緬甸及我國雲南等地。形如壁蝨，身被五色。生有定偶，出則雌雄相隨，故名。清趙學敏《本草綱目拾遺·蟲部·隊隊》："《游宦餘談》：隊隊形如壁蝨，生有定偶，緬甸有之。夷婦有不得於夫者，飼於枕中，則其情自合，故不惜金珠以易。”亦稱“同心蟲”。清李元《蠕範》卷一：“隊隊，同心蟲也。形似壁蟲，身被五色，生有定偶，斯須不離，飛則接翼，鳴則同音。”

【同心蟲】

即隊隊。此稱清代已行用。見該文。

朝秀

蟲名。形似蠶蛾，生於水上，朝生夕死。亦稱“兹母”“孳母”“蟲邪”。《太平御覽》卷九四引《淮南子》：“朝秀不知晦朔。”漢許慎注：“朝生暮死蟲也。生水上，似蠶蛾。一曰兹母。”今本《淮南子·道應訓》作“朝菌不知晦朔”。漢高誘注：“朝菌，朝生暮死之蟲也，生水上，狀似蠶蛾，一名孳母，海南謂之蟲邪。”亦作“朝蛻”。《廣雅·釋蟲》：“朝蛻，孳母也。”清王念孫疏證：“案，菌者，蛻之轉聲。《莊子》‘朝菌不知晦朔，蟪蛄不知春秋’，皆謂蟲也……蟲者，微有知之物，故以知不知言之，若草木無知之物，何須言不知也。訓爲芝菌者，失之矣。《藝文類聚》引《廣志》云：蜉蝣在水中，翕然生覆水上，尋死隨流。與高注相合，其即朝秀與？”

【兹母】

即朝秀。此稱漢代已行用。見該文。

【孳母】

即朝秀。此稱漢代已行用。見該文。

【蟲邪】

即朝秀。此稱漢代已行用。見該文。

【朝蛻】

同“朝秀”。此體三國時期已行用。見該文。

棗猫

生於棗樹上之飛蟲。大如棗，青灰色，有兩角。明李時珍《本草綱目·蟲二·棗猫》：“〔集解〕時珍曰：棗猫，古方無考，近世方廣《丹溪心法附餘》治小兒方用之。注云：生棗樹上飛蟲也。大如棗子，青灰色，兩角。”清李元《蠕範》卷八：“棗猫，生棗樹上，大如棗仁，青灰色，兩角，有翅能飛。”

賈詘

蟲名。傳説之怪蟲。生古樹中，狀如猪，食之如狗肉。《太平御覽》卷八六六引《白澤圖》：“千歲木，其中有蟲，名曰賈詘，狀如豚，食之如狗肉味。”

碎車蟲

蟲名。狀如唧聊。色蒼，喜栖高樹，聲如吟嘯。省稱“碎車”，亦稱“搔前”“没鹽蟲”。唐段成式《酉陽雜俎·廣動植之二·蟲篇》：“碎車蟲，狀如唧聊，蒼色，好栖高樹上，其聲如人吟嘯，終南有之。一本云：滄州俗呼爲搔前。太原有大而黑者，聲唧聊。碎車，別俗呼爲没鹽蟲也。”

【碎車】

“碎車蟲”之省稱。此稱唐代已行用。見該文。

【搔前】

即碎車蟲。此稱唐代已行用。見該文。

【没鹽蟲】

即碎車蟲。此稱唐代已行用。見該文。

雷蟙 [2]

蟲名。大如蚯蚓，以物觸之則蹙縮成團。唐段成式《酉陽雜俎·廣動植之二·蟲篇》：“雷蟙，大如蚓，以物觸之乃蹙縮圓轉若鞠。良久引首，鞠形漸小，復如蚓焉。或云齧人毒甚。”

貍蟲

泛指潛伏於室內孔穴之蟲。《周禮・秋官・赤龍氏》:"凡隙屋,除其貍蟲。"鄭玄注:"貍蟲,廬、肌蛷之屬。"唐賈公彥疏:"隙,謂孔穴也。埋藏之蟲在屋孔穴之中,故以隙屋言之。"清孫貽讓正義:"謂陸產自貍藏之蟲。"

蜡

蟲名。傳說能預知陰雨。大如筆管,長約三寸。亦稱"蜡蟲""猥狗"。《太平御覽》卷九四八引《淮南子》:"蜡知將雨。"高誘注:"蜡,蟲也。大如筆管,長三寸餘。蜡,音皆。"《廣韻・平皆》:"蜡,蟲名。《淮南子》曰:'蜡知雨至。'蜡蟲大如筆管,長三寸,代謂之猥狗。知天雨,則於草木藏其身。"《集韻・平皆》:"蜡,蟲名。猥狗也。知雨則翳葉。"方成珪考證:"案《類篇》同。《廣韻》狗作犳,非。"今從方說。

【蜡蟲】

即蜡。此稱宋以前已行用。見該文。

【猥狗】

即蜡。此稱宋代已行用。見該文。

謝豹

蟲名。體圓如毬,大如蝦蟆,穴居土中。見人則前兩足交叉,如羞狀。此蟲聞謝豹鳥鳴則死,故名。一說謝豹爲人名,因羞恥而死,化爲此蟲。唐段成式《酉陽雜俎・廣動植之二・蟲篇》:"虢州有蟲名謝豹,常在深土中,司馬裴沈子常治坑獲之。小類蝦蟆而圓如毬,見人以前兩腳交覆首,如羞狀。能穴地如鼢鼠,頃刻深數尺。或出地聽謝豹鳥聲,則腦裂而死,俗因名之。"宋高承《事物紀原・謝豹》:"或曰,謝豹,人也,抱恥死,其魄爲蟲,潛行地中,

羞見人故也。"

鞠通

相傳爲蛀食枯桐古墨之蟲。《佩文韻府》引《賈子說林》:"孫風有自鳴琴,人唱曲則自相和,背有一孔若蛀者。一日有道士見之,袖中倒墨藥少許,孔側即有一蟲走出,納之而去,自後唱曲不復鳴。有博物者曰此名鞠通,置耳聾人耳邊,即愈。喜食古桐古墨。"清褚人穫《堅瓠補集・鶴銜書》:"《賈子說林》載:琴中綠色蛀蟲名鞠通。喜食枯桐與古墨。琴有鞠通,能令弦自和曲。"亦稱"琴蟲"。清李元《蠕範》卷四:"鞠通,琴蟲也。生琴中,綠色,琴有鞠通,其弦自和,好食古桐古墨,可以治聾。"按,鞠通或爲一普通蛀蟲,因其蛀孔產生共鳴,巧合而已。

【琴蟲】

即鞠通。此稱清代已行用。見該文。

應聲蟲

古指人腹內寄生蟲。因能應和人聲,故稱。《說郛》卷三二引宋范正敏《遯齋閑覽・應聲蟲》:"余友劉伯時常見淮西士人楊勔,自言中年得異疾,每發言應答,腹中輒有小聲效之,數年間其聲浸大。有道士見之,驚曰:'此應聲也。久不治,延及妻子。宜讀《本草》,遇蟲所不應者,當取服之。'勔如言,讀至雷丸,蟲忽無聲,乃頓餌數粒,遂愈。"明姚福《青溪暇筆》:"觀醫書治奇疾方,有人腹中有物作聲,隨人言語,謂之應聲蟲,當服雷丸自愈。則知乃疾也,非怪也。"

蠁

蟲名。土中之蛹,似蠶而大,其頭能隨聲音轉動。古人以其能辨聲知嚮,故稱"知聲

蟲”。《説文·虫部》：“蠁，知聲蟲也。”亦作“蚼”。亦稱“國貉”“蟲蠁”“蛹蟲”“禹蟲”“地蛹”。《爾雅·釋蟲》：“國貉，蟲蠁。”晋郭璞注：“今呼蛹蟲爲蠁。”清郝懿行義疏：“《説文》：蠁，知聲蟲也。司馬相如作蚼。又：禹蟲也。象形。《玉篇》：蠁，禹蟲也。是禹蟲即蠁。今謂之地蛹，如蠶而大，出土中……《埤雅》引《類從》云：帶蠁醒迷，繞祠解惑。《香祖筆記》卷一引《物類相感志》云：山行慮迷，握蠁蟲一枚於手中，則不迷。”

蠁
（明王圻等《三才圖會》）

【知聲蟲】

即蠁。此稱漢代已行用。見該文。

【蚼】

同“蠁”。此體漢代已行用。見該文。

【國貉】

即蠁。此稱秦漢時期已行用。見該文。

【蟲蠁】

即蠁。此稱秦漢時期已行用。見該文。

【蛹蟲】

即蠁。此稱晋代已行用。見該文。

【禹蟲】

即蠁。此稱南北朝時期已行用。見該文。

【地蛹】

即蠁。此稱清代已行用。見該文。

【土蛹】 [2]

即蠁。《廣雅·釋蟲》：“土蛹，蠁蟲也。”宋邢昺疏：“此蛹蟲也。今呼爲蠁，一名國貉，一名蟲蠁。”清王念孫疏證：“案，蠁之言音也，知聲之名也。禹之言聥也，亦知聲之名也。”亦稱“地蠶”“乳蟲”。清李元《蠕範》卷二：“蠁，土蛹也，地蠶也，乳蟲也，國貉也。生麥野中，似蠶無首。”參見“蠁”文。

【地蠶】 [2]

即土蛹[2]，此稱清代已行用。見該文。

【乳蟲】 [2]

即土蛹[2]。此稱清代已行用。見該文。

蠍蝺

蟲名。狀如蟬，其子似蝦。唐段成式《酉陽雜俎·廣動植之二·蟲篇》：“蠍蝺，形如蟬，其子如蝦，著草葉。得其子，則母飛來就之。煎食，辛而美。”

蟾虰

人體內寄生蟲。南唐譚峭《化書·天地》：“蟾虰者，腸中之蟲也。嘬我精氣，鑠我魂魄，盜我滋味，而有其生。”

蠱 [1]

蟲名。陳穀中所生飛蟲。《左傳·昭公元年》：“趙孟曰：何謂蠱？〔醫和〕對曰：淫溺惑亂之所生也。於文，皿蟲爲蠱。穀之飛亦爲蠱。”唐杜預注：“穀久積則變爲飛蟲，名曰蠱。”漢王充《論衡·商蟲》：“穀蟲曰蠱，蠱若蛾矣；粟米饐熱生蠱。”南朝梁任昉《述異記》：“晋末，荆州久雨，粟化爲蠱蟲害人。”

【蠱蟲】 [1]

即蠱。此稱漢代已行用。見該文。

蠱[2]

相傳爲人工培養之毒蟲。《文選・鮑照〈苦熱行〉》："含沙射流影，吹蠱痛行暉。"唐李善注："吹蠱，即飛蟲也。顧野王《輿地志》曰：江南數郡有畜蠱者，主人行之以殺人，行食飲中，人不覺也。其家絕滅者，則飛游妄走，中之則斃。"

蠱蟲[2]

人工培養之毒蟲。如蛇蠱、蜈蚣蠱、蝦蟆蠱、蜥蜴蠱、螞蝗蠱、金蠶蠱等，其毒不一。

宋唐慎微《證類本草・蟲魚部・蠱蟲》引唐陳藏器："敗鼓皮注，陶云，服敗鼓皮，即喚蠱主姓名。按古人愚質，造蠱圖富，皆取百蟲甕中盛，經年間開之，必有一蟲盡食諸蟲，即此名爲蠱……新注云：凡蠱蟲療蠱，是知蠱名，即可治之。如蛇蠱用蜈蚣蠱蟲，蜈蚣蠱用蝦蟆蠱蟲，蝦蟆蠱病復用蛇蠱蟲。是互相能伏者，可取治之。"《通志・六書三》："造蠱之法，以百蟲置皿中，俾相啖食，其存者爲蠱，故從蟲皿也。"

第五章　蟲豸器官與生衍物説

第一節　蟲豸器官考

在中國古代，人類或被稱爲"倮蟲"，即無毛之蟲，亦自視爲"萬物之靈"。而那些"蟲豸"雖有可憐的自衛之器，却多弱而避强，尤畏人類。故中國之古籍，對此類弱小之物向不重視。唐代韓愈竟有如下詩句："《爾雅》注蟲魚，定非磊落人。"（《讀皇甫湜〈公安園池詩〉書其後二首》之一）韓氏認定，那些研究《爾雅》中"蟲魚"的人們，必定不是光明正大的君子。因而對於"蟲豸器官"，文人雅士們是不屑於問津的。常見者只是借以爲喻而已，如"薄如蟬翼""狹如蝸居""小若蠅頭""細若蛛絲""螳臂當車"等。不過，中國古代的醫家，倒是細心地發現了"蟲豸器官"的特殊用途。如，早在秦漢時成書的《神農本草經》中就明確記載了"蛇蜕"（指諸蛇蜕下的皮膜）主治小兒驚癇、弄舌摇頭及成人的言語失常，并有明目之功效，直至明李時珍的《本草綱目》、清趙學敏《本草綱目拾遺》等，代有記載與探究。此外，尚有"蟬蜕""蚺蛇膽"（通常稱爲"蛇膽"）等，惜數量亦不甚多。

螳斧

螳螂之前足。狀似鐮刀，捕蟲時舉起，如人執斧，故稱。亦稱“螳臂”。語本《莊子・人間世》：“汝不知夫螳螂乎？怒其臂以當車轍，不知其不勝任也。”後因以比喻自不量力或脆弱之力。三國魏陳琳《爲袁紹檄豫州文》：“欲以螳螂之斧，禦隆車之隧。”前蜀杜光庭《虬髯客傳》：“人臣之謬思亂者，乃螳臂之拒走輪耳。”亦作“螳斧”。宋梅堯臣《秋日咏蟬》詩：“虛腹曾何竟，常憂螳斧侵。”宋李覯《蟬》詩：“螳斧不勞陰致害，貂冠猶可共傳名。”明張岱《夜航船》：“〔螳螂〕前二足如刀而多鋸齒，能捕蟬，見物欲以二足相搏，遇車轍而亦當之。故曰‘螳臂當車’。”參見“螳螂”文。

【螳臂】

即螳斧。語本《莊子》，此稱五代時期已行用。見該文。

【螳斧】

同“螳斧”。此體宋代已行用。見該文。

蟬翼

蟬的羽翅。薄而透明，翅脉明顯，常用以喻指極輕薄的事物。《楚辭・卜居》：“蟬翼爲重，千鈞爲輕。”亦稱“蟬羽”。漢張衡《七辯》：“京城阿縞，譬之蟬羽。”亦稱“蟬翅”。唐王建《宮詞》：“蜂鬚蟬翅薄鬆鬆，浮動搔頭似有風。”宋吳處厚《青箱雜記》卷八：“維揚軟穀如雲英，毫郡輕紗似蟬翼。”

【蟬羽】

即蟬翼。此稱漢代已行用。見該文。

【蟬翅】

即蟬翼。此稱唐代已行用。見該文。

【蟬佩】

即蟬翼。因其具紋彩，左右相配，如人之飾，故稱。南朝宋孔稚珪《爲王敬則讓司空表》：“蟬佩之暎，則左右交輝。”又因其輕而薄，亦稱“蟬輕”。南朝梁簡文帝蕭綱《太子舍人蕭特墓銘》：“況此臨池，蟬輕露潤。”參見“蟬翼”文。

【蟬輕】

即蟬佩。此稱南北朝時期已行用。見該文。

蟬蛻

蟬自幼蟲羽化爲成蟲時脫下的殼。形全似蟬，中空而半透明，茶棕色，體輕味淡，易碎。入中藥。亦稱“蜩甲”“蟬殼”。《莊子・寓言》：

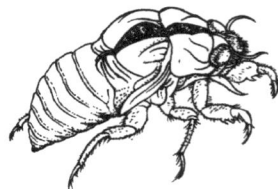

蟬　蛻

“予，蜩甲也，蛇蛻也，似之而非也。”唐成玄英疏：“蜩甲，蟬殼也。”北齊顏之推《顏氏家訓・名實》：“夫神滅形消，遺聲餘價，亦猶蟬殼蚋皮，獸远鳥迹耳。”宋唐慎微《證類本草・蟲魚部・蚱蟬》引唐甄權《藥性論》：“蟬蛻，使主治小兒渾身壯熱，驚癇，兼能止渴。”明李時珍《本草綱目・蟲三・蚱蟬》：“〔發明〕時珍曰：治皮膚瘡瘍風熱，當用蟬蛻。”

【蜩甲】

即蟬蛻。此稱秦漢時期已行用。見該文。

【蟬殼】

即蟬蛻。此稱魏晉時期已行用。見該文。

【蝮蜟】[2]

即蟬蛻。《爾雅·釋蟲》:"蝮蜟,蛻也。"亦作"伏蜟",亦稱"枯蟬"。南朝梁陶弘景《名醫別録》卷二:"〔蚱蟬〕殻名枯蟬,一名伏蜟。"《廣雅·釋蟲》:"蝮蜟,蛻也。"清王念孫疏證:"蟬之未退,則未蛻者爲蝮蜟。及其已蛻,則所蛻者爲蝮蜟,故以蝮蜟爲蛻也。"按蟬之幼蟲亦稱"蝮蜟"。明李時珍《本草綱目·蟲三·蟬蛻》〔釋名〕亦稱"金牛兒"。參見"蟬蛻"文。

【伏蜟】

同"蝮蜟"。此體南北朝時期已行用。見該文。

【枯蟬】

即蝮蜟。此稱南北朝時期已行用。見該文。

【金牛兒】

即蝮蜟。此稱明代已行用。見該文。

【蛻】[5]

即蟬蛻。蛻,空也。以蟬殻中空,故稱。《說文·虫部》:"秦謂蟬蛻曰蛻。"清段玉裁注:"方俗殊語也。蛻之言空也。"亦稱"蛩"。《玉篇·虫部》:"蛩,蟬蛻,皮也。"參見"蟬蛻"文。

【蛩】

即蛻。此稱宋代已行用。見該文。

蟬腹

蟬之腹腔。蟬類飲而不食,其腹清空,常用以喻指高潔之軀。宋陸游《齋居書事》詩:"平生風露充蟬腹,到處雲山寄鶴軀。"金元好問《繼愚軒和黨承旨雪詩四首》:"水風清鶴夢,月露洗蟬腹。"

蠶蛻

蠶眠起時所蛻之皮。入中藥。亦作"蠶退",亦稱"馬鳴退"。宋唐慎微《證類本草·蟲魚部·蠶退》:"蠶退,主血風病,益婦人。一名馬鳴退。近世醫家多用蠶退紙,而東方諸醫用蠶欲老眠起所蛻皮。雖二者之用各殊,然東人所用者爲正。"亦稱"蠶布袋"。明李時珍《本草綱目·蟲一·蠶蛻》〔附方〕引《集成》:"婦人難産。蠶布袋一張,蛇蛻一條,入新瓦中,以鹽泥固,煅爲末,以榆白皮湯調服。"

蠶　退
(明文俶《金石昆蟲草木狀》)

【蠶退】

通"蠶蛻"。此體宋代已行用。見該文。

【馬鳴退】

即蠶蛻。此稱宋代已行用。見該文。

【蠶布袋】

即蠶蛻。此稱明代已行用。見該文。

【馬明退】

同"馬鳴退"。即蠶蛻。因蠶神古有"馬明菩薩"之謂,故其蛻有是稱。亦稱"佛退"。明李時珍《本草綱目·蟲一·蠶蛻》:"〔釋名〕馬明退,佛退。〔發明〕時珍曰:馬明退、蠶連紙,功用相同,亦如蟬蛻、蛇蛻之義。"《古今圖書集成·禽蟲典·蠶部》引《佛祖歷代通載》:"第十一祖富那夜奢,華氏國人也……尋詣波羅奈國,有馬鳴大士迎而作禮,因問曰:'我欲識佛，何者即是祖？'……曰：'汝被我解。'馬鳴豁然惺悟，稽首歸依，遂求剃度。祖謂衆曰：此大士者，昔爲舍離國王。其國有一類人如馬裸露，王運神力，分身爲蠶，彼乃得衣。王後復竺中印度。馬人感戀悲鳴，因號馬鳴焉。"參見"蠶蛻"文。

【佛退】

即馬明退。此稱明代已行用。見該文。

蛇蛻

諸蛇蛻下的皮膜。圓筒狀，半透明。背側銀灰色，具菱形或橢圓形的半透明鱗片。腹部乳白色，鱗片長方形，呈覆瓦狀排列。質輕柔，

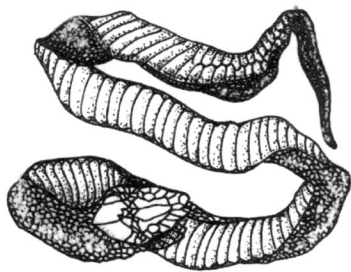

蛇　蛻

氣微腥。入中藥。《莊子·寓言》："予，蜩甲也，蛇蛻也，似之而非也。"《神農本草經·下品》："蛇蛻，味鹹，甘平，無毒，主小兒百二十種驚，瘛瘲……弄舌搖頭，大人五邪、言語僻越、惡瘡嘔咳、明目。"亦稱"龍子皮"。南朝梁陶弘景《名醫別錄·下品》："蛇蛻，味甘無毒……一名龍子皮。"亦稱"龍子衣""蛇符""龍子單衣""弓皮"。宋唐慎微《證類本草·蟲部下品》："蛇蛻，味鹹，甘平，無毒……一名龍子衣，一名蛇符，一名龍子單衣，一名弓皮。"清沈曰霖《晉人麈·大士救人》："忽一夕，其人不知去向。家人索之不獲，尋於聽事得之，則衣服如蛇蛻，然而人仍無有也。"

【龍子皮】

即蛇蛻。此稱南北朝時期已行用。見該文。

【龍子衣】

即蛇蛻。此稱宋代已行用。見該文。

【蛇符】

即蛇蛻。此稱宋代已行用。見該文。

【龍子單衣】

即蛇蛻。此稱宋代已行用。見該文。

【弓皮】

即蛇蛻。此稱宋代已行用。

【蛇蚹】

同"蛇符"。即蛇蛻。《莊子·齊物論》："吾待蛇蚹蜩翼邪？"聞一多校釋："蚹即苻字，以其爲蛇皮，故變從虫。蛇之蚹，蜩之翼，皆薄極而近透明體，照之無景，故景曰：'吾待蛇蚹蜩翼邪？'"亦稱"蛇解"。《淮南子·精神訓》："若此人者，抱素守精，蟬蛻蛇解，游於太清。"明李時珍《本草綱目·蟲二·蛇蛻》〔釋名〕亦作"蛇皮""蛇殼""龍退""蛇筋"。參見"蛇蛻"文。

【蛇解】

即蛇蚹。此稱漢代已行用。見該文。

【蛇皮】

即蛇蚹。此稱明代已行用。見該文。

【蛇殼】

即蛇蚹。此稱明代已行用。見該文。

【龍退】

即蛇蚹。此稱明代已行用。見該文。

【蛇筋】

即蛇蚹。此稱明代已行用。見該文。

蚺蛇膽

蟒蛇科動物蚺蛇的膽。橢圓形，膽皮厚

而光滑，膽汁味苦。入中藥。晋干寶《搜神記》卷一一："顔含字弘都，次嫂樊氏因疾失明，醫人疏方須蚺蛇膽，而尋求備至，無由得之。含憂歎累時，嘗晝獨坐，忽有一青衣童子，年可十三四，持一青囊授含，含開視，乃蛇膽也。童子逡巡出户，化成青鳥飛去。得膽藥成，嫂病即愈。"宋唐慎微《證類本草·蟲魚部·蚺蛇膽》引陶弘景："〔蚺蛇〕真膽狹長通黑，皮膜極薄，舐之甜苦，摩以注水，即沉而不散。"亦作"蚦虵膽"。宋錢易《南部新書》："蚦虵膽，雷羅州有養虵户，每年五月五日，即擒异蚦虵入府，祇應取膽。"

蚺蛇膽
（明文俶《金石昆蟲草木狀》）

【蚦虵膽】

同"蚺蛇膽"。此體宋代已行用。見該文。

信子

即蛇舌。信同"芯"，蛇舌色紅細長，尖分兩歧，伸縮倏忽，猶如蠟燭之火芯，故稱。《金瓶梅詞話》第四回："兩個相摟相抱，如蛇吐信子一般，嗚哂有聲。"

蝸牛殼

蝸牛之外殼。螺旋形，黃褐色，質脆薄，可入中藥。省稱"蝸殼"。晋崔豹《古今注·魚蟲》："蝸殼宛轉有文章。"唐徐夤《溪隱》詩："蝸牛殼漏寧同舍，榆莢花開不是錢。"亦稱"蝸房"。唐張説《咏瓢》詩："蝸房卷墮首，鶴頸抽長柄。"宋張耒《夏日雜興》詩："蝸殼已枯黏粉壁，燕泥時落污書牀。"按蝸殼亦常喻指簡陋狹小的房屋。

【蝸殼】

"蝸牛殼"之省稱。此稱晋代已行用。見該文。

【蝸房】

即蝸牛殼。此稱唐代已行用。見該文。

第二節　蟲豸生衍物考

古人在觀察蟲豸的同時，也關注到其生衍之物。所謂生衍物，如蟲豸所産之卵、所吐之絲、所泌之液、所遺之糞等即是。就典籍中所載，多屬有益之物而被人利用。

《周禮》載有"蚳醢"一物，以供"天子饋食"與祭祀。蚳，即蟻卵，蚳醢即用蟻卵加工而成的蟻卵醬。直至唐代，段公路《北户録》、劉恂《嶺表録异》仍載其爲上等佳餚。

在諸多蟲豸生衍物中，蜂蜜與蠶絲對人類貢獻至巨。蜂蜜爲蜜蜂采百花之精釀成，至純至粹，味甘性和，既有滋補之功，亦具療疾之用。"凡人五臟不足，燥結不解，營衛不調，三焦失職，心腹急痛，肌肉瘡瘍，咳嗽熱痢，眼目眩花，形色枯槁，無不借其潤色以投。"從《詩·周頌·小毖》"莫予荓蜂，自求辛螫"可知，我國很早就開始人工養蜂，直到今天，其業不衰，依然源源不斷地向人們提供蜂蜜。

傳說中，黃帝的夫人嫘祖最先植桑養蠶，開創了我國蠶絲利用的歷史。據考證，殷商時期，甲骨文中已出現“蠶”“桑”“絲”“帛”等字，表明蠶絲在當時已得到廣泛使用。蠶絲纖維細長，單根纖維長度通常在六百至一千二百米之間。蠶絲是純天然的動物纖維，可製成羅、綾、紈、紗、縐、綺、錦、綉等絲織品。蠶絲製品輕薄柔軟，抗皺性强，且富有光澤，具有透氣性和透濕性，製成衣物，滑爽宜人，温而不燥。正因爲以上優點，中國古代絲織品受到周邊各國的格外鍾愛，歐亞大陸東西兩端商旅爲之往來不息，由此催生出世界文明史上著名的“絲綢之路”。

蜂蜜與蠶絲是蟲豸奉獻給人類的天然佳品，一供於食，一供於衣，古往今來，不可或缺。此外，蠶沙、螵蛸、蜜蠟等於醫學多有應用。

隨着科技日漸昌盛，人類對蟲豸生衍物的利用將更加廣泛。

螵蛸

螳螂之子房。長寸許，半橢圓形，黃褐色。深秋時産於樹枝上，翌年春孵化出螳螂幼蟲。卵房著於桑上者，名“桑螵蛸”，入中藥。《禮記·月令》：“小暑至，螳螂生。”漢鄭玄注：“螳螂，螵蛸母也。”亦稱“蟲蛸”。《説文·虫部》：“蛸，蟲蛸，堂螂子。”亦作“蜱蛸”，亦稱“蟬蟭”。《爾雅·釋蟲》：“不過，蟷蠰，其子蜱蛸。”晋郭璞注：“一名蟬蟭，蟷蠰卵也。”亦稱“致神”。明李時珍《本草綱目·蟲一·螳螂、桑螵蛸》：“〔釋名〕時珍曰：其子房名螵蛸

螵蛸（蜀州桑螵蛸）
（明文俶《金石昆蟲草木狀》）

者，其狀輕飄如綃也。村人每炙焦飼小兒，云止夜尿，則鰾蟭、致神之名，蓋取諸此。”按致神，李時珍云出自《名醫別録》，然據《太平御覽》所引似應爲《吳氏本草》。

【蟲蛸】

即螵蛸。此稱漢代已行用。見該文。

【蜱蛸】

即螵蛸。此稱漢代已行用。見該文。

【蟬蟭】

即螵蛸。此稱晋代已行用。見該文。

【致神】

即螵蛸。此稱約行用於魏。見該文。

【鳥洟】

即螵蛸。因螵蛸初産未乾時狀如鼻洟，故稱。“洟”同“涕”。亦稱“冒焦”。《廣雅·釋蟲》：“蟬蟭，鳥洟，冒焦，螵蛸也。”清郝懿行義疏：“今驗螵蛸初著樹未凝時有似鼻洟，及至

堅成，如繭包裹裹，黏著樹枝，不能解也。”亦稱“野狐鼻涕”。唐段成式《酉陽雜俎·蟲篇》：“野狐鼻涕，螵蛸也，俗呼爲野狐鼻涕。”按清郝懿行《爾雅義疏》引作“野狐鼻涎”。參見“螵蛸”文。

【冒焦】

即鳥浹。此稱三國時期已行用。見該文。

【野狐鼻涕】

即鳥浹。此稱唐代已行用。見該文。

【野狐鼻涎】

同“野狐鼻涕”。即鳥浹。此體清代已行用。見該文。

蝶粉

蝶翅上所附之粉屑。北周庾信《行雨山銘》：“天絲劇藕，蝶粉多塵。”唐李商隱《細雨成詠獻尚書河東公》詩：“稍稍落蝶粉，斑斑融燕泥。”宋羅大經《鶴林玉露》卷一四：“楊東山言，《道藏經》云：蝶交則粉退，蜂交則黃退。周美成詞云：‘蝶粉蜂黃渾退了’，正用此也。”按“蝶粉蜂黃”出自周邦彦《滿江紅》詞，一般認爲指唐人宮妝而言。

雀甕

爲刺蛾科昆蟲黃刺蛾吐汁自裹所作之繭。橢圓形，灰白色，長約半寸，質堅硬。繭成於夏，入中藥。亦稱“躁舍”。《神農本草經·下品》：“雀甕，一名躁舍。味甘，平，無毒。治小兒驚癇，寒熱結氣，蟲毒鬼疰。”亦稱“玷瑯房”。南朝梁陶弘景《名醫別錄·下品》：“雀癰，無毒，生漢中，採蒸之，生樹枝間，玷瑯房也。”俗稱“雀兒飯甕”，亦稱“雀癰”。宋唐慎微《證類本草·蟲魚部·雀甕》：“蜀本注云：雀好食之，俗謂之雀兒飯甕。陳藏器

云……雀癰一名雀甕，爲其形似而名之。癰、甕聲近耳。”《爾雅翼·釋蟲》：“玷蟖，載蟲也……欲老則吐汁自裹，久漸堅凝如巴菽大，紫白間理可愛，就其中作蛹，謂之玷蟖房。一名躁舍，一名雀甕，俗謂之雀兒飯甕，言雀所喜食也。又謂之雀癰。”

【躁舍】

即雀甕。此稱秦漢時期已行用。見該文。

【玷瑯房】

即雀甕。此稱南北朝時期已行用。見該文。

【雀兒飯甕】

即雀甕。此稱宋代已行用。見該文。

【雀癰】

即雀甕。此稱唐代已行用。見該文。

【載毛蟲窠】

即雀甕。亦稱“棘剛子”“天漿子”。宋唐慎微《證類本草·蟲魚部·雀》：“日華子云：載毛蟲窠有毒。《圖經》曰：雀甕，玷蟖房也……俗間呼爲雀兒飯甕，又名棘剛子，又名天漿子。”明李時珍《本草綱目·蟲一·雀》〔釋名〕亦稱“蚝蟲窠”，〔附方〕引《聖惠方》亦稱“雀兒飯甕子”“天漿子房”。清代亦稱“雀飯甕”。清李元《蠕範》卷八：“蚝……老則吐汁自裹，久漸堅凝，如巴豆大，就中作繭如甕，謂之雀飯甕，亦謂之玷蟖房。明年夏月，羽化而出，作蛾放子於葉間，如蠶子。生石榴樹者爲天漿子，生棘枝者爲棘剛子。”參見“雀甕”文。

【棘剛子】

即載毛蟲窠生棘枝者。此稱宋代已行用。見該文。

【天漿子】

即載毛蟲窠生石榴樹者。此稱宋代已行用。

見該文。

【蚝蟲窠】

即蛓毛蟲窠。此稱明代已行用。見該文。

【雀兒飯甕子】

即蛓毛蟲窠。此稱宋代已行用。見該文。

【天漿子房】

即蛓毛蟲窠。此稱宋代已行用。見該文。

【雀飯甕】

即蛓毛蟲窠。此稱清代已行用。見該文。

遺蝗

蝗之蟲卵。因其爲蝗之所遺，故稱。宋蘇軾《雪後書北臺壁》詩："遺蝗入地應千尺，宿麥連雲有幾家。"

蜂蜜

蜜蜂用所采的花蜜釀造成的甜味液體。因蜂種及花蜜來源不同，故所釀出的蜂蜜品種微多，性狀、名稱各异。一般爲黄白色，半透明，有光澤，氣芳香，味極甜。供食用、藥用。亦單稱"蜜"。《楚辭·招魂》："瑶漿蜜勺，實羽觴些。"漢王逸注："言食已復有玉漿以蜜沾之，滿於羽觴，以漱口也。"蜜，古作"蠠"。《説文·㠯部》："蠠，蠭甘飴也。"清段玉裁注："凡蠭皆有蠠。"南朝梁庾肩吾《和竹齋》詩："蜂歸憐蜜熟，燕入重巢乾。"唐孟浩然《疾愈過龍泉寺精舍呈易業二公》詩："入洞窺石髓，傍崖采蜂蜜。"元馬祖常《泉南孫氏園亭》詩："冰甌蜂蜜溜，酒榼荔漿翻。"明宋應星《天工開物·甘嗜第四》："凡蜂釀蜜，造成蜜脾，其形鬣鬣然。咀嚼花心汁，吐積而成。"明李時珍《本草綱目·蟲一·蜂蜜》："〔釋名〕時珍曰：蜜以密成，故謂之蜜。《本經》原作'石蜜'，蓋以生巖石者爲良耳，而諸家反致疑辯。今直題曰蜂蜜，正名也。〔氣味〕時珍曰：蜂蜜生凉熟温，不冷不燥，得中和之氣，故十二臟腑之病，罔不宜之。"亦作"蠭蠠"。清李調元《南越筆記》："蠭蠠多産於陽春以爲貨。"按蜂蜜古人或以所生之處名之，如"石蜜""木蜜"，入藥常分赤蜜、白蜜，現則多據蜜源而稱，如"棗花蜜""荔枝蜜"等。

【蜜】

即蜂蜜。此稱秦漢時期已行用。見該文。

【蠠】

"蜜"之古字。即蜂蜜。此體漢代已行用。見該文。

【蠭蠠】

同"蜂蜜"。此體清代已行用。見該文。

【蜂液】

即蜂蜜。漢王充《論衡·言毒》："食蜜少多，則令人毒。蜜爲蜂液，蜂則陽物也。"亦稱"蜂糖"。宋蘇轍《將移績溪令》詩："山栗似拳應自飽，蜂糖如土不須慳。"宋彭乘《墨客揮犀》卷九："楊行密之據揚州，民呼'蜜'爲'蜂糖'。"參見"蜂蜜"文。

【蜂糖】

即蜂液，蜂蜜之俗稱。此稱宋代已行用。見該文。

石蜜

指高山巖石間野蜂所釀之蜜。品質較佳，入藥爲勝。亦稱"石飴"。《神農本草經·上品》："石蜜，一名石飴。味甘，平，無毒。治心腹邪氣……久服强志輕身，不饑不老。"亦稱"崖蜜"。宋唐慎微《證類本草·蟲魚部·石蜜》引南朝梁陶弘景曰："石蜜即崖蜜也，高山巖石間作之，色青赤，味小酸，食之心煩。"唐杜甫《發秦州》詩:"充腸多薯蕷，崖蜜亦易求。"亦稱"巖蜜"。明李時珍《本草綱目·蟲一·蜂蜜》:"〔釋名〕生巖石者名石蜜、石飴、巖蜜。〔正誤〕〔陳〕藏器曰:蠟蜜出南方巖嶺間，入藥最勝。"亦作"石䗶"。清李調元《南越筆記》:"又，海濱蠟穴，野蜂窠蜜，曰石蜜，多泛溢於草間石罅，露積日久，必宿蛇虺之毒，不可食也。"參見本卷《蟲豸器官與生衍物説·蟲豸生衍物考》"蜂蜜"文。

石　蜜
(《補遺雷公炮製便覽》)

【石飴】

即石蜜。此稱秦漢時期已行用。見該文。

【崖蜜】

即石蜜。此稱南北朝時期已行用。見該文。

【巖蜜】

即石蜜。此稱唐代已行用。見該文。

【石䗶】

同"石蜜"。此體清代已行用。見該文。

木蜜

指蜂於樹枝作窠所釀之蜜。亦稱"食蜜"。宋唐慎微《證類本草·蟲魚部·石蜜》引南朝梁陶弘景云:"又，木蜜呼爲食蜜，懸樹枝作之，色青白。樹空及人家養作之者，亦白而濃厚，味美。"《爾雅翼·釋蟲》:"今土木之蠭，亦各有蜜……南方地濕，多在木中，故多木蜜。"參見"蜂蜜"文。

【食蜜】

即木蜜。此稱南北朝時期已行用。見該文。

土蜜

指蜂於土中作窠所釀之蜜。宋唐慎微《證類本草·蟲魚部·石蜜》引南朝梁陶弘景云:"又有土蜜，於土中作之，色青白，味酸。今出晋安檀崖者多土蜜，云最勝。"《爾雅翼·釋蟲》:"今土木之蠭，亦各有蜜。北方地燥，多在土中，故多土蜜。"

蜜蠟

由蜂群中的工蜂分泌的脂肪性物質。蜜蜂用以築巢。取蜂巢煎而溶之，冷却後，蜜蠟凝結成塊，可供製燭及藥用等。初煉之蜜蠟色黄，

蜜　蠟
(《補遺雷公炮製便覽》)

稱"黄蠟";再經煎煉，即爲"白蠟"。《神農本草經·上品》:"蜜蠟味甘，微温，無毒。治下痢膿血，補中，續絶傷金瘡，益氣不饑耐老。"亦省稱"蠟"。《爾雅翼·釋蟲》:"蜜脾底爲蠟，有蜜香氣，然蜜極甘而蠟至淡，獨爲一異。"宋蘇轍《收蜜蜂》詩:"今年活計知尚淺，蜜蠟未暇分主人。"明李時珍《本草綱目·蟲一·蜜蠟》:"〔釋名〕時珍曰:蠟猶鬣也，蜂造蜜蠟而皆成鬣也。"清代亦稱"蠭脂"，現多稱"蜂蠟"。清惲敬《浙江提督李公墓闕銘》:"匪艇用晋石及蠭脂浴帆，禦火箭。"參見本卷《蟲豸器官與生衍物考》"黄蠟""白蠟"文。

【蠟】²

“蜜蠟”之省稱。此稱宋代已行用。見該文。

【蟲脂】

即蜜蠟。此稱清代已行用。見該文。

黄蠟

蜜蠟經煎煉後的黄色部分。入中藥。宋蘇軾《蠟梅一首贈趙景貺》詩：“蜜蜂採花作黄蠟，取蠟爲花亦其物。”明李時珍《本草綱目·蟲一·蜜蠟》：“〔集解〕時珍曰：蠟乃蜜脾底也。取蜜後煉過，濾入水中，候凝取之，色黄者俗名黄蠟。”參見“蜜蠟”文。

白蠟¹

蜜蠟經煎煉後的白色部分，爲蜜蠟之精品。入中藥。南朝梁陶弘景《名醫別録》卷一：“白蠟，治久洩澼後重見白膿，補絕傷，利小兒。”《新修本草·蟲魚上·蜜蠟》：“今藥家皆應用白蠟，但取削之，於夏月曝百日許自然白。”明李時珍《本草綱目·蟲一·蜜蠟》：“〔集解〕時珍曰：蠟乃蜜脾底也。取蜜後煉過，濾入水中，候凝取之，色黄者俗名黄蠟。煎煉極

煎白蠟
（《補遺雷公炮製便覽》）

净色白者爲白蠟，非新則白而久則黄也。與今時所用蟲造白蠟不同。”參見本卷《蟲豸器官與生衍物説·蟲豸生衍物考》“蜜蠟”文。

蠟種

白蠟蟲產卵所作的苞房。亦稱“白蠟蟲子”。宋周密《癸辛雜識續集·白蠟》：“江浙之地，舊無白蠟。十餘年間，有道人自淮間帶白蠟蟲子來求售……白蠟之價，比黄蠟常高數倍也。”亦稱“蠟子”。明李時珍《本草綱目·蟲一·蟲白蠟》：“〔集解〕時珍曰：其蟲嫩時白色，作蠟，及老，則赤黑色，乃結苞於樹枝。初若黍米大，入春漸長，大如雞頭子，紫赤色，纍纍抱枝，宛若樹之結實也。蓋蟲將遺卵作房，正如雀甕、螵蛸之類爾。俗呼爲蠟種，亦曰蠟子。子内皆白卵，如細蟻，一包數百。次年立夏摘下，以箬葉包之，分繫各樹。芒種後苞拆卵化，蟲乃延出葉底，復上樹作蠟也。”

【白蠟蟲子】

即蠟種。此稱宋代已行用。見該文。

【蠟子】

即蠟種。此稱明代已行用。見該文。

蟲白蠟

白蠟蟲雄蟲所分泌的白色蠟質。可入藥、製燭。亦省稱“白蠟²”。明李時珍《本草綱目·蟲一·蟲白蠟》：“〔集解〕〔陸〕璣曰：蟲白蠟，與蜜蠟之白者不同，乃小蟲所作也。其蟲食冬青樹汁，久而化爲白脂，黏敷樹枝……至秋刮取，以水煮溶濾，置冷水中，則凝聚成塊矣。碎之，文理如白石膏而瑩徹。人以和油澆燭，大勝蜜蠟也。時珍曰：唐宋以前，澆燭、入藥所用白蠟，皆蜜蠟也。此蟲白蠟，則自元以來，人始知之，今則爲日用物矣。〔發明〕震亨曰：白蠟屬金，稟受收斂堅强之氣，爲外科要藥。”

【白蠟】²

“蟲白蠟”之省稱。此稱元代已行用。見該文。

蠶種

指蠶卵。《新唐書·文藝傳中·李邕》："邕妻溫復爲邕請戍邊自贖，曰：'……事生吏口，迫邕手書，貸人蠶種，以爲枉法。'"宋秦觀《蠶書·種變》："臘之日，聚蠶種，沃以牛溲，浴於川，毋傷其藉，乃縣之。"亦稱"蠶子"。宋梅堯臣《春日拜壠經田家》詩："桑牙將綻霧露裛，蠶子未浴箱篋收。"清沈公練、仲昴庭《廣蠶桑説輯補》卷下："鋪蠶布於筐中，而勻置雌蛾於布上……過半日而蠶子滿布矣。"清陳梓《養蠶詞》："清明夫婦莫走動，隔夜采花浴蠶種。"

【蠶子】[2]

即蠶種。此稱宋代已行用。見該文。

【蠶胎】

即蠶種。元王冕《望雨》詩："蠶胎在紙秧在穀，未知何以供官輸。"亦稱"蚙"。明李時珍《本草綱目·蟲一·蠶》："〔釋名〕時珍曰：蠶之屎曰沙……卵曰蚙。"參見"蠶種"文。

【蚙】

即蠶胎。此稱明代已行用。見該文。

蠶沙

蠶之糞便。乾燥者呈短圓柱形小粒，表面灰黑色，有六條縱棱及三四條橫嚮的淺紋。質堅而脆，可作肥料，亦入中藥。北魏賈思勰《齊民要術·種瓠》："先掘地作坑，方圓，深各三尺，用蠶沙與土相和，令中半，著坑中，足躡令堅。"蠶沙入藥，以晚出者良，故亦稱"晚蠶沙"。宋唐慎微《證類本草·蟲魚部·原蠶蛾》引《斗門方》："治渴疾，用晚蠶沙焙乾爲末，冷水下二錢。"明李時珍《本草綱目·蟲一·原蠶》以"原蠶沙"爲名，并云："蠶沙用

曬乾，淘微再曬，可久收不壞。"清張璐《本經逢原·蟲部·蠶沙》："蠶沙，療風濕之專藥……蠶沙置酒上泥好，色清味美，然惟晚者爲良。"

【原蠶沙】

即蠶沙。此稱明代已行用。見該文。

【晚蠶沙】

即蠶沙。此稱宋代已行用。見該文。

【蠶矢】

即蠶沙。亦稱"原蠶矢"。北魏賈思勰《齊民要術·種穀》："三四日去附子，以汁和蠶矢、羊矢各等分撓之。"又："薄田不能糞者，以原蠶矢雜禾種種之，則禾不蟲。"矢，通"屎"，故亦作"蠶屎""原蠶屎"。宋唐慎微《證類本草·蟲魚部·原蠶蛾》引唐陳藏器云："原蠶屎一名蠶沙。"明李時珍《本草綱目·蟲一·原蠶》〔發明〕引宋寇宗奭曰："蠶屎飼牛，可以代穀。"清汪昂《本草備要》亦稱"晚蠶矢"。參見"蠶沙"文。

【原蠶矢】

即蠶矢。此稱魏晉已行用。見該文。

【蠶屎】

同"蠶矢"。此體宋代已行用。見該文。

【原蠶屎】

同"原蠶矢"。即蠶矢。此體唐代已行用。見該文。

【晚蠶矢】

即蠶矢。此稱清代已行用。見該文。

蠶絲

蠶吐出的絲。用以作繭。南朝李煜《梅花落》詩之二："雁聲不見書，蠶絲欲斷弦。"唐柳宗元《田家》詩之二："蠶絲盡輸税，機杼空倚壁。"

蠶繭

蠶吐絲作成的繭殼。橢圓形，長寸許。表面白色，有不規則的皺紋。內壁絲紋有規律。質輕而韌，爲繅絲原料，亦入中藥。亦稱"蠶衣"。《説文·糸部》："繭，蠶衣也。"清段玉裁注："衣者，依也，蠶所依曰蠶衣。"漢王符《潛夫論·讚學》："夫瑚簋之器，朝祭之服，其始也乃山野之木、蠶繭之絲耳。"《後漢書·列女傳·樂羊子妻》："此織生自蠶繭，成於機杼。"亦作"蠶繭"。明都穆《都公譚纂》卷上："上命以缸覆顛仙焚之，一晝夜，啓缸如故，覆命焚三晝夜，缸內結如蠶繭之狀。"亦稱"蠶室"。明張鼎思《琅邪代醉編·蠶室》："然蠶以繭爲衣，亦謂之室。《易林》曰：'饑蠶作室'是也。"明李時珍《本草綱目·蟲一·蠶》："〔發明〕時珍曰：蠶繭方書多用，而諸家本草並不言及，誠缺文也。"

【蠶衣】

即蠶繭。此稱漢代已行用。見該文。

【蠶繭】

同"蠶繭"。此體明代已行用。見該文。

【蠶室】

即蠶繭。此稱明代已行用。見該文。

蚳

蟻卵。古代以之爲醬，供食用及祭祀。《周禮·天官·鱉人》："祭祀，共蠯、蠃、蚳，以授醢人。"唐賈公彥疏："〔蚳〕謂蟻之子，取白者以爲醢。"《爾雅·釋蟲》："蚍蜉……其子蚳。"晋郭璞注："蚳，蟻卵。"宋邢昺疏："其子在卵者名蚳，可以作醢。"《文選·張衡〈西京賦〉》："獲胎拾卵，蚳蝝盡取。"宋蘇洵《祭史彥輔文》："誰無子孫，詵詵戢戢，滿眼蚳蝝，於天何傷。"明李時珍《本草綱目·蟲二·蟻》："〔集解〕時珍曰：蟻處處有之……其卵名蚳，音遲，山人掘之，有至斗石者。古人食之，故《內則》《周官》饋食之豆有蚳醢也。今惟南夷食之。"

【蟻子】

即蚳。亦作"蛾子"。《禮記·學記》："蛾子時術之。"鄭玄注："蛾，蚍蜉也。蚍蜉之子，微蟲耳。時術，蚍蜉之所爲，其功乃復成大垤。"亦作"螘子"。《説文·虫部》："蚳，螘子也。"《國語·魯語上》"蟲舍蚳蝝"三國吳韋昭注："蚳，蟻子也，可以爲醢。蝝，蝮陶也，可以食。"唐元積《蟲豸詩·蟻子》："蟻子生無處，偏因濕處生。"參見"蚳"文。

【蛾子】

同"蟻子"。此體秦漢時期已行用。見該文。

【螘子】

同"蟻子"。此體漢代已行用。見該文。

【蝝】[2]

即蚳。《説文·虫部》："蝝，劉歆説：蝝，蚍蜉子。"清段玉裁注："《五行志》曰：劉歆以爲蝝，蝻蝗之有翼者，食穀爲災。按《志》云有翼，此云子，亦異。"參見"蚳"文。

山螞蟻子

山螞蟻之卵。俗稱"狀元子"。清趙學敏《本草綱目拾遺·蟲部·山螞蟻子》："山螞蟻子，白如秫米，俗呼狀元子，大力丸用之。然微有毒，食之作服……其子粗如粒米，入藥力太猛。用子以黃色細蟻所生子爲佳，蓋此蟻力最大，能舉等身鐵，故人食其子，亦力大也。《宦游筆記》：廣人美味有蟻子醬，於山間收蟻卵，淘净滓垢，鹵以爲醬，詫爲珍品，則其子亦無毒矣。"

【狀元子】

"山螞蟻子"之俗稱。此稱清代已行用。見該文。

蛛絲

蜘蛛分泌物凝結而成的絲。常結網飄蕩空中，故亦稱"天絲"。北周庾信《行雨山銘》詩："天絲劇藕，蝶粉生塵。"唐杜甫《諸葛廟》詩："蟲蛇穿畫壁，巫覡醉蛛絲。"又《牽牛織女》詩："蛛絲小人態，曲綴瓜果中。"

【天絲】

即蛛絲。此稱南北朝時期已行用。見該文。

蛛網

蜘蛛以蛛絲結成的網。亦作"蛛罔"。漢揚雄《太玄經·遇》："次六，俾蛛罔，罔遇邅，利雖大不得從。"漢焦贛《易林·未濟之蠱》："蜘蛛作網，以伺行旅。"唐杜甫《將赴成都草堂途中有作先寄嚴鄭公》詩之三："書籤藥裏封蛛網，野店山橋送馬蹄。"唐釋齊己《假山》詩："蛛網藤蘿掛，春霖瀑布垂。"

【蛛罔】

同"蛛網"。此體漢代已行用。見該文。

第三節　蟲豸巢穴考

蟲豸之所居，其態萬千。蠶則"以絲自舍"，作繭以居；蟻則"壅土成封"，大者如城；蜂則"經營堂窟，繁布金房"，"其王者所居，疊積如臺"。蟲豸營巢築穴，所顯之智，於人多有借鑒；所營之物，於人多有所用。

蟻類群居，其穴結構複雜，布局巧妙，雖成千上萬之蟻，皆能有條不紊，相安自得。蜂類所營之房，規整嚴謹，井然有序，有巧奪天工之能。兩者於人類而言，頗具啓迪，其智慧足爲人師。此外，蜂房、蜜脾等，又具藥用，於人多益。此蟲豸巢穴之大概。

蜂房

泛指蜂所築的巢。因蜂的種類不同，巢的形態、大小、名稱亦異。《淮南子·氾論訓》："夫牛蹄之涔，不能生鱣鮪，而蜂房不容鵠卵。"亦稱"蜂户"。漢焦贛《易林·屯之明夷》："蠆室蜂户，螫我手足，不可進取，爲身害咎。"亦稱"蜂藪"。《駢雅·釋蟲魚》："蜂藪，蜂房也。"亦稱"蜂窩"。清趙學敏《本草綱目拾遺·蟲部·蜜虎》："其蟲口中有黑絲，常卷。若入蜂窩，則吐直其絲以刺蜂，蜂即斃，然後食之。"

【蜂户】

即蜂房。此稱漢代已行用。見該文。

【蜂藪】

即蜂房。此稱明代已行用。見該文。

【蜂窩】

即蜂房。此稱清代已行用。見該文。

【蜂窠】

即蜂房。亦作"蠭窠"。《三國志·魏書·管輅傳》："第二物，家室倒縣，門户衆多，藏精育毒，得秋乃化，此蠭窠也。"宋范成大《賀樂丈先生南郭新居》詩："會令蒼苔石，屧齒如蜂窠。"亦稱"蜂腸""蜂勤"。明李時珍《本草綱目·蟲一·露蜂房》："〔釋名〕蜂腸、蜂勤。〔附方〕寸白蚘蟲，蜂窠燒存性，酒服一匙，蟲即死出。"參見"蜂房"文。

【蠭窠】

同"蜂窠"。此稱三國時期已行用。見該文。

【蜂腸】

即蜂窠。此稱明代已行用。見該文。

【蜂勤】

即蜂窠。此稱明代已行用。見該文。

【蜜房】

即蜂房。《文選·左思〈蜀都賦〉》："丹沙赩熾出其坂，蜜房鬱毓被其阜。"宋范成大《馬鞍驛飯罷縱步》詩："游蜂入菜花，此豈堪蜜房。"亦稱"蠟房"。明盧之頤《本草乘雅半偈·蜜蠟》："舊説蜂之化蜜，必取匽猪之水，注之蠟房，而後蜜成，故謂之蠟者。"參見"蜂房"文。

【蠟房】

即蜜房。此稱明代已行用。見該文。

露蜂房

指懸於樹木上或屋檐下得風露之蜂房。入中藥。又稱"百穿"。《爾雅翼·釋蟲》："今細腰蜂作房在小樹上，及人家檐下……其在大木上者，蜂與房皆大，謂之露蜂房，又謂之百穿。"

露蜂房(蜀州露蜂房)
(明文俶《金石昆蟲草木狀》)

【百穿】

即露蜂房。此稱宋代已行用。見該文。

革蜂窠

革蜂所作之巢。宋唐慎微《證類本草·蟲魚部·露蜂房》引雷斆云："凡使其窠有四件：一名革蜂窠……大者一丈二丈圍，在大樹膽者，内窠小膈六百二十箇，圍大者有一千二百四十箇蜂。其裏狄木蒂，是七姑木計，蓋是牛糞泳，隔是葉蕊。"參見本卷《蟲豸器官與生衍物説·蟲豸巢穴考》"蜂房"文。

石蜂窠

石蜂所作之巢。宋唐慎微《證類本草·蟲魚部·露蜂房》引雷斆云："石蜂窠只在人家屋上，大小如拳，色蒼黑，内有青色蜂二十一箇，不然只有十四箇，其蓋是石垢，粘處是七姑木汁，隔是竹蚰。"參見"蜂房"文。

土蜂房

土蜂所作之巢。宋唐慎微《證類本草·蟲魚部·露蜂房》引《藥性論》："土蜂房亦可單用，不入服食，能治癧腫不消。"參見"蜂房"文。

獨蜂窠

獨蜂所作之巢。宋唐慎微《證類本草·蟲魚部·露蜂房》引雷斆云："次有獨蜂窠，大小只如鵝卵大，皮厚，蒼黃色，是小蜂肉並蜂翅，盛向裏只有一箇蜂，大如小石鷰子許，人馬若遭螫着立亡。”參見本卷《蟲豸器官與生衍物説·蟲豸巢穴考》“蜂房”文。

白蜂窠

蜂房之一種。大如鷄卵，其色正白。唐段成式《酉陽雜俎·廣動植之二·蟲篇》：“白蜂窠，成式修行里私第，果園數畝。壬戌年，有蜂如麻子，蜂膠土爲窠於庭前檜，大如鷄卵，色正白可愛。家弟惡而壞之，其冬，果纍鍾手足。”參見本卷《蟲豸器官與生衍物説·蟲豸巢穴考》“蜂房”文。

王臺

蜂房内蜂王所居之處。多居中而設，房形長大，壁較厚。宋王禹偁《蜂記》：“窠之始營，必造一臺，其大如栗，俗謂之王臺。王居其上，且生子于中，或三或五，不常其數。”亦稱“蜂臺”。《埤雅·釋蟲》：“蜂採取百芳釀蜜，其房如脾，今謂之蜜脾。其王之所居纍積如臺。語曰：蜂臺蟻樓。言蜂居如臺，蟻居如樓也。”巴金《電》：“英，你記住，看見蜂在做王臺，就毀掉它，免得分封太快了。”

【蜂臺】

即王臺。此稱宋代已行用。見該文。

蜜脾

蜂房中蜜蜂用以貯蜜和飼育幼蜂的巢。其形如脾，故名。唐李商隱《閨情》詩：“紅露花房白蜜脾，黃蜂紫蝶兩參差。”《埤雅·釋蟲》：“蜂采取百芳釀蜜，其房如脾，今謂之蜜脾。”亦稱“蜂脾”。宋王禹偁《蜂記》：“其釀蜜如脾，謂蜂脾。”元盧摯《沉醉東風·春情》曲：“殘花釀蜂兒蜜脾，細雨和燕子香泥。”明李時珍《本草綱目·蟲一·蜜蜂》引蘇頌曰：“〔蜂子〕在蜜脾中，如蠶蛹而白色。”參見本卷《蟲豸器官與生衍物説·蟲豸巢穴考》“蜂房”文。

【蜂脾】

即蜜脾。此稱宋代已行用。見該文。

蟻穴

蟻類之巢穴。三國魏應璩《百一詩》：“細微可不慎，堤潰自蟻穴。”晋干寶《搜神記》卷一〇：“夏陽盧汾，字士濟，夢入蟻穴，見堂宇三間，勢甚危豁，題其額曰‘審雨堂’。”亦稱“蟻竅”。金麻九疇《賦伯玉透光鏡》詩：“今誰子後曩誰先，贏得紐樞經蟻竅。”亦作“螘穴”。明張岱《〈陶庵夢憶〉自序》：“今當黍熟黃粱，車旅螘穴，當作如何消受？”蟻穴雖細，但可潰堤，故常以之比喻可釀成大禍之小漏洞。

【蟻竅】

即蟻穴。此稱金元已行用。見該文。

【螘穴】

同“蟻穴”。此體明代已行用。見該文。

【蟻壤】

即蟻穴。《韓非子·説林上》：“蟻冬居山之陽，夏居山之陰，蟻壤寸有水。”亦稱“蟻孔”。《後漢書·陳忠傳》：“臣聞輕者重之端，小者大之源，故隄潰蟻孔，氣洩鍼芒。”晋傅玄《擬金人銘作口銘》：“蟻孔潰河，溜穴傾山。”南朝宋鮑照《代陸平原君子有所思行》：“蟻壤漏山河，絲淚毀金骨。”參見“蟻穴”文。

【蟻孔】

即蟻壤。此稱漢代已行用。見該文。

山螞蟻窠

山螞蟻之巢穴。俗稱“虎頭螞蟻窠”，省稱“山蟻窠”。清趙學敏《本草綱目拾遺·蟲部·山螞蟻窠》:"《救生苦海》:'山蟻窠深山内大樹根中有之,十一月或正月草枯時尋取。有二種:一種大如升斗,色黃柔軟,形如乾黃爛葉。又若柔皮紙,窠皮上層層有刷紋成暈,若虎頭,俗呼虎頭螞蟻窠,不知何物所造,惟内中多筋……一種色白,係是泥上所爲,其形有類松皮,研用入藥。'……治刀傷出血。《救生苦海》:'用山蟻窠,抽去内中筋及泥土,包裹傷處。再用布縛,即血止收口。'……秃瘡。《周氏傳方》:'山螞蟻窠中土,鹽滷調敷,數日即愈。'"

【虎頭螞蟻窠】

"山螞蟻窠"之俗稱。此稱清代已行用。見該文。

【山蟻窠】

"山螞蟻窠"之省稱。此稱清代已行用。見該文。

蟻城

蟻穴之規模較大、相聚似城者。唐段成式《酉陽雜俎續集·支諾皋下》:"忠州墊江縣縣吏冉端……掘深丈餘,遇蟻城,方數丈,外重雉堞皆具,子城譙櫓,工若雕刻。城内分徑街,小垤相次。每垤有蟻數千,憧憧不絶。"參見本卷《蟲豸器官與生衍物説·蟲豸巢穴考》"蟻穴"文。

蟻垤

蟻類於地面造穴形成的小土堆。其形似冢、似封、似壤。亦作"螘垤"。《韓非子·奸劫弒臣》:"夫世愚學之人比有術之士也,猶螘垤之比大陵也,其相去遠矣。"亦稱"坻",省稱"垤"。《方言》第十一:"蚍蜉……其場謂之坻,或謂之垤。"晋葛洪《抱朴子外篇·喻蔽》:"寸枝之上,無垂天之翼;蟻垤之巔,無扶桑之

林。"亦稱"蟻堆"。晋郭璞《游仙詩》:"東海猶蹄涔,崑崙若蟻堆。"唐王勃《上武侍極啓》:"吞九溟於筆海,若控牛涔;抗五嶽於詞峰,如臨蟻垤。"宋黃庭堅《次韻子瞻贈王定國》:"百年炊未熟,一垤蟻追奔。"清劉大櫆《游黃山記》:"見還山,如蟻垤焉。"

【螘垤】

同"蟻垤"。此體戰國時已行用。見該文。

【坻】

即蟻垤。此稱漢代已行用。見該文。

【垤】

"蟻垤"之省稱。此稱漢代已行用。見該文。

【蟻堆】

即蟻垤。此稱晋代已行用。見該文。

【蟻封】

即蟻垤。亦作"螘封"。《説文·土部》:"垤,螘封也。"《孟子·公孫丑上》:"泰山之於丘垤。"漢趙岐注:"垤,蟻封也。"晋葛洪《抱朴子外篇·酒誡》:"或奔車走馬,赴阬谷而不憚,以九折之阪爲螘封。"宋蘇軾《和王晋卿題李伯時畫馬》詩:"一朝見縈策,蟻封驚肉飛。"參見"蟻垤"文。

【螘封】

同"蟻封"。此體漢代已行用。見該文。

【蟻冢】

即蟻垤。亦作"螘冢"。《詩·豳風·東山》:"鸛鳴於垤,婦嘆於室。"漢毛亨傳:"垤,螘冢也。將陰雨則穴處,先知之矣。"亦作"螘冢"。宋王安石《登景德塔》詩:"邑屋如螘冢,蔽虧塵霧間。"《埤雅·釋蟲》:"垤,蟻冢也。蟻將雨,則出而壅土成峰……一名蟻封……今朔地蟻封,其高大有如冢者,所謂蟻冢,蓋出於此。"參見

“蟻垤”文。

【螘冢】

　　同“蟻冢”。此體漢代已行用。見該文。

【蟻樓】

　　即蟻垤。唐段成式《酉陽雜俎·廣動植之二·蟲篇》：“山人程宗义（一曰文）云：程執恭在易定，野中蟻樓高三尺餘。”亦稱“蟻塿”。明李時珍《本草綱目·蟲二·蟻》：“〔集解〕時珍曰：壅土成封曰蟻封，以及蟻垤、蟻塿、蟻塚狀其如封、垤、塿、塚也。”參見“蟻垤”文。

【蟻塿】

　　即蟻樓。此稱明代已行用。見該文。

蛆窠

　　蛆蟲所作之窠。狀如白繭，入中藥。亦稱“蛆蟲窠”。清趙學敏《本草綱目拾遺·蟲部·蛆窠》引王安《采藥録》：“大窖坑内有蛆蟲窠，如白繭子樣，掛在蓬内者，取來净去泥灰，曬燥焙用。”

【蛆蟲窠】

　　即蛆窠。此稱清代已行用。見該文。

狼巾

　　一種蟲窠名。大小及顏色似棗，表面有網狀細紋，如人工鏤雕。清梁紹壬《兩般秋雨盦隨筆·狼巾》：“山舟學士舊藏蟲窠一枚……其色棗赤，狀之大小長短亦絶似。不鏤自雕，如細目之網，緣督爲經，又若小口之囊，一面附著樹枝處，痕深陷而直，貫徹上下，以是知爲蟲所結也……許周生駕部云，是物名狼巾，不知何據。”參見本卷《雜蟲説·异蟲考》“郎巾”文、《國法卷·衙庭狀牘説·衙庭衙用考》“狼筋”文。

索　引

A

愛蠶 * .... 82　　愛珍 * .... 82　　愛子 82

B

八輩蠶 * .... 81　　白螘 .... 109　　梆子頭 55

八蠶 .... 81　　白蟻 * .... 109　　蚌蠹 * 36

八繭蠶 .... 81　　白礜丘引 .... 163　　蚌虎 124

八角兒 .... 32　　白魚 .... 120　　豹脚 112

八足蛇 * .... 150　　百穿 .... 208　　豹脚蚊 112

巴蛇 .... 135　　百脚蟲 .... 183　　豹脚蚊子 * 112

巴蟻 .... 110　　百節蟲 .... 183　　豹皮蛇 * 146

白蟲 .... 161　　百樂蛇 * .... 149　　報冤蛇 * 145

白大 .... 84　　百足 [1] .... 181　　爆身蛇 * 145

白大蠶 * .... 84　　百足 [2] .... 182　　奔蜂 * 99

白蜂 * .... 104　　百足蟲 .... 183　　蜌 * 129

白蜂窠 * .... 209　　班毛 .... 25　　鼻涕蟲 171

白花蛇 * .... 142　　班苗 .... 25　　膈膊蟲 28

白蛺蝶 .... 74　　斑蚝 .... 26　　辟宮 154

白僵蠶 * .... 84　　斑菌 .... 26　　壁蟲 176

白殭蠶 .... 84　　斑猫 .... 25　　壁宮 154

白頸蚯蚓 .... 163　　斑蝥 .... 25　　壁虎 154

白蛑 * .... 140　　斑蝥 .... 184　　壁繭 176

白蠟 [1] * .... 204　　斑尾 .... 26　　壁鏡 176

白蠟 [2] .... 204　　螫 .... 25　　壁錢 * 175

白蠟蟲子 .... 204　　螫蠶 .... 25　　壁錢蟲 175

白麻頭 * .... 55　　螫螫 * .... 24　　壁蝨 * 125

白鳥 .... 112　　螫蝨 .... 26　　壁駝 126

白宿 .... 37　　蝛螫 .... 25　　壁蟢 176

壁魚 120

避役 * 156

避債蟲 * 76

臂卑履 106

鞭蝱 179

扁前 * 114

扁蛇 * 148

扁蝱 126

扁蟮 176

蚊 20

蟞蚨 74

蟞蜉 105

冰蠶 * 188

冰蛆 190

蝸魚 120

蟳戴 87

蟳蟓 200

蟳蟀 189

薄蠃 169

敦齊 21

蜉蟌 50

簸踵 49

簸箕蟲 124

不蝎 43

不過 43

步屈 88

C

綵蝶 * 74

菜花蛇 * 143

殘蜩 70

蠶 * 78

蠶布袋 197

蠶蛾 * 80

蠶婦 78

蠶花 79

蠶姬 79

蠶繭 * 206

蠶蛋 206

蠶沙 * 205

蠶矢 205

蠶屎 205

蠶室 206

蠶絲 * 205

蠶胎 205

蠶退 197

蠶蛻 * 197

蠶衣 206

蠶蟻 79

蠶蛹 * 79

蠶蠡 49

蠶種 * 205

蠶子 [1] 79

蠶子 [2] 205

蠶蚵 79

倉螉 38

蒼耳草蟲 92

蒼耳蠹蟲 * 92

蒼耳子蟲 92

蒼梧蟲 190

蒼螉 38

蒼蠅 * 116

蠐 21

草痴 167

草蟲 [1] 47

草蟲 [2] 112

草蜂 * 103

草鞋蟲 184

草鞵絆 183

草蜘蛛 * 177

草蛭 * 167

草蠡 * 47

草籠奄 178

茶婆蟲 123

茶蛀蟲 * 94

蕫 173

菫 173

蕫尾蟲 173

蟬 * 61

蟬翅 196

蟬腹 * 197

蟬佩 196

蟬殼 196

蟬輕 196

蟬蛻 * 196

蟬翼 * 196

蟬羽 196

長蟲 160

長脚 176

長踦 176

長蚑 176

長跂 176

長蛇 * 149

常山蛇 146

常羊 47

朝天猴 * 78

蹟蟷 108

蚩蟲 113

螭虎 155

蚝 * 206

坻 210

尺蠖 * 87

斥蠖 87

蚇蠖 88

蚼蠖 88

蚑蟲 * 24

蚑母蟲 24

赤弁丈人 40

赤翅蜂 * 102

赤蟲 * 162

赤楝 139

赤棟 139

赤螳 * 138

赤練 139

赤楝蛇 139

赤纏蛇 139

赤蛇 151

赤騰 49

赤頭 27

赤腰蜂 * 102

赤腰蟻 * 108

赤衣使者 40

赤蟻 108

赤足 40

赤卒 * 40

舂箕 47

舂黍 47

蝩 81

重蠶 81

蟲白蠟 * 204

蟲蝗 48

蟲蠁 193

蟲邪 191

雛由 * 85

臭蟲 [1] 123

臭蟲 [2] 126

臭蝨 126

樗鷄 * 70

蜍 175

穿蟲 * 90

春蠶 * 83

春駒 74

蜿蜑 47

蠢蠰 47

蠹 21

蝐 38

螆蛸 46

螿蟧 21

慈曼蛇 * 149

孳母 191

茲母 191

蚝 79

螆 173

䖪 86

螫蝐 123

蛮蝥 174

次蝑 174

次蟗 174

刺毛 87

蚝蟲 87

螫蟲 87

螫毛 87

螫毛蟲窠 201

螅.......................38

促機.......................53

促織.......................52

趀織.......................53

趣織.......................53

趨趨.......................53

趨織.......................53

脆蛇 *.......................157

寸白.......................161

寸白蟲 *.......................161

D

大蠶.......................83

大黃蜂 *.......................101

大麻蠅.......................117

大螘.......................107

蚍.......................49

螘.......................49

丹鴻.......................128

丹戩 *.......................188

丹良.......................17

丹鳥.......................17

丹蛇 *.......................151

彈子蛇 *.......................147

蟺.......................100

蟺蜂.......................100

當郎.......................42

當齊.......................21

蟷蜋.......................43

蟷螂.......................42

蟷蠰.......................42

蟷蠰.......................43

刀環蟲.......................183

刀蜋.......................42

刀螂.......................42

搗碓蟲.......................28

倒跂蟲.......................113

德勞.......................67

燈蛾.......................77

笛師.......................103

地膽.......................27

地扁蛇 *.......................148

地鱉.......................124

地鱉蟲.......................124

地蠶 1.......................21

地蠶 2.......................193

地膽 *.......................26

地膽蟲.......................27

地雞.......................186

地龍.......................165

地龍子.......................165

地埤蟲.......................124

地脾.......................179

地鱔.......................147

地蝨.......................186

地螴.......................165

地蛹.......................193

顛當.......................178

顛當蟲.......................179

玷璅房.......................201

蚓蟧.......................67

蚓蟭.......................67

蛁.......................62

蛁蟧.......................67

貂蟧.......................67

垤.......................210

趺.......................144

蜨.......................73

蝶 *.......................72

蝶粉 *.......................201

蛭蝪.......................178

丁蛏.......................37

丁螘.......................108

丁蟻.......................108

杕螘.......................108

虰蜻.......................37

虰蛏.......................37

虰螘.......................108

釘'剉蟲 113
蝀蜆 155
都㺝 67
都了 70
都盧 67
豆蟲 * 78
毒口蛇 146
毒餘 175
蝳蜍 175
獨蜂 * 101

獨蜂窠 * 208
獨角仙 * 32
獨脚蜂 * 103
獨脚蟻 * 108
獨足蟲 104
杜伯 173
杜蛒 57
杜狗 57
杜龍 27
肚裏餓 * 148

度蟲 88
度古 * 189
度蛂蚭 51
蠹蟲 33
蠹魚 120
蠹字魚 120
斷磨鏊 149
隊隊 * 190
多花蝶 75
梔蛇 * 145

E

蛾 [1] 80
蟖 80
蚁 80

厄 94
蚅 94
蛾 * 144

蛾子 144
二蠶 81

F

翻跦頭蟲 113
蠻 50
蟠 186
反鼻 143
反鼻蛇 143
反蛇 143
范 96
蜟 96
飯蒼蠅 * 117
飯蠅 117
方蛇 * 149

紡緂娘 60
放光 17
非廉 122
飛蛾 * 76
飛蝗 48
飛蠊 122
飛龍 188
飛螟 49
飛蛩 49
飛生 32
飛生蟲 * 32

飛蚭蟲 183
飛蟶 109
飛蟻 110
飛螢 17
飛蠊 123
蜚 123
蜚蠊 * 122
蜚零 100
蜚蝱 * 115
蜚盤蟲 123
蜚虻 115

蠱 ……………………… 123

蜌 ……………………… 123

蜌蟻 ……………………… 21

蟥 ……………………… 21

蟥蟥 ……………………… 21

蟥蝖 ……………………… 22

肺蟲 * ……………………… 162

粉翅 ……………………… 74

粉蝶 * ……………………… 74

風蝶 ……………………… 73

風梢蛇 * ……………………… 138

風稍蛇 ……………………… 138

蜂 * ……………………… 96

蜂勒 ……………………… 208

蜂腸 ……………………… 208

蜂房 * ……………………… 207

蜂虎 ……………………… 77

蜂户 ……………………… 207

蜂窠 ……………………… 208

蜂蜜 * ……………………… 202

蜂母 ……………………… 97

蜂脾 ……………………… 209

蜂藪 ……………………… 207

蜂臺 ……………………… 209

蜂糖 ……………………… 202

蜂王 * ……………………… 97

蜂窩 ……………………… 208

蜂液 ……………………… 202

蠭 ……………………… 96

蠭窠 ……………………… 208

蠭脂 ……………………… 204

蠢 ……………………… 96

蠢䗇 ……………………… 202

馮功 ……………………… 183

鳳車 ……………………… 75

鳳子 ……………………… 75

佛退 ……………………… 198

佛子 ……………………… 72

夫爹夫娘 ……………………… 67

伏蟲 * ……………………… 161

伏蛸 ……………………… 197

服育 ……………………… 63

浮游 ……………………… 121

浮蝣 ……………………… 121

蚨虷 ……………………… 184

蜉蝤 ……………………… 121

蜉游 ……………………… 121

蜉蝣 * ……………………… 121

蜉蛖 ……………………… 122

蝠蛇 ……………………… 142

蝠蜳 ……………………… 59

斧蟲 ……………………… 44

腐蠸 ……………………… 16

附蝸 [1] ……………………… 169

附蝸 [2] ……………………… 171

附蚓 ……………………… 164

阜螽 * ……………………… 49

負版 * ……………………… 189

負燔 ……………………… 185

負勞 ……………………… 37

負盤 [1] ……………………… 30

負盤 [2] ……………………… 123

負鑾 [1] ……………………… 47

負鑾 [2] ……………………… 123

負蠜 ……………………… 123

赴火勇士 ……………………… 77

蚹蠃 ……………………… 169

傅 ……………………… 189

富貴蛇 * ……………………… 146

復蟲 ……………………… 141

復陶 ……………………… 59

復育 * ……………………… 63

復蛸 ……………………… 63

皀螽 ……………………… 50

蝮蚲 ……………………… 189

蝮蚎蟲 ……………………… 189

蝮蠜 ……………………… 123

蝮 [1] * ……………………… 141

蝮 [2] ……………………… 142

蝮虺 ……………………… 141

蝮蜪子 ……………………… 59

蝮虵 ……………………… 142

蝮蛇 * ……………………… 141

蝮它 ……………………… 141

蝮蛚 59
蝮蜻 [1] 63

蝮蜻 [2] 197
蝮蝍 110

G

橄欖蜂 102
紺蝶 40
紺蝶 * 39
紺幡 40
紺蠻 40
戀蜂 100
高聽 * 146
疙蚤 131
歌女 165
歌蛇 * 150
革蜂 101
革蜂棄 * 208
葛上亭長 * 27
蛒 [1] 21
蛒 [2] 103
蛒蜂 * 103
蛒蜻 127
蛤苔板 50
蛤解 155
蛤蚧 * 155
蛤蟹 155
蛤蟣 155
膈蟲 162
蚣蝶 131

蚖蚤 131
跟頭蟲 113
工蟻 44
弓皮 198
公蠣蛇 140
鴿掇 * 76
鈎蛇 * 145
狗蟲 * 129
狗蠅 * 117
苟杞上蟲 95
枸杞蟲 * 94
姑蝑 29
蛄蝑 * 29
蛄諸 57
古路哥 78
古路哥子 77
鼓子蛇 * 147
穀狗 29
蠱 [1]* 193
蠱 [2]* 194
蠱蟲 [1] 193
蠱蟲 [2]* 194
瓜蟲 91
瓜蠱 20

瓜牛 169
瓜蠅 30
乖子 60
蜾 80
蜾蛾 80
蜾蛹 80
鬼車 75
鬼蛺蝶 * 75
桂蠹 34
桂蠹蟲 * 34
滾矢蟲 23
聒聒 60
聒聒兒 60
聒子 60
嘓嚕哥 78
蟈蟈 * 59
國貉 193
果蠃 98
蜾蠃 * 98
蝸蠃 98
過街 124

H

哈喇模 179

虾 113

寒蠶 * 82

寒蟬 68

寒蟲 54

寒螿 69

寒蚤 54

寒蜩 68

寒緯 54

寒欣 164

寒吟蟲 58

寒蚓 164

寒珍 * 82

寒蟧 164

塞蚓 164

寒蠩子 69

塞蟧 164

韓蝶 74

黔 153

旱蠃 169

蛤 87

螱 * 91

蚖 * 85

禾蟲 * 168

蚵蚾 153

蝎 [1] 21

蝎 [2]* 32

蝎蟲 32

酣肬 45

酣疣 44

蠍 [1] 32

熇尾蛇 * 140

黑兜蟲 125

黑風蛇 137

黑花蛇 138

黑蛺蝶 * 75

黑牛兒 24

黑梢蛇 138

黑猯蛇 138

橫蟲 [1] 48

橫蟲 [2] 89

紅蠶 * 83

紅兒 40

紅懶思 * 83

紅娘子 71

猴子 42

狐犂 41

狐棃 * 40

胡蟬 68

胡蜨 74

胡蝶 73

胡蜂 * 100

胡棃 40

胡黎 40

胡離 40

胡蠡 101

胡蜋蜋 23

胡蜋蜋 23

胡蟓 * 116

壺蠡 101

蝴蝶 [1] 39

蝴蝶 [2] 74

螜 56

瓠瓤蜂 101

瓟瓠蜂 101

虎頭螞蟻窠 210

虎蟻 * 109

花蟲 93

花地遍 * 188

花蝶 75

花蛇 143

花賊 74

滑蟲 123

蟬 * 135

淮東子 * 190

槐安王 106

槐蠋 * 94

懷香蟲 * 76

環蛇 * 146

蠉 113

黃犢 169

黃兒*……41
黃蜂*……101
黃頷……138
黃頷蛇*……138
黃喉蛇……138
黃蠟*……204
黃麻梗蟲*……93
黃麻頭……55
黃蔴蟲……93
黃蛢……20
黃蛇*……148
黃蟻……107
蝗*……47
蝗蟲……48
蝗螽……48
蟥蛢……20
灰花蛾……71
虺[1]……141
虺[2]……150
虫……141
暉夜……18
煇夜……18
輝夜……18
回蟲……160
回道人……161
回老……161
回仙……161
蚘……160
蚘蟲……160
痐……160
蛔……160
蛔蟲*……160
蛕……160
螝*……150
惠蛄……66
蟪蛄[1]……57
蟪蛄[2]*……66
昏蟲……112
魂常……114
活褥虵……144
活褥蛇*……144
火蠶*……85
火赤煉……139
火赤⿰虫連蛇……139
火蛾……77
火壺蘆……40
火花……76
火蛇*……151
藿蠋*……94
蠖……88

J

肌求……127
肌蛷……127
蚑蛷……127
鷄冠蛇*……145
鷄蝨*……129
鷄頭蛇*……152
鷄翕蟲……129
鷄游子……129
丩……65
吉丁蟲*……31
⿰虫止……53
即且……181
即炤……16
棘剛子……201
蒺藜……180
蝍⿰虫宿……88
蝍⿰虫就……88
蝍蟟……62
蝍蛉……38
蝍且……180
蝍蛆……180
⿱即皿蛉……38
螏蟍……181
螏⿱留虫……181
⿰虫資⿰虫就……88
虮……130
蟣[1]*……129

蟣子 130
幾 130
蚑 62
寄蟲 71
蛪 29
蛺蝶 73
蛺蝶 73
賈詘* 191
劍脊烏梢 137
鷵螅 126
江雞 38
螀 69
殭蠶 84
殭蟲 90
殭蠶 84
將蜂* 97
絳騶 40
茭蝨 126
茭蚤 126
嘄蟧 67
膠蟲 189
膠蟻* 109
蟭蟟 62
叫哥哥 60
蜡* 192
蜡蟲 192
孑孓* 112
孑孓蟲 112
結草蟲* 91
結蹷 113
結蟯 23
結葦 91
蛣 62
蛣蝠 32
蛣蟩 112
蛣蜋 23
蛣蜣 23
蛣蟟 62
蛣蟯 23
蛣蚍 33
截蟲 91
蠽蛆 182
蠘蛆 182
蠽* 70
蠽蟟 62
解憂 177
介蛇* 151
金蠶* 188
金蠶蟲 188
金蟲 20
金龜 20
金龜子* 19
金花蟲* 30
金牛兒 197
金虵 147
金蛇* 147
金橐駝 179
金星地鱔 148
金針蟲 28
金鐘兒* 56
蚙蛩 185
津姑 57
錦娘子 79
青蛪 53
荆奇鑲 146
精列 53
蜻蛪 53
蜻蛚 53
蜻蜻 65
蜻蛪 53
景迹 117
景跡 117
景天 18
九蟲* 160
九香蟲* 124
救火 17
鞠通* 192
菊虎 190
菊牛* 190
橘蠹* 92
巨蚑 62
巨擘* 166
巨斧 44
拒斧 44

踞蚁 44
據火 17
鋸節蟲 91
蠾 19

蜷蠋 21
蜷蠋 [1] 22
蜷蠋 [2] 175
蠪 113

蠜 113
蚼 182
菌蜂 * 104

K

看瓜老子 30
康伊 38
蠷蚁 38
蠷蚁 38
蠷蚁 38
蚵蚾蟲 124

客蟲 54
蛵 197
孔昇翁 97
孔昇兒 97
口蟲 * 89
叩頭蟲 * 28

枯蟬 197
蛌 * 140
焜燿 18
括蔞 58
蛞蔞 58
蛞蝓 * 170

L

拉拉古 57
蠟 [1] 71
蠟 [2] 204
蠟蟲 * 71
蠟房 208
蠟蜂 98
蠟種 * 204
蠟子 204
藍蛇 * 151
嬾婦 54
懶婦 54
爛根蟲 90
爛黃 * 168
郎巾 * 188

狼巾 * 211
蛝蜩 68
蟧 64
蟧蠼 64
老琉璃 39
老米嘴 55
老青 39
老蝼 65
雷公馬 * 158
雷蟣 [1] 167
雷蟣 [2] * 191
冷火蠶 * 85
犁頭蛇 * 144
蠡牛 170

良蜩 * 68
涼蟬 70
兩頭蛇 * 136
兩頭蟲 * 128
量人蛇 * 150
繚娘 * 83
蟟 64
鷯 177
蓼蟲 * 93
蓼蠹蟲 93
燐 18
蟒 18
鱗蛇 [1] 134
鱗蛇 [2] * 135

陵蠡 [1] 169

陵蠡 [2] 171

陵螺 169

陵蠃 170

陵窮 185

蛉蛄 66

蛉蚃 185

蛉窮 [1] 170

蛉窮 [2] 184

蠦 18

流離 39

流螢 17

留師 103

蟉蛄 57

蟷古 57

柳蟲 35

柳蠹 35

柳蠹蟲 * 35

柳木蛀蟲 35

六畜蟲 * 128

龍蚝 26

龍甲 40

龍精 78

龍虱 * 28

龍孫 40

龍退 198

龍尾 25

龍子 156

龍子單衣 198

龍子皮 198

龍子衣 198

蠶 * 107

蠶蟜 106

蠪虰 106

蠪蜂 * 102

蠪蟜 106

蠪蠪 102

螻 [1] 56

螻 [2] 106

螻姑 57

螻蛄 * 56

螻蟻 106

螻蟻 106

螻蝛 58

螻蛭 57

盧蜼 123

盧鈎 58

蘆蠹 92

蘆蠹蟲 * 92

蘆中蟲 92

蠦蟺 * 157

蠦蜰 123

鹿蝁 * 114

露蜂房 * 208

驢龍 * 161

綠金蟬 31

綠蛇 * 145

蟚 122

鸞蜂 * 104

螺母 99

羅 80

羅叉 96

倮蠃 170

絡絲蟲 59

絡絲娘 59

絡緯 59

落霞 77

M

麻蟲 [1] 92

麻蟲 [2] 93

麻母 24

麻蠅 * 117

馬絆蛇 145

馬鱉 167

馬蚿 167

馬蟬 64

馬大頭 39

馬蜂……100
馬黄……167
馬蟥……167
馬敫……45
馬蠿蟟……64
馬駒……107
馬蠲……182
馬郎……39
馬螃……64
馬陸*……181
馬蝈……64
馬明退……197
馬鳴退……197
馬蠭……100
馬蚍蜉……107
馬蜞……167
馬蠐……167
馬蠸……182
馬蛇子……154
馬蜩……64
馬蚿……182
馬螘……107
馬螘蛘……107
馬蟻……107
馬札……49
馬蟣……182
馬蛭*……167
馬蚰……182
馬軸……182
馬蠋……182
螞蟻……105
麻札……49
蟖蚱……49
螞蚱……48
嘛吒……49
埋頭蛇……135
貍蟲*……192
蕹頭蛇……135
麥蠿……70
麥蛰……70
蠣螻……57
蛖螻……57
蟒[2]……134
蟒蛇*……133
毛蟲……87
毛蛓……87
毛蠹……87
茅蠘……70
茅蟹……70
茅蜩……70
茅蝦……47
蚝蟲窠……202
蛑……43
髦……43
蝥*……90
蓋蜩……70
蓋蠿……70
蓋蠘……70
螅蕊……38
冒焦……201
没鹽蟲……191
梅花翅……55
媚蝶*……75
門下蟲……112
虻*……113
蝱……114
蝐……114
蝱……114
蝱蟲……115
蟒[1]……49
蠓蠛……96
米牛……29
米象……29
芈芈……44
蝆蝆……44
蜜……202
蜜蟲……98
蜜房……208
蜜蜂*……97
蜜蠭……98
蜜官……98
蜜虎*……77
蜜蠟*……203
蜜脾*……209

蜜蠟 164

蠠 202

棉花蟲 * 93

緜蟲 90

緜顆 * 84

蟎 64

蚵 64

蠛 64

蚵蚗 64

蚵 * 79

鳴砌 165

蟔 89

蟔蠪 89

蟔蛈 189

蟔蛉 * 88

摩該 * 152

莫貈 43

墨 86

螺 86

木蠹 32

木蠹蟲 32

木蜂 102

木蠡 * 102

木龍 * 151

木螺 91

木䖝 * 114

木蛭 * 114

木蜜 * 203

木蠱 126

木蛭 167

慕光 76

慕羶小子 106

N

蟹 * 115

鱦 115

南蛇 135

蝻 * 59

蝻蟲 59

蟯 161

蟯蟲 * 161

泥蛇 * 146

泥蛭 * 168

蜺 * 68

鼅鼄 115

鳥虎蛇 * 151

鳥洟 200

鳥子虎 151

尿䖟 44

翿髮 33

翿桑 33

翿桑蟲 33

嚻桑 33

寧母 65

蟺母 * 65

牛蜱 129

牛蜽 129

牛䖝 115

牛䖝 114

牛舌蜂 * 103

牛蠱 * 129

牛駝 168

牛膝蛀 * 93

牛子 29

蚎蚑 184

弄丸 24

弄圓 24

弩弦 136

女蠶 79

女兒 79

O

偶蟲 155

P

蟹 …………… 123

盤龍蛇* …………… 145

蓬活 …………… 179

蚍蚥 …………… 105

蚍蜉 ¹ …………… 105

蚍蜉 ²* …………… 106

蚍蠡 …………… 105

螕蠡 …………… 105

蟞蠡 …………… 105

琵琶翅 …………… 55

琵琶蟲 …………… 128

蜱蜉 …………… 105

蜱蛸 …………… 200

蟲蛸 …………… 200

窠盤 …………… 30

窠盤蟲 …………… 30

窠蟞蟲 …………… 30

蜱蟓 …………… 179

蜱蟞 …………… 179

片蛇 …………… 158

螵蛸* …………… 200

撲燈蛾 …………… 77

蒲盧 …………… 98

蒲蘆 …………… 98

僕纍 …………… 169

蒲螺 …………… 169

蒲蠃 …………… 170

Q

七步跎 …………… 149

七寸蛇* …………… 148

七里蜂 …………… 101

螇蟟 …………… 50

螇蚸 …………… 50

蚑 …………… 166

岐蛇* …………… 149

蚚 …………… 29

蚚父 …………… 44

蜞 …………… 166

齊蠡 …………… 21

齊后 …………… 63

齊女 …………… 62

蘄蛇 …………… 143

蠐螬* …………… 20

蟣 ² …………… 166

起蠶* …………… 83

起娘 …………… 83

氣鑾 …………… 31

蟞蟊* …………… 50

千人踏* …………… 165

千足 …………… 183

蚈 ¹ …………… 17

蚈 ² …………… 182

褰鼻蛇 …………… 143

潛蚩 …………… 54

錢龍 …………… 127

蜸蠶 …………… 164

蜣蜋* …………… 22

蜣蜋 …………… 23

強 * …………… 29

強蚌 …………… 29

強蚚 …………… 29

強蜂 …………… 29

橋蛇* …………… 150

巧娘* …………… 83

茄稺蟲* …………… 94

親客 …………… 177

秦渠 …………… 182

琴蟲 …………… 192

蝽 * …………… 65

蜻 …………… 164

蜻蚚 …………… 163

青娥* …………… 148

青蚨 …………… 27

青蠶* …………… 83

青蟬 …………… 69

青葱* …………… 148

青蒿蟲 93
青蒿蠹蟲 * 92
青蒿蛀蟲 93
青虹 27
青蜓 * 140
青蜓蛇 140
青懶思 83
青林音樂 63
青蛉 39
青娘子 26
青鳥 177
青寧 * 188
青條蛇 140
青亭 39
青蜓 37
青蟻 27
青簫蛇 * 149
青腰蟲 * 188
青腰蟻 * 109
青蠅 * 116
青竹標 * 138
蜻 37
蜻虹 37
蜻蛉 ¹ 37
蜻蛉 ²* 39
蜻蜓 * 37
蜻蟌 39
蜻蟅 37

蛬 ¹ 49
蛬 ² 52
蛬 ³ 183
蛬 ⁴ 184
蛬 ⁵ 197
螀 52
蟁 52
丘蚓 163
丘螾 163
邱蚓 163
邱螾 163
秋蟬 69
秋風 54
秋蛬 54
秋蟲 54
秋蜩 70
秋螢 17
蚯蚓 * 162
螓 174
求伸蠖 88
蛷 127
蛷螋 127
蛷蛲 127
蟗 127
蟗蛲 127
蜘蟟 21
蜘蠐 32
曲蟺 164

屈屈 54
屈申蟲 88
屈伸蟲 88
胸腮 165
胆 118
蛆 * 117
蛆蟲窠 211
蛆窠 * 211
蛆蛆 54
蛆蝶 182
蛆蟻 108
蛐蟼 165
蛐蛐兒 53
蛐善 164
蜿 165
蜡 118
渠蜋 23
渠螂 122
渠略 121
渠落 121
蛞 107
蟨 122
蟨螂 122
蝶蟨 122
蠷螋蟲 127
蠷螋 * 126
蠷螋 127
蚼蠑 105

蚼蛘 106
泉龍 156
腃髮 26
蜷蝓 165

R

蚘 135
蚘蛇 135
蚘蚍膽 199
蚺蚍 135
蚺蛇 134
蚺蛇膽 * 198
髥蛇 135
蠰蛵 51
蠰谿 51

S

三蟲 * 160
三臥一生蠶 * 82
桑蟲 [1] 34
桑蟲 [2] 89
桑蠧 33
桑蠧蟲 * 33
桑根 38
桑根蛇 139
桑蠤 88
桑蝎 34
桑蠶蟧 65

蠪 * 30
蠪蟆 49
雀兒飯甕 201
雀兒飯甕子 202

熱蠶 81
熱火蠶 * 85
人龍 160
人蛆 118
人蟲 128
人蚜 * 187
日南蠶 * 86
戎女 89
蝚 57

桑捲 38
桑稂 38
桑蟃 89
搔前 191
蟋蟀 52
沙蟲 [1] 113
沙蟲 [2] * 179
沙鰍 158
沙虱 179
沙蝨 [1] 130
沙蝨 [2] * 179

雀飯甕 202
雀甕 * 201
雀癰 201
鵲不停蛇 * 149

肉蟲 * 161
濡需 * 129
乳蟲 [1] 22
乳蟲 [2] 193
乳齊 21
入耳 184
蚋 111
蝡 111
弱蟲 * 162

沙蝨 [3] 180
殺蟲 44
紗羊 38
莎雞 * 58
莎亭部落 55
山蟬 66
山龍子 156
山螞蟻 * 108
山螞蟻窠 * 209
山螞蟻子 * 206
山蝸 170

山蟻.................................. 109

山蟻窠.............................. 210

山蚓.................................. 136

蟺...................................... 164

商蚷.................................. 182

蠰 *.................................... 33

蠰蟲.................................. 33

稍螞蚋.............................. 51

蚰蜒.................................. 27

蛇符.................................. 198

蛇蚹.................................. 198

蛇解.................................. 198

蛇筋.................................. 198

蛇舅母.............................. 157

蛇皮.................................. 198

蛇婆 *.............................. 144

蛇殼.................................. 198

蛇師 *.............................. 157

蛇蛻 *.............................. 198

蛇醫母 *.......................... 157

蛥蚗.................................. 66

捨命王.............................. 114

社公.................................. 174

社樂.................................. 63

神蛇.................................. 158

升卿 *.............................. 151

虱...................................... 128

虱子.................................. 128

蝕 *.................................. 127

蝸.................................... 128

濕姑.................................. 56

濕生.................................. 186

濕生蟲.............................. 186

十二辰蟲.......................... 157

十二時蟲.......................... 157

石貝.................................. 36

石背 *.............................. 36

石鼅 *.............................. 130

石蠹.................................. 130

石蠹蟲.............................. 130

石蜂 *.............................. 103

石蜂窠 *.......................... 208

石宮.................................. 106

石薑.................................. 123

石蜋.................................. 43

石蜋.................................. 43

石龍子 *.......................... 155

石蜜 *.............................. 202

石鼅.................................. 203

石下新婦.......................... 130

石飴.................................. 203

石蜴.................................. 156

石蛭 *.............................. 167

食膠蟲 *.......................... 189

食錦蟲.............................. 188

食蜜.................................. 203

食娘 *.............................. 83

食肬.................................. 45

時蠻.................................. 68

蝕肬.................................. 45

蛞蜋.................................. 43

蛞蜋.................................. 43

蛞娘.................................. 43

矢甲.................................. 24

豕蝨.................................. 129

守宮 *.............................. 154

守瓜.................................. 30

書魚.................................. 120

書中白魚.......................... 120

暑鼊.................................. 112

黍民.................................. 112

鼠蝹.................................. 185

鼠負.................................. 185

鼠婦 *.............................. 185

鼠婦蟲.............................. 185

鼠姑.................................. 185

鼠黏.................................. 186

樹蜂.................................. 104

樹蟻.................................. 108

率然 *.............................. 146

率然蛇.............................. 146

霜蛾.................................. 77

雙身蛇 *.......................... 145

雙頭蛇 *.......................... 150

水薑 * 41
水痴 167
水劃蟲 125
水馬 * 125
水馬兒 125
水黽 125
水牛 169
水爬蟲 125
水蛆 113
水蛇 * 139
水螢 * 19

水蛭 * 166
碩鼠 58
斯螽 46
絲蛇 * 147
絲蟻 107
蜇螽 46
死人蛆蟲 * 118
四出螫 * 82
四脚蛇 154
四臥再生螫 * 83
松蝟 47

蚣蛆 47
蚣蜙 47
搜夾子 127
素魚 120
速肖 89
碎車 191
碎車蟲 * 191
梭鷄 59
蓑衣蟲 [1] 76
蓑衣蟲 [2] 127
蓑衣丈人 91

T

撻末 73
蟧 173
蟧蜊 173
唐蜩 68
堂蜋 42
螗 * 67
螗斧 196
螗蜋 42
螗蜋 43
螗蟷 68
螗蛦 68
螗蜩 68
螳臂 196
螳斧 * 196
螳蜋 42

螳蜋 * 41
螳蠰 43
螳蜋 165
桃蠹 34
桃蠹蟲 * 34
桃絲竹蟲 * 190
蚩 90
特 90
蟘 90
蟘 90
蟘 90
螣 [1] 49
螣 [2] * 89
螣蛇 49
啼蛄 56

啼蛇 * 146
蜈蝶 67
蜈蟧 67
蝭蟧 67
天蟲 48
天蛾 77
天鷄 40
天漿子 201
天漿子房 202
天龍 181
天螻 56
天馬 43
天牡 188
天牛 * 31
天社 23

天社蟲 * 187

天水牛 32

天絲 207

天厭子 72

天柱 23

蚹 61

蜩 61

蜩蟬 61

蜩甲 196

蜩蜋 62

蜩蟧 70

蜩蟟 62

蜩螗 62

蜩蚪 62

蜸 62

跳八丈 * 51

跳百丈 28

跳搏蟲 28

跳蝦蟲 190

鐵牯牛 29

鐵甲將軍 24

鐵埔 90

亭長 27

蜓蚞 66

婷蚞 66

同心蟲 191

桐蚀 * 35

童幡 40

偷火蟲 58

投機 53

投餤蛾 77

禿虺蛇 142

突郎 42

土鱉 124

土蟲 ¹ 184

土蟲 ² 190

土蜂 * 100

土蠭 100

土蜂房 * 208

土狗 57

土骨蛇 142

土虺 142

土脚蛇 142

土龍 165

土蜜 * 203

土蛈蚾 51

土牛兒 170

土蟺 165

土蝸 ¹ 169

土蝸 ² 171

土蚓 165

土蛹 ¹* 22

土蛹 ² 193

土礫 51

土蠂 51

土蜘蛛 * 178

土竈龜 178

土蠡 * 51

吐古 184

吐光蛇 * 149

兔齧 115

兔缺 116

蜳蜎 * 193

蚖 205

推車客 24

推屎蟲 23

推丸 24

托胎 171

托胎蟲 171

佗負蟲 * 56

W

夗蟺 164

蜿蟺 164

蚖 144

蜿蟺 164

虺 144

蚖 144

蚖蚳 144

蚖蛇 * 144
晚蠶 81
晚蠶沙 205
晚蠶矢 205
晚蟬 70
萬 96
王不留行蟲 * 27
王䖘 134
王蝱 114
王蛇 134
王孫 52
王臺 * 209
王蚨蜴 178
王字蛇 134
蚿蜒 52
蚿蜒 52
罔工 174
岡工 174
網蟲 174
網工 174
網公 174
微么 18
微么蟲 18
委黍 186
猥狗 192

蟋蟀 186
胃蟲 * 162
魏蠶 81
蝟 109
蝟 10
蠪 * 115
文蛾 77
螱 111
蚊 * 110
蚊螙 * 19
蚊子 111
閩 111
閩蚋 111
閩蝸 112
蝨 111
蟲 111
蟲 111
蟲 111
蝹蚣 * 118
窩葉蟲 90
蝸 169
蝸蟲 169
蝸房 199
蝸螺 169
蝸蠃 169

蝸牛 * 168
蝸牛殼 * 199
蝸殼 199
蝸蜒 169
屋蠹 36
烏 79
烏兒 79
烏爛死蠶 * 84
烏稍 137
烏燒 137
烏梢蛇 137
烏蛇 * 136
烏頭 84
烏頭繭 * 84
烏蠋 94
吳蠶 * 86
吳公 181
無心蟲 165
蜈公 181
蜈蚣 * 180
五色蛇 * 150
五頭蛇 * 151
武帝侍從 74
務求 127
蟻蛛 127

X

夕蛾 77
奚桑 34
奚相 34

悉蟀 ………………… 52

蜥易 ………………… 153

蜥蝪 * ……………… 153

蜥蝪 ………………… 153

蜴易 ………………… 153

蜴蝪 ………………… 153

螅蟀 ………………… 52

螇 …………………… 66

螇鹿 ………………… 66

螇蟰 ………………… 66

錫蛇 ………………… 148

蟋蟀 * ……………… 51

虩 …………………… 177

喜母 ………………… 177

喜蛛 ………………… 177

喜子 ………………… 177

蟢 …………………… 177

蟢子 ………………… 176

細蝶 ………………… 75

細蟻 * ……………… 189

細要 ………………… 99

細腰 ………………… 99

細腰蜂 ……………… 99

細胥蠭 ……………… 99

細腰黑蜂 …………… 99

蟹 …………………… 57

蠱 …………………… 5

霞蛾 ………………… 77

下門蟲 ……………… 112

夏蠶 ………………… 81

仙蟲 ………………… 63

仙姑 ………………… 57

僊蟾 ………………… 155

涎牛 ………………… 171

涎游 ………………… 171

涎魚 ………………… 171

蚿 …………………… 182

蝬 …………………… 182

蜸 …………………… 182

蜆 * ………………… 75

香娘子 ……………… 123

香蛇 ………………… 138

香油蟲 ……………… 182

蚼 …………………… 193

蠁 * ………………… 192

相蜂 ………………… 97

蠏 * ………………… 85

蠏蛉 ………………… 57

宵行 * ……………… 19

宵熠 ………………… 19

宵燭 ………………… 19

蠨蛸 ………………… 176

蠨蛸 * ……………… 176

小粉 ………………… 74

小蜂兒 ……………… 80

小黃蟻 ……………… 107

小牛螺 ……………… 169

小蛸 ………………… 96

蝎 ² * ……………… 172

蝎虎 ………………… 154

蝎子 ………………… 173

蠍 ² ………………… 173

蠍虎 ………………… 154

挾火 ………………… 17

鞵底蟲 ……………… 186

謝豹 * ……………… 192

蟹胲青 ……………… 55

蟹蠏 ………………… 173

信子 * ……………… 199

蟋蜓 ………………… 37

行夜 * ……………… 30

蟹 …………………… 174

喧穀 ………………… 22

蝗 …………………… 22

蝗穀 ………………… 21

玄蟲 ………………… 63

玄蠶 ………………… 101

玄瓠蜂 ……………… 101

玄駒 ………………… 107

玄蛇 * ……………… 135

玄武蟬 ……………… 75

錠心蟲 ……………… 89

雪蠶 * ……………… 190

雪蛆 ………………… 190

尋桑 88

Y

牙皂樹蟲 92
崖蜜 203
啞蟬 69
延游 171
蜒蚰 171
蜒蚰螺 ¹ 170
蜒蚰螺 ² 171
蜒蚰蠃 170
巖蜜 203
匽 68
衍蚓 164
蝘 68
蝘蚓 68
蝘蜓 * 156
晏青 25
羊子 29
蛘子 29
楊瘌蟲 87
楊瘌子 87
蛘瘌 87
養柑蟻 * 108
蠅 148
咬乖 60
耀天 19
耀夜 18

蠮 99
蠮螉 99
蠮螉 99
蠮螉 * 99
野蠶 * 85
野蛾 73
野狐鼻涎 201
野狐鼻涕 201
夜光 17
夜虎 * 188
夜火 17
夜行 31
夜游將軍 24
夜游女子 17
夜照 17
夜照清 18
蝘蝫 74
蝘蝶 74
一角蛇 * 151
衣蟲 128
衣魚 * 119
衣中白魚 120
伊祈 173
伊威 185
蛜威 185

蛜蚗 66
蛜蚗 66
蛜蜥 173
蛜威 185
蛜蝛 185
遺蝗 * 202
虒蝓 171
蝹蝓 169
蝹螈 170
蛾 ² 105
蛾蛘 ¹ 106
蛾蛘 ² 107
螘 ¹ 105
螘 ²* 107
螘垤 210
螘封 210
螘穴 209
螘冢 211
螘子 206
蛾子 206
蟻 ¹ 79
蟻 ²* 104
蟻城 * 210
蟻垤 * 210
蟻堆 210

蟻封 210

蟻孔 209

蟻樓 211

蟻塿 211

蟻窠 209

蟻壤 209

蟻穴 * 209

蟻冢 210

蟻子 206

异蜂 * 104

异蛇 149

易 153

熠燿 [1] 18

熠燿 [2] 19

熠耀 [1] 18

熠耀 [2] 19

熠燿 19

縊女 76

螠 99

音樂 63

陰蟲 54

陰蝨 * 128

瘖蟬 69

瘖蜩 69

闇蟬 69

闇蜩 69

吟蛩 52

吟蛬 54

銀蛇 * 148

蟫 120

蟫蟲 120

蟫蠹 120

蟫魚 120

引無 165

蚓 163

螾 163

螼 163

螾蜓 156

螾衝 184

螾䘀 184

螾衍 [1] 164

螾衍 [2] 184

嬰蜺 189

蠅 69

熒火 17

蝇 116

螢 17

螢煌 17

螢火 * 16

螢火蟲 16

螢蛆 19

蠅 * 116

蠅豹 177

蠅狐 177

蠅虎 * 177

蠅蝗 177

蠅胆 118

蠮螉 * 193

應聲蟲 * 192

應條 21

勇蟲 45

蛹 80

蛹蟲 193

油葫蘆 * 55

蚰蜒 184

蚰蜒 * 183

有斧蟲 43

黝駒 107

蚴蚇 99

蟥 120

魚蠹 120

輿父 30

禹蟲 193

玉琯蛇 * 149

玉女 63

玉腰奴 74

育蛇 * 151

蝓 63

蝓蚳 185

蜎 113

元蟲 63

元蚼 107

元瓠蜂 101

元駒 107

元蛇 135
元武蟬 75
芫青 * 26
芫菁 26
原蠶 * 80
原蠶沙 205
原蠶矢 205
原蠶屎 205

蚖蠶 * 82
蚖青 27
蚖珍 82
蚖珍蠶 * 82
圓蛇 * 147
蝝 ¹ 59
蝝 ² 206
蝝 81

蠠蠶 81
越王弩弦 136
越王蛇 136
越王約髮 136
雲蟲 * 157
孕絲蟲 78

Z

再蠶 81
趯織 53
賍郎 123
蚕 131
蚤 * 130
棗蠹蟲 * 34
棗猫 * 191
蚤 131
蠀 131
灶壁雞 55
灶鱉雞 55
灶雞 55
灶馬 ¹ * 55
灶馬 ² 123
皂莢蠹蟲 * 92
皂莢蛀蟲 92
躁舍 201
賊 * 90

蠽 91
蝍 91
咨咨 65
子方 91
虴蚸 ¹ 90
虴蚸 ² 91
子方蟲 91
虴蚸蟲 * 91
椶蟲 * 35
柞蠶 * 85
札 65
蛋 65
蝈 116
蚔蝱 50
蚳蛕 ¹ 47
蚳蛕 ² 50
蚱蟬 * 63
蚱蝱 50

蛇蚎 51
喥臘 190
喥臘蟲 * 190
蛅蟴 100
蛅斯 86
蛅蟖 * 86
蛅蛓 86
占斯 86
蠽 65
蟘 64
蟑螂 123
杖鼓蛇 * 148
蜠蠣 184
朝生 121
朝秀 * 191
朝蟜 191
照夜清 18
折樓蟲 88

折腰蜂 *................................ 104

蛱................................ 49

席蟲................................ 124

柘蠶 *................................ 82

柘蟲................................ 34

柘蠹................................ 35

柘蠹蟲 *................................ 34

蘆蟲 *................................ 123

蔗蛄 *................................ 93

蠨蛛................................ 49

貞蟲................................ 99

貞宮................................ 155

真武蟬................................ 75

芝麻蟲 *................................ 93

知聲蟲................................ 193

螲................................ 158

蜘蟟................................ 62

蜘蛛 *................................ 173

智蛪................................ 174

蟹蛛................................ 174

智蛛................................ 174

鼅鼄................................ 174

織絹娘................................ 45

至掌 ¹................................ 166

至掌 ²................................ 167

炙鼠................................ 58

致神................................ 200

蛭 *................................ 166

蛭蛒................................ 21

蛭蜞................................ 166

稚蜂................................ 97

稺蜂 *................................ 97

螽................................ 48

螽斯 *................................ 46

螽蟖................................ 47

蚣蝑................................ 46

蚣蝑 ¹................................ 46

蚣蝑 ²................................ 46

猪婆蛇................................ 156

蛛蝥................................ 175

蛛絲 *................................ 207

蛛罔................................ 207

蛛網 *................................ 207

諸乘................................ 39

諸慮 *................................ 34

諸趣................................ 111

蠶蝥 *................................ 174

蠶蝱................................ 175

竹蟲................................ 35

竹蠹................................ 35

竹蠹蟲 *................................ 35

竹蜂 *................................ 102

竹佛子................................ 72

竹根蛇................................ 140

竹節鬚................................ 55

竹蜜蜂................................ 103

竹蚕 *................................ 71

蜀................................ 94

燭蛾................................ 77

蠋 *................................ 94

蠋蝋................................ 175

蠋蝓................................ 175

主簿蟲................................ 173

著哥................................ 97

蛀蟲................................ 33

轉丸................................ 23

轉圓................................ 24

篆愁君................................ 170

狀元子................................ 207

莊蝶................................ 74

蚰蜒................................ 175

蚰蟱................................ 178

蜘蝥................................ 175

蠾蝱................................ 175

蠾蝱................................ 175

斫父................................ 44

斫郎................................ 44

斮蜋................................ 44